プリント形式のリアル過去問で本番の臨場感！

愛知県

# 名古屋高等学校

2025年春受験用

# 解答集

本書は，実物をなるべくそのままに，プリント形式で年度ごとに収録しています。
問題用紙を教科別に分けて使うことができるので，本番さながらの演習ができます。

## ■ 収録内容

・解答集（この冊子です）

書籍ＩＤ番号，この問題集の使い方，最新年度実物データ，リアル過去問の活用，
解答例と解説，ご使用にあたってのお願い・ご注意，お問い合わせ

・2024（令和６）年度 ～ 2020（令和２）年度　学力検査問題

・リスニング問題音声《オンラインで聴く》　詳しくは次のページをご覧ください。

| ○は収録あり | 年度 | '24 | '23 | '22 | '21 | '20 | |
|---|---|---|---|---|---|---|---|
| ■ 問題（一般入試） | | ○ | ○ | ○ | ○ | ○ | |
| ■ 解答用紙 | | ○ | ○ | ○ | ○ | ○ | |
| ■ 配点 | | | | | | | |
| ■ 英語リスニング音声・原稿 | | ○ | ○ | ○ | ○ | ○ | |

全教科に解説
があります

注）問題文等非掲載：2021年度国語の一，2020年度社会の1

**問題文などの非掲載につきまして**

著作権上の都合により，本書に収録している過去入試問題の本文や図表の一部を掲載しておりません。ご不便をおかけし，誠に申し訳ございません。

本文の一部を掲載できなかったことによる国語の演習不足を補うため，論説文および小説文の演習問題のダウンロード付録があります。弊社ウェブサイトから書籍ＩＤ番号を入力してご利用ください。

なお，問題の量，形式，難易度などの傾向が，実際の入試問題と一致しない場合があります。

教英出版

JN131769

## ■　書籍ＩＤ番号

リスニング問題の音声は，教英出版ウェブサイトの「ご購入者様のページ」画面で，書籍ＩＤ番号を入力してご利用ください。

入試に役立つダウンロード付録や学校情報なども随時更新して掲載しています。

書籍ＩＤ番号　115521

（有効期限：2025年9月30日まで）

**【入試に役立つダウンロード付録】**
「ラストチェックテスト(標準／ハイレベル)」
「高校合格への道」

**【リスニング問題音声】**
オンラインで問題の音声を聴くことができます。
有効期限までは無料で何度でも聴くことができます。

## ■　この問題集の使い方

年度ごとにプリント形式で収録しています。針を外して教科ごとに分けて使用します。①片側，②中央のどちらかでとじてありますので，下図を参考に，問題用紙と解答用紙に分けて準備をしましょう（解答用紙がない場合もあります）。

針を外すときは，けがをしないように十分注意してください。また，針を外すと紛失しやすくなりますので気をつけましょう。

① 片側でとじてあるもの

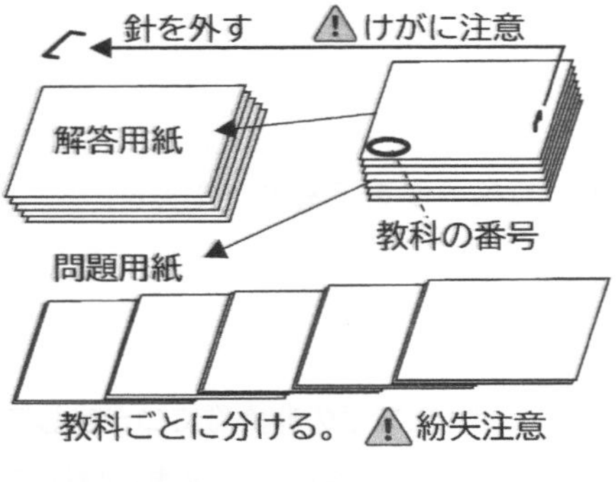


② 中央でとじてあるもの

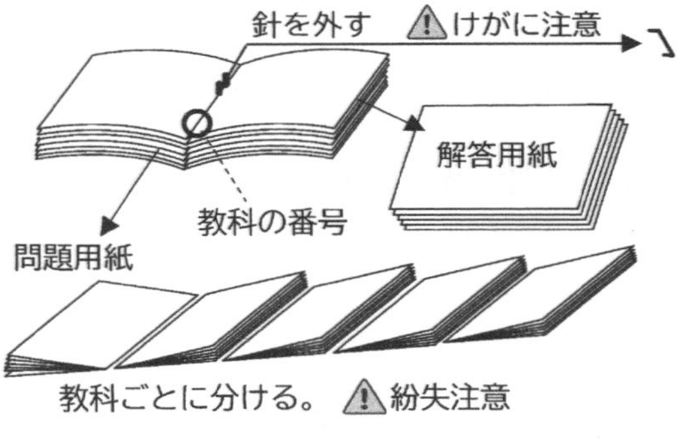


※教科数が上図と異なる場合があります。
解答用紙がない場合や，問題と一体になっている場合があります。
教科の番号は，教科ごとに分けるときの参考にしてください。

## ■　最新年度　実物データ

実物をなるべくそのままに編集していますが，収録の都合上，実際の試験問題とは異なる場合があります。実物のサイズ，様式は右表で確認してください。

| | |
|---|---|
| 問題用紙 | Ｂ５冊子(二つ折り) |
| 解答用紙 | Ｂ４片面プリント<br>英・社：Ａ４片面プリント |

# リアル過去問の活用

～リアル過去問なら入試本番で力を発揮することができる～

## 本番を体験しよう！

問題用紙の形式（縦向き / 横向き），問題の配置や余白など，実物に近い紙面構成なので本番の臨場感が味わえます。まずはパラパラとめくって眺めてみてください。「これが志望校の入試問題なんだ！」と思えば入試に向けて気持ちが高まることでしょう。

## 入試を知ろう！

同じ教科の過去数年分の問題紙面を並べて，見比べてみましょう。

**① 問題の量**

毎年同じ大問数か，年によって違うのか，また全体の問題量はどのくらいか知っておきましょう。どのくらいのスピードで解けば時間内に終わるのか，大問ひとつにかけられる時間を計算してみましょう。

**② 出題分野**

よく出題されている分野とそうでない分野を見つけましょう。同じような問題が過去にも出題されていることに気がつくはずです。

**③ 出題順序**

得意な分野が毎年同じ大問番号で出題されていると分かれば，本番で取りこぼさないように先回りして解答することができるでしょう。

**④ 解答方法**

記述式か選択式か（マークシートか），見ておきましょう。記述式なら，単位まで書く必要があるかどうか，文字数はどのくらいかなど，細かいところまでチェックしておきましょう。計算過程を書く必要があるかどうかも重要です。

**⑤ 問題の難易度**

必ず正解したい基本問題，条件や指示の読み間違いといったケアレスミスに気をつけたい問題，後回しにしたほうがいい問題などをチェックしておきましょう。

## 問題を解こう！

志望校の入試傾向をつかんだら，問題を何度も解いていきましょう。ほかにも問題文の独特な言いまわしや，その学校独自の答え方を発見できることもあるでしょう。オリンピックや環境問題など，話題になった出来事を毎年出題する学校だと分かれば，日頃のニュースの見かたも変わってきます。

こうして志望校の入試傾向を知り対策を立てることこそが，過去問を解く最大の理由なのです。

## 実力を知ろう！

過去問を解くにあたって，得点はそれほど重要ではありません。大切なのは，志望校の過去問演習を通して，苦手な教科，苦手な分野を知ることです。苦手な教科，分野が分かったら，教科書や参考書に戻って重点的に学習する時間をつくりましょう。今の自分の実力を知れば，入試本番までの勉強の道すじが見えてきます。

## 試験に慣れよう！

入試では時間配分も重要です。本番で時間が足りなくなってあわてないように，リアル過去問で実戦演習をして，時間配分や出題パターンに慣れておきましょう。教科ごとに気持ちを切り替える練習もしておきましょう。

## 心を整えよう！

入試は誰でも緊張するものです。入試前日になったら，演習をやり尽くしたリアル過去問の表紙を眺めてみましょう。問題の内容を見る必要はもうありません。どんな形式だったかな？受験番号や氏名はどこに書くのかな？…ほんの少し見ておくだけでも，志望校の入試に向けて心の準備が整うことでしょう。

そして入試本番では，見慣れた問題紙面が緊張した心を落ち着かせてくれるはずです。

※まれに入試形式を変更する学校もありますが，条件はほかの受験生も同じです。心を整えてあせらずに問題に取りかかりましょう。

# 名古屋高等学校

## 《国　語》

一　問一．a．維持　b．妥協　c．規制　d．安易　e．風潮　問二．エ　問三．ウ　問四．ア
問五．相対主義　問六．エ　問七．価値観が違う相手ともとことん対話し、相互に理解を深める共同作業によって「正しさ」を作りあげてゆく。　問八．エ　問九．ウ，オ

二　問一．(1)オ　(2)オ　(3)ウ　問二．オ　問三．イ　問四．ウ　問五．ウ　問六．イ　問七．(1)エ　(2)オ

## 《数　学》

Ⅰ　(1)$24a^3b$　(2)$x=-4$　$y=\frac{5}{2}$　(3)$-\frac{5}{121}$　(4)$1\pm\frac{\sqrt{10}}{4}$　(5)36　(6)$\frac{5}{12}$　(7)35　(8)エ

Ⅱ　(1)6195　(2)14　(3)18

Ⅲ　(1)2　(2)①$\frac{95}{3}$　②$y=\frac{181}{3}x$

Ⅳ　(1)△ACDは二等辺三角形より，∠ACD＝∠ADC
また，仮定より，∠ACD＝∠DEBであるため，∠ADC＝∠DEB…②
∠BDC＝180°－∠ADC…③　∠DEC＝180°－∠DEB…④
②，③，④より，∠BDC＝∠DEC…⑤
①，⑤より，２組の角がそれぞれ等しいので，△BDC∽△DEC
(2)$\frac{8\sqrt{5}}{5}$　(3)5：1

Ⅴ　(1)ア→ウ→イ　(2)$\frac{63\sqrt{3}}{2}$

## 《英　語》

Ⅰ　Part 1．(1)H　(2)O　(3)A　(4)N　(5)C
Part 2．(1)ウ　(2)ア　(3)エ　(4)ア　(5)エ
Part 3．(1)ウ　(2)エ　(3)エ　(4)ウ　(5)ア

Ⅱ　A．(1)ウ　(2)イ　(3)エ　(4)イ
B．(1)イ　(2)イ　(3)ア　(4)エ　(5)ウ

Ⅲ　(1)A．different　B．has　C．from　(2)イ　(3)ウ　(4)漫画ファンが日本の豊かな歴史や文化などの他の側面にも興味を持つようになってくれる　(5)will／make／manga／culture

Ⅳ　A．1．abroad　2．shows　3．six
B．1．students　2．Australia　3．language
C．I would like to go to the UK.　I'm interested in British English because I like watching the Harry Potter movies.

## 《理　科》

Ⅰ　(1)オ　(2)エ　(3)陽子の数…13　電子の数…13　中性子の数…14

(4)①気体…エ　液体…ウ　②2.7　(5)$CO_2+4H_2 \rightarrow CH_4+2H_2O$

Ⅱ　問1．(1)1.6　(2)記号…B　81　(3)エ　(4)①オ　②ア　問2．(1)3　(2)0.1

Ⅲ　問1．(1)a．高　b．低　(2)B，D　(3)試験管…B　理由…イ　(4)食物網

問2．(1)ケ，エ，ク，イ，カ　(2)ペプシン　(3)※学校当局により採点対象外　(4)ア　(5)イ

Ⅳ　問1．(1)A．ア　B．エ　C．ウ　(2)エ　問2．(1)ウ　(2)右図　(3)エ　(4)火山灰

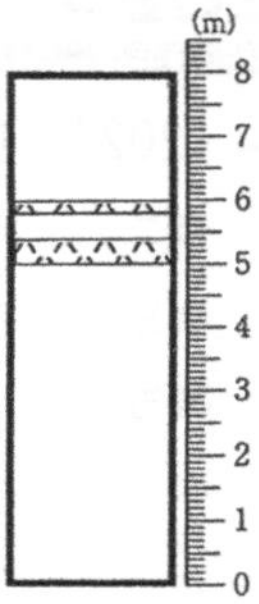


## 《社　会》

Ⅰ　(1)イ　(2)ウ　(3)※学校当局により採点対象外　(4)オ　(5)a．ア　b．やませ　(6)a．イ　b．オ

(7)a．イ　b．オ　c．ウ　d．エ　e．ア　(8)a．イ，カ　b．ア　(9)エ

Ⅱ　(1)イ　(2)ア　(3)イ　(4)エ　(5)太平天国の乱　(6)イ　(7)イ　(8)エ　(9)ナイチンゲール　(10)people

Ⅲ　(1)坂上田村麻呂　(2)エ　(3)ウ　(4)ウ　(5)徒然草　(6)北条政子　(7)朝廷を監視する役所　(8)エ

(9)ウ

Ⅳ　(1)ウ　(2)イ　(3)エ　(4)思想家…ア　著作物…オ　(5)エ　(6)ア　(7)エ　(8)エ　(9)ウ　(10)ウ

Ⅴ　(1)ア　(2)ア　(3)イ　(4)イ　(5)エ

# 名古屋高等学校

## 《2024　国語　解説》

一　**問二**　＝＝⑴とエの「られ」は、可能(～することができる)の意味。アとオは自発、イは受け身、ウは尊敬の意味。

**問三**　＝＝⑵は副詞、⑶と⑸は動詞、⑷は名詞(形容詞からの転成名詞)、⑹と⑺は形容動詞。

**問五**　「さまざまな問題について『客観的で正しい答えがある』という考え方」である「普遍主義」と「反対の意味の言葉」が入る。よって、本文最初の段落の「『人や文化によって価値観が異なり、それぞれの価値観には優劣がつけられない』という考え方」である「相対主義」。

**問六**　「両立しない」もの、つまり「方針を決めるときには、どちらか一つを選ばなければなりません」、もう一方の「メリットは捨てなければなりません」というものを選ぶ。エの「安い商品をたくさんのお客さんに売ろう」と「高級な商品を少ないお客さんに売ろう」は両立しないが、「経営方針として」一つに決めなければならない。

**問七**　本文最後から二段落目と四段落目で、「人間と世界の関係や人間同士の間の関係の中で、いわば共同作業によって『正しさ』というものが作られていく～多様な他者～とともに『正しさ』を作っていくということ」「ともに『正しさ』を作っていくということは、そこで(対話を)終了せずに踏みとどまり、とことん相手と付き合うという面倒な作業です」と述べていることを中心にまとめる。

**問八**　「適当でないもの」を選ぶことに注意する。　ア．［　A　］のある段落で「科学者の中にも、さまざまな立場や説を取っている人がいます～『科学者であればほぼ全員が賛成している答え』ができあがるには時間がかかります」と述べていることに合う。　イ．［　C　］のある段落で「最先端の研究をしている科学者は、それぞれ自分が正しいと考える仮説を正当化するために、実験をしたり計算をしたりしています～『自分が正しいと考える答え』しか教えてくれない～『科学は人それぞれ』なのです」と述べていることに合う。　ウ．［　A　］のある段落で「科学は一枚岩ではない～『より正しそうな答え』を決めていくのが科学～現在の物理学では～理論が探求されていますが、それについては合意がなされていません」と述べていることに合う。　エ．このようなことは本文中で述べていない。　オ．――③の直前の段落で「権力を持つ人たち～国家予算～政府の立場と一致する主張をしている科学者には研究予算を支給～政府の立場を補強するような研究ばかりが行われることになりかねません」と述べていることに合う。

**問九**　ア．「多様な価値観を尊重することは間違いだ」が合わない。　イ．「リーダーの決めた方針に従って」が合わない。　ウ．――②の３段落後で「『正しさは人それぞれ』や『みんなちがってみんないい』といった主張は～権力者の主観によって力任せに切り捨てることを正当化することにつながってしまう～権力など持たない大多数の人々～の意見が無視される」と述べていることに合う。　エ．「多数決にすることで多くの人の意見が尊重されることになる」が合わない。　オ．本文最後から二段落目で「ともに『正しさ』を作っていくということは～とことん相手と付き合うという面倒な作業です。相手の言い分を受け入れて自分の考えを変えなければならない～プライドが傷つくかもしれません」と述べていることから言える内容である。　カ．「どんどん時代に取り残されてしまうことになる」が合わない。　キ．「ＡＩなどコンピューターの力を利用すれば、人間が判断するよりずっといい判断ができる」が合わない。

二　**問二**　［　A　］の前後に「武田を畏怖《いふ》し(おそれおののき)つづけてきた信康《のぶやす》」「はればれと砕破して(くだきこわして)くれた」とあることに着目する。信康は武田に対して恐ろしさや緊張を感じていて、それを大久保兄弟が打ち壊してくれたことに胸がすく思いがしたということ。よって、それまで信康が抱えていた思いとは、オの「閉塞感」

(閉じふさがっていて先が見えないように感じること)であると判断できる。

**問三**　「信康は～すでに浜松にいて、城内で宿泊するはずである」のに、忠長から「三郎君(信康)が(わが家に)渡らせたまう(いらっしゃる)」と聞かされ、忠世《ただよ》と平助は「なにゆえ、わが家に――」と仰天した(非常に驚いた)のである。よって、イが適する。

**問四**　「身を乗り出す」(身体を前方にぐっと出す)には、強い興味や関心を持つという意味がある。――②の後で信康が「敵は兵力にまさり～引くのが常道であるのに、なにゆえすすんで、兵糧入れをあえてなさんとするか」と聞いているのを参照。「敵がまさっております」という報告を聞けば、普通は兵糧入れをしないのに、杉浦勝吉は「早々《そうそう》、御入れ候《そうら》え」と兵糧入れを指示したと言う。信康は、なぜそのような判断をしたのか知りたくて、「身をのりだすようにきいている」のである。よって、ウが適する。信康はいつも「武辺の談《はなし》」(戦場での勇敢な戦いぶりの話)をせがんだとあり、この時は「かれの談は精密である(くわしくこまかい)」という杉浦勝吉が語っているから、よりいっそうひきこまれているのだとうかがえる。

**問五**　「――困ったことだ」と思いながら「腕組みをして歩く」忠世の様子から、悩ましく思って考え込んでいることが読みとれる。――③の３行前に「忠世は憂鬱《ゆううつ》さに襲われた」とあることに着目する。忠世の憂鬱の原因は、信康が「深い考えもなく、恣放《しほう》(わがまま)をおこなっている」ことである。信康のわがままを止められなければ自分たちにも「難儀がふりかかる」と案じ、何か止める方法はないかと考えているのである。よって、ウが適する。

**問六**　忠世が「昨夜、三郎君(信康)の突然の渡りあり」と伝えると、家康は「それについては知っている、という目をして、『乱行はありや』(乱暴な行いはあったか)と、問うた」とある。忠世が「いささかも――(少しもありませんでした)」と答えると、家康は微《かす》かに笑い、「『三郎は～武勇にあやかりたかったようである。迷惑をかけたな』と、すこし辞を低くした(へりくだった言い方をした)」とある。本文中に、家康には「信康を育てそこなったという苦《にが》さがあったのであろう」とあるのを参照。家康は息子のわがままをわびているが、今後同じようなことがあっても「追い返せ、とはいわぬ」と言った。つまり、信康のわがままを承知していて、今回のことをとがめるつもりはないのだと読みとれる。よって、イが適する。

**問七(1)**　信康が「踊り方の下手な者、服装の粗末な者に対し～矢を射込んだ」(射殺した)ことや、鷹野《たかの》に出て獲物をとれなかった腹いせに僧を「引きずり殺しに殺してしまった」ことが書かれているので、エの「狂暴」(正気を失っているような[常識はずれな]乱暴をする)が適する。　　**(2)**　【文章Ｉ】には「どこかに劣等意識をもち、それに苛立《いらだ》ちつつも、おのれの弱さを克服しようとするひたむきさをもっている」とあるが、【文章Ⅱ】では(1)の解説にあるような人物として描かれている。よって、オが適する。アの「誰からも理解されない」、イの「武勇にすぐれ様々な戦果を上げた」、ウの「周囲の人間に対する気配りができる」、エの「【文章Ⅱ】では、父との関係に苦しみながら」は適さない。

## ―《2024　数学　解説》―

**I**　**(1)**　与式$=(-8b^3)\times\dfrac{3}{a^3b^4}\times(-a^6b^2)=\mathbf{24a^3b}$

**(2)**　$\dfrac{x+y}{3}-\dfrac{y}{5}=-1$の両辺に15をかけて，$5(x+y)-3y=-15$　　$5x+5y-3y=-15$　　$5x+2y=-15$…①

$\dfrac{x+y}{2}-\dfrac{y}{10}=-1$の両辺に10をかけて，$5(x+y)-y=-10$　　$5x+5y-y=-10$　　$5x+4y=-10$…②

②−①で$x$を消去すると，$4y-2y=-10+15$　　$2y=5$　　$\mathbf{y=\dfrac{5}{2}}$

①に$y=\dfrac{5}{2}$を代入すると，$5x+5=-15$　　$5x=-20$　　$\mathbf{x=-4}$

**(3)**　与式$=xy(4x^2-4xy+y^2)=xy\{(2x)^2-2\times2x\times y+y^2\}=xy(2x-y)^2$

ここで$x=\frac{5}{11}$，$y=-\frac{1}{11}$を代入すると，$\frac{5}{11}\times\left(-\frac{1}{11}\right)\times\left\{2\times\frac{5}{11}-\left(-\frac{1}{11}\right)\right\}^2=-\frac{5}{121}\times\left(\frac{10}{11}+\frac{1}{11}\right)^2=-\frac{5}{121}\times1=\mathbf{-\frac{5}{121}}$

(4)　与式より，$(x-1)^2=\frac{5}{8}$　　$x-1=\pm\frac{\sqrt{5}}{\sqrt{8}}$　　$x=1\pm\frac{\sqrt{5}}{2\sqrt{2}}=\mathbf{1\pm\frac{\sqrt{10}}{4}}$

(5)　**【解き方】反比例の式を$y=\frac{a}{x}$，$z$が$y^2$に比例している式を$z=by^2$と表す（a，bは比例定数）。**

$y=\frac{a}{x}$に$x=4$，$y=6$を代入すると，$6=\frac{a}{4}$より，$a=24$

$z=by^2$に$y=4$，$z=9$を代入すると，$9=b\times4^2$より，$b=\frac{9}{16}$

$y=\frac{24}{x}$に$x=3$を代入すると，$y=\frac{24}{3}=8$　　$z=\frac{9}{16}y^2$に$y=8$を代入すると，$z=\frac{9}{16}\times8^2=\mathbf{36}$

(6)　**【解き方】さいころを２つ使う問題では，右のような表にまとめて考えるとよい。**

大小２つのさいころの目の出方は全部で$6\times6=36$(通り)ある。そのうち条件にあう出方は表の○印の15通りだから，求める確率は，$\frac{15}{36}=\mathbf{\frac{5}{12}}$

| | | 小 | | | | | |
|---|---|---|---|---|---|---|---|
| | | 1 | 2 | 3 | 4 | 5 | 6 |
| 大 | 1 | ○ | | ○ | | ○ | |
| | 2 | | | | | ○ | |
| | 3 | ○ | | ○ | | ○ | |
| | 4 | | | | | ○ | |
| | 5 | ○ | ○ | ○ | ○ | ○ | ○ |
| | 6 | | | | | ○ | |

(7)　**【解き方】三角形の外角の性質より，∠ＢＤＣ＝120°－30°＝90°である。∠ＢＡＣ＝∠ＢＤＣだから，円周角の定理の逆より，４点Ａ，Ｂ，Ｃ，Ｄは同一円周上にある。**

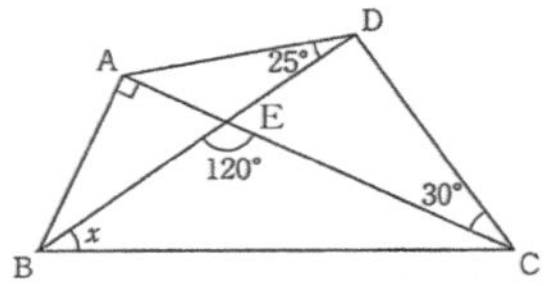


右図の△ＡＤＥの内角の和より，∠ＤＡＥ＝180°－120°－25°＝35°

同じ弧に対する円周角は等しいから，$\angle x$＝∠ＤＡＣ＝**35°**

(8)　ア．度数の合計を計算すると39となる。39÷２＝19余り１，

19÷２＝９余り１だから，第３四分位数は大きい方から10番目のデータなので，14点以上16点未満の階級に含まれる。よって，正しい。

イ．最も度数が大きい階級である10点以上12点未満の階級の階級値は11点で，これが最頻値だから，正しい。

ウ．度数の合計を計算すると39となるから，正しい。

エ．10点以上の度数の合計を計算すると29だから，平均値は10点より高そうであるが，念のため計算してみる。

平均値が10点となるのは，(階級値)×(度数)の合計が10×39＝390のときである。10点未満の４つの階級の(階級値)×(度数)の合計は，$3\times2+5\times1+7\times3+9\times4=68$である。10点以上のすべてのデータが11点だと仮定した場合，(階級値)×(度数)の合計は全体で，68＋11×29＝387となる。したがって，正確に計算したら明らかに390を超えるので，正しくない。

以上より，**エ**を選べばよい。

Ⅱ　(1)　長方形Ａの横の長さは７×15＝105(㎝)，縦の長さは，３＋７(15－７)＝59(㎝)だから，長方形Ａの面積は，59×105＝**6195(㎠)**

(2)　**【解き方】長辺を横向きに並べたタイルが$x$枚だとして，長方形Ａの面積について$x$の方程式を立てる。**

長方形Ａの横の長さは$4x$㎝，縦の長さは，$2+4(x-7)=4x-26$(㎝)である。したがって，$4x(4x-26)=560$

これを解くと，$x=10$，$-\frac{7}{2}$となり，$x>0$より，$x=10$である。

よって，長方形Ａの短辺の長さ(縦の長さ)は，４×10－26＝**14(㎝)**

(3)　**【解き方】長辺を横向きに並べたタイルが$y$枚だとして，長方形Ａの横の長さと縦の長さを文字式で表し，ａの値を考える。**

長方形Ａの横の長さについて，$ay=288$…①

長方形Ａの縦の長さについて，$b+a(y-7)=166$　　$b+ay-7a=166$…②

②に①を代入すると，$b+288-7a=166$　　$7a=b+122$　　したがって，$b+122$は７の倍数である。

$0<b<5$であり，７×17＝119，７×18＝126だから，$b+122=126$である。

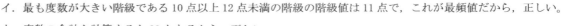

よって，ｂ＝４だから，７ａ＝126より，ａ＝**18**

Ⅲ ⑴ **【解き方】$y=px^2$のグラフの上に，$x$座標がｍとｎの２点があるとき，この２点を通る直線の傾きはｐ（ｍ＋ｎ）で求められることを利用する。**

放物線$y=x^2$において，$x$の値が－５からａまで増加するときの変化の割合は，１×（－５＋ａ）＝ａ－５と表せる。

直線$y=-3x$において，変化の割合は常に－３である。よって，ａ－５＝－３より，ａ＝**２**

⑵① **【解き方】右の「座標平面上の三角形の面積の求め方」を利用する。**

**座標平面上の三角形の面積の求め方**

右図において，△ＯＰＱ＝△ＯＰＲ＋△ＯＱＲ＝△ＯＭＲ＋△ＯＮＲ＝△ＭＮＲだから，△ＯＰＱの面積は以下の式で求められる。

**△ＯＰＱ＝$\frac{1}{2}$×ＯＲ×（ＰとＱの$x$座標の差）**

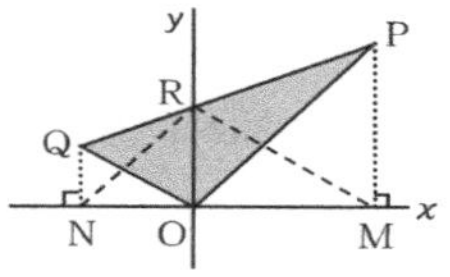


$y=x^2$と$y=-3x$の式を連立させて$y$を消去すると，$x^2=-3x$

これを解くと$x$＝０，－３となるから，

Ａの$x$座標は－３であり，$y$座標は，

$y=(-3)^2=9$である。

直線ＡＢの式を$y=\frac{1}{3}x+b$とし，Ａ（－３，９）の座標を代入すると，$9=\frac{1}{3}\times(-3)+b$より，ｂ＝10

$y=x^2$と$y=\frac{1}{3}x+10$の式を連立させて$y$を消去すると，$x^2=\frac{1}{3}x+10$　これを解くと$x=-3$，$\frac{10}{3}$となるから，

Ｂの$x$座標は$\frac{10}{3}$である。直線ＡＢと$y$軸との交点をＤとすると，Ｄ（０，10），ＯＤ＝10である。

よって，△ＯＡＢ＝$\frac{1}{2}$×ＯＤ×（ＡとＢの$x$座標の差）＝$\frac{1}{2}\times10\times\{\frac{10}{3}-(-3)\}=$**$\frac{95}{3}$**

⑵② **【解き方】平行四辺形の対角線は互いの中点で交わるから，直線ＯＣはＡＢの中点を通る。つまり，直線ＯＣは△ＯＡＢの面積を２等分するので，直線ＯＣの式を求める。**

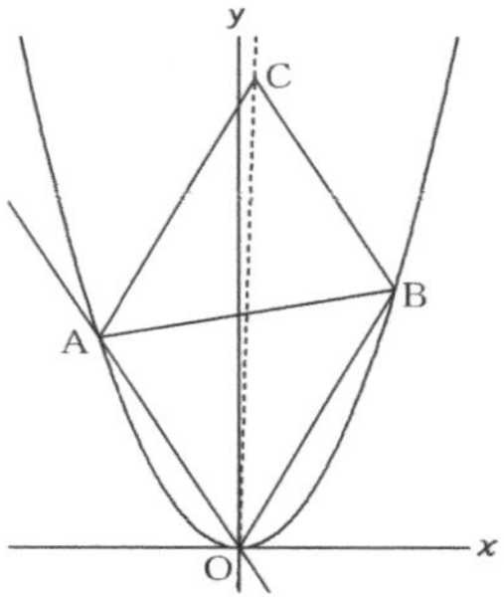


Ｂの$y$座標は，$y=(\frac{10}{3})^2=\frac{100}{9}$である。

四角形ＯＡＣＢが平行四辺形で，ＡはＯから左に３，上に９進んだ位置にあるので，ＣはＢから左に３，上に９進んだ位置にある。

したがって，Ｃの$x$座標は，$\frac{10}{3}-3=\frac{1}{3}$，$y$座標は$\frac{100}{9}+9=\frac{181}{9}$

よって，直線ＯＣの傾きは，$\frac{181}{9}\div\frac{1}{3}=\frac{181}{3}$だから，求める式は**$y=\frac{181}{3}x$**である。

Ⅳ ⑴ まず，問題文の仮定を図にかきこんで，証明のために必要な条件を探そう。条件が足りない場合は，問題の内容に応じて，図形の性質，平行線の同位角・錯角などからわかることもかきこんでみよう。

⑵ △ＢＤＣ∽△ＤＥＣより，ＤＣ：ＥＣ＝ＢＣ：ＤＣ　$4\sqrt{2}$：ＥＣ＝$4\sqrt{5}$：$4\sqrt{2}$

ＥＣ＝$\frac{4\sqrt{2}\times4\sqrt{2}}{4\sqrt{5}}=$**$\frac{8\sqrt{5}}{5}$**

⑶ **【解き方】△ＡＣＤは直角二等辺三角形であり，∠ＤＥＦ＝∠ＡＣＤ＝45°だから，△ＤＥＦも直角二等辺三角形である。△ＤＥＦの面積をＳとし，△ＡＣＤ→△ＡＢＣの順に面積をＳの式で表していく。**

ＡＤ＝ＡＣ＝４だから，ＤはＡＢの中点である。

△ＢＤＣ∽△ＤＥＣより，ＢＤ：ＤＥ＝ＢＣ：ＤＣ

４：ＤＥ＝$4\sqrt{5}$：$4\sqrt{2}$　ＤＥ＝$\frac{4\times4\sqrt{2}}{4\sqrt{5}}=\frac{4\sqrt{10}}{5}$

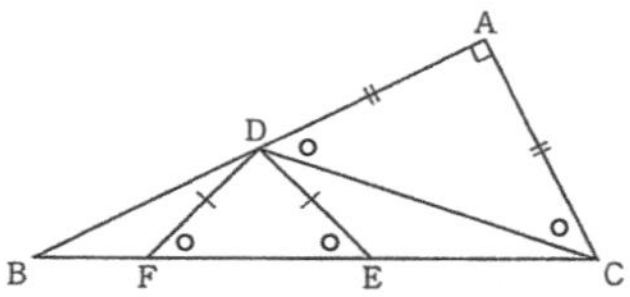


△ＡＣＤと△ＤＥＦの相似比はＡＣ：ＤＥ＝４：$\frac{4\sqrt{10}}{5}$＝５：$\sqrt{10}$だから，

面積比は，$5^2:(\sqrt{10})^2$＝５：２　△ＡＣＤ＝$\frac{5}{2}$△ＤＥＦ＝$\frac{5}{2}$Ｓ

△ＡＢＣ：△ＡＣＤ＝ＡＢ：ＡＤ＝２：１だから，△ＡＢＣ＝２△ＡＣＤ＝$2\times\frac{5}{2}$Ｓ＝５Ｓ

よって，△ＡＢＣ：△ＤＥＦ＝５Ｓ：Ｓ＝**５：１**

Ｖ (1)　**【解き方】右のように作図する(点Ｇ，Ｈ，Ｉ，Ｊはそれぞれの辺の中点であり，ＫはＭＮの中点である)。ア，イ，ウの切り口はそれぞれ，△ＰＭＮ，四角形ＭＮＱＨ，四角形ＭＮＪＩとなる。**

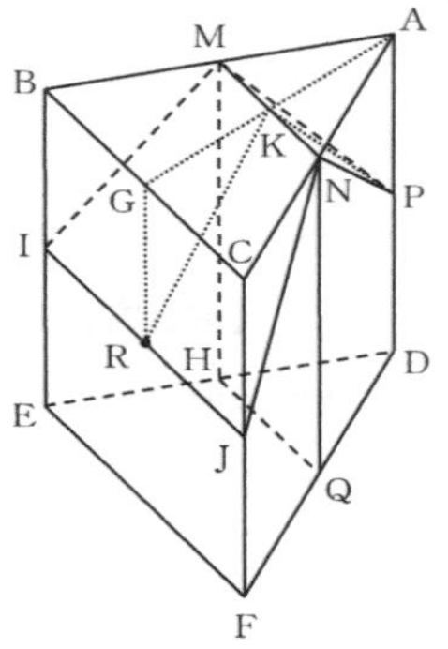


△ＡＢＣにおいて，中点連結定理より，ＭＮ＝$\frac{1}{2}$ＢＣ＝３(cm)

△ＰＭＮの底辺をＭＮとすると高さは$\frac{3\sqrt{7}}{2}$cmだから，

△ＰＭＮ＝$\frac{1}{2}$×３×$\frac{3\sqrt{7}}{2}$＝$\frac{9\sqrt{7}}{4}$(cm²)…㋐

四角形ＭＮＱＨは長方形だから，その面積は，６×３＝18(cm²)…㋑

ＢＣ//ＭＮ，ＢＣ//ＩＪより，四角形ＭＮＪＩはＭＮ//ＩＪの台形である。

４点Ａ，Ｐ，Ｇ，Ｒを通る平面はＭＮと垂直に交わるから，ＭＮ⊥ＰＫであり，ＭＮ⊥ＲＫである。したがって，ＰＫ＝$\frac{3\sqrt{7}}{2}$cmである。

ＫはＡＧの中点になっているから，△ＡＫＰ≡△ＧＫＲなので，ＲＫ＝ＰＫ＝$\frac{3\sqrt{7}}{2}$cm

つまり，台形ＭＮＪＩの高さは$\frac{3\sqrt{7}}{2}$cmだから，面積は，$\frac{1}{2}$×(３＋６)×$\frac{3\sqrt{7}}{2}$＝$\frac{27\sqrt{7}}{4}$(cm²)…㋒

㋐と㋒では㋒の方が大きい。㋑＝$\frac{72}{4}$＝$\frac{\sqrt{5184}}{4}$，㋒＝$\frac{\sqrt{5103}}{4}$だから，㋑と㋒では㋑の方が大きい。

よって，小さい順に，**ア→ウ→イ**となる。

(2)　**【解き方】右のように作図できる。立体ＡＭＮ－ＤＥＦと三角すいＬ－ＤＥＦの体積比を求める。**

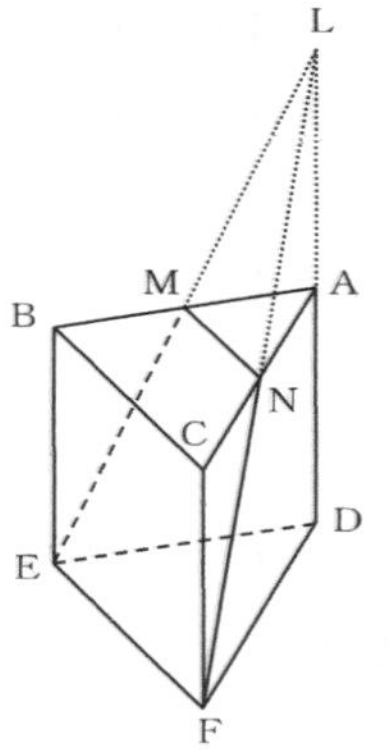


三角すいＬ－ＡＭＮと三角すいＬ－ＤＥＦは相似で，相似比はＡＮ：ＤＦ＝１：２だから，体積比は$1^3$：$2^3$＝１：８である。したがって，立体ＡＭＮ－ＤＥＦと三角すいＬ－ＤＥＦの体積比は，(８－１)：８＝７：８である。

(1)の図において，ＡＧ＝２ＡＫ＝２×$\frac{3\sqrt{3}}{2}$＝３$\sqrt{3}$(cm)だから，

△ＤＥＦ＝△ＡＢＣ＝$\frac{1}{2}$×６×３$\sqrt{3}$＝９$\sqrt{3}$(cm²)

ＬＤ＝２ＡＤ＝12(cm)だから，三角すいＬ－ＤＥＦの体積は，$\frac{1}{3}$×９$\sqrt{3}$×12＝36$\sqrt{3}$(cm³)

よって，求める体積は，36$\sqrt{3}$×$\frac{7}{8}$＝$\mathbf{\frac{63\sqrt{3}}{2}}$(cm³)

## 《2024　英語　解説》

Ｉ　**Part１(1)**　「これはアメリカと日本でとても人気のあるスポーツです。大谷翔平が今一番有名な選手です」…Ｈ「野球」　**(2)**　「これはコンビニや書店で買えます。たくさんの情報と素敵なカラー写真が掲載されています。ファッション，スポーツ，音楽に関するものがあります。毎週または毎月，新刊が出されます」…Ｏ「雑誌」　**(3)**　「こちらは私の祖父の息子ですが，叔父ではありません」…Ａ「父」　**(4)**　「この動物はとてもかわいいです。耳が大きいです。家に１羽いたら，えさのニンジンをあげるべきです」…Ｎ「うさぎ」　**(5)**　「これは常に変化しています。企業や大学の科学者は新しいことを学び，新しい製品を作ります」…Ｃ「テクノロジー」

**Part２(1)**　Ａ「明日買い物に行こうか？」→Ｂ「それはいい考えだね。どこで待ち合わせしようか？」より，ウ「金時計の下で」が適切。　**(2)**　Ａ「この本を読んだ？」→Ｂ「いいえ。何についての本なの？」→Ａ「環境についてだよ」より，ア「貸してくれない？」が適切。　**(3)**　Ａ「今夜は何をするの？」→Ｂ「英語の宿題を終わ

らせなければならないよ」→A「いつも勉強してるね！」より，エ「そう思う？」が適切。　(4)　A「高校では何部に入るの？」→B「はっきりと決めてはいないよ」→A「野球を続けたらどう？」より，ア「何か新しいものに挑戦しようと思っているよ」が適切。　(5)　A「夏休みはどうだった？」→B「今年はあまり刺激的ではなかったよ」→A「どうして？」より，エ「あまりに暑くて外出できなかったよ」が適切。

Part3　【放送文の要約】参照。

(1)　「生徒が名古屋を離れるのはいつですか？」…ウ「８月２日」が適切。

(2)　「飛行機内の時間について，先生は生徒にどんなアドバイスをしていますか？」…エ「勉強か読書」が適切。

(3)　「生徒は何時にグリーンフィールドスクールに到着しますか？」…エ「19時」が適切。

(4)　「イギリスでは午後に生徒は何をしますか？」…ウ「様々な活動に参加する」が適切。

(5)　「先生は何を楽しみにしていますか？」…ア「スポーツイベントを見に行くこと」が適切。

【放送文の要約】

一度しか言いませんが，聞いていますか？イギリスのグリーンフィールドスクールへの修学旅行についてお話しします。(1)ウ８月３日に羽田空港からロンドンまで飛行機で移動します。フライトは早朝なので，飛行機に乗る前日に名古屋から東京へ行かなければなりません。(2)エ飛行機に 14 時間乗るので，本か宿題を持ってきてください。私たちはロンドンに到着し，(3)エ午後４時にバスでグリーンフィールドスクールへ向かいます。バスでの移動は３時間かかります。とても疲れていると思うので，バスの中で寝てもいいです。学校に到着後，スタッフが部屋まで案内してくれます。グリーンフィールドスクールは２人部屋がたくさんあります。フランス，スペイン，または中国からの留学生とルームシェアをします。彼らと英語でコミュニケーションを取るように頑張ってください。私たちはグリーンフィールドスクールに２週間滞在します。午前中は英語の授業を受けます。(4)ウ午後には，興味深い活動をたくさん行います。私はロンドンにあるハリー・ポッター博物館を訪れるのがとても楽しみで，(5)アイングランド・プレミアリーグのサッカーの試合を見るのが待ちきれません。イギリスでは２週間日本語を話さないようにしましょう。それができれば，私たちの英語力はきっと向上するでしょう。

Ⅱ　A【本文の要約】参照。

(1)　「島国以外のアフリカの国は何か国ありますか？」…メアリーの５回目の発言より，54 か国あるアフリカの国の中で島国は６か国だから，島国以外の国は 54－６＝48(か国)が適切。

(2)　「これらのうちどれが正しいですか？」…メアリーの９回目の発言より，イ「メアリーは，日本の人々がアフリカについての知識を増やすべきだと思っています」が適切。ア「メアリーは×エジプトの人口はアフリカで最も多いと思っています」，ウ「2050 年には，×ナイジェリアは世界人口の４分の１を占めることになります」，エ「最近まで，×エチオピアの人口は日本より多かったです」は不適切。

(3)　「日本企業はアフリカに住む人々に多くのものを売るよう努力すべきです。なぜなら」…メアリーの９回目の発言より，エ「彼らは以前よりも多くのお金を得ているからです」が適切。ア「これからアフリカの国の数が増えるからです」，イ「多くのアフリカ人が毎年日本を旅行で訪れるからです」，ウ「そのことによってアフリカで日本人の人気が高まるからです」は不適切。

(4)　「ケンについて何が正しいですか？」…ケンとメアリーそれぞれの４～８回目の発言より，イ「彼はメアリーの質問に対する答えが１つもわかりませんでした」が適切。ア「彼はもともと，自分はアフリカについてよく知っていると思っていました」，ウ「彼はアフリカについての授業に行って喜んでいます」，エ「彼はアフリカの人々には明るい未来があると思っています」は不適切。

【本文の要約】

ケン　　：こんにちは，メアリー！元気？

メアリー：調子いいよ，ケン。私はとても興味深い社会科の授業を受けたところよ。

ケン　　：何を学んだの？

メアリー：私たちはアフリカのいくつかの国について学んだよ。

ケン　　：僕はアフリカについてあまり知らないよ。君が学んだことをいくつか教えてくれない？

メアリー：クイズを出してもいい？

ケン　　：うん。楽しそうだね。準備はいいよ。

メアリー：アフリカにはいくつの国があるでしょうか？

ケン　　：(4)イああ，それは難しい問題だね！20か国？

メアリー：(1)ウ実は，54か国あるよ。そのうち6か国はマダガスカルのような島国だよ。

ケン　　：たくさんの国があるね。他の問題も出してよ。

メアリー：ええ。どの国の人口が一番多いでしょうか？この地図が役に立つよ。

ケン　　：(4)イありがとう。ちょっと待って…。答えはエジプト？

メアリー：(4)イいい線をいっているけど，正解じゃないよ。

ケン　　：(4)イもう1回考えさせて！エチオピア？

メアリー：(4)イ今度もおしいね。現在のエチオピアの人口は日本とほぼ同じだけど，答えはナイジェリアよ。現在，2億2千万人以上の人々がそこで暮らしているよ。人口は毎年2.5%ずつ増加しているの。

ケン　　：わあ！教えてくれてありがとう。

メアリー：(2)イ私たちはみんな，アフリカの国々についてもっと知るべきだと思うよ。2050年には，アフリカは世界人口の4分の1を占める見通しだよ。また，(3)エアフリカの多くの人々は徐々に裕福になっているの。

ケン　　：それが本当なら，日本企業はアフリカに住む人々に多くのものを売るように努力すべきだね。

B【本文の要約】参照。

(1)　「なぜユミはたくさんの場所に行きやすいと言っているのですか？」…ユミからデイビッドへの1回目のメールより，イ「名古屋は日本の真ん中にあるからです」が適切。ア「名古屋は日本の大都市のひとつだからです」，ウ「たくさんの観光客が名古屋にやってくるからです」，エ「名古屋には交通機関が多いからです」は不適切。

(2)　「調査について正しくないものはどれですか？」…ユミからデイビッドへの1回目のメールの表より，イ「外国人の間でお好み焼きは焼き鳥よりも人気がありませんでした」が正しくない。ア「しゃぶしゃぶは焼き鳥と同じくらい日本にいる外国人に人気がありました」，ウ「天ぷらは外国人にとって3番目に人気の和食でした」，エ「日本のカレーはそばの2倍人気がありました」は正しい。

(3)　「デイビッドはおそらく日本で何を食べますか？」…デイビッドからユミへの1回目のメールより，ア「納豆」が適切。

(4)　「これらのうち，どれが正しくないですか？」…デイビッドからユミへの2回目のメールより，エ「デイビッドはホストファミリーとカラオケに行きたいと思っています」が正しくない。デイビッドはユミとユミの友達とカラオケに行きたいと思っている。ア「デイビッドは寿司屋に行き，さまざまな刺身を食べます」，イ「デイビッドは京都と大阪に行きたいと思っています」，ウ「デイビッドは露天風呂を体験したいと思っています」は正しい。

(5)　「これらのうち，どれが正しいですか？」…デイビットがユミから2回目のメールを受け取ったのは6月29日，デイビットがユミに２回目のメールを送ったのは７月１日だから，ウ「デイビッドはユミの最後のメールに返信するのに２日かかりました」が正しい。ア「ユミの家族はすでにデイビッドを京都に連れて行く計画を立てています」，イ「デイビッドは時々ニューヨークでインドカレーを食べたりおにぎりを作ったりします」，エ「ユミは大阪のＵＳＪを訪れたことがあります」は正しくない。

【本文の要約】

タナカユミからデイビッドキングへ　日付：2023年６月26日（木）　件名：あなたの日本への訪問
こんにちは，デイビッド，私はニューヨークで楽しい時間を過ごしたよ。キング家の人々は最高のホストファミリーだったよ！私からご両親にもう一度感謝の言葉を伝えさせて。母，父，弟のユウタは８月にあなたを日本に迎えることをとても喜んでいるよ。私たちは名古屋に住んでいて，⑴イ日本の真ん中に近いから，いろいろなところに行きやすいよ。来日したら，和食をたくさん楽しんでね。訪日外国人観光客が好きな和食に関するこの調査を見てよ。どれを食べてみたいか教えて。

デイビッドキングからタナカユミへ　日付：2023年６月28日（土）　件名：日本旅行
やあ，ユミ，メールありがとう。もうすぐ日本に行けるなんて信じられないよ。和食の情報をありがとう。僕もインターネットでいくつか料理を調べたよ。外国人にとって寿司が一番人気の和食なのは当然のことだね。おいしそうだもん！いろんな種類を食べたいな。それと，日本のカレーは興味深いよ。ニューヨークではラーメンとインドカレーを食べたよ。特に日本でカレーを食べてみたいな。リストに載っている食べ物の中にはいくつか聞いたことがないものもあったよ。そばとおにぎりってどんなものか教えてよ。⑶ア最後に，日本でもうひとつ食べてみたいのは納豆だよ。外国人の中には苦手な人も多いと聞いたけど，とても健康的で素敵だよ！もうすぐ会えるね。　デイビッドより

タナカユミからデイビッドキングへ　日付：2023年６月29日（日）　件名：あなたの日本への訪問
デイビッドへ，両親と話して，あなたを近所のおいしい寿司レストランに連れていくことに決まったよ。⑷アたくさんの種類の魚のお刺身が食べられるよ。あなたの質問に答えるわね。そばは伝統的な日本の麺で，おにぎりは魚，野菜，肉，海藻が入ったご飯の塊だよ。納豆はいつも家にあるから，いつでも挑戦できるよ。旅行中に訪れたい場所はある？すぐに教えてよ。家族が計画を立てるよ。　ユミより

デイビッドキングからタナカユミへ　日付：2023年７月１日（火）　件名：日本旅行
ユミへ，ありがとう。僕は毎日和食について考えているよ。おなかがすいてきた！僕は日本で行ってみたい場所がいくつかあるよ。⑷イ京都にある金のお寺は必ず見たいな。本当にきれいだね。大阪のＵＳＪにも行きたいし，⑷ウもちろん露天風呂にも行きたいし，君や君の友達とカラオケにも行きたいな。日本語と英語の歌を一緒に歌おう。　デイビッドより

Ⅲ　【本文の要約】参照。

⑴Ａ　・make A different from B「ＡとＢの違いを生む」　Ｂ　has を入れて現在完了〈have/has＋過去分詞＋since …〉の“継続”「…以来ずっと～している」の文にする。only があるので，「～しているのは…してからにすぎない」となる。　Ｃ　・from A to B「ＡからＢまで」

⑵　ア○「漫画にはさまざまなストーリーがあるからです」　イ×「人々は漫画を通して日本の歴史を学ぶことができるからです」…本文にない内容。　ウ○「漫画を読むときに，自分を登場人物と結びつけることができるからです」　エ○「人々は漫画の芸術性に魅了されるからです」

⑶　「日本の漫画はインターネットが発達する前は世界的には人気がありませんでした。なぜなら(　　)からです」…第２段落より，ウ「人々は見つけるのが難しかった」が適切。ア「外国人にはストーリーが面白くなかった」，

イ「ファンにとって漫画についてのコメントを共有するのは簡単だった」，エ「人々はいつも家で漫画やアニメを楽しんでいた」は不適切

(4)　第２段落の最後の１文を日本語にして答える。

(5)　「コスプレイベントの影響については，どのようなことが考えられますか？」…コスプレイベントのことが書かれている第３段落の最後の１文を参考にして，４語を書き入れる。「それらは将来，漫画文化をさらに大きくするでしょう」となる，They will make manga culture bigger in the future.が適切。

・make＋もの＋状態「(もの)を(状態)にする」

【本文の要約】

日本の漫画文化は世界中で大人気になりつつあります。たくさんの国のさまざまな年齢層の人たちが日本の漫画が大好きです。(2)アいろいろな種類のストーリーがあるから，さまざまな国に広まっているのかもしれません。アクション，恋愛，歴史，そしてもちろんファンタジーもあります。(2)ウもうひとつの理由は，多くのさまざまな個性をもった登場人物がいることです。漫画を読むときに，私たちをその中のひとりと結びつけやすいです。また，ユニークでスタイリッシュな日本の漫画のアートは，他の漫画 A との違いを生んでいます(＝makes it different from)。(2)エわくわくするような絵は細部にまでこだわっています。これはストーリーを盛り上げ，多くの国のファンにとって素晴らしい経験を生み出します。

漫画は 200 年以上前に誕生しましたが，世界的に人気になったのは，インターネットが発達してからにすぎません。(3)ウ今では，世界中のファンがスマートフォンやコンピュータを使って漫画を見つけ，アニメを見ることができます。このようにして，彼らは自分たちの経験を別の場所にいる他のファンと共有することができます。日本政府はまた，「クールジャパン」キャンペーンの一環として漫画を利用しています。(4)彼らは，漫画ファンが日本の豊かな歴史や文化などの他の側面にも興味を持つようになってくれることを期待しています。

日本の漫画文化は，他の芸能やポップカルチャーにも変化をもたらしています。多くのテレビゲームが漫画のキャラクターやアイデアを使い，歌手はかっこいいアニメの動画を作ります。また，現在では漫画キャラクターと同じ服を着るコスプレの大イベントが C シドニーからロンドンまで(＝from Sydney to London)の大都市で数多く開催されています。(5)これらのイベントは将来，漫画文化をさらに大きくするのに役立つでしょう。

30 年前の日本といえば，着物やカメラ，車を想像していました。しかし，おそらく今では NARUTO の若い忍者，うずまきナルトやドラゴンボールの孫悟空の冒険のことを思い浮かべるでしょう。

**Ⅳ**　**A**　「昨年，たくさんの日本人学生が英語を勉強するために 1 海外に(＝abroad) 行きました。データは人気の上位 3 6(＝six) か国を 2 示しています(＝shows)」…資料のタイトルは「日本人留学生に人気のある行き先ランキング」だから，１には abroad「海外に」が入る。また，表は上位６か国のランキングを示しているので，２には shows「示す」，３には six「６」が入る。

**B**　「カナダは 1 学生(＝students) の数が最も多く，アメリカは 22％で２位でした。また，アメリカに留学した日本人は 2 オーストラリア(＝Australia) より５％多かったです。リストの中で， 3 第一言語(＝first language) が英語と異なる唯一の国はフィリピンでした」…表より，カナダはランキング１位だから，１は「学生の数が最も多い」＝the highest number of students となる。また，表よりアメリカよりも５％少ないのは Australia「オーストラリア」であり，表の６か国(カナダ，アメリカ，オーストラリア，イギリス，フィリピン，ニュージーランド)の中でフィリピンだけが「英語と異なる第一言語」＝a first language different from English をもつ。

**C**　「もし私が将来，海外に留学するなら,」に続く自分の意見を 20～25 語で答える。ランキングに出てくる国を

使ってもよい。(例文)「私はイギリスに行きたいです。私はハリーポッターの映画を見るのが好きだから，イギリス英語に興味があります」　「～に興味がある」＝be interested in ～

## 《2024　理科　解説》

Ⅰ ⑴　オ×…塩化水素は水に溶けやすく，空気よりも密度が大きいため，下方置換法で集める。

⑵　ア×…気体になって出ていくときの温度を測るので，温度計の液だめの高さは枝の高さでよい。　イ×…静かに加熱しても突沸が起こることがある。　ウ×…この操作により突沸が起こる可能性がある。　オ×…ガラス管と試験管の口を，ゴム栓を使って密閉すると，試験管内の気圧が高くなり，危険である。

⑶　陽子の数が原子番号と同じだから，原子番号13のアルミニウム原子の陽子の数は13個であり，陽子と中性子の数の和が質量数27と等しいから，中性子の数は27－13＝14(個)である。また，原子は，陽子と電子の数が等しく，電気的に中性になっているので，陽子の数が13個であれば，電子の数も13個である。

⑷①　炭酸水素ナトリウムを加熱すると，炭酸ナトリウムと二酸化炭素と水に分解される〔$2NaHCO_3 \rightarrow Na_2CO_3 + CO_2 + H_2O$〕。エは二酸化炭素を通すと白くにごる。ウは水に反応して，青色から赤色に変化する。　②　5.4ｇの炭酸水素ナトリウムが完全に反応すると，二酸化炭素と水が合計で5.4－3.4＝2.0(ｇ)発生する。１回目で混合物の質量が4.4ｇになったとき，発生した二酸化炭素と水の質量の合計は5.4－4.4＝1.0(ｇ)で，これは5.4ｇの炭酸水素ナトリウムが完全に反応したときに発生する二酸化炭素と水の質量の合計の半分である。よって，１回目で反応した炭酸水素ナトリウムは5.4ｇの半分の2.7ｇであり，残りの2.7ｇが反応せずに残っている。

⑸　反応にかかわる物質を化学式で表す〔$CO_2 + H_2 \rightarrow CH_4 + H_2O$〕。次に，それぞれの化学式の係数をａ～ｄとし〔$a\,CO_2 + b\,H_2 \rightarrow c\,CH_4 + d\,H_2O$〕，反応の前後で原子の種類と数が等しくなるように，ａ～ｄを求める。Cに着目するとａ＝ｃ，Oに着目すると２ａ＝ｄ，Hに着目すると２ｂ＝４ｃ＋２ｄが成り立つ。２ｂ＝４ｃ＋２ｄについて，２ｂ＝４ｃ＋４ａ　２ｂ＝８ａ　ｂ＝４ａとなるので，ａ：ｂ：ｃ：ｄ＝１：４：１：２となる。よって，〔$CO_2 + 4H_2 \rightarrow CH_4 + 2H_2O$〕となる。

Ⅱ 問１⑴　2.0㎜→0.2㎝より，Ａの体積は0.2×0.2×3.14×10＝1.256(㎤)だから，〔密度(ｇ/㎤)＝$\frac{質量(g)}{体積(㎤)}$〕より，密度は$\frac{2.0}{1.256}$＝1.59…→1.6ｇ/㎤である。　⑵　⑴と同様に密度を求めると，Ｂは$\frac{2.5}{2.512}$＝0.995…(ｇ/㎤)，Ｃは$\frac{4.5}{1.413}$＝3.184…(ｇ/㎤)である。密度が小さいものほど上に移動するので，液体に浮いた棒は液体(1.23ｇ/㎤)よりも密度が小さいＢである。Ｂが浮いているとき，Ｂの質量と同じ2.5ｇの液体を押しのけているので，その体積は$\frac{2.5}{1.23}$(㎤)である。よって，Ｂの液体中の体積の割合は$\frac{2.5}{1.23}$÷2.512×100＝80.9…→81％である。なお，Ｂの密度を1.00ｇ/㎤とすると，液体の密度に対するＢの密度の割合が液体中の体積の割合と等しくなるので，1.00÷1.23×100＝81.3…→81％と求めることもできる。　⑶　液体中の体積が大きいほど，浮力が大きい。ＡとＣは完全に沈んでいるから，液体中の体積はＡが1.256㎤，Ｃが1.413㎤である。また，⑵解説より，Ｂの体積は$\frac{2.5}{1.23}$＝2.03…(㎤)である。よって，Ｂ＞Ｃ＞Ａとなる。　⑷　①オ○…沈んだ２つの棒について，円柱にはたらく重力は一定で，浮力はだんだん大きくなっていくが，浮力が重力以上になることはないので，重力と浮力の合力は常に下向きであり，だんだんと速くなる運動をする(下向きの合力がだんだん小さくなっていくので速さの増え方は小さくなっていく)。　②ア○…円柱が完全に沈んだ後は，それ以上浮力が大きくならないので，重力と浮力の下向きの合力の大きさは一定になる。よって，円柱が進む方向と同じ向きに一定の大きさの力がはたらき続けるので，速さが一定の割合でだんだんと速くなる。

問２⑴　〔仕事率(W)＝$\frac{仕事(J)}{時間(s)}$〕より，仕事率が30Ｗのモーターが3.0秒でした仕事の大きさは30×3.0＝90(Ｊ)

である。仕事の原理より，物体を3.0mの高さまで持ち上げる仕事の大きさが90Ｊだと考えればよいので，〔仕事(Ｊ)＝力(Ｎ)×力の向きに動かした距離(m)〕より，物体を持ち上げるのに必要な力(物体にはたらく重力)は90÷3.0＝30(Ｎ)である。よって，物体の質量は30×100＝3000(ｇ)→３kgである。　**(2)**　反対側の斜面での物体の最高点は3.0－2.7＝0.3(m)低いから，摩擦力に対してした仕事が30×0.3＝９(Ｊ)であることがわかる。摩擦力は90Ｎだから，摩擦力のはたらくあらい斜面の距離は90÷９＝0.1(m)である。

**Ⅲ**　**問１(2)**　ヨウ素液はデンプンに反応して青紫色に変化する。また，ベネジクト液とデンプンが分解されてできた糖を混ぜて加熱すると，赤褐色の沈殿が生じる。④では，③でデンプンのりを加えた直後に色の変化を確かめていることに注意する。デンプンのりを加えた直後では分解者の分解が間に合わないため，分解者の有無にかかわらず，ヨウ素液は反応し，ベネジクト液は反応しない。　**(3)**　(2)をもとに考えればよい。デンプンのりを入れた直後に変化が見られないのはベネジクト液を加えたＢとＤであり，これらのうち土を加熱していないＢでは分解者が残っているので，２日後と４日後で変化の違いが見られる。

**問２(1)**　食物の通り道である，口，食道，胃，十二指腸，小腸，大腸，肛門の順につながる一続きの管を消化管という。ウとオとコは，消化にかかわる器官ではあるが，食物の通り道ではないので消化管ではない。　**(2)**　胃液にはタンパク質を分解するペプシンが含まれている。　**(5)**　イ×…胆汁を蓄えるのは胆のうである。

**Ⅳ**　**問１(2)**　エ×…最低気温は，南知多では２日間続いて上昇しているが，稲武と愛西では26日は下降して27日は上昇している。

**問２(1)**　図４において，Ａの２つの凝灰岩の層はＣの下の２つの凝灰岩の層と同じであり，Ｂの一番下の凝灰岩の層はＣの一番上の凝灰岩の層と同じだと考える。Ａの下の凝灰岩の層の下面の標高は180＋５＝185(m)，これと同じＣの凝灰岩の層の下面の標高は200mだから，ＣからＡに向かって200－185＝15(m)低くなるように傾いている。また，Ｂの一番下の凝灰岩の層の下面の標高は200＋２＝202(m)，これと同じＣの凝灰岩の層の下面の標高は200＋７＝207(m)だから，ＣからＢに向かって207－202＝５(m)低くなるように傾いている。ＡとＢはどちらもＣから見て南東よりにあるから，アかウのどちらかだとわかる。また，Ｃからの高さの差がＡの方が大きいことに着目すると，傾いている方向について，Ａの方がＣから遠くにあると考えられるので，南に向かって低くなるように傾いていることがわかる。　**(2)**　Ｂ，Ｃ，Ｄは一直線上にあり，ＢＣ間とＣＤ間の距離は同じだから，ＣからＤへはそれぞれの層の標高が５m高くなるように傾いていると考えられる。つまり，Ｄでは，図４のＣの一番下の凝灰岩の層の下面の標高が200＋５＝205(m)であり，Ｄの露頭下端の標高は200mだから，Ｃの一番下の凝灰岩の層の下面が５m(その上の凝灰岩の層の上面が６m)の高さにくるように作図すればよい。

## ―《2024　社会　解説》―

**Ⅰ**　**(1)**　経度０度の本初子午線はイギリスのロンドン，緯度０度の赤道はマレー半島の先端にあるシンガポール付近，アフリカ大陸のビクトリア湖，南アメリカ大陸のアマゾン川河口を通る(図１のウ)。日本では，栃木県・福島県などを東経 140 度の経線，秋田県・岩手県を北緯 40 度の緯線が通る。本初子午線から東に 14 本目の経線，赤道から北に４本目の緯線が日本の東北地方で交差していることから，緯線と経線は 10 度間隔で引かれているとわかる。

**(2)**　図１のような緯線と経線が直角に交わる図法では，緯度が高くなるほど実際の距離(面積)より大きく表されるため，最も低緯度である赤道のウを選ぶ。

**(4)**　Ａはアイスランド，Ｂはフランス，Ｃはニュージーランド。

**(5)a**　イは新潟，ウは盛岡，エは浜松。　**b**　やませが吹くと，気温が上がらず農作物の不作がおきる冷害が発生することがある。

(6) a　Dはオーストラリア。アは火力，ウは太陽光，エは地熱。　b　鉄鉱石の生産量はオーストラリア・ブラジル，銅鉱の生産量はチリが多いことは覚えておきたい。

(7) a　混合農業が営まれるフランスでは，小麦の生産が盛ん。地中海式農業が営まれるイタリアでは，夏の乾燥に強いオリーブの生産が盛ん。　b　山梨県が１位となっているＸとＹがモモかブドウであり，Ｚがメロンである。モモ・ブドウは，２位以降の道県で判断できるようにしたい。　c　鉄道輸送量において旅客が多いこと，また，自動車保有台数において(人口)＝(保有台数)÷(人口 100 人当たりの保有台数)×100 で求められることから，人口が圧倒的に多いイとウが中国かインドである。イとウを比べたとき，より自動車が普及しているウが中国である。アは日本，イはインド，エはドイツ，オはアメリカ合衆国。　d　①～④のうち，最も面積が大きい①は岐阜県，最も人口が多い②は兵庫県，最も人口が少ない③は島根県，残った④を群馬県と判断する。正しい組み合わせは，①ーう，②ーあ，③ーえ。　e　大航海時代以降，南アメリカ大陸の中でブラジルだけがポルトガルの支配を受け，それ以外のほとんど国はスペインの支配を受けたために，現在の公用語もブラジルはポルトガル語，その他の国はスペイン語となっていることは覚えておきたい。デンマーク語やノルウェー語など北欧の言語は，ドイツ語やイギリス語などとともに，ゲルマン系言語に分類される。

(9)　(実際の距離)＝(地図上の長さ)×(縮尺の分母)で求められる。

Ⅱ (1)　アは 1492 年，イは 1096 年，ウは 1543 年，エは 1517 年。

(2)　新井白石による正徳の治についてのアを選ぶ。新井白石は徳川家宣(６代)・徳川家継(７代)に仕えた。イは 17 世紀初頭の徳川家康，ウは 17 世紀中頃の徳川家光，エは 19 世紀中頃の水野忠邦(天保の改革)の政策。

(3)　17 世紀後半から 18 世紀前半にかけて栄えた文化は元禄文化である。『風神雷神図屏風』は，寛永期の文化の俵屋宗達の作品，『燕子花図屏風』は，元禄文化の尾形光琳の作品。

(4)　大塩平八郎の乱は 1837 年に起こった。ア・イは 17 世紀前半，ウは 17 世紀後半。

(7)　文武を奨励する松平定信の寛政の改革を風刺した狂歌である。アは水野忠邦の上知令(天保の改革)，ウは徳川吉宗の上米の制(享保の改革)，エは天明のききんについての狂歌。

(8)　アは 1806 年・1842 年(薪水給与令)，イは 1839 年(蛮社の獄)，ウは 1792 年。

(9)　ナイチンゲールは「ランプの貴婦人」「クリミアの天使」などと呼ばれる。

(10)　「人民の，人民による，人民のための政治」。当時のリンカン大統領が行ったゲティスバーグ演説の一説である。

Ⅲ (2)　豊臣秀吉による朝鮮出兵は文禄の役・慶長の役の二度である。文永の役・弘安の役は鎌倉時代の元寇。

(3)　甲．誤り。桓武天皇は一旦長岡京に都を移した後，平安京に遷都した。乙．正しい。

(4)　朱雀大路は，東側の左京と西側の右京に分けている。平安宮から見て右が右京，左が左京である。

(6)　北条政子は，鎌倉幕府を開いた源頼朝の妻で，初代執権北条時政の娘である。北条政子は，後鳥羽上皇が承久の乱を起こしたとき，関東の御家人に頼朝の御恩を説き，御家人の団結を促した。

(7)　承久の乱に勝利した鎌倉幕府は，西国武士の統制と朝廷の監視のために，京都に六波羅探題を置いた。

(8)　平安時代初頭，唐から帰国した空海は高野山に金剛峯寺を建て，真言宗を開いた。アは天台宗，イは法相宗，ウは華厳宗。

(9)　平清盛は娘の徳子を高倉天皇のきさきとし，生まれた子が安徳天皇として即位すると，外戚として権力をにぎった。

Ⅳ (1) 1985年に男女雇用機会均等法が制定され，1999年に男女共同参画社会基本法が制定された。

(2) 日本国憲法第 26 条に「すべて国民は，法律の定めるところにより，その保護する子女に普通教育を受けさせる義務を負ふ。義務教育は，これを無償とする。」とある。

(3) エはパワーハラスメントにあたる。

(4) 「人民はそれを改廃」「新たな政府を組織する権利」より，ロックが『統治二論』の中で主張した抵抗権と判断する。

(5) 憲法は法律より上位に位置する。

(6) イはバージニア権利章典(アメリカ)，ウはマグナ・カルタ(イギリス)，エは権利の章典(イギリス)。

(7) 南北戦争は奴隷解放宣言を行ったリンカン大統領率いる北部が勝利し，その後奴隷制度が廃止された。

(8) 選挙権の要件の変化は右表を参照。

| 選挙法改正年 | 納税条件 | 性別による制限 | 年齢による制限 | 全人口に占める有権者の割合 |
|---|---|---|---|---|
| 1889年 | 15円以上 | 男子のみ | 満25歳以上 | 1.1% |
| 1900年 | 10円以上 | 男子のみ | 満25歳以上 | 2.2% |
| 1919年 | 3円以上 | 男子のみ | 満25歳以上 | 5.5% |
| 1925年 | なし | 男子のみ | 満25歳以上 | 19.8% |
| 1945年 | なし | なし | 満20歳以上 | 48.7% |
| 2015年 | なし | なし | 満18歳以上 | 83.3% |

(9) 子どもの権利条約では，高校・大学までの無償化については定められていない。

(10) アクセス権ではなく知る権利である。アクセス権…個人がマスメディアに対し，意見発表の場を提供することを求める権利。

Ⅴ (3) A．正しい。B．誤り。金利を下げると，円が売られるようになるので，円安につながる。アベノミクスは円安を促進した。

(4) A．正しい。B．誤り。予算の議決・条約の承認・内閣総理大臣の指名については，衆議院と参議院で議決が一致しなかった場合，必ず両院協議会が開かれる。その両院協議会でも一致しなかった場合は，衆議院の優越によって，衆議院の議決が国会の議決となる。

(5) A．誤り。エディトリアルデザインではなく，ユニバーサルデザインである。エディトリアルデザイン…新聞・雑誌・書籍などの出版物の紙面構成。B．誤り。合計特殊出生率は減少傾向にある。合計特殊出生率が２未満になると，人口減少が進む。

2023 解答例
令和5年度

# 名古屋高等学校

## 《国 語》

一 問一．a．観光 b．挑戦 c．被〔別解〕蒙 d．前提 e．犠牲 問二．ウ 問三．(2)(A)ウ (B)ケ (3)(A)ア (B)キ (4)(A)オ (B)キ 問四．ア 問五．先回り 問六．ウ，カ 問七．オ 問八．他人に利することがめぐりめぐって自分にかえってくる 問九．イ

二 問一．(1)ア (2)イ 問二．胸 問三．オ 問四．ウ 問五．息子が母と一緒にいる幸せを理解しつつも、最愛の子どもを取られることを嫌い、母が息子宛てに書いた手紙を見せずにいた点。 問六．ウ 問七．イ 問八．イ 問九．エ

## 《数 学》

Ⅰ (1) $-2$ (2) $2(x-2)(x-3)$ (3) $7-\sqrt{2}$ (4)中央値…7.5 範囲…9 (5)75 (6) $\frac{1}{3}$
(7) $-9 \leqq y \leqq 5$ (8)12

Ⅱ (1) $-x+405$ (2)Aさん…210 Bさん…195

Ⅲ (1)1組の辺とその両端の角がそれぞれ等しい (2)△AEK／△DCK

Ⅳ (1) $y=x+2$ (2) $y=5x$ ※(3)3 (4) $\frac{-1+\sqrt{145}}{2}$

Ⅴ (1)1：2 (2)半径… $\sqrt{3}$ 面積… $\frac{3\sqrt{3}-\pi}{2}$

※の求め方は解説を参照してください。

## 《英 語》

Ⅰ Part 1．(1)エ (2)イ (3)ア (4)イ Part 2．[A](1)ウ (2)イ (3)エ [B]※学校当局により全員正解

Ⅱ [A](1)イ (2)ウ [B](1)ウ (2)エ (3)エ [C](1)イ (2)ア (3)ウ

Ⅲ (1)too／for／us／to〔別解〕so／that／we／couldn't (2)D (3)大きな文字を青いシートに書くため。
(4)Their message in a bottle was found (5)ある家族が滝で身動きがとれずに助けを求めているという状況。
(6)エ

Ⅳ A．(1)most (2)popular (3)data〔別解〕information (4)which／that／Japanese のうち1つ
B．(1)According (2)as (3)as (4)less
C．esports will be very popular, too. Many students are interested in playing video games, so I think that esports will be on the list.

## 《理　科》

Ⅰ　問１．⑴①エ　②ク（①と②は順不同）⑵$2NaHCO_3 \rightarrow Na_2CO_3 + H_2O + CO_2$　⑶エ

問２．⑴エ　⑵ア　⑶$HCl + NH_3 \rightarrow NH_4Cl$　⑷ウ→ア→オ

Ⅱ　⑴２　⑵６　⑶０　⑷９　⑸３　⑹位置…ア，エ／434　⑺９

Ⅲ　問１．⑴ア　⑵ウ　⑶維管束　⑷エ　問２．⑴あ．細胞膜　い．細胞壁　⑵エ　⑶カ

Ⅳ　問１．⑴ク　⑵エ　⑶カ　問２．⑴カ　⑵ウ

問３．⑴Ａ．コ　Ｂ．ケ　Ｃ．シ　⑵浜名湖…2.3　宍道湖…1.2

## 《社　会》

Ⅰ　⑴エ　⑵ⅰ．南／35／西／44　ⅱ．ア　⑶ⅰ．石炭　ⅱ．エ　ⅲ．エ　⑷ⅰ．ア　ⅱ．イ　ⅲ．エ

⑸ⅰ．ウ　ⅱ．ウ　⑹ⅰ．ウ　ⅱ．ア，エ　ⅲ．エ　⑺プロテスタント　⑻ア

Ⅱ　⑴イ　⑵エ　⑶ウ　⑷ア　⑸エ　⑹ア　⑺ウ　⑻イ　⑼ウ　⑽ウ　⑾ア　⑿ア　⒀Ａ．お

Ｂ．え　Ｃ．え　Ｄ．う　Ｅ．か　Ｆ．い

Ⅲ　⑴エ　⑵エ　⑶ウ　⑷ウ　⑸エ　⑹ア　⑺※学校当局により全員正解　⑻ア　⑼幸福追求権

⑽※学校当局により全員正解　⑾オ

Ⅳ　⑴ウ　⑵ア　⑶イ　⑷イ　⑸イ

## 《2023　国語　解説》

一　問二　文節とは、文を意味の分かる範囲で区切った場合の最も小さい一区切りの言葉。切れ目には、ネ・サなどを入れることができる。単語とは、文節をさらに細かく分けた一つ一つの言葉で、言葉の最小単位。文節で分けてから、単語に分けるとよい。(A)文節で分けた場合は「それはネ／たしかにネ／ありがたいのですが」と3つに、(B)単語に分けた場合は「それ／は／たしかに／ありがたい／の／です／が」と7つに分かれる。よってウが適する。

問三(2)　言い切りの形は「助ける」(動詞)。「ない」をつけると、「助け(エ段音)+ない」となり下一段活用。「人」(体言)を修飾しているので連体形。よって(A)はウ、(B)はケが適する。　(3)　言い切りの形は「割る」(動詞)。「ない」をつけると、「割ら(ア段音)+ない」となり五段活用。下に連なる語が「て」で、活用語尾が「り」ではなく、「っ」になっている(促音便)ので連用形。よって(A)はア、(B)はキが適する。　(4)　言い切りの形は「おかしい」で形容詞。形容詞の活用の仕方は「かろ／かっ・く／い／い／けれ／○」なので連用形。よって(A)はオ、(B)はキが適する。

問五　周りの人の「善意が、むしろ壁になる」例として、西島さんと丹野さんの話が挙げられている。西島さんは、「周りにいる晴眼者《せいがんしゃ》が、まるでバスガイドのように～教えてくれます～自分の聴覚や触覚を使って自分なりに世界を感じることができなくなってしまいます」と、丹野さんは「家族の会に行っても、家族が当事者のお弁当を持ってきてあげて、ふたを開けてあげて～というのが当たり前だからね～これをずっとやられたら、本人はどんどんできなくなっちゃう」と話している。筆者は、「ここに圧倒的に欠けているのは、他者に対する信頼」で、「周りの人」が「やさしさからつい先回りしてしまうのは、その人を信じていないことの裏返しだともいえます」と述べている。

問六　ア．本文に「ここに圧倒的に欠けているのは、他者に対する信頼です～自分と違う世界を生きている人に対して、その力を信じ、任せること」とある。　イ．本文に「信頼は、社会的不確実性が存在しているにもかかわらず～人間性のゆえに、相手が自分に対してひどい行動はとらないだろうと考えることです。これに対して安心は、そもそもそのような社会的不確実性が存在していないと感じることを意味します」とある。　エ．本文に「安心は、相手が想定外の行動をとる可能性を意識していない状態です」とある。　オ．本文に「信頼はリスクを意識しているのに大丈夫だと思う点で、不合理な感情だと思われるかもしれません」とある。　よって、本文にないウとカが正解。

問七　――②の前後に「利他的な行動には、本質的に、『これをしてあげたら相手にとって利になるだろう』という『私の思い』が含まれています」「思いは思い込みです～相手が実際に同じように思っているかどうかは分からない」と述べている。よってオが適する。

問八　「情けは人のためならず」とは、人に対して情けをかけておけば，めぐりめぐって自分に良い報いが返ってくるという意味。「アタリの言う合理的利他主義」の特徴は、「『自分にとっての利益』を行為の動機にしているところ」である。これらに共通するのは、他人に利することが「めぐりめぐって」自分にかえってくるという考え方である。このように考える点で、「他者の支配につながる危険をはらんでいます」と筆者は述べている。

問九　イは、引用した文章について、「筆者の反対意見を述べ」という部分が適さない。よってイが正解。

二　問二　「胸襟《きょうきん》を開く」とは、「隠し立てせずに、胸のうちを打ち明ける」という意味の慣用句。

問三　――①より前の父の言葉の中に「心の底から真実を話しているつもりでも、そう思ってもらえないことがある」とある。母には、父は本心を見せず「人間のくせに、神様を気取っている」ように見えた。母にとって、父の正しさが「欠点だらけの人間には、まがいものの神のように思えることがあるんだ」と「俺」は感じた。そして、父に自分たちと同じような、「欠点だらけ」で、罪深く「泥にまみれた」人間の姿を求めたのではないかと言う意味で、──①を口にした。よってオが適する。

**問四**　「踏み絵」とは、江戸時代に禁止されていたキリスト教を信仰しているかどうかを判別するために人々に踏ませたキリストやマリアの像を描いた板のこと。──②の直後に、「もし、お母さんが、私を本当に愛しているなら、信仰を捨ててくれと泣きついたら、どうしたのさ？」とあり、これが「踏み絵みたいな目」にあう具体例である。母を愛しているという自分の気持ちによって行動するのか、自分の気持ちよりも神への信仰をつらぬくのかを決めなければならない場面である。よってウが適する。

**問五**　──③は、母が息子である「俺」に宛てた手紙を、父が隠していたことを指す。父は「君には明らかに、彼女が必要だった～お母さんと一緒にいたら、君は幸せなのかもしれない。この手紙を見せたら、君は彼女のところに行ってしまうかもしれないと思った。だから、隠していた～彼女に君を取られるのがいやだった」と、手紙を見せなかった理由を告白している。

**問六**　「俺と父は、仲良しじゃない～丁寧でよそよそしい間柄だった」と、父と「俺」のこれまでの関係が表されている。「神に祈っても、詫《わ》びても、正しい行動をしなければ、意味がない」という考え方の父に対して、「俺は、ものすごく半端なんで、やることも考えることも」「俺には深い考えなんてなくて、目先の感情だけなんだ」と言っている。このような父と「俺」の差のことを──④と表現している。よってウが適する。

**問七**　「常に越えられない溝」があると感じていた父に、「わがままとか見栄とか嫉妬とか、およそ、父らしくない感情を見せてもらって嬉《うれ》しかった」から、──⑤と発したのだ。よってイが適する。

**問八**　「俺」は、「お父さん、ありがとう」「俺を欲しがってくれて」と言った。「俺」を自分のものにしたいという気持ちで、父が育ててくれていたことが分かり喜んだ。それを聞いた父は、これまでは、自分が立場上しかたなく息子を育てていると思っていたのかと不安になり、「俺」に聞いてみた。よってイが適する。

**問九**　ア．「母の姿を想起させることによって間接的に理解することができる」は適さない。　イ．「父の宗教的な話に嫌悪する『俺』」は適さない。　ウ．「父の長い会話文と『俺』の短い会話文の組み合わせがお互いの気遣いを表しており」が適さない。　エ．両者の会話の合間に「俺」の気持ちや行為の文が繰り返されている。会話をしながら変化する「俺」の心情が、臨場感をもって読者に伝わる。　オ．「信仰に対する理解の少ない『俺』の生き方と宗教的価値観の間で揺れる心をテンポよく表現している」は適さない。　よってエが適する。

## 《2023　数学　解説》

I　(1)　与式$=-\frac{3}{2}\times\frac{2^3}{3^2}-\frac{12}{13}\times(\frac{21}{18}-\frac{8}{18})=-\frac{2^2}{3}-\frac{12}{13}\times\frac{13}{18}=-\frac{4}{3}-\frac{2}{3}=-\frac{6}{3}=\mathbf{-2}$

(2)　与式$=2(x^2-5x+6)=\mathbf{2(x-2)(x-3)}$

(3)　与式$=5-7+8-2\sqrt{8}+1+3\sqrt{2}=7-2\times2\sqrt{2}+3\sqrt{2}=\mathbf{7-\sqrt{2}}$

(4)　データを小さい順に並べると，右図のようになる。20人の中央値は，20÷2＝10より，大きさ順に並べたときの10番目と11番目の値の平均だから，(7＋8)÷2＝**7.5**である。範囲は，(最大値)－(最小値)＝10－1＝**9**

| | | | | | | | | | |
|---|---|---|---|---|---|---|---|---|---|
| 1 | 2 | 4 | 4 | 5 | 5 | 5 | 6 | 7 | 7 |
| 8 | 8 | 8 | 9 | 9 | 9 | 9 | 9 | 9 | 10 |

(5)　**【解き方】円の接線は接点を通る半径に垂直だから，右のように作図できる。また，等しい弧に対する円周角は等しいから，$\overset{\frown}{AB}=\overset{\frown}{BC}$より，∠ＢＡＣ＝∠ＢＣＡ＝35°である。**

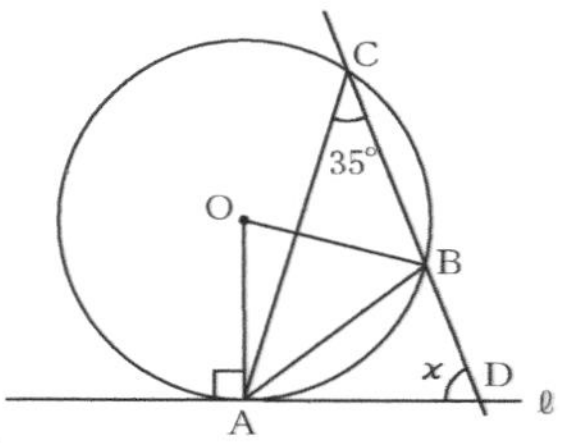


中心角は同じ弧に対する円周角の２倍の大きさだから，∠ＡＯＢ＝35°×２＝70°

△ＯＡＢは二等辺三角形だから，∠ＯＡＢ＝(180°－70°)÷２＝55°なので，

∠ＢＡＤ＝90°－55°＝35°　　△ＡＤＣの内角の和より，∠$x$＝180°－35°×３＝**75°**

(6)　**【解き方】10 枚から異なる２枚を選ぶ組み合わせの数は，10 枚から１枚ずつ続けて引く引き方の数の$\frac{1}{2}$である。**

10 枚から１枚ずつ続けて引くとき，１枚目は 10 通り，２枚目は９通りの引き方があるから，10×９＝90(通り)の引き方がある。これらをもとに 10 枚から異なる２枚を選ぶ組み合わせの数を考えると，例えば(１枚目，２枚目)＝(０，１)(１，０)からは，０と１という１組ができるから，組み合わせは全部で $90\times\frac{1}{2}$＝45(組)できる。

このうち２枚の数の和が３の倍数になる組み合わせは，次の樹形図の 15 組だから，求める確率は，$\frac{15}{45}=$ $\mathbf{\frac{1}{3}}$

0 ─ 3, 6, 9　　1 ─ 2, 5, 8　　2 ─ 4, 7　　3 ─ 6, 9　　4 ─ 5, 8　　5 ─ 7　　6 ─ 9　　7 ─ 8

(7)　**【解き方】$y$＝－２$x$＋１のグラフは右下がりの直線だから，$x$の値が大きくなるほど$y$の値は小さくなる。**

－２≦$x$≦５なので，$y$の最小値は$x$＝５のときの$y$＝－２×５＋１＝－９，$y$の最大値は$x$＝－２のときの，

$y$＝－２×(－２)＋１＝５である。よって，$y$の変域は，**－９≦$y$≦５**

(8)　与式に$x$＝－11 を代入すると，121＋11＋ａ＝０　　ａ＝－132

$x^2$－$x$－132＝０より，($x$－12)($x$＋11)＝０　　$x$＝**12，－11**

Ⅱ　(1)　**【解き方】２人が 80 秒で進んだ道のりの和が 540m である。**

80 秒＝$\frac{80}{60}$分＝$\frac{4}{3}$分だから，$\frac{4}{3}x+\frac{4}{3}y$＝540 より，$x$＋$y$＝405　　**$y$＝－$x$＋405**

(2)　**【解き方】ＡさんがＢさんに追いついたので，Ａさんが 36 分で進んだ道のりは，Ｂさんが 36 分で進んだ道のりよりもコース１周分＝540m 長い。**

36$x$－36$y$＝540 より，$x$－$y$＝15　　この式と$y$＝－$x$＋405 を連立方程式として解くと，$x$＝210，$y$＝195 となる。

よって，Ａさんの速さは分速 **210**m，Ｂさんの速さは分速 **195**m である。

Ⅲ　(1)　△ＡＢＤと△ＡＧＩにおいて，ＡＢ＝ＡＧ，∠ＡＢＤ＝∠ＡＧＩ＝45°，∠ＢＡＤ＝∠ＧＡＩだから，

**１組の辺とその両端の角がそれぞれ等しい**ので，△ＡＢＤ≡△ＡＧＩ

(2)　**【解き方】45°の角度を太線でかきこむと右図のようになる。図が正確にかかれているようなので，先に△ＡＢＤと似た形の三角形を見つけて，それが相似かどうか確認する。**

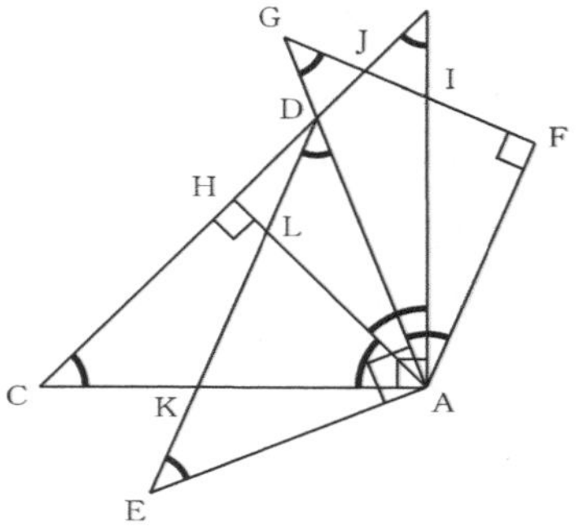


△ＡＢＤと似た形の三角形として，△ＡＥＫ，△ＤＣＫ，△ＡＤＬがある。

∠ＢＡＤ＝90°－∠ＣＡＤ＝∠ＥＡＫだから，△ＡＢＤ∽**△ＡＥＫ**

△ＡＥＫ∽△ＤＣＫだから，△ＡＢＤ∽**△ＤＣＫ**

また，仮に△ＡＢＤ∽△ＡＤＬだとすると，∠ＢＡＤ＝∠ＤＡＬ＝45°÷２＝22.5°でなければならない。しかし，∠ＢＡＤの角度を少し変えても，問題文の仮定をすべて満たすように図をかくことができるので，∠ＢＡＤの角度は１つに決まらない。よって，△ＡＢＤと△ＡＤＬは相似ではない。

Ⅳ　(1)　$y$＝$x^2$にＡ，Ｂの$x$座標をそれぞれ代入すると，$y$＝(－１)$^2$＝１，$y$＝２$^2$＝４となるから，Ａ(－１，１)，

B$(2,\ 4)$である。したがって，直線$\ell$の傾きは，$\dfrac{4-1}{2-(-1)}=1$だから，Aから$x$座標が1増えて0になると$y$座標は$1\times1=1$増えて$1+1=2$になる。よって，直線$\ell$の式は，**$y=x+2$**

⑵　**【解き方】直線ＯＰが△ＯＡＢの面積を２等分するのは，ＰがＡＢの中点のときである。**

Ｐの座標は，$\left(\dfrac{(\text{AとBの}x\text{座標の和})}{2},\ \dfrac{(\text{AとBの}y\text{座標の和})}{2}\right)=\left(\dfrac{-1+2}{2},\ \dfrac{1+4}{2}\right)=\left(\dfrac{1}{2},\ \dfrac{5}{2}\right)$

よって，直線ＯＰの傾きは，$\dfrac{5}{2}\div\dfrac{1}{2}=5$だから，直線ＯＰの式は，**$y=5x$**

⑶　**【解き方】直線ＡＣと$y$軸の交点をＱとすると，Ｑ$(0,\ a)$である。**

**直線ＡＣの式をａの式で表してから，直線ＡＣと放物線の交点を求める。**

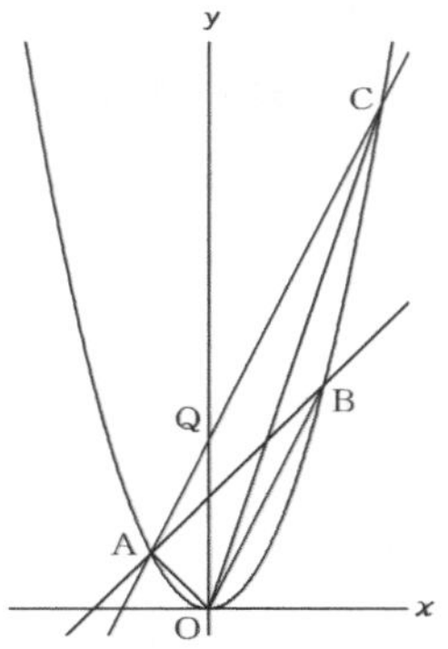


Ａ，Ｑの座標から，直線ＡＣの傾きは，$\dfrac{a-1}{0-(-1)}=a-1$だから，

直線ＡＣの式は$y=(a-1)x+a$と表せる。この式と$y=x^2$を連立させて

$y$を消去すると，$x^2=(a-1)x+a$　　$x^2-(a-1)x-a=0$

$x^2+(-a+1)x-a=0$　　$(x-a)(x+1)=0$　　$x=a,\ -1$

$x=-1$はＡの$x$座標だから，Ｃの$x$座標は$x=a$であり，$y$座標は$a^2$なので，

Ｃ$(a,\ a^2)$となる。△ＯＡＣ$=\dfrac{1}{2}\times$ＯＱ$\times$(ＡとＣの$x$座標の差)$=$

$\dfrac{1}{2}\times a\times\{a-(-1)\}=\dfrac{1}{2}a(a+1)$となるから，△ＯＡＣの面積について，

$\dfrac{1}{2}a(a+1)=6$　　$a^2+a-12=0$　　$(a+4)(a-3)=0$　　$a=-4,\ 3$　　$a>0$より，**$a=3$**

⑷　**【解き方】⑶より，Ｄ$(b,\ b^2)$，△ＯＡＤ$=\dfrac{1}{2}b(b+1)$と表せる。**

△ＯＡＢ$=\dfrac{1}{2}\times$(切片)$\times$(ＡとＢの$x$座標の差)$=\dfrac{1}{2}\times2\times\{2-(-1)\}=3$だから，△ＯＡＤの面積について，

$\dfrac{1}{2}b(b+1)=3\times6$　　$b^2+b-36=0$

２次方程式の解の公式より，$b=\dfrac{-1\pm\sqrt{1^2-4\times1\times(-36)}}{2\times1}=\dfrac{-1\pm\sqrt{145}}{2}$　　$b>0$より，**$b=\dfrac{-1+\sqrt{145}}{2}$**

Ⅴ　⑴　**【解き方】右のように作図する(Ｏは円の中心，Ｄは接点)と，**

**$\angle$ＢＡＥ$=\dfrac{1}{2}\angle$ＢＡＣ$=\dfrac{1}{2}\times60°=30°$となるから，△ＯＡＤは３辺の比が**

**$1:2:\sqrt{3}$の直角三角形となる。**

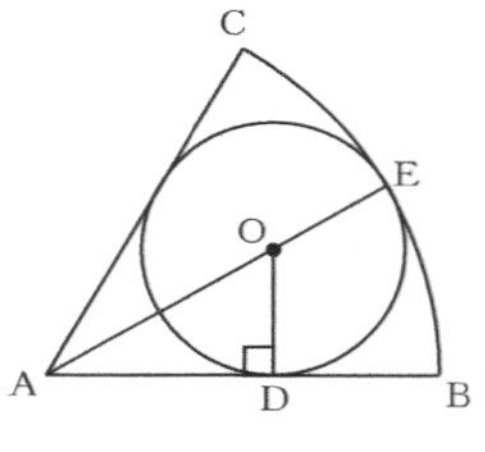


円Ｏの半径をｒとすると，ＡＯ$=2$ＯＤ$=2r$，ＯＥ$=r$だから，ＡＥの長さについて，$2r+r=3$　　$r=1$(cm)

よって，$\overset{\frown}{\text{BC}}=2\pi\times3\times\dfrac{60°}{360°}=\pi$(cm)，$\ell=2\pi\times1=2\pi$(cm)だから，

$\overset{\frown}{\text{BC}}:\ell=\pi:2\pi=$**$1:2$**

⑵　**【解き方】△ＡＢＣは正三角形だから，右のように作図すると，図形の対称性から点Ｃ，Ｏ，Ｆは一直線上に並び，△ＯＡＢ≡△ＯＢＣ≡△ＯＣＡとなる。**

**△ＯＡＢと△ＯＣＡとおうぎ形ＯＢＣの面積の和から，おうぎ形ＡＢＣの面積を引けばよい。**

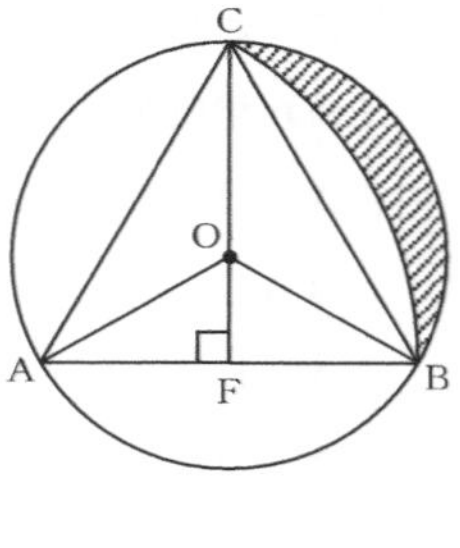


$\angle$ＢＡＯ$=\dfrac{1}{2}\angle$ＢＡＣ$=30°$だから，△ＯＡＦは３辺の比が$1:2:\sqrt{3}$の直角三角形である。ＡＦ$=\dfrac{1}{2}$ＡＢ$=\dfrac{3}{2}$(cm)だから，ＯＦ$=\dfrac{1}{\sqrt{3}}$ＡＦ$=\dfrac{1}{\sqrt{3}}\times\dfrac{3}{2}=\dfrac{\sqrt{3}}{2}$(cm)，

ＯＡ$=2$ＯＦ$=\sqrt{3}$(cm)なので，円Ｏの半径は**$\sqrt{3}$cm**である。

△ＯＡＢ$=\dfrac{1}{2}\times$ＡＢ$\times$ＯＦ$=\dfrac{1}{2}\times3\times\dfrac{\sqrt{3}}{2}=\dfrac{3\sqrt{3}}{4}$(cm²)，△ＯＣＡ$=$△ＯＡＢ$=\dfrac{3\sqrt{3}}{4}$cm²，

$\angle$ＢＯＣ$=2\angle$ＢＡＣ$=120°$だから，(おうぎ形ＯＢＣの面積)$=(\sqrt{3})^2\pi\times\dfrac{120°}{360°}=\pi$(cm²)

(おうぎ形ＡＢＣの面積)$=3^2\pi\times\dfrac{60°}{360°}=\dfrac{3}{2}\pi$(cm²)

よって，斜線部分の面積は，$\frac{3\sqrt{3}}{4}\times 2+\pi-\frac{3}{2}\pi=\frac{3\sqrt{3}-\pi}{2}$(㎠)

## 《2023　英語　解説》

I　Part 1⑴　A「Wise 先生，どうして日本にいらっしゃったのですか？」→B「そうですね，私は大学で日本語を勉強したのですが，もっと上達したかったからです」→A「そうですか！日本語をどのくらい勉強しているのですか？」→B「そうですね…」より，エ「５年間です」が適当。　⑵　A「先生は私たちの学校で何をしたいですか？」→B「教えることを始めたいです！明日はお互いに最初の授業ですね」→A「そうですね。私たちは先生の授業を楽しみにしています」→B「ありがとう。私は…」より，イ「それを聞いて嬉しいです」が適当。

⑶　A「私たちは次に何をするべきでしょうか？」→B「みなさんに短い紹介文を書いてほしいです」→A「何語ぐらい書いたらいいですか？」→B「約 30 語です。もっと何か質問がありますか？」より，ア「何でも気軽に聞いてください」が適当。　⑷　A「先生にまた会えるのはいつですか？」→B「来週，会えます。どのクラスにも週に１回，教えにきます」→A「３Ｃのクラスには行ったことがありますか？友達のクラスなんです」→B「調べてみましょう。いいえ，行ったことはないですね。でも…」より，イ「そのクラスには明日，教えにいきます」が適当。

Part２［Ａ］【放送文の要約】参照。

【放送文の要約】

2023 年１月 23 日のニュースの時間にようこそ。私は司会者の Charlie Smalls です。今日のニュースはイタリアのトリノからです。昨日の早朝，名古屋市長が Turin，またはトリノとも言いますが，この空港に到着しました。名古屋とトリノは 2005 年から姉妹都市となっています。今日，⑴ウ両市の市長は⑶エ市庁舎で⑵イ会議を行い，2023 年に計画している新しい留学プログラムを発表しました。両市長は地方の高校の間でこのプログラムを再スタートすることを楽しみにしている，と述べました。最後に，両市長は明日，スキーで有名な美しい山を訪れる，と述べました。

Ⅱ［Ａ］【本文の要約】参照。

⑴「これらのうち，どれが正しいですか？」…ア「アレックスが動物園で好きな動物は×ライオンである」

イ「リナは２番目にグリーンエリアを訪れる予定である」…リナの２回目の発言と一致するから，正しい。

ウ×「アレックスは次に動物園へ行くときにペンギンウォークを見るつもりである」…本文にない内容。

エ「リナは×グリーンエリアでホッキョクグマを見るつもりである」

⑵「リナがペンギンウォークを見ることができるのは何時ですか？」…リナの４回目の発言より，リナがペンギンウォークを見られるのはウ「15 時 30 分」。

【本文の要約】

アレックス：やありナ，何をしているの？

リナ　　　：ああアレックス，来週遠足でアサヒ動物園に行くから，どのように回ればいいか，計画を立てているの。

アレックス：そこには前に行ったことがあるよ。たくさんの動物や鳥を見たよ。君の計画はどんなだい？

リナ　　　：10 時に動物園に到着する予定よ。⑴イまずイエローエリアに行ってゾウやライオンを見るの。その後グリーンエリアに行くつもり。そこではたくさんのサルや色とりどりの鳥を見ることができるから。

アレックス：僕はサルがとても好きなんだ。人間みたいに行動するからね。昼食はどこで食べるの？

リナ　　　：12 時には休憩所に行かなければならないの。そして約１時間クラスメートと昼食をとる予定。昼食の後，お店でおみやげを買うつもりよ。買い物の後はブルーエリアに行ってホッキョクグマを見るの。

アレックス：動物への餌やりの１つを見る予定はある？

リナ　　　：もちろん！(2)ウ 14 時にトラの餌やりを見に行くつもり。その後は他のエリアにも行くよ。最終的に，動物園を 16 時に出なければならないの。

アレックス：楽しそうだね！もしペンギンが好きならペンギンウォークを見るといいよ。ペンギンが歩いている姿はかわいいからね。

リナ　　　：私，ペンギンは大好きよ！

［B］【本文の要約】参照。

(1)「ユミはマイクが［1］なので落語に招いた」…ユミの３回目の発言より，ウ「彼は喜劇鑑賞が好き」が適当。

(2)「ユミとマイクは［2］にそのイベントから帰る」…English *Rakugo* の Date/Time より，落語の寄席は３時から始まる。Program より，３つの演目は全部で１時間だがそれぞれの演目の間に５分間の休憩があるから，１時間 10 分かかることになる。また，★「予約をしていただければ，すべての演目が終わった後に出演者との舞台での落語体験や写真撮影ができます。舞台での落語体験は 30 分かかります」より，彼らがイベントから帰るのは，３時から１時間 40 分（１時間 10 分＋30 分）後だから，エ「４時 40 分」が適当。

(3)「これらのうち，どれが正しいですか？」…ア「×ユミは土曜日に×家族と映画を見に行くつもりだ」イ×「マイクは日本文化を学ぶために来日した」…本文にない内容。　ウ「ユミとマイクは×予約をせずに落語の寄席に行くつもりだ」　エ○「ユミとマイクは寄席の後に舞台での落語を体験したい」…ユミとマイクのそれぞれ４回目の発言と一致するから，正しい。

【本文の要約】

ユミ　：こんにちは，マイク。今週末は何か予定がある？

マイク：こんにちは，ユミ。僕は土曜日にホストファミリーと映画に行くつもりだけれど，日曜日は予定がないよ。

ユミ　：落語を見に行かない？次の日曜日に市が落語の寄席を開催するよ。

マイク：うーん，落語って何だい？

ユミ　：それは伝統的な日本芸能の一種だよ。その日は落語を英語で楽しめるよ。(1)ウあなたの趣味は喜劇鑑賞だそうね。だから落語も気に入ると思うな。

マイク：なるほど。行きたいな。予約する必要はあるの？

ユミ　：必要ないけれど，私は予約をしたいな。(3)エ舞台で落語の体験をしたいもの。あなたも日本の文化を勉強するいい方法になるよ。

マイク：(3)エいいね！君が予約してくれる？

ユミ　：いいよ！

［C］【本文の要約】参照。

(1)「なぜリチャードはカイトに最初のメールを書いたのですか？」…リチャードからカイトへの最初のメールの内容から，イ「カイトの次回の授業の日にちを他の日に変更するため」が適当。

(2) inquiry「問い合わせ」の意味が分からなくても前後の内容から類推することができる。カイトからリチャードへのメールの内容から，ア「何かを質問すること」が適当。

(3)「これらのうち，正しくないものはどれですか？」…ア○「リチャードは東京で会議に参加する予定である」イ○「カイトは６月 24 日に水泳のレッスンがある」…カイトは毎週土曜日に水泳のレッスンがある。したがって６月 17 日の次の土曜日の６月 24 日もレッスンがある。　ウ×「リチャードはカイトの授業のことをまだ他の先生に頼んでいない」…リチャードからカイトへの２回目のメールの内容より，ケリー先生に頼んでいることがわかるから，これが正しいくない。　エ〇「カイトは次の授業をケリーから受ける」

【本文の要約】

2022年６月８日木曜日　リチャード・トンプソンからスズキカイトへのメール

件名：次の授業について

カイト，元気ですか？

この間の授業では，君の英語は良かったです！英語力が向上していると思います。

⑴イ，⑶ア私たちは君の次の授業を６月13日に予定していました。しかし私は６月13日と14日，会議のため東京に行かなくてはならないので授業ができません。私は授業の日にちを６月17日に変更できますが，それがだめな場合は他の先生が元の日にちに限り授業をすることもできます。⑴イ次の授業のことですが，君の都合のいい日にちを知らせてください。

2022年６月９日金曜日　スズキカイトからリチャード・トンプソンへのメール

件名：返信：次の授業について

リチャード先生，こんにちは。僕は元気です。期末試験のために一生懸命勉強しているところです。メールをいただき，嬉しいです。僕はいつも先生の授業を楽しく受けています。６月17日は時間が取れません。⑶イ毎週土曜日は水泳のレッスンがあるのです。⑶エ他の先生の授業を受けるのが最も良いと思います。⑵ア宿題について質問があります。この間の授業で先生が出した宿題ですが，それは次回の授業のとき持っていかなければなりませんか？

2022年６月９日金曜日　リチャード・トンプソンからスズキカイトへのメール

件名：返信：返信：次の授業について

こんにちは，メールをありがとう。

⑶エ我が校の教師のケリーに，その日だけ授業をしてくれるように頼みました。彼女はとても素敵な明るい先生なので彼女の授業も気に入ることでしょう。宿題についての⑵ア問い合わせもありがとう。前回の授業で私が出した宿題は，持ってくるのを忘れないでください。ケリーはとても優しいけれど，もし君が宿題を忘れるなら怒るかもしれませんよ。次の授業がうまくいくことを願っています。

Ⅲ　【本文の要約】参照。

⑴　too … to ～「～するにはあまりにも…すぎる」を〈too …＋for＋人＋to ～〉か〈so … that＋主語＋couldn't〉に書き換える。

⑶　下線部⑵の直後の文から，青いシートにＳＯＳと書くためだったことを答える。

⑷　「発見された」より，〈be 動詞＋過去分詞〉の受け身の文を書く。「瓶の中の彼らのメッセージ」＝Their message in a bottle　「発見された」＝was found

⑸　第２段落，第４段落から，ある家族が滝のところで身動きがとれず助けを求めていることを書けばよい。

⑹　ア×「2019年，カリフォルニアでキャンプをしていた３人は瓶の中のメッセージを見つけた」…本文にない内容。　イ「その家族はキャンプ旅行の×２日目に川を渡った」　ウ×「父親はメッセージを書いて瓶に入れ，それを岩の上に残した」…本文にない内容。　エ〇「２人がその瓶を見つけてくれたが，その家族は彼らの名前を知らなかった」

【本文の要約】

あなたは瓶にメッセージを入れて送ったことがありますか？おそらくテレビか映画で見たことがあるかもしれません。普通，こうしたメッセージは面白半分に送るものですが，あまり見つかりません。2019年，カリフォルニアでキャンプをしていた３人に，奇跡が起こりました。

ある家族がカリフォルニアで数日間キャンプをしていました。全ては順調でした。彼らは美しい森を数時間歩き，浮き輪で川を下りました。(5)３日目に高さ15メートルの滝にたどり着きました。彼らはそこで身動きがとれなくなってしまいました。川を下ることも戻ることもできなくなってしまったのです。

最初，彼らは川を渡ろうとしましたが，川の流れが速すぎました。今度は滝を降りようとしましたが，ロープが見つかりませんでした。「滝を降りるのは危険すぎて不可能だとわかった時，私は打ちのめされました」と後に父親は話しました。その家族は次に何をすべきか考えましたが，怖くてたまりませんでした。

すると父親が自分の水筒をじっと見て，いくらかの希望を見出しました。(5)水筒にメッセージを入れるべきだ！父親は水筒に「助けてください」と書き，日付を記したメモを入れました。メモにはこう書きました。「私たちは滝のところにいます。どうか助けてください」父親は水筒を滝に投げ入れました。水筒は川を下っていきました。それが見えなくなると，彼らはキャンプを張ることに決めました。

寝付く前に彼らは白い石を集め，青いシートの上に置きました。(3)石でＳＯＳと，大きな文字を書いたのです。夜中過ぎ，大きな音が聞こえました。それはヘリコプターでした。助けに来てくれたのです！D彼らは救助が来るのを翌朝まで待つようにと言われました。

ようやく救助された時，その家族は信じられないことを知りました。瓶の中の彼らのメッセージが発見されていたのです。彼らの計画は首尾よくいったのです！(6)エ瓶を見つけた２人はその状況を報告してくれましたが，名のることはしませんでした。父親は言いました。「彼らは名前や電話番号を残してくれませんでした。彼らはただ正しいと思ったことをして，それを真剣に受け止めてくれたのです。どんなに感謝しても足りません」

Ⅳ A 「あなたはどのスポーツが日本で（　　）か，知っていますか？ここに少年たちが最も好きなスポーツの（　　）があります」…(1)(2)文の流れより，「最も人気がある」という最上級が入る。(1)most，(2)popular が適当。(3)ランキングの data「データ」が適当。information「情報」でもよい。　(4)boys like the most が後ろから前にある sports を修飾しているから，関係代名詞の which または that が適当。また関係代名詞が省略されていると考えて，Japanese でもよい。

B 「データ（　　），サッカーが最も人気があるスポーツだった。また少年の間では，野球はバスケットボールと（　　）人気があった。テニスは他の５つのスポーツより人気が（　　）」…(1)　・according to ～「～によると」(2)(3)野球とバスケットボールは同じくらいの人気だから，両方とも as が適当。・as … as ～「～と同じくらい…」(4)テニスは他の５つのスポーツほど人気がなかったから，less「より少ない」が適当。

C 「私は，将来…と思います」に合うように，自分の意見を書く。20～25 語という指示を守ること，スポーツに関する意見を単語や文法のミスがない文で書くこと。(例文)「私は，将来ｅスポーツも，とても人気になると思います。多くの生徒がテレビゲームに興味を持っているので，ｅスポーツはリストにのることでしょう」

## 《2023　理科　解説》

Ⅰ　**問1(1)(2)**　炭酸水素ナトリウムを加熱すると，炭酸ナトリウムと水と二酸化炭素に分解される〔$2NaHCO_3 \rightarrow Na_2CO_3 + H_2O + CO_2$〕。

**問2(2)**　アンモニアは水に溶けやすく空気よりも密度が小さいのでアで集める。なお，水に溶けやすく空気よりも密度が大きい気体はイ，水に溶けにくい気体はウで集める。　**(3)**　塩化水素とアンモニアが反応して生じる白煙は固体の塩化アンモニウム〔$NH_4Cl$〕である。　**(4)**　塩化水素はアンモニアと同様に水に溶けやすい気体である。ただし，塩化水素の水溶液(塩酸)は酸性を示す。フェノールフタレイン溶液はアルカリ性に反応して赤色に変化するため，塩化水素を用いた場合には色が変化しない。

Ⅱ　**(1)**　〔抵抗(Ω)＝$\frac{電圧(V)}{電流(A)}$〕より，回路全体の抵抗値は$\frac{17}{3}$Ωである。また，抵抗値が同じ抵抗を並列つなぎにした場合，並列部分の合成抵抗値は抵抗の数に反比例するので，A～Gの抵抗値をそれぞれ$x$Ωとすると，CとDの合成抵抗値は$\frac{x}{2}$Ω，E～Gの合成抵抗値は$\frac{x}{3}$Ωである。よって，$x+x+\frac{x}{2}+\frac{x}{3}=\frac{17}{3}$が成り立ち，$x=2$(Ω)となる。

**(2)**　〔電圧(V)＝抵抗(Ω)×電流(A)〕より，2×3＝6(V)となる。

**(3)**　導線に抵抗がないとした場合，導線には電圧がかからないと考えてよい。

**(4)**　〔発熱量(J)＝電力(W)×時間(s)〕より，1秒あたりの発熱量は電力に比例する。〔電力(W)＝電圧(V)×電流(A)〕より，AとBの電力はそれぞれ6×3＝18(W)である。また，CとDについて，合成抵抗は$\frac{2}{2}$＝1(Ω)，電圧は1×3＝3(V)であり，3Aが等しく分かれて1.5Aずつ流れるから，電力はそれぞれ3×1.5＝4.5(W)である。さらに，E～Gについて，電圧は17－6－6－3＝2(V)であり，3Aが等しく分かれて1Aずつ流れるから，電力はそれぞれ2×1＝2(W)である。よって，AとBの電力(発熱量)はE～Gの18÷2＝9(倍)である。

**(5)**　〔電力量(Wh)＝電力(W)×時間(h)〕より，40分→$\frac{2}{3}$時間，Cの電力は4.5Wだから，4.5×$\frac{2}{3}$＝3(Wh)となる。

**(6)**　導線をつないだとき，その導線と並列つなぎのような位置にある抵抗には電流が流れなくなる。電圧が一定であれば，回路全体の抵抗が小さいほど，回路全体に流れる電流が大きくなり，回路全体の消費電力も大きくなる。(1)解説より，E～Gの並列部分の合成抵抗値が最も小さいから，この部分だけに電流が流れるようにすればよい。この部分の合成抵抗値は$\frac{2}{3}$Ωだから，〔電流(A)＝$\frac{電圧(V)}{抵抗(Ω)}$〕より，電流は17÷$\frac{2}{3}$＝$\frac{51}{2}$(A)，消費電力は17×$\frac{51}{2}$＝433.5→434Wである。

**(7)**　図2は，EとGと(A，B，H・I，F)の3つの部分が並列つなぎになった回路だから，(A，B，H・I，F)にかかる電圧は17Vである。(1)解説と同様に考えて，HとIの合成抵抗値は$\frac{4}{2}$＝2(Ω)だから，この部分全体の抵抗値は2＋2＋2＋2＝8(Ω)であり，電流は$\frac{17}{8}$Aである。また，AとBと(H・I)とFの4つの部分の抵抗値はすべて2Ωで等しいから，それぞれの部分の電圧は$\frac{17}{4}$V，消費電力は$\frac{17}{4}$×$\frac{17}{8}$＝9.0…→9Wである。

Ⅲ　**問1(1)**　BTB溶液は酸性で黄色，中性で緑色，アルカリ性で青色に変化する。息を吹き込んで緑色にしたBTB溶液は，二酸化炭素が増えれば黄色に，二酸化炭素が減れば青色に変化し，二酸化炭素の増減がなければ緑色のままである。ここでは植物のはたらきに着目し，呼吸の方がさかんに行われれば二酸化炭素が増えて黄色に，光合成の方がさかんに行われれば二酸化炭素が減って青色に変化すると考えればよい。　**(3)(4)**　管①は葉でできた養分を運ぶ師管，管②は根から吸い上げた水を運ぶ道管であり，師管と道管が集まった部分を維管束という。図2のように，茎の断面で維管束が散らばっているのは，単子葉類に見られる特徴である。

**問2(3)**　細胞壁は植物細胞だけに見られるつくりだから，植物をすべて含んだカが正答となる。

Ⅳ　**問1(1)**　大きな結晶の部分である斑晶は，マグマが地下深くでゆっくり冷えて固まるとできる。これに対し，ごく小さな鉱物の集まりやガラス質の部分である石基は，マグマが地表や地表付近で急に冷えて固まるとできる。斑晶と石基からなるつくりを斑状組織といい，斑状組織は火山岩に見られるつくりである。火山岩には，白っぽいものから順に，流紋岩，安山岩，玄武岩がある。　**(2)**　長石と石英は無色鉱物，黒雲母は有色鉱物であり，主にこれら３つの鉱物を含む火成岩は最も白っぽい色をしている。よって，(1)解説より，最も白っぽい火山岩は流紋岩である。　**(3)**　かんらん石は有色鉱物で，最も黒っぽい火成岩に多く含まれている。よって，(1)解説より，最も黒っぽい火山岩は玄武岩である。

**問２**　粒径が２㎜より小さい火山砕屑物は火山灰である。火山灰が押し固められてできた堆積岩は凝灰岩である。また，石灰岩は主成分が炭酸カルシウムだから塩酸と反応して二酸化炭素が発生するが，チャートは主成分が二酸化ケイ素だから塩酸と反応しない。

**問３(2)**　浜名湖…14.25ｍ→14250㎜より，１年あたり14250÷6300＝2.26…→2.3㎜となる。　宍道湖…7.80ｍ→7800㎜より，１年あたり7800÷6300＝1.23…→1.2㎜となる。

## 《2023　社会　解説》

Ⅰ　(1)　緯度０°の緯線である赤道の位置と，各国の位置については右図。

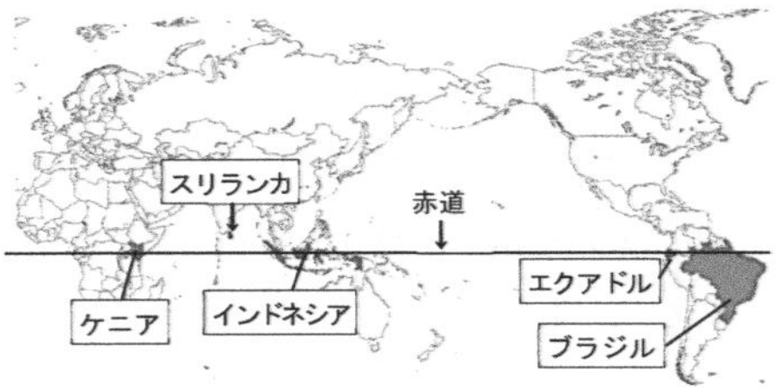


(2) i　地球の中心を通り，反対に位置する地点を対せき点という。対せき点を求めるには，緯度は，北緯と南緯を入れ替え，数値はそのまま。経度は，東経と西経を入れ替え，数値は180から引く。

ii　経度差15度で１時間，経度差１度で４分の時差が生じるから，153－122＝31(度)より，４×31＝124(分)の時差が生じる。日付変更線の西の縁に近い日本の東端のほうが時刻は進んでいるから，午前７時00分の124分(２時間４分)前は，午前４時56分である。実際の日の出時刻は，経度差だけではなく季節や緯度でも変わってくるが，今回はこれらを考えずに求める。

(3) i　日本においては，2016年の電力自由化によって，より燃料費が安いとされている石炭発電が急激に増加した。

ii　岡山県の県庁所在地の岡山市は，人口70万人を超える政令指定都市である。アは鳥取県，イは山口県，ウは島根県である。　iii　石油・石炭製品が１位となっているアは，京葉工業地域に属し，化学工業がさかんな千葉県，輸送用機械が１位となっているイは，トヨタ自動車の工場があり，自動車産業がさかんな愛知県である。食料品が１位となっているウ・エのうち，パルプ・紙が４位となっているエが北海道，残ったウを鹿児島県と判断する。北海道の苫小牧には王子製紙の工場があり，製紙業がさかんである。

(4) i　名古屋と仙台は夏に降水量が多い太平洋側の気候，高松は年降水量が少なく，比較的温暖な瀬戸内の気候，松本は年降水量が少なく，冬に冷え込む内陸の気候である。名古屋と仙台を比べたとき，東北の仙台のほうが年平均気温は低いから，夏に降水量が多いア・イのうち，気温が一年を通してイより高くなっているアを名古屋と判断する。イは仙台，ウは高松，エは松本。　ii　水力発電所は，高低差のある河川の上流の山間部に立地するため，山が多い道県に多く立地する。地熱発電所は，火山と地熱地域の分布から，東北地方と九州地方に集中する。内陸県などの山間部が多い県が上位になっているＡを水力，九州・東北の県が上位になっていて，日本最大の地熱発電所(八丁原地熱発電所)がある大分県が１位になっているＣを地熱，残ったＢを風力と判断する。　iii　日本の河川において，長さが最も長いのが信濃川，流域面積が最も大きいのが利根川であることは覚えておきたい。アは信濃川，イは利根川である。石狩川は北海道にあるので，流れている都道府県数は１となるから，ウが石狩川であり，残ったエを北上川と判断する。

(5) i　船舶輸送は，重く，大きいものを大量に輸送するのに適していて，重量あたりの輸送費用は安い。

ii　A～Cのうち，出生率・死亡率ともに最も高いBは，インド，ブラジル，ナイジェリアのなかで最も発展が遅れている国であると考えられるので，アフリカにあるナイジェリアである。インドとブラジルを比べたとき，インドのほうが人口は多く，国土面積は小さいので，人口密度が大きいAをインド，残ったCをブラジルと判断する。インドは2023年現在，人口は14億人を超えており，2023年中に中国を抜いて世界1位になると言われている。

(6) i　フランスが上位にきているAは小麦，アジアの国々で上位を占めているBは米，ブラジル・アルゼンチンなどの南米の国が上位にきているCはとうもろこしである。　iii　4県のうち，兵庫県は最も都市部が多いので，65歳以上の高齢者の人口割合が最も低いエである。アは和歌山県，イは熊本県，ウは秋田県。

(7)　ある世界宗教とはキリスト教であり，キリスト教にはプロテスタント・カトリック・正教会などの宗派がある。アメリカ合衆国やイギリス，北ヨーロッパでプロテスタントが多いのに対し，南ヨーロッパでは，カトリックの割合が高く，ほとんどの地域を南ヨーロッパのスペイン・ポルトガルなどに植民地支配されていた南アメリカでは，カトリックの割合が高い。

(8)　ヨーロッパで使われている言語は，右表のような系統に分けることができ，同じ系統の言語は，同系統の民族の言葉が変化したものであるので，文法や発音が似ているなど，共通の特徴がみられる。

| ゲルマン系言語 | スラブ系言語 |
|---|---|
| 英語<br>ドイツ語 | ロシア語<br>ウクライナ語 |
| **ラテン系言語** | **その他の言語** |
| イタリア語<br>ポルトガル語 | ギリシャ語<br>フィンランド語 |

Ⅱ (1)　①は旧石器時代。X．正しい。Y．土器を使用するようになったのは新石器時代に入ってからである。

(2)　②は弥生時代。a．貝塚からは，人々が食べた後の貝がら，動物の骨や人骨，当時使われた土器や石器などが出土している。また，当時の鎌は青銅製ではなく，石でできていた。c．米づくりが始まり，米をたくわえることができるようになったことで貧富の差が生まれた。

(3)　③は鎌倉時代。a．空海は平安時代初頭に唐から帰国し，真言宗を開いた。d．日蓮が開いた日蓮宗では，題目「南無妙法蓮華経」を唱えることで救われるとされた。

(4)　④は安土桃山時代。aザビエル来航(室町時代)→b天正遣欧使節(安土桃山時代)→c出島(江戸時代)

(5)　⑤は明治時代。X．徴兵令によって，20歳以上の男子に兵役の義務が課されたが，さまざまな免除規定のために，実際に徴兵されたのは，農家の次男や三男であった。Y．農地改革ではなく，地租改正。農地改革は太平洋戦争後に行われた。

(6)　⑥は昭和時代。b．江戸時代の松平定信による寛政の改革の記述。d．中国に対する戦争は日中戦争(1937年～)であるが，二十一か条の要求は第一次世界大戦中の1915年に提出された。

(7)　Aは伊藤博文。公共の福祉は社会全体の利益を意味し，大日本帝国憲法では規定されていない。

(8)　Bは青木昆陽。X．正しい。Y．琉球王国は明治時代に琉球処分によって沖縄県となった。

(9)　Cはナポレオン。⑨はフランス革命。a．イギリスで起こった清教徒革命(ピューリタン革命)についての記述。d．イギリスで起こった名誉革命についての記述。

(10)　Dは足利義満。aは朝鮮ではなく，中国(明)との貿易の内容で，Yは中国との貿易が行われた博多。

(11)　Eはマララ・ユスフザイ。X．世界人権宣言は1948年に採択された。Y．日本国憲法第14条の内容。

(12)　Fは藤原道長。b．藤原道長は関白にはなっていない。また，関白は成人後の天皇の補佐役である。d．兼好法師は鎌倉時代に『徒然草』を書いた。

(13)　Aは明治時代，Bは江戸時代，Cは19世紀前半，Dは室町時代，Eは現代の21世紀，Fは平安時代。

Ⅲ ⑴ ア．国民の基本的人権，特に自由権は，公共の福祉によって制限を受ける場合がある。イ．外国人の人権も保障される。ウ．A規約，B規約で成り立っているのは世界人権宣言ではなく，国際人権規約。

⑵ ア．領空は領土と領海の上空で，大気圏までとされ，宇宙空間は含まれない。イ．24海里ではなく12海里。ウ．領海から200海里ではなく，海岸線(基線)から200海里。

⑶ ア．小選挙区は1つの選挙区から1名を選ぶ。イ．衆議院議員総選挙の比例代表制では，候補者名ではなく政党名で投票される。エ．参議院議員通常選挙の比例代表制では政党名または候補者名で投票される。

⑷ 最高裁判所長官以外の最高裁判所裁判官は内閣が任命し，下級裁判所の裁判官は，最高裁判所の指名した名簿に基づいて内閣が任命する。最高裁判所長官は内閣が指名し，天皇が任命する。

⑸ 国家公務員の個人的な宗教までは制限していない。

⑹ イ．日本国憲法第29条に「財産権の内容は，公共の福祉に適合するように，法律でこれを定める」とある。ウ．他人の権利を侵害しないようにするため，一定の職業については資格が設けられている。エ．職業選択の自由は，選択した職業を実際に行う自由も含まれる。

⑻ 団体権ではなく団結権。団結権…労働者が雇用者と対等な立場で話し合うために，労働組合をつくる権利。団体交渉権…労働組合が，雇用者と労働条件の交渉をする権利。団体行動権…労働条件改善のために，ストライキなどのような，団体で抗議する権利。

Ⅳ ⑴ A．株主への配当は企業の利潤から分配される。B．正しい。

⑶ A．正しい。B．国家公安委員会ではなく，公正取引委員会。

⑷ A．正しい。B．新型コロナウイルス感染症対策で大量の国債を追加発行したため，令和2年度の公債金の割合は50%を超えている。

⑸ A．正しい。B．国民健康保険ではなく医療保険。国民健康保険は医療保険のうち，自営業などの非被用者が加入するもので，企業は保険料を支払わない。

**2022 解答例** 令和４年度

# 名古屋高等学校

## 《国　語》

一　問一．ａ．比較　ｂ．新鮮　ｃ．控　ｄ．手応　ｅ．窓辺　問二．イ　問三．Ａ．ウ　Ｂ．ア

問四．オ　問五．意識して勉強しないと、ことばの力は身につかないということ。　問六．ｉ．イ

ii．程度の高い　問七．イ

二　問一．(1)オ　(2)イ　(3)ウ　問二．ウ　問三．エ　問四．理詰め　問五．ア　問六．イ

問七．普段の関係から考えると、ルーティンについて説明してくれるとは思わなかったから。　問八．イ

## 《数　学》

Ⅰ　(1) $-12a^3$　(2) $x=4$　$y=-3$　(3) $a=4$　$b=0$　(4) $(a+b)(a-1)$　(5)105　(6)10　(7)35

Ⅱ　(1) $y=-x+\frac{3}{2}$　(2) $(-3,\ \frac{9}{2})$　(3)３　(4)（２，１）

Ⅲ　(1) $4-\frac{x}{10}$　(2) $\frac{2x}{40+x}(\frac{x}{10}+14)$　(3)10

Ⅳ　(1) $\overset{\frown}{AB}$ に対する円周角より　∠ＡＣＢ＝∠ＡＤＥ…①

$\overset{\frown}{BC}=\overset{\frown}{CD}$ より円周角が等しいので　∠ＢＡＣ＝∠ＥＡＤ…②

①・②より２組の角がそれぞれ等しいので　△ＡＢＣ∽△ＡＥＤ

(2)３　(3) $\frac{2\sqrt{15}}{5}$

Ⅴ　(1) $3\sqrt{3}$　(2) $9\sqrt{2}$　(3) $18\sqrt{2}$　(4) $11\sqrt{2}$

## 《英　語》

Ⅰ　Part１．(1)イ　(2)エ　(3)イ　(4)ア　Part２．［Ａ］(1)ア　(2)ウ　(3)ウ　［Ｂ］エ→ウ→ア→イ

Ⅱ　［Ａ］(1)ア　(2)ウ　［Ｂ］(1)74　(2)６　(3)エ　［Ｃ］(1)ウ　(2)イ　(3)エ

Ⅲ　(1)can／more　(2)イ　(3)多くの情報が他の人々に集められ，使用されるのでプライバシーが危険にさらされるかもしれない。　(4)ウ　(5)イ

Ⅳ　(1)Can I try it on　(2)How do you like it

Ⅴ　(think の例文)I have two reasons to support my opinion.　First, we can communicate with many people all over the world.　Second, it is important to learn about other cultures by learning a language.

## 《理　科》

Ⅰ　(1)ア，ウ　(2)$2Cu + O_2 \rightarrow 2CuO$　(3)イ，オ

(4)化学反応で，原子の種類は変わらないから。　(5)ウ　(6)19

Ⅱ　(1)イ　(2)エ　(3)(b)カ　(c)オ　(4)ア　(5)(e)イ　(f)ケ　(g)エ　(h)セ

Ⅲ　問１．(1)①アミラーゼ　②ペプシン　③トリプシン　(2)名称…胆汁　記号…ウ

(3)脂肪酸／モノグリセリド　記号…ウ

問２．(1)１．遺伝子　２．メンデル　(2)二重らせん　記号…ウ　(3)①27　②31

Ⅳ　(1)不整合Ｙの上…水平　不整合Ｙの下…西　(2)凝灰岩　(3)エ　(4)泥岩　(5)右図

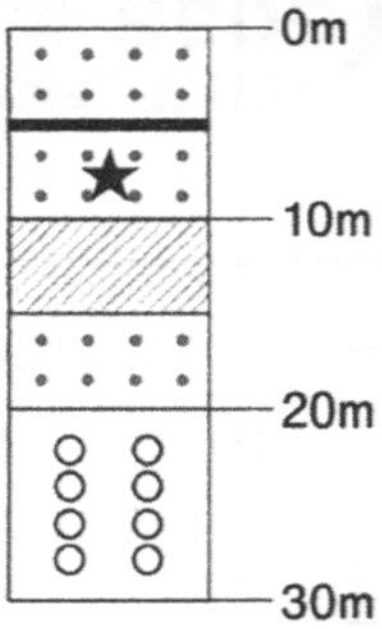


## 《社　会》

Ⅰ　(1)十和田　(2)緯度…40　都市…ア　(3)白神山地　(4)イ　(5)地熱　(6)Ｆ　(7)①ウ　②ア　(8)ア

Ⅱ　(1)エ　(2)ウ　(3)ア　(4)アフガニスタン　(5)ア　(6)カ

Ⅲ　(1)エ　(2)ア　(3)エ　(4)エ　(5)イ　(6)イ→エ→ア　(7)イ　(8)元寇　(9)雪舟　(10)下剋上

Ⅳ　(1)ａ．鹿鳴館　ｂ．陸奥宗光　ｃ．小村寿太郎　(2)エ　(3)ウ　(4)イ　(5)イ　(6)ウ　(7)ウ　(8)ウ

Ⅴ　(1)エ　(2)エ　(3)エ　(4)ウ　(5)エ　(6)イ　(7)ウ　(8)ア　(9)ア　(10)ア

Ⅵ　(1)イ　(2)イ　(3)ア　(4)エ　(5)ウ

## 《2022 国語 解説》

一 問二 ⑴「丁寧に」は、「丁寧だ」が活用したもの。「丁寧だ」は、自立語で、言い切りの形が「だ」なので、形容動詞である。形容動詞は「だろ／だっ・で・に／だ／な／なら／○」と活用する。「に」は連用形の活用語尾。

⑵「まさに」で一語。自立語で活用しない、副詞である。 ⑶単独では文節を構成することができない付属語で、活用しない、助詞(時間を表す格助詞)である。

**問四** ――①に続く部分で、国語という教科で行われてきた内容や方法を具体的に羅列し、その上で「過去、その方法は成功してきたでしょうか」と問いかけている。この問いかけは反語であり、「成功していない」ことを示唆している。それは続く段落に「どうも想定通りにはいかないようです」とあることからも読み取れる。そして、「国語の授業は繰り返されて」いるが、「小学校高学年に入った頃、勉強の内容が複雑化したり、抽象化したり」する時期になると、「複雑な思考を進めるためのことばの力を十分に持っていない」子どもが出てくると述べている。よって、この内容をまとめたオが適する。

**問五** ラジオ体操の例は、第2、第3段落にある内容をわかりやすくするためのものである。第2段落では子どもたちが「複雑な思考を進めるためのことばの力を十分に持っていない」こと、第3段落ではその理由として「子どもたちが、勉強の場面で本気になってことばを使っていない」ということを述べている。そして、ラジオ体操の例の直後の段落では、「それと同じことです。本気になって、主体的にことばを使っていない子どもに、何を教えても、私の過去のラジオ体操みたいなもので、狙っているだけの効果を生まない～ちゃんと意識してやらないと無駄が多いというわけです」とまとめている。つまり、勉強の場面できちんと意識してことばを使わないと、ことばの力を十分に身につけることができないということ。

**問六ⅰ** ――②の3段落後でくわしく説明されている。「豊かな語彙《ごい》を擁して強靱《きょうじん》かつ多彩であってほしいですが～一つちゃんとしたもの(体系)があればいい～日々の暮らしから抽象的思考までをカバーできるようなことばの力。それこそが頼りになる国語力の姿だろう」と述べ、それは「どこへ出ても恥ずかしくない普段着」とたとえられている。この内容をまとめている、イが適する。 ⅱ ――②のような力を、自らの姿勢で示し、生徒たちの国語力を育てた人物が、筆者の恩師「大村はま」である。「大村はま」の語り方の様子を「程度の高いことを、こなれたやさしいことばで語るその姿が、私は好きでした」と述べていることから、下線部が23字。

**問七** イの「自然に身についている『普段着』のことばが、複雑で抽象的な思考までをカバーできることばとなる」は間違い。本文では、「日常の言葉を超えて身につけたい国語力」「難しいことに対応するための国語力」「日々の暮らしから抽象的思考までをカバーできるようなことばの力」を育てる土壌について、「大村はま」のことばの使い方を伝えるあり方を取り上げている。アは、【 A 】の直前の段落の内容に適する。ウは、「大村はま」のことばの使い手としてのあり方を述べた、最後から2～3段落目の内容に適する。エは、第2段落の内容に適する。オは、最後の段落の内容に適する。

二 問二 受川《うけがわ》の心情や様子を表現した部分に着目する。まず、雨夜《あまや》と酒井が何かしゃべっているような様子を見て「ぎくりとして立ち止まった」とあることから、驚いているのだとわかる。次に、「なんの話かはわからないが、俺の話をしているのはわかる。若干不機嫌な声を出す」とあることから、不満に思っていることが読み取れる。そして、「なんとなくわかってきた。こいつら、二人とも俺のスタートを見ていたのだ」と理解したのである。これらの内容に、ウが適する。

**問三**　直後で「なんでだろう。さっき雨夜に余計なアドバイスしちまったせいかな」と思い、二走の雨夜を見ながら、雨夜と「過去最高に長くしゃべったな」と思ったり、雨夜のことを考えたりしている。また、雨夜に言われたことから「兄貴の言葉」まで思い出してしまい、それらを振り切るように「頭を振った」とある。これらの内容から、エのような理由が読み取れる。

**問四**　直前に「研究熱心なタイプだと思ったことはなかった。直情的で、どちらかというと直感で走っていそうな。でも本人もさっきぼそっと言っていたな」とあることから、［　A　］には、「研究熱心な」に通じる意味を持つ言葉、「直情的で」「直感で」とは対照的な意味の言葉が入るとわかる。【文章Ⅰ】で受川が「俺は天才じゃないから、理詰めなんだよ。スタートだって元々苦手だったから色々勉強して練習して、得意にしただけ」と語っている。「理詰め」とは、理屈や論理で押し通すこと。

**問五**　雨夜は「受川のことが苦手」で、「受川とは、入部当初からあまり馬が合わない」という関係であり、受川が自分にルーティンとは何かを説明してくれたことに「説明してくれるとは思わなかったので、少し驚いた」、受川にスタブロの置き方について訊ねると「想像以上に丁寧が答えが返ってきて、普通に感心してしまう」とある。つまり、雨夜と受川は、普段はそのような話もしないほど気まずい関係にあるが、このときの受川は少し違っていた。その勢いで、雨夜は「受川って、カーブ上手いから〜ちゃんと工夫してるんだな」と、受川のことを評価するような言い方をしてしまったのである。受川のぶすっとした答えで自分が「少し調子に乗りすぎた」ことに気づき、「ごめん〜思っただけ」と言ったのである。この内容に、アが適する。

**問六**　雨夜が受川とのやりとりを通して思ったことは、【文章Ⅱ】の最後の部分で語られている。「試してみたいと思った。受川が今言ってくれたこと。あまり、自分でもきちんと考えたことがなかったこと。スタートが苦手な理由。僕は自分の走りを、全然わかっていなかったのかもしれない」とあることに、イが適する。

**問七**　「雨夜が意外そうな顔をしている」にあたる部分を、雨夜の視点で書かれた【文章Ⅱ】で見てみると、「説明してくれるとは思わなかったので、少し驚いた」とある。つまり「説明してくれるとは思わなかったので」が解答の中心となる。問五の解説を参照。普段の気まずい関係からそのように思ったということを補ってまとめる。

**問八**　ア．酒井が受川について「ほらな、こいつこういう性格だから。だから緊張しないんだよ。図太いの。性格悪いの」と口悪く言っているが、他の受川に関する記述を見ると、陸上について色々勉強していて、苦手なスタートを練習して得意にしたり、雨夜に丁寧に説明をしたり、雨夜の言葉や兄の言葉を思い出したりしていることが読み取れる。よって、酒井の発言だけで受川の人物像をとらえているアは適さない。　イ．【文章Ⅰ】で受川が「俺は天才じゃないから、理詰めなんだよ。スタートだって元々苦手だったから色々勉強して練習して、得意にしただけ」と語っていることや、スタブロの置き方について答えた受川を雨夜が「丁寧に答えられる。それはつまり、それだけ知識を持っているということだ」と思っていること、雨夜に具体的なアドバイスをしていることなどから、イは適する。また、【文章Ⅰ】の最後で兄の言葉を思い出していることにも合う。　ウ．雨夜の言う「彼」（［　A　］の次の行）が、受川の兄のことを指すかどうかは、本文からは確認できない。また、「親友である」も合わない。　エ．「受川に頭から否定されて」が合わない。また、「悩んでいる」という部分も【文章Ⅱ】の最後に語られる雨夜の心情と合わない。　オ．酒井が、受川と雨夜の「ぎくしゃくした関係をなんとか取り持とうとして努力している」という内容は、本文中で語られていない。

## 《2022　数学　解説》

I　(1)　与式$=-8a^3b^3\times\frac{1}{6}a^2b\div\frac{1}{9}a^2b^4=-\frac{4}{3}a^5b^4\times\frac{9}{a^2b^4}=-12a^3$

(2)　$\frac{2x-5}{3}+y=-2$の両辺を3倍すると，$2x-5+3y=-6$　　$2x+3y=-1$…①

$\frac{x}{2}-\frac{1-y}{4}=1$の両辺を4倍すると，$2x-(1-y)=4$　　$2x-1+y=4$　　$2x+y=5$…②

①−②で$x$を消去すると，$3y-y=-1-5$　　$2y=-6$　　$y=-3$

②に$y=-3$を代入すると，$2x-3=5$　　$2x=8$　　$x=4$

(3)　**【解き方】$y=-\frac{1}{4}x^2$のグラフは下に開いた放物線なので，$x$の絶対値が大きいほど，$y$の値は小さくなる。**

$-2\leqq x\leqq a$のとき，$-4\leqq y\leqq b$となる。$y=-\frac{1}{4}x^2$は$x=-2$のとき$y=-\frac{1}{4}\times(-2)^2=-1$だから，

$x=a$のときに最小値である$y=-4$となることがわかる。

よって，$y=-\frac{1}{4}x^2$に$x=a$，$y=-4$を代入すると，$-4=-\frac{1}{4}a^2$　　$a^2=16$　　$a=\pm4$

$-2\leqq a$だから，$a=4$

$-2\leqq x\leqq 4$のとき，$y$の最大値は$x=0$のときの$y=0$だから，$b=0$

(4)　与式$=a^2+ab-a-b=a(a+b)-(a+b)=(a+b)(a-1)$

(5)　右のように記号をおく。

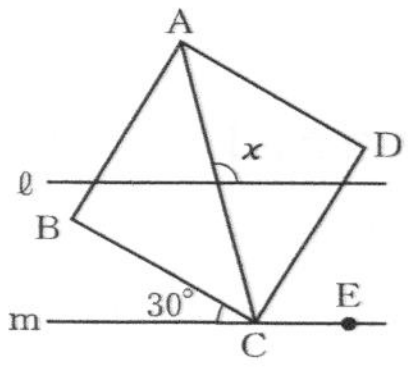


△BACはBA＝BCの直角二等辺三角形だから，∠BCA＝45°

よって，∠ACE＝180°−30°−45°＝105°

平行線の同位角は等しいから，$\angle x$＝∠ACE＝105°

(6)　$(x,\ y,\ z)$の組は，(1，2，6)(1，3，5)(1，4，4)(1，5，3)

(2，2，5)(2，3，4)(2，4，3)(3，2，4)(3，3，3)(4，2，3)の10通りある。

(7)　$\sqrt{\frac{45n}{28}}=\sqrt{\frac{3^2\times5\times n}{2^2\times7}}=\frac{3}{2}\sqrt{\frac{5\times n}{7}}$が有理数となる最も小さいnは，$n=5\times7=35$である。

II　(1)　**【解き方】平行な直線は傾きが等しいことを利用する。**

直線ℓの傾きは，直線OBの傾きに等しく，$\frac{0-2}{0-(-2)}=-1$だから，式は$y=-x+b$と表せる。

これがA$(1,\ \frac{1}{2})$を通るので，$\frac{1}{2}=-1+b$より，$b=\frac{3}{2}$　　よって，直線ℓの式は$y=-x+\frac{3}{2}$である。

(2)　**【解き方】Cは放物線$y=\frac{1}{2}x^2$…①と直線$y=-x+\frac{3}{2}$…②との交点なので，これらを連立方程式として解く。**

②に①を代入すると，$\frac{1}{2}x^2=-x+\frac{3}{2}$　　$x^2+2x-3=0$　　$(x+3)(x-1)=0$　　$x=-3,\ 1$

Aの$x$座標が$x=1$だから，Cの$x$座標は$x=-3$である。

①に$x=-3$を代入すると，$y=\frac{1}{2}\times(-3)^2=\frac{9}{2}$だから，C$(-3,\ \frac{9}{2})$

(3)　**【解き方】右の「座標平面上の三角形の面積の求め方」を利用する。**

直線ℓの切片をEとすると，E$(0,\ \frac{3}{2})$，OE$=\frac{3}{2}$

△OAC$=\frac{1}{2}\times$OE$\times$(AとCの$x$座標の差)$=$

$\frac{1}{2}\times\frac{3}{2}\times\{1-(-3)\}=3$

**座標平面上の三角形の面積の求め方**

下図において，△OST＝△OSU＋△OTU＝

△OMU＋△ONU＝△MNUだから，

△OSTの面積は以下の式で求められる。

**△OST$=\frac{1}{2}\times$OU×(SとTの$x$座標の差)**

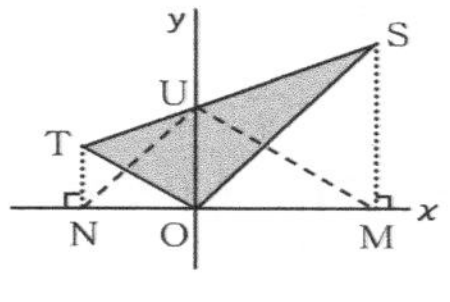


(4)　**【解き方】直線OAと直線BCの交点をFとする。**

**OB//ACより△FBO∽△FCAだから，相似比からFの座標を求められる。四角形OACBと△CBDの面積をsとし，△CFAと△CFDの面積をsの式で表して，面積比からFA：FDを求める。**

ＯＢ//ＡＣだから，ＯＢ：ＡＣ＝(ＯとＢの$x$座標の差)：(ＡとＣの$x$座標の差)＝

{０－(－２)}：{１－(－３)}＝１：２

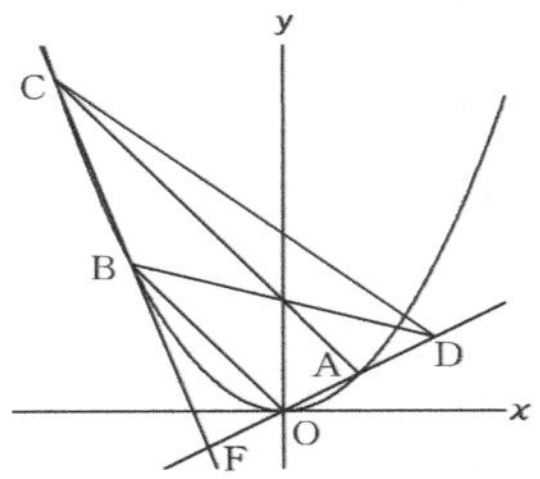


したがって，△ＦＢＯと△ＦＣＡの相似比は１：２だから，ＦＯ：ＯＡ＝１：１

これより，ＦはＯについてＡと点対称だから，Ｆ$(-1,\ -\frac{1}{2})$

△ＦＢＯ：△ＦＣＡ＝$1^2$：$2^2$＝１：４だから，

△ＣＦＡ＝(四角形ＯＡＣＢの面積)×$\frac{4}{4-1}$＝$\frac{4}{3}$s

また，△ＣＢＤ：△ＣＦＤ＝ＣＢ：ＣＦ＝１：２だから，△ＣＦＤ＝２△ＣＢＤ＝２s

したがって，ＦＡ：ＦＤ＝△ＣＦＡ：△ＣＦＤ＝$\frac{4}{3}$s：２s＝２：３より，ＦＤ＝$\frac{3}{2}$ＦＡで，３点Ｆ，Ａ，Ｄは同一直線上の点だから，(ＦとＤの$x$座標の差)＝$\frac{3}{2}$(ＦとＡの$x$座標の差)＝$\frac{3}{2}\times\{1-(-1)\}=3$

同様に，(ＦとＤの$y$座標の差)＝$\frac{3}{2}$(ＦとＡの$y$座標の差)＝$\frac{3}{2}\times\{\frac{1}{2}-(-\frac{1}{2})\}=\frac{3}{2}$

よって，Ｄの$x$座標は(Ｆの$x$座標)＋３＝－１＋３＝２，Ｄの$y$座標は(Ｆの$y$座標)＋$\frac{3}{2}=-\frac{1}{2}+\frac{3}{2}=1$だから，

Ｄ(２，１)である。

Ⅲ (1) 容器Ａから$x$ｇの砂糖水を取り出すと，容器Ａには10％の砂糖水が$(40-x)$ｇあるから，含まれる砂糖の重さは，$(40-x)\times\frac{10}{100}=4-\frac{x}{10}$(ｇ)と表せる。

(2) **【解き方】(含まれる砂糖の重さ)＝$\frac{(取り出した砂糖水の重さ)}{(全体の砂糖水の重さ)}$×(全体に含まれる砂糖の重さ)で求める。**

10％の砂糖水$x$ｇ，35％の砂糖水40ｇに含まれる砂糖の重さはそれぞれ，$x\times\frac{10}{100}=\frac{x}{10}$(ｇ)，$40\times\frac{35}{100}=14$(ｇ)

容器Ａから$x$ｇの砂糖水を取り出して容器Ｂに入れると，容器Ｂには$(40+x)$ｇの砂糖水があり，含まれる砂糖の重さは$(\frac{x}{10}+14)$ｇになる。よって，容器Ａに入れた$2x$ｇの砂糖水に含まれる砂糖の重さは，$\frac{2x}{40+x}(\frac{x}{10}+14)$ｇと表せる。

(3) **【解き方】容器Ａに含まれる砂糖の重さについて，$x$の方程式をたてる。**

すべての操作を終えたあと，容器Ａには$40-x+2x=40+x$(ｇ)の砂糖水があり，それに含まれる砂糖の重さは

$4-\frac{x}{10}+\frac{2x}{40+x}(\frac{x}{10}+14)=\frac{40-x}{10}+\frac{2x}{40+x}\times\frac{x+140}{10}=\frac{(40-x)(40+x)+2x(x+140)}{10(40+x)}=\frac{1600-x^2+2x^2+280x}{10(40+x)}=$

$\frac{x^2+280x+1600}{10(40+x)}$(ｇ)　容器Ａの濃度は18％なので，含まれる砂糖の重さについて，

$(40+x)\times\frac{18}{100}=\frac{x^2+280x+1600}{10(40+x)}$　$9(40+x)^2=5(x^2+280x+1600)$

$9(x^2+80x+1600)=5x^2+1400x+8000$　$9x^2+720x+14400=5x^2+1400x+8000$

$4x^2-680x+6400=0$　$x^2-170x+1600=0$　$(x-10)(x-160)=0$　$x=10,\ 160$

$0\leqq x\leqq 40$より，$x=10$

Ⅳ (1) まず，問題文の仮定を図にかきこんで，証明のために必要な条件を探そう。条件が足りない場合は，問題の内容に応じて，図形の性質，平行線の同位角・錯角，円周角の定理などからわかることもかきこんでみよう。

(2) **【解き方】$\overset{\frown}{AB}=\overset{\frown}{BC}=\overset{\frown}{CD}$で，等しい弧に対する円周角は等しいから，右図で同じ記号をつけた角は等しい。△ＡＢＤにおいて，内角の二等分線の定理を利用する。**

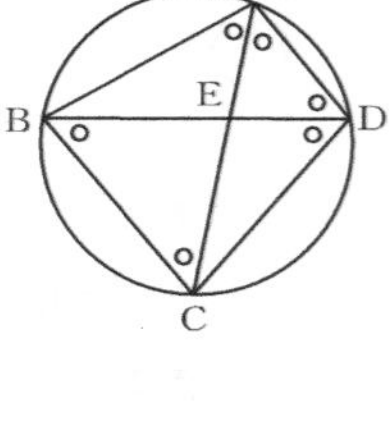


△ＡＥＤ，△ＢＥＣは二等辺三角形だから，ＢＥ：ＥＤ＝ＣＥ：ＥＡ＝３：２

△ＡＢＤにおいて，内角の二等分線の定理より，ＡＢ：ＡＤ＝ＢＥ：ＥＤ＝３：２

ＡＢ＝$\frac{3}{2}$ＡＤ＝$\frac{3}{2}\times2=3$(㎝)

(3) **【解き方】△ＡＢＣ∽△ＡＥＤであることを利用する。**

ＡＥ：ＡＣ＝２：(２＋３)＝２：５だから，ＡＥ＝$x$㎝とすると，ＡＣ＝$\frac{5}{2}$ＡＥ＝$\frac{5}{2}x$(㎝)

ＡＢ：ＡＥ＝ＡＣ：ＡＤ　3：$x=\frac{5}{2}x$：2　$\frac{5}{2}x^2=6$　$x^2=\frac{12}{5}$

$x=\pm\frac{\sqrt{12}}{\sqrt{5}}=\pm\frac{2\sqrt{3}}{\sqrt{5}}=\pm\frac{2\sqrt{15}}{5}$　$x>0$より，$x=\frac{2\sqrt{15}}{5}$だから，ＡＥ＝$\frac{2\sqrt{15}}{5}$cmである。

Ｖ　(1)　△ＡＢＣは正三角形で，ＭはＢＣの中点なので，ＡＭ⊥ＢＣである。

よって，△ＡＢＭは3辺の長さの比が1：2：$\sqrt{3}$の直角三角形なので，ＡＭ＝$\frac{\sqrt{3}}{2}$ＡＢ＝$\frac{\sqrt{3}}{2}\times 6=3\sqrt{3}$

(2)　**【解き方】(1)と同様にして，ＤＭ＝$3\sqrt{3}$だから，△ＡＭＤはＡＭ＝ＤＭの二等辺三角形となるから，右のように作図すると，ＡＨ＝$\frac{1}{2}$ＡＤ＝$\frac{1}{2}\times 6=3$となる。**

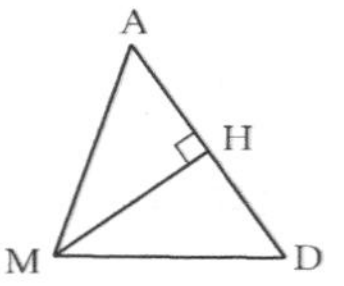


三平方の定理より，ＭＨ＝$\sqrt{\mathrm{AM}^2-\mathrm{AH}^2}=\sqrt{(3\sqrt{3})^2-3^2}=3\sqrt{2}$

よって，△ＡＭＤ＝$\frac{1}{2}$×ＡＤ×ＭＨ＝$\frac{1}{2}\times 6\times 3\sqrt{2}=9\sqrt{2}$

(3)　**【解き方】ＡＭ⊥ＢＣ，ＤＭ⊥ＢＣより，△ＡＭＤとＢＣは垂直であり，ＭはＢＣの中点だから，正四面体ＡＢＣＤは平面ＡＭＤで体積が2等分される。**

三角すいＣ－ＡＭＤの体積は，$\frac{1}{3}$×△ＡＭＤ×ＭＣ＝$\frac{1}{3}\times 9\sqrt{2}\times 3=9\sqrt{2}$

よって，正四面体ＡＢＣＤの体積は，$9\sqrt{2}\times 2=18\sqrt{2}$

(4)　**【解き方】切り口は右図の太線部分であり，ＲはＤＢの中点となる。Ｂを含む立体の体積は，(四角すいＱ－ＲＢＣＮの体積)＋(三角すいＢ－ＰＱＲの体積)で求める。**

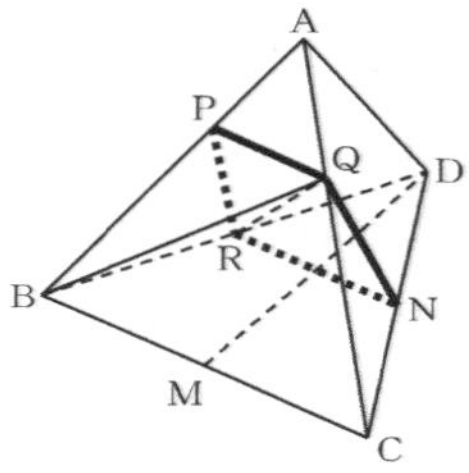


△ＢＣＤについて，中点連結定理より，△ＢＣＤ∽△ＲＮＤで，相似比が2：1だから，面積比は$2^2$：$1^2$＝4：1である。

よって，△ＢＣＤと四角形ＲＢＣＮの面積比は，4：(4－1)＝4：3

ＡＣ：ＱＣ＝(1＋2)：2＝3：2だから，△ＢＣＤからＡまでの距離とＤまでの距離の比も3：2である。したがって，四角すいＱ－ＲＢＣＮは正四面体と比べて，底面積が$\frac{3}{4}$倍，高さが$\frac{2}{3}$倍だから，体積は，$18\sqrt{2}\times\frac{3}{4}\times\frac{2}{3}=9\sqrt{2}$

また，正四面体と三角すいＢ－ＡＱＤの体積比は，△ＡＢＣ：△ＡＢＱ＝ＡＣ：ＡＱ＝3：1だから，

三角すいＢ－ＡＱＤの体積は，$18\sqrt{2}\times\frac{1}{3}=6\sqrt{2}$

三角すいＢ－ＰＱＲの体積は，(三角すいＢ－ＡＱＤの体積)×$\frac{\mathrm{BP}}{\mathrm{BA}}\times\frac{\mathrm{BR}}{\mathrm{BD}}=6\sqrt{2}\times\frac{2}{3}\times\frac{1}{2}=2\sqrt{2}$

したがって，求める体積は，$9\sqrt{2}+2\sqrt{2}=11\sqrt{2}$

## 《2022　英語　解説》

Ｉ　Part１(1)　Ａ「失礼ですが，何かお手伝いしましょうか？」→Ｂ「ああ，はい，お願いします。市立博物館がどこにあるかご存じですか？」→Ａ「市立博物館ですか？はい，もちろん」より，イ「そこまでお連れしましょうか？」が適切。　(2)　Ａ「トム，高校生は自分たちの街をどのように支えられると思いますか？」→Ｂ「そうですね，彼らはボランティア活動ができると思います」→Ａ「それは素晴らしい考えです。例えば，彼らは…することができます」より，エ「地元の川の掃除を手伝う」が適切。　(3)　Ａ「カーティスさん，学生時代にクラブ活動に参加しましたか？」→Ｂ「うん。中学生の時は科学部の部員だったよ」→Ａ「人気のクラブでしたか？」→Ｂ「うーん，メンバーはあまりいなかったけど…」より，イ「たくさん友達をつくったよ」が適切。　(4)　Ａ「ジョン，防災キットを作ったことがある？」→Ｂ「それが何かわからないよ」→Ａ「あら，災害対策の道具が入ったバッグよ。あなたはそれを自分で作ることができるわ」→Ｂ「なるほど。僕の家族はそれを準備するべきだと思うな。…してくれない？」より，ア「君の防災キットの写真を送る」が適切。

Part２［Ａ］【放送文の要約】参照。

【放送文の要約】

2022年2月1日のニュースの時間です。私はみなさんの司会者，ビル・ヤンセンです。今日の放送は市役所からお送りします。ここ広島で3日間行われる世界平和会議についてお話しします。会議は昨日，⑶ウ市のスタジアムで始まりました。世界中から来た⑴ア学生が⑵ウ歌を歌い，50か国以上の指導者を歓迎しました。本日遅く，平和博物館でアメリカ大統領がスピーチを行い，新しい計画を発表します。最後に，会議は明日2月2日に終わります。国際的なミュージシャンが広島の人々のために無料コンサートを行います。どなたでも来場できます。

［B］【放送文の要約】参照。

【放送文の要約】

それでは，来年の開催国であるパキスタンを紹介しましょう。エおいしい食べ物でパキスタンを知っている人もいますが，この国にはもっとたくさんの魅力があります！ウ信じられないほどすごい山から紹介しましょう。訪れるべき高い山がたくさんあります。ア最大の都市であるカラチが次の会議を主催します。最後に，パキスタンはいくつかのスポーツで有名であり，イクリケットでは世界のトップ10に入る国です。来年はパキスタンでお会いしましょう。今日のニュースは以上です。

Ⅱ ［A］【本文の要約】参照。

⑴ 「フレッドとサラはおそらくどの映画を見ますか？」…サラの3回目とフレッドの4，5回目の発言より，2時(14時)以降に始まり，6時(18時)までに終わる映画だから，ア A Noisy World の 15:00/16:40 と考えられる。

⑵ 「これらのどれが正しいですか？」…ア「サラとフレッドは月曜日にフランス語の授業を受けています」…本文にない内容。　イ「サラは毎週土曜日と×日曜日に両親と昼食を食べます」　ウ○「最も長い映画は最も短い映画と同時に始まるものがあります」…最も長い Perfect Love と最も短い The Cruise は 16:40 から同時に始まる。

エ「『The Cruise』は最も早くから始まり，4つの中で×最も遅くに終わります」

【本文の要約】

フレッド：こんにちは，サラ。フランス語のクラスのフレッド，フレッド・ジョーンズだよ。…，教室の後ろのほうの窓際に座っているんだけど，わかるかな？

サラ　　：もちろんわかるわ！こんにちは，フレッド。元気にしてる？

フレッド：元気だよ。えぇと，聞いてよ…ちょっと考えたんだけど…つまり，君が今週の土曜日に何も用事がなかったら，映画を見に行かない？

サラ　　：わからないわ。両親に聞いてみないと。毎週土曜日の朝にダンスのレッスンがあるの。そのあと両親と一緒に昼食を食べるわ。午後は数学の宿題をしなければならないの。

フレッド：でも覚えてる？月曜日は休日で，授業はないよ。

サラ　　：あら，そうね。今から両親に聞いてみるわ。ちょっと待って…フレッド？両親は許可してくれたけど⑴ア6時までに家に帰らなければならないわ。それまでに映画を見終わると思う？

フレッド：もちろん。⑴ア僕らは早い上映時間の映画に行けるよ。

サラ　　：いいわね。

フレッド：⑴ア2時に迎えに行くよ。いい？

サラ　　：じゃあそのときね。

［B］【本文の要約】参照。⑴　重さが3キロ強の荷物は，日本の京都(アジア)への航空便は46ドル，イタリアのローマ(ヨーロッパ)への航空便は28ドルだから，46＋28＝74(ドル)となる。

(2)　最後の＊の「忙しい月（３月と 12 月）は船便が２週間，航空便が５日余分にかかる」に注意する。ケニアのナイロビ（その他の地域）への船便は４週間かかるので，合計で４＋２＝６（週間）である。

(3)　「これらのどれが正しいですか？」…ア「郵便係は女性の荷物を運ぶのを手伝おうとしましたが，×女性は助けを必要としませんでした」　イ「７月にシドニーへ送る航空便の荷物は，３月にパリへ送る航空便の荷物よりも到着までに時間がかかります」…シドニー（オーストラリアとニュージーランド）への航空便は６～８日，パリ（ヨーロッパ）への航空便は４～６日だが，３月には航空便が余分に５日かかるので，３月にパリへ送る航空便の方が時間がかかる。　ウ「男性は船便の費用と×時間を知っています」…男性は最後の発言で６週間かかることに驚いているので，かかる時間を知らないと考えられる。　エ○「４キロの荷物を船便でニュージーランドへ送る方が，２キロの荷物を航空便で韓国へ送るよりも安いです」…４キロの荷物を船便でニュージーランド（オーストラリアとニュージーランド）へ送ると 20 ドル，２キロの荷物を航空便で韓国（アジア）へ送ると 33 ドルだから，正しい。

【本文の要約】

**郵便係：おはようございます。それらの荷物を運ぶのを手伝いましょうか？重そうです。**

**女性　：あなたはとても親切ね。ありがとう。日本の京都とイタリアのローマに航空便で送りたいの。**

**郵便係：確認しましょう…。それぞれの重さは３キロ強ですので，価格は[A 74]ドルになります。**

**女性　：３キロ！思ったよりずっと重いわね！はい，どうぞ。**

**郵便係：ありがとうございます。次の方どうぞ。**

**男性　：こんにちは。このパッケージをケニアのナイロビに送りたいです。船便で発送した場合，荷物が届くまでどのくらいかかりますか？**

**郵便係：[B 6]週間ほどかかります。**

**男性　：[B 6]週間！？でも，船便で荷物を送ることもありますが，それほど長くはかかったことはありません。**

**郵便係：ええ，年間でもこの時期は忙しいんです。**

［C］【本文の要約】参照。

(1)　「なぜキャシーはケンタに最初のメールを書いたのですか？」…キャシーからケンタへの最初のメールの内容から，ウ「ケンタに彼女の訪問についての情報を伝えるため」が適切。

(2)　accommodation「宿泊施設」の意味が分からなくても前後の内容から類推することができる。イ「滞在する場所」が適切。

(3)　「これらのうち正しくないものはどれですか？」…ア○「ケンタは，キャシーが彼の家族と一緒にいることを望んでいます」　イ○「キャシーは空港でケンタに会うために，便名を伝えています」　ウ○「キャシーは日本に５日間滞在する予定です」…８月 11 日から 15 日までの５日間である。　エ×「ケンタはキャシーが滞在するホテルを知っています」…このメールのやり取りからは，ケンタはキャシーが滞在するホテルを知っているかどうかはわからない。

【本文の要約】

**キャシーからケンタへのメール　日付：2021 年７月 20 日　件名：朗報です！**

**こんにちは，ケンタ。お元気ですか。**

**今日は良いニュースがあるの。来月名古屋に行くことになったの！**

**(3)ウ私は８月 10 日にニューヨークのＪＦＫ国際空港を出発するわ。翌日，中部国際空港セントレアに到着するの。時間があれば，そこで会いたいわ。返事をくれるとうれしいわ。**

ケンタからキャシーへのメール　日付：2021 年 7 月 21 日　件名：返信：朗報です！

やあ，キャシー。僕は元気だよ。

良い知らせを聞いてびっくりしたよ。素晴らしいことだね！たった３週間後にまた名古屋で会えるなんて信じられないよ！

(3)イ空港に会いに行こうと思っているので，飛行機の便名を教えてくれない？

どのくらいの間ここに滞在するの？(3)アまだ計画を立てていないなら，僕が家族と暮らす家に滞在してもいいよ。

君を多くの人に紹介したいし，この辺りのいくつかの場所に連れていきたいんだ。

君の返事を楽しみにしているよ。

キャシーからケンタへのメール　日付：2021 年 7 月 23 日　件名：返信の返信：朗報です！

こんにちは。メールをありがとう。

あなたが空港に来てくれるとわかって本当にうれしいわ。(3)イアジアン航空 328 便に乗る予定よ。11 時 25 分に中部国際空港に到着するわ。

(3)ウ13 日まで名古屋にいるつもりよ。そこから電車で福岡に行くわ。 13 日から 15 日まで福岡ですごし，その日に飛行機で帰るわ。私に泊まるところを提供してくれてうれしいけど，泊まることはできないわ。私は高校の友達と同行して，みんなで同じホテルに泊まるわ。名城ホテルという名前よ。それがどこにあるか知ってる？

とにかく，会えるのが待ちきれないわ！

Ⅲ【本文の要約】参照。

(1)　下線部①は「インターネットがなければ友達と話す機会が減ります」という例え話をしているので，実際は「私たちはインターネットを使うことができるので，以前よりも多く（＝more than before）友達と話すことができます（＝can）」となる。

(2)　ア×「言い換えれば」　イ○「これらの点で」　ウ×「挑戦するために」　エ×「私たちの前に」

(3)　ＩｏＴがもたらす悪い影響については，第４段落の最後の１文の内容をまとめる。

(4)　ア×「ほとんどの人は，インターネットが非常に優れていることに気付いているので，インターネットを利用しています」…本文にない内容。　イ「20 世紀の多くのＳＦ作家は，インターネットの利用について×書いていました」　ウ○「情報のおかげで，企業が作る製品やサービスはより良くなります」　エ×「私たちの日常生活はＩｏＴから解放され，多くの点で向上するでしょう」…本文にない内容。

(5)　ア×「私たちはインターネットやビッグデータの使用をやめるべきです。そうすれば，私たちのプライバシーは危険にさらされることはありません」…本文にない内容。　イ○「ＩｏＴを利用する際には，利便性とプライバシーのバランスをとる必要があります」　ウ×「私たちは，生活の中でビッグデータを介してテクノロジーとＩｏＴによって制御されるべきです」…本文にない内容。　エ×「私たちはさまざまな点で社会を改善し，テクノロジーが私たちをどれだけ支配しているかを測定する必要があります」…本文にない内容。

【本文の要約】

インターネットのない生活を想像してみてください。インターネットがなければ，友達と話す機会が減るでしょう。インターネットがなくなったら，ニュースをあまり読んだり見たりしないでしょう。私たちのほとんどは，私たちが認識しているよりもずっとインターネットに依存しています。私たちはニュース，エンタメ，そして友人とのつながりをそれに依存しています。

サイエンスフィクション（ＳＦ）の本は，多くのものがある生活とない生活を想像できるため，人気があります。驚いたことに，20 世紀の最も優れたサイエンスフィクションの本は，インターネットを予想していませんでした。発明と私たちの想像力から生まれる良いことと悪いことを示しています。私たちが自分自身に挑戦するとどうなるかを考えています。Aイこれらの点で，ＳＦは世界中の人々に人気があります。

サイエンスフィクションがインターネットを予想しなくても，科学者やエンジニアは，日々インターネットの新たな利用方法を考えています。モノのインターネット（ＩｏＴ）について聞いたことがありますか？これは機器をインターネット上の別の機器に接続するという，インターネットの新しい利用方法です。例えば，カメラ，時計，キッチンの電化製品，さらには信号機も接続できます。そして，(4)ウ人や企業がＩｏＴから情報を取得して分析します。この情報は「ビッグデータ」と呼ばれます。これらの企業は製品やサービスを向上させるためにビッグデータを活用することができます。

ＩｏＴの良い点と悪い点は何でしょうか？ビッグデータは製品を改善するので，私たちの生活はより便利になるかもしれません。また，企業はビッグデータを管理し，新製品を販売することでたくさんのお金を稼ぐことができます。(3)しかし，多くの情報が他人に収集され使用されるため，プライバシーが危険にさらされるかもしれません。

ＩｏＴはすでに私たちの生活の大きな部分を占めています。テクノロジーは成長と発展を続けています。それを止めることはできません。そのため，ＩｏＴの利用も増えるでしょう。ただし，次の２つの質問について考える必要があります。テクノロジーは私たちをどの程度制御すべきか？(5)イ利便性とプライバシーのバランスをとることは可能か？バランスが取れていれば，私たちの社会は確かに多くの点で改善されます。

Ⅳ　(1)　・try ～ on「～を試着する」　(2)　店員が客に試着した感想を尋ねるときの決まり文句How do you like it?「いかがですか？」を使う。［服のお店で］ナオミ「このジャケットのMサイズはありますか？」→店員「はい，もちろんです。こちらです」→ナオミ「(1)試着してもいいですか(＝Can I try it on)？」→店員「もちろんです。試着室は向こうの左側です」　―数分後―　店員「(2)いかがですか(＝How do you like it)？」→ナオミ「ぴったりで，色も好きです。これを買います」→店員「どうもありがとうございます」

Ⅴ　「高校で外国語を学ぶことは重要ですか？どうしてそう思うまたは思わないのですか？」…(例文)「私は高校で外国語を学ぶことは重要だと思います。自分の意見を裏づける２つの理由があります。１つ目に，世界中のたくさんの人々とコミュニケーションをとることができます。２つ目に，言語を学ぶことによって他の文化について学ぶことは重要です」

## 《2022　理科　解説》

Ⅰ　(1)　イ×…磁石に引きつけられるのは，鉄やニッケルなどの一部の金属である。　エ×…カルシウムやナトリウムなどのように，水と反応する金属もある。

(2)　赤色の銅を空気中で加熱すると，空気中の酸素と結びついて黒色の酸化銅になる。

(3)　それぞれの物質を化学式で表すと，アは$NH_3$，イは$N_2$，ウは$CO_2$，エは$H_2O$，オは$Ag$となる。イとオのように１種類の元素からなる物質を単体，アとウとエのように２種類以上の元素からなる物質を化合物という。

(5)　ウ○…枝の高さにある気体の温度を測定する。

(6)　金を貼る前のメダルの体積は(４×４×π)×0.3＝4.8π(㎤)，金を貼った後のメダルの体積は(4.1×4.1×π)×0.5＝8.405π(㎤)だから，貼った金の体積は8.405π－4.8π＝3.605π＝11.3197(㎤)である。この金の質量が218ｇだから，密度は$\frac{218}{11.3197}$＝19.2…→19ｇ/㎤である。

Ⅱ　(1)　物体が地面と接している面積は10×10＝100(㎠)である。

(2)　0.1Ｎ/㎠は１㎠あたりにはたらく力の大きさが0.1Ｎということだから，１㎡(10000㎠)では0.1×10000＝1000(Ｎ)である。つまり，0.1Ｎ/㎠は1000Ｎ/㎡であり，これが1000Paと等しいから，１Pa＝１Ｎ/㎡である。

(4)　ア○…吸盤を壁に押しつけて，吸盤と壁の間から空気を抜くことで，吸盤と壁の間の気圧が周りの気圧よりも小さくなるため，周りの空気に押さえつけられるような状態になり，吸盤が壁から離れなくなる。　イ×…水蒸気が冷やされて水滴に変わる現象である。　ウ×…光の屈折と反射による現象である。　エ×…音の屈折による現象である。

(5)　ｅ．物体Ｘにはたらく重力は３Ｗ(Ｎ)であり，浮力がはたらくことでＷ(Ｎ)のおもりとつり合っているから，物体Ｘにはたらく浮力は３Ｗ－Ｗ＝２Ｗ(Ｎ)である。　ｆ．図４より，物体Ｘの水中の体積(物体が押しのけた水の体積)は$stx$($m^3$)であり，水の密度が$d_2$(kg/$m^3$)だから，その質量は$d_2 \times stx = stxd_2$(kg)である。また，ｍ(kg)の物体にはたらく重力がＷ(Ｎ)だから，$stxd_2$(kg)の物体にはたらく重力は$\frac{stxd_2W}{m}$(Ｎ)である。　ｇ．ｆと同様に考えると，物体Ｘの体積は$str$($m^3$)，物体Ｘの密度は$d_1$(kg/$m^3$)だから，質量は$strd_1$(kg)であり，重力は$\frac{strd_1W}{m}$(Ｎ)である。　ｈ．$2W = \frac{stxd_2W}{m}$…①，$\frac{strd_1W}{m} = 3W$…②より，①と②を連立方程式として解くと，$x = \frac{2d_1r}{3d_2}$(m)となる。

Ⅲ　問１(3)　脂肪は，グリセリンに３つの脂肪酸がくっついたものである。これが，胆汁とリパーゼのはたらきによって，グリセリンに１つの脂肪酸がくっついたモノグリセリド(モノは１つという意味)と，２つの脂肪酸に分解される。

問２(3)①　ＡとＴ，ＧとＣがそれぞれ互いにつながっているから，図からもわかる通り，一方の鎖に含まれるＡまたはＧの割合は，もう一方の鎖に含まれるＴまたはＣの割合と等しい。よって，Ｘ鎖に含まれるＣの割合が100－15－23－35＝27(％)だから，Ｙ鎖に含まれるＧの割合も27％である。　②　Ｘ鎖には27％，Ｙ鎖には35％含まれるから，全体では$\frac{27+35}{2}$＝31(％)である。

Ⅳ　(1)　傾きは４方位で考えればよいから，ＡとＣから南北の関係，ＢとＤから東西の関係を求める。Ｙの上下にあるＸの標高に着目すると，Ａでは下のＸが標高80－５＝75(m)にあることがわかる。同様に考えると，Ｂでは上のＸが標高90m，下のＸが標高70mにあり，Ｃでは上のＸが標高90m，下のＸが標高75mにあり，Ｄでは上のＸが標高90m，下のＸが80mにある。よって，上のＸはＢ～Ｄですべて標高90mだから水平である。また，下のＸはＡとＣで同じだから南北方向には傾きがなく，ＢがＤより低いから西に向かって低くなるように傾いていると考えられる。

(3)　ビカリアの化石のように，地層が堆積した年代を示す化石を示準化石という。ビカリアは新生代に栄えた生物である。

(4)　(1)解説より，南北方向には傾きがないから，Ｏの地表から18m下に存在する堆積岩は，Ｏより標高が10m低いＣの地表から18－10＝８(m)下に存在する堆積岩と同じである。よって，柱状図より，泥岩であると考えられる。

(5)　(1)解説より，Ｙの下の地層は，ＤからＢへＢ側が80－70＝10(m)低くなるように傾いている。ＤからＢまでの距離と，ＡからＥまでの距離は等しいから，ＡからＥもＥ側が10m低くなるように傾いていると考えられる。つまり，Ｅでは(Ａと同じ)Ｘの標高が75－10＝65(m)であり，Ｅの地表の標高は70mだから，Ｘは地表から５m下に存在する。これはＡと同じだから，Ｅのボーリング調査で得られる柱状図はＡの柱状図と同じになる。

## 《2022　社会　解説》

Ⅰ　(1)　十和田湖　　十和田湖は，青森県と秋田県にまたがるカルデラ湖で，奥入瀬川の源流となる湖である。

(2)　北緯 40 度／ア　　秋田県の男鹿半島を通る北緯 40 度線は，ペキン(中国)・マドリード(スペイン)・ローマ(イタリア)・ニューヨーク(アメリカ)付近を通る。

(3)　白神山地　　世界自然遺産であることに注意する。日本で登録されている世界自然遺産は，白神山地・知床・

屋久島・小笠原諸島・奄美大島，徳之島，沖縄島北部及び西表島の５カ所である。また，東北地方にある世界文化遺産は，平泉・明治日本の産業革命遺産・北海道，北東北の縄文遺跡群がある。

(4)　イ　　みかんの生産量１位は和歌山県である。西洋なしとおうとう（さくらんぼ）は山形県，りんごは青森県。

(5)　地熱　　奥羽山脈沿いにあることから地熱発電と判断する。地熱発電は東北地方と九州地方に集中する。

(6)　F　　福島第一原子力発電所で事故が発生した。

(7)①　ウ　　毎年８月３日～６日にかけて，秋田市内で開かれている。　②　ア　　青森ねぶた祭は，人形をかたどった山車灯篭が街を練り歩く祭りで，神社や寺院と結びついていないところに特徴がある。

(8)　ア　　2015 年～2020 年の各県の人口増減率は，秋田県（－6.16％），岩手県（－5.34％），青森県（－5.32％），山形県（－4.91％），福島県（－4.17％），宮城県（－1.30％）とすべての県で大きなマイナスとなっている。

イ．仙台空港は国内線，中部空港は国内線と国際線があるから，新型コロナウイルスによる感染拡大の影響がなければ明らかに中部空港の利用客数の方が多い。ウ．東北地方の東北自動車道沿いに，半導体工場が進出し，その一帯はシリコンロードと呼ばれている。エ．耕地面積の全国順位において，青森県（第４位），岩手県（第５位），秋田県（第６位），福島県（第７位），宮城県（第８位）と山形県を除く５県が上位 10 位以内に入っているから，耕地面積は北海道に次いで２番目に広い。

Ⅱ　(1)　エ　　キューバは大西洋とカリブ海・メキシコ湾の海域にある。

(2)　ウ　　東経 40 度から西経 80 度までは，360－(40＋80)＝240（度）あるから赤道１周の$\frac{240}{360}=\frac{2}{3}$にあたる。赤道１周の長さはおよそ 40000 ㎞だから，その長さは，40000×$\frac{2}{3}$≒26666（㎞）になる（右図参照）。

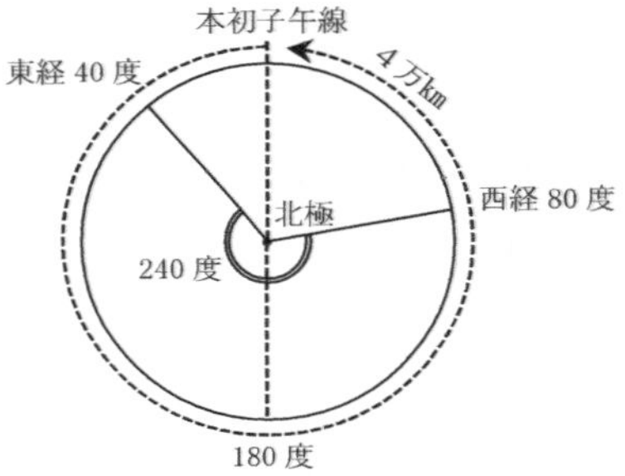


(3)　ア　　ギニア湾はアフリカ西側の南大西洋に位置し，ガーナやコートジボワールなどが面する湾である。

(4)　アフガニスタン　　アメリカ政府は，テロ攻撃をしたアルカイダの追放と指導者ビン・ラディンの引き渡しをアフガニスタンに要求したが従わなかったため，タリバン政権を退陣させた。数年間逃走を続けたビン・ラディンは，2011 年にパキスタン国境付近でアメリカ軍によって殺害された。その後 2021 年にアメリカを中心とした国連軍が完全撤退すると，再びタリバン政権が成立した。

(5)　ア　　ケニアの首都ナイロビの標高は 1700m以上もあり，赤道直下でも涼しい気候となっている。また，多くの動物保護区が存在している。イはベトナム，ウはインド，エはオーストラリア。

(6)　カ　　米の生産はアジアが多いこと，３国の中で日本が最も工業が発達していることから，Aがインドネシア，Cが日本と判断する。

Ⅲ　(1)　エ　　渤海は 926 年に契丹（遼）に滅ぼされた。ア．内容が誤り。唐が滅んだ後は元ではなく宋が統一（960 年）した。イ．内容が誤り。936 年，高麗が新羅を滅ぼした。ウ．年代が誤り。琉球王国は 1429 年に築かれた。

(2)　ア　　第１回十字軍は 1096 年に派遣された。イ．年代が誤り。明の成立は 1368 年である。ウ．年代が誤り。李氏朝鮮の成立は 1392 年である。エ．年代が誤り。ムハンマドがイスラム教をおこしたのは 610 年頃である。

(3)　エ　　ローマ教皇による贖宥状（免罪符）の販売を批判し，ルターがドイツで宗教改革を始めたのは 1517 年のことである。アは 1853 年，イは 1775 年，ウは 1748 年のことである。

(4)　エ　　徳川吉宗の在職期間は 1716 年～1745 年，徳川綱吉の在職期間は 1680 年～1709 年である。イギリスの産業革命は 18 世紀後半，イギリスの名誉革命は 1688 年から 1689 年のことである。

(5)　イ　　松平定信による寛政の改革は 1787 年～1793 年，水野忠邦による天保の改革は 1841 年～1843 年である。

クロムウェルを指導者とした清教徒革命(ピューリタン革命)は 1642 年，フランス革命は 1789 年にそれぞれ起きた。

(6) イ→エ→ア　イ(大塩平八郎の乱・1837 年)→エ(蛮社の獄・1839 年)→ア(南京条約・1842 年)　ラクスマンの根室来航は 1792 年のことであった。

(7) イ　桓武天皇は仏教勢力を政治から切り離すために，都を平城京から長岡京，次いで平安京へと移していった。望月の歌は，『小右記』に書かれている。聖武天皇は奈良時代に国分寺・東大寺を建立し，東大寺に大仏を造立した天皇。藤原頼通は，平安時代に平等院鳳凰堂を建立した摂政・関白。

(8) 元寇　集団戦法と火器を使った元軍の攻撃によって，文永の役では上陸を許したが，攻撃に備えて防塁を建設したことで弘安の役では上陸を許さなかった。

(9) 雪舟　雪舟の作品として『秋冬山水図』や『四季山水図』が広く知られている。

(10) 下剋上　下剋上の風潮にのって現れた戦国大名には，国人から成りあがった北条早雲・齋藤道三などや，守護代から成りあがった織田信長・上杉謙信などがいた。

Ⅳ (1) a＝鹿鳴館　b＝陸奥宗光　c＝小村寿太郎　井上馨による欧化政策の柱が鹿鳴館であった。陸奥宗光は，イギリスとの間で領事裁判権の撤廃に成功し，下関条約で全権大使となった外務大臣である。小村寿太郎は，アメリカとの間で関税自主権の完全回復に成功し，ポーツマス条約で全権大使となった外務大臣である。

(2) エ　樺太千島交換条約は，安政の五か国条約とは別物で，1875 年に結ばれた。

(3) ウ　岩倉使節団はアメリカに渡って改正の予備交渉をしたが，日本の法律や制度が整っていないことを理由に受け入れられなかったため，欧米諸国のしくみや産業・文化を視察して帰国することにした。

(4) イ　甲．正しい。乙．誤り。日本初の政党内閣は大隈重信による隈板内閣で間違いないが，与党は立憲改進党ではなく憲政党である。

(5) イ　ロシアの南下をおそれるイギリスは，東アジア進出を抑えるために日本と手を組み，その後日英同盟を結んだ。ア．日英同盟を結んだのは条約改正の後である。ウ．アメリカが満州を狙って門戸開放を唱えたのは，日露戦争後のことである。エ．イギリスは長江流域，ドイツは山東半島と別々の領地を確保していた。

(6) ウ　司法権が行政権や立法権の圧力に屈しないことを司法権の独立という。

(7) ウ　南樺太の割譲は日露戦争の講和条約であるポーツマス条約の内容である。

(8) ウ　北方領土はこのときすでに日本領となっていた。

Ⅴ (1) エ　ア．国連による介入は可能である。イ．国家の三要素は，領域・国民・主権である。ウ．排他的経済水域は，領海から 200 海里ではなく，沿岸から 200 海里以内で領海を除く範囲である。

(2) エ　人権宣言の第 1 条に，「人間は，生まれながらにして自由かつ平等な権利を持っている」としている。

(3) エ　ア．三権分立を唱えたのはロックではなくモンテスキューである。イ．人民はこれを侵す政府を変更できると主張したのはルソーではなくロックである。ウ．ロックはイギリスの思想家である。

(4) ウ　財産権の不可侵は，自由権の中の経済活動の自由にあてはまる。社会権には，教育を受ける権利・生存権・勤労の権利などがある。参政権には，選挙権・被選挙権・公務員の選定と罷免権・国民審査権・住民投票権・国民投票権・請願権などがある。請求権には，国家賠償請求権・刑事補償請求権・裁判を受ける権利がある。

(5) エ　国民審査は，司法権と主権を有する国民の関係であって，三権(司法・立法・行政)の関係ではない。
アは行政(内閣)と立法(国会)，イは司法(裁判所)と行政，ウは司法と立法・行政の関係を述べている。

(6) イ　ア．予算案の審議については衆議院に先議権があるので，参議院の議決が先になることはない。
ウ．両院協議会で一致がみられれば再び衆議院で可決する必要はない。エ．内閣不信任決議は，衆議院だけが持つ権限で参議院にはない。

⑺ ウ　三位一体改革では，地方交付税の見直し・国庫支出金の削減・国から地方への税源の移譲が行われた。

⑻ ア　地方議員と市区町村長の被選挙権は満 25 歳以上で任期は４年，知事の被選挙権は満 30 歳以上で任期は４年となっている。

⑼ ア　解職請求や解散請求は選挙管理委員会に提出される。

⑽ ア　日本の直間比率(直接税と間接税の比率)はおよそ 67：33 で，フランスやドイツ(55：45)より，直接税の割合が多くなっている。また，アメリカ合衆国は 79：21 と極端に直接税の割合が高くなっている。

Ⅵ ⑴ イ　A．正しい。B．誤り。訪問販売などでは，理由に関わりなく契約を解除できるクーリング・オフ制度がある。

⑵ イ　A．正しい。B．誤り。配当は利潤の一部を株主に配分するもので，利潤の一部を将来の投資資金として残すものは資本である。

⑶ ア　どちらも正しい。

⑷ エ　A．誤り。マイクロクレジットは，少額の融資である。B．誤り。フェアトレードは，先進国の消費者と途上国の生産者をつなぎ，途上国の人たちが豊かな生活を送ることができるように支援している。

⑸ ウ　A．誤り。正社員と非正規雇用の割合は，2016 年でも 62.5：37.5 と正社員の方が多い。
B．正しい。

# 名古屋高等学校

## 《国　語》

一　問一．ａ．信仰　ｂ．そむ　ｃ．規範　ｄ．や　ｅ．健全　問二．ⅰ．ア　ⅱ．ウ　問三．Ⅰ．エ　Ⅱ．ア　問四．エ　問五．⑴オ　⑵無数の選択肢　問六．ウ　問七．科学に対して極端な態度をとるのではなく、科学の特徴を理解した上で、他人に判断を任せず主体的に何を選択するのかを考えて向き合う態度。　問八．オ

二　問一．Ｘ．ア　Ｙ．ウ　問二．ａ．イ　ｂ．エ　問三．エ　問四．ア　問五．オ　問六．イ　問七．清太郎の父親の母親に対する愛情が、父親の亡くなった後も手紙を通じて生き生きと伝わってくるということ。　問八．エ

## 《数　学》

Ⅰ　⑴$-2$　⑵$(a+b+c)(a+b-c)$　⑶７，13　⑷105　⑸$\frac{7}{3}\pi$　⑹$\frac{17}{18}$　⑺$a=-\frac{1}{3}$　$b=\frac{10}{3}$　⑻$a=4$　$b=5$

Ⅱ　⑴800　※⑵５

Ⅲ　⑴２：３　⑵９　⑶６：５

Ⅳ　⑴$y=\frac{1}{2}x+1$　⑵$(-1,\ \frac{1}{2})$　⑶$(\frac{2}{3},\ \frac{10}{3})$

Ⅴ　⑴２　⑵$2\sqrt{15}$　⑶５

※の求め方は解説を参照してください。

## 《英　語》

Ⅰ　Part１．⑴イ　⑵イ　⑶ウ　Part２．⑴What is your violin made from?　⑵Are you interested in robots?　⑶How do you say, “How are you?” in Japanese?　Part３．⑴Thursday／Thursday is not a month.　⑵stadium／A stadium is not a sport.　⑶Chinese／Chinese is not a country.

Ⅱ　Ａ．⑴イ　⑵エ　⑶Ｓ　⑷Ｃ　⑸Ｏ　Ｂ．⑴ア　⑵エ　⑶イ　⑷ア　⑸イ　⑹イ

Ⅲ　⑴①called　③pointing　④found　⑵２枚の絵／違い／同じ箇所　⑶I’m worried about how many people agree with　⑷like／good　などから１つ　⑸骨が動く様子を見せるもの〔別解〕レントゲン

Ⅳ　⑴How many members are there　⑵It’s hard for me to get up early　⑶Do you know where they practice

## 《理　科》

Ⅰ　⑴$2C_2H_6+7O_2 \rightarrow 4CO_2+6H_2O$　⑵２　⑶700　⑷32m　⑸54　⑹1.96

Ⅱ　問１．⑴５　⑵0.5，15　問２．⑴屈折　⑵反射した場所…（７，０）　進行方向が変わった場所…（９，６）
⑶左／６

Ⅲ　問１．⑴ア　⑵イ，エ　⑶イ，ア，ウ，エ　問２．⑴Ｒｒ　⑵１：１：２　⑶17：21：10
問３．⑴Ａ．280　Ｂ．29.9　⑵ウ，オ

Ⅳ　⑴①プレート　②初期微動　③主要動　④初期微動継続時間　⑤108　⑥６　⑦４　⑧156　⑵６，25，32
⑶学校当局により全員正解　⑷イ，エ

## 《社　会》

Ⅰ　⑴イ　⑵ⅰ．ブラジル　ⅱ．アメリカ　⑶ⅰ．ブラジル　ⅱ．オ　ⅲ．オ　⑷ａ．中国　ｂ．韓国
ｃ．ハラル〔別解〕ハラール　⑸ⅰ．エ　ⅱ．ウ　⑹ⅰ．ａ．埼玉　ｂ．兵庫　ⅱ．ア　ⅲ．イ

Ⅱ　⑴学校当局により全員正解　⑵エ　⑶ウ　⑷ア　⑸エ　⑹ア　⑺ウ　⑻ウ　⑼ア　⑽ウ　⑾ア
⑿エ　⒀オ　⒁エ　⒂イ　⒃ウ　⒄カ　⒅ウ　⒆ウ　⒇エ

Ⅲ　⑴イ　⑵イ　⑶ねじれ国会　⑷ア　⑸ウ　⑹エ　⑺エ　⑻国民負担率　⑼エ　⑽エ

Ⅳ　⑴エ　⑵ウ　⑶エ　⑷ア　⑸ア

# 2021解説 令和３年度 名古屋高等学校

←解答例は前ページにありますので，そちらをご覧ください。

## 《2021　国語　解説》

一　問三Ⅰ　前の２文では、「現代人は他人に『お任せ』してしまう発想が非常に強い」ことを、具体例を挙げて述べている。一方、［　Ⅰ　］に続く２文では、それは良くないことだということを強くはっきり述べている。ここで流れが変わるので、エの逆接の接続詞「しかし」が適する。　Ⅱ　前の文の内容が、後の文の理由になっているので、アの「だから」が適する。

問四　免疫とは、物事が何度も起こり、それに慣れること。２つ前の文に、「合理的なものばかり教えていると、正しいことにしか対応できない人間に育ってしまう」とある。これが不合理への免疫を持たない状態であり、免疫を持つというのは、それとは逆の状態。ニセ科学は「不合理なもの」なものなので、「不合理も教えておかないと、ニセ科学に出会ったときに対処のしかたがわからなくなってしまうのである」。つまり、免疫をつけるとは、「不合理なものも教わり（知る経験を重ね）、それに対処する方法を身につける」ことである。よって、エが適する。

問五～問八　著作権に関係する弊社《へいしゃ》の都合により【文章２】を非掲載《ひけいさい》としておりますので、解説を省略させていただきます。ご不便をおかけし申し訳ございませんが、ご了承《りょうしょう》ください。

二　問一Ｘ　小さいものが飛び散るさまを表す、アの「ちらちらと」が適する。　Ｙ　手紙に書かれている内容は、「奥さんに対する愛《いと》おしさそのもの」だが、字の佇《たたず》まいはそれと相反するものだった。また、「私」は、清太郎さんのお父様の文字を「昔の男の人独特の、矍鑠《かくしゃく》（年をとっても元気で丈夫なこと）とした文字」だと感じ、お父様にそっくりな清太郎さんの字を、「背筋を伸ばしたようなはっきりとした筆跡の字」だと感じている。よって、きりっと引き締まっているさまを表す、ウの「凛々《りり》しい」が適する。

問三　清太郎さんにしてみたら、高齢の母を一人で家に帰すわけにはいかない。また、母が家に帰ったところで、目当てのものは届くはずのない親父からの手紙なので、手紙が来ていないと悲しむに決まっている。そんな母を今後どう扱って行くべきか対応に困っている。よって、エが適する。

問四　直後に「言葉では呆《あき》れたように突き放しているけれど、内心はやっぱり、うれしいのかもしれない。清太郎さんの目じりに、優しさが滲《にじ》み出ている」とある。また、これらの手紙について、少し前に清太郎さんは「あの仏頂面の親父に、こんな茶目っ気があったなんて、いまだに信じられんのです」と言っている。「茶目っ気」という表現を使っているところから、文面に表れた親父のお袋への一途な愛情と人間性を、微笑ましく愛すべきもの、ある意味でかわいらしいものととらえているのがわかる。

問五　清太郎さんは、「だから（＝親父から来る手紙を読みたいから）、家に帰らせてくれって。その姿を見ていると、切なくなっちゃうんですよ。幼い俺たちの目を盗んで、お袋、いっつも郵便受けを覗いていたんだろうなぁ、なんて想像するとね」と途中から堪《こら》えるような声で一気に言うと、――③を行った。つまり、清太郎さんは母について思いを巡らせ、切なさに胸が締め付けられる思いでいる。一方、「私」は、清太郎さんから正式なお願いを受けてから、――④のようになった。直後の「その夜、清太郎さんのお父様が清太郎さんのお母様に送ったとされるすべての手紙に目を通した」などからは、清太郎さんの思いに触れ、この依頼に真剣に応えたいと思う「私」の様子が読み取れる。よって、オが適する。

問六　「私の親父《おやじ》は貿易商でしたが、もうとっくの昔に亡くなっています。なのに、その親父からの手紙が届くはずだから、どうしても家に帰らせてくれってきかないんですよ」と、清太郎さんが言っている。つまり、親父からの手紙を待ちわびている母を「楽にする」とは、「私」に亡くなった親父の代筆をしてもらい、それを親父からの手紙として母に送ることで、母の願いをかなえ、気持ちを満足させてあげること。よって、イが適する。

**問七**　直前に「文字のひとつひとつから、愛情という果実がほとばしっている」とある。この手紙を読めば、そこに書かれている、清太郎さんのお父さんの奥さんに対する愛おしい気持ち、ほとばしる愛情が、今でも瑞々《みずみず》しく伝わってくるということ。

**問八**　文章の最初の「深刻な表情を浮かべた男性がツバキ文具店に現れたのは、鎌倉の空にちらちらと小雪の舞う肌寒い午後だった」や、清太郎さんが父親のことを話した部分の「たまに家に帰ってきてもぶすっとして笑いもしないし」、「私」が葛湯《くずゆ》をすすったときの、「のほほんとした丸い味が、舌の上にじわりと広がった」などから、エが適する。

## 《2021　数学　解説》

Ｉ　(1)　与式$=\frac{1}{2}\times(-8)-\frac{1}{15}\times 9\div(-\frac{3}{10})=-4-\frac{3}{5}\times(-\frac{10}{3})=-4+2=-2$

(2)　与式$=a^2+2ab+b^2-c^2=(a+b)^2-c^2=\{(a+b)+c\}\{(a+b)-c\}=(a+b+c)(a+b-c)$

(3)　**$\frac{\sqrt{30-2n}}{2}=\frac{\sqrt{2(15-n)}}{\sqrt{2^2}}=\sqrt{\frac{2(15-n)}{4}}=\sqrt{\frac{15-n}{2}}$であり，これが自然数となるのは，$15-n=2\times k^2$のときである(kは自然数)。nについて解くと，$n=15-2k^2$となる。**

$k=1$のとき，$n=15-2\times 1^2=13$，$k=2$のとき，$n=15-2\times 2^2=7$，$k=3$のとき，$n=15-2\times 3^2=-3$となる。nは自然数だから$n=-3$は条件に合わず，$k\geqq 3$のときnは自然数にならないとわかる。

よって，求めるnの値は，7，13である。

(4)　**【解き方】∠ＤＣＦの大きさがわかれば，四角形ＡＦＣＤの内角の和から∠$x$の大きさを求められる。**

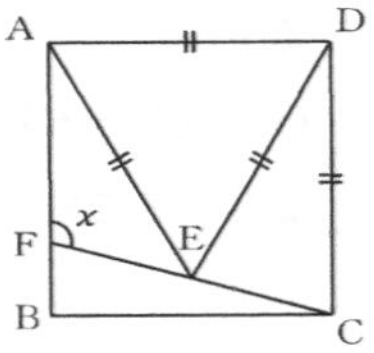


$\angle EDC=90°-60°=30°$　　ＡＤ＝ＤＥ，ＡＤ＝ＤＣだから，△ＤＥＣはＤＥ＝ＤＣの二等辺三角形なので，$\angle DCE=(180°-30°)\div 2=75°$

四角形ＡＦＣＤの内角の和より，$\angle x=360°-90°-90°-75°=105°$

(5)　**【解き方】右図のように，ア△ＥＢＣを回転させてできる円すいから，イ△ＥＡＤを回転させてできる円すいを除いた立体ができる。**

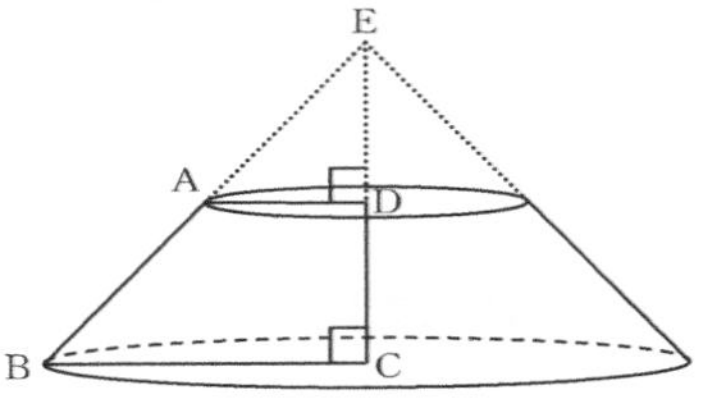


△ＥＢＣ∽△ＥＡＤだから，ＣＥ：ＤＥ＝ＢＣ：ＡＤ＝２：１

これより，ＤＥ＝ＣＤ＝１㎝

下線部アの円すいとイの円すいは相似であり，相似比はＢＣ：ＡＤ＝２：１である。相似な立体の体積比は相似比の３乗に等しいから，アとイの体積比は，$2^3:1^3=8:1$

したがって，体積を求める立体とアの体積比は，$(8-1):8=7:8$

アの円すいは，底面の半径がＢＣ＝２㎝で高さがＣＥ＝１＋１＝２(㎝)だから，体積は，$\frac{1}{3}\times 2^2\pi\times 2=\frac{8}{3}\pi$(㎤)

よって，求める体積は，$\frac{8}{3}\pi\times\frac{7}{8}=\frac{7}{3}\pi$(㎤)

(6)　**【解き方】$y=\frac{a}{b}x$のグラフと$y=3x+1$のグラフはともに直線である。２直線が交わらないのは２直線が平行なときだけだから，$\frac{a}{b}=3$の場合だけ交わらない。したがって，$1-(\frac{a}{b}=3$になる確率)で求める。**

２回のさいころの目の出方は全部で６×６＝36(通り)ある。そのうち$\frac{a}{b}=3$となる出方は，$(a, b)=(3, 1)(6, 2)$の２通りだから，求める確率は，$1-\frac{2}{36}=\frac{17}{18}$

(7)　**【解き方】$y=ax+2$のグラフは，$a<0$のとき右下がりの直線になる。したがって，$x$の値が大きくなる**

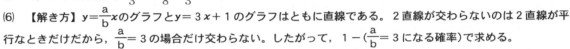

**ほど$y$の値は小さくなる。$x$と$y$の変域から，$x=-4$のとき$y=b$，$x=6$のとき$y=0$とわかる。**

$y=ax+2$に$x=6$，$y=0$を代入すると，$0=6a+2$　　$a=-\frac{1}{3}$

$y=-\frac{1}{3}x+2$に$x=-4$，$y=b$を代入すると，$b=-\frac{1}{3}\times(-4)+2=\frac{10}{3}$

(8)　**【解き方】(ある階級の度数)＝(度数の合計)×(その階級の相対度数)より，bの値を求める。**

b＝20×0.25＝5(人)である。度数の合計が20人だから，a＝20－2－4－5－3－2＝4(人)

Ⅱ　(1)　**【解き方】斜線部分を1つの長方形にまとめると，縦30－10＝20(m)，横50－10＝40(m)の長方形になる。**

畑の面積は，20×40＝800($m^2$)

(2)　**【解き方】道の幅を$x$mとする。斜線部分を1つの長方形にまとめると，縦$(30-x)$m，横$(50-x)$mの長方形になる。**

畑の面積について，$(30-x)(50-x)=30\times50\times\frac{3}{4}$　　$1500-80x+x^2=1125$　　$x^2-80x+375=0$

$(x-5)(x-75)=0$　　$x=5$，75　　$0<x<30$だから，$x=5$　　よって，道の幅は5mである。

Ⅲ　(1)　**【解き方】△ABGと△ADGは，底辺をそれぞれBG，GDとしたときの高さが等しいから，BG：GDは面積比に等しい。**

BG：GD＝△ABG：△ADG＝6：9＝2：3

(2)　**【解き方】BD//EFより，△BCD∽△ECFだから，この相似比がわかれば面積比を求められる。**

AD//BCより，△BEG∽△DAGだから，BE：DA＝BG：DG＝2：3

したがって，BE：BC＝2：3だから，△BCDと△ECFの相似比は，BC：EC＝3：(3－2)＝3：1

相似な図形の面積比は相似比の2乗に等しいから，△BCD：△ECF＝$3^2$：$1^2$＝9：1

よって，△BCDの面積は△CEFの面積の9倍である。

(3)　**【解き方】BD//EFより，△BGH∽△FEHだから，GH：HEはこの三角形の相似比と等しいので，BG：FEを求める。**

(2)より，BD＝3EFだから，BG＝$\frac{2}{2+3}$BD＝$\frac{2}{5}$×3EF＝$\frac{6}{5}$EF

よって，BG：FE＝$\frac{6}{5}$EF：FE＝6：5だから，GH：HE＝6：5

Ⅳ　(1)　**【解き方】まず$\frac{(y\text{の増加量})}{(x\text{の増加量})}$から傾きを求め，次に切片を求める。**

A(2，2)，C(－2，0)から直線ACの傾きは，$\frac{2-0}{2-(-2)}=\frac{1}{2}$である。直線ACと$y$軸の交点は，Cから右に2，上に$2\times\frac{1}{2}=1$増えたところにあるから，切片は0＋1＝1である。よって，直線ACの式は，$y=\frac{1}{2}x+1$

(2)　**【解き方】$y=\frac{1}{2}x^2$と$y=\frac{1}{2}x+1$を連立方程式として解く。**

2式から$y$を消去して$\frac{1}{2}x^2=\frac{1}{2}x+1$　　$x^2-x-2=0$　　$(x-2)(x+1)=0$　　$x=2$，－1

$x=2$はAの$x$座標だから，Dの$x$座標は$x=-1$である。Dの$y$座標は$y=\frac{1}{2}\times(-1)^2=\frac{1}{2}$だから，D$(-1，\frac{1}{2})$

(3)　**【解き方】直線ACと$y$軸の交点をFとする。△ABFと△CBFは，底辺をともにBFとしたとき，高さがそれぞれ(AとFの$x$座標の差)と(CとFの$x$座標の差)であり，等しい。このため，△ABF＝△CBFだから，EはAとBの間にある。**

**△AED＝$\frac{1}{2}$△ABC＝△ABFだから，△EDF＝△EBFである。**

**したがって，BD//EFだから，BE：BA＝DF：DAである。**

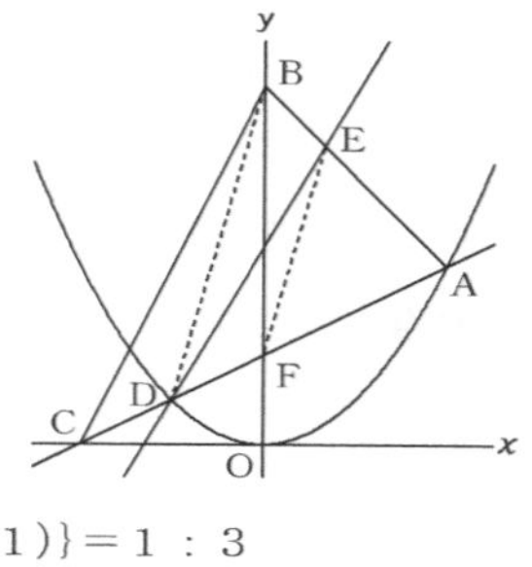


3点D，F，Aは同一直線上の点だから，

DF：DA＝(DとFの$x$座標の差)：(DとAの$x$座標の差)＝{0－(－1)}：{2－(－1)}＝1：3

これより，BE：BA＝DF：DA＝1：3　　3点B，E，Aは同一直線上の点だから，

(BとEの$x$座標の差)：(BとAの$x$座標の差)＝(BとEの$y$座標の差)：(BとAの$y$座標の差)＝ＢＥ：ＢＡ＝
１：３なので，(BとEの$x$座標の差)＝(BとAの$x$座標の差)×$\frac{1}{3}$＝(２－０)×$\frac{1}{3}$＝$\frac{2}{3}$
(BとEの$y$座標の差)＝(BとAの$y$座標の差)×$\frac{1}{3}$＝(４－２)×$\frac{1}{3}$＝$\frac{2}{3}$
よって，Eの$x$座標は$0+\frac{2}{3}=\frac{2}{3}$，$y$座標は$4-\frac{2}{3}=\frac{10}{3}$だから，E$(\frac{2}{3},\ \frac{10}{3})$

Ⅴ (1) **【解き方】右のように作図し，△ＯＡＤに注目する。**

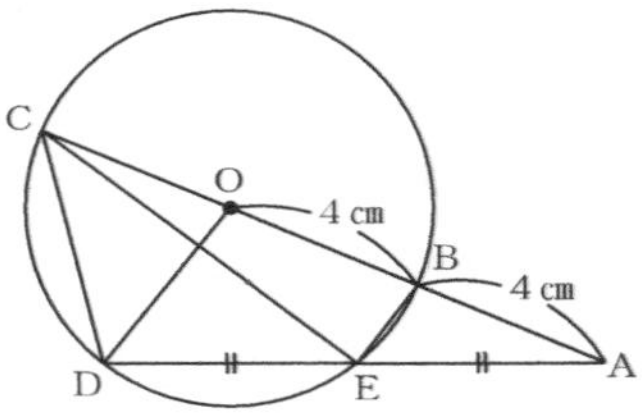


円の半径はＯＢ＝４㎝だから，ＯＤ＝４㎝
△ＯＡＤにおいて，中点連結定理より，ＢＥ＝$\frac{1}{2}$ＯＤ＝$\frac{1}{2}$×４＝２(㎝)

(2) **【解き方】ＢＣが直径だから∠ＢＥＣ＝90°なので，ＢＥとＣＥの長さから△ＢＣＥの面積を求められる。**

ＢＣ＝４×２＝８(㎝)，ＢＥ＝２㎝だから，三平方の定理より，ＣＥ＝$\sqrt{BC^2-BE^2}=\sqrt{8^2-2^2}=2\sqrt{15}$(㎝)
よって，△ＢＣＥ＝$\frac{1}{2}$×ＢＥ×ＣＥ＝$\frac{1}{2}\times2\times2\sqrt{15}=2\sqrt{15}$(㎠)

(3) **【解き方】△ＢＣＥの面積をＳとし，四角形ＢＣＤＥと△ＡＢＥの面積をＳの式で表す。その際，高さが等しい三角形の面積比は底辺の長さの比に等しいことを利用する。**

△ＢＣＥと△ＡＢＥは，底辺をそれぞれＢＣ，ＢＡとしたときの高さが等しいから，面積比はＢＣ：ＢＡ＝
８：４＝２：１と等しいので，△ＢＣＥ：△ＡＢＥ＝２：１
これより，△ＡＢＥ＝$\frac{1}{2}$Ｓ，△ＡＣＥ＝△ＢＣＥ＋△ＡＢＥ＝Ｓ＋$\frac{1}{2}$Ｓ＝$\frac{3}{2}$Ｓ
△ＡＣＥと△ＡＣＤは，底辺をそれぞれＡＥ，ＡＤとしたときの高さが等しいから，面積比はＡＥ：ＡＤ＝
１：２と等しいので，△ＡＣＥ：△ＡＣＤ＝１：２　　これより，△ＡＣＤ＝２△ＡＣＥ＝２×$\frac{3}{2}$Ｓ＝３Ｓ
したがって，四角形ＢＣＤＥの面積は，△ＡＣＤ－△ＡＢＥ＝３Ｓ－$\frac{1}{2}$Ｓ＝$\frac{5}{2}$Ｓ
よって，四角形ＢＣＤＥの面積は，△ＡＢＥの面積の，$\frac{5}{2}$Ｓ÷$\frac{1}{2}$Ｓ＝５(倍)

## 《2021　英語　解説》

Ⅰ Part1(1)　質問「コフィはどこの学校に通っていますか？」…放送文の第１段落１～２行目 I'm a junior high school student in New York, America.「私はアメリカのニューヨークの中学生です」より，イが適当。

(2)　質問「コフィはいつカリフォルニアを訪れましたか？」…放送文の第１段落３行目 Last fall, we went to California on a school trip.「昨秋，私たちは学校の遠足でカリフォルニアに行きました」より，イが適当。

(3)　質問「彼は星を見るためにどこへ行きましたか？」…放送文の第２段落１行目 We went to a vast field at night to see the stars in the sky.「私たちは夜空の星を見るために広大な野原へ行きました」より，ウが適当。

Part2(1)　「私のヴァイオリンは濃い色の木でできています」が答えになる英文だから，素材を尋ねる疑問文が適切。

(2)　「いいえ，私はロボットに興味がありません」が答えになる英文だから，Are you interested in robots?が適切。

(3)　「日本語では『お元気ですか』と言います」が答えになる英文だから，How do you say “How are you?” in Japanese?が適当。

Part3(1)　「９月／木曜日／11月／８月」…「木曜日」は月ではない。

(2)　「バスケットボール／サッカー／スタジアム／野球」…「スタジアム」はスポーツではない。

(3)　「中国語／カナダ／ブラジル／オーストラリア」…「中国語」は国ではない。

Ⅱ　A【本文の要約】参照。

(1)　質問「セイジは子どもの頃，何をしましたか？」

⑵　質問「ケンが修学旅行で見なかったのはどの場所ですか？」

⑶　質問「セイジが宿泊したホテルはどこにありますか？M～Tから選びなさい」

⑷　質問「丸太町駅はどこにありますか？A～Lから選びなさい」

⑸　質問「セイジの兄が勉強する予定の大学はどこにありますか？M～Tから選びなさい」

【本文の要約】

セイジ：僕は夏休みに家族と京都に行ったんだ。君の夏はどうだった？

ケン　：あまり楽しくなかったよ。どこにも行けなかったんだ。

セイジ：それは気の毒に。じゃあ何をしたの？

ケン　：えっとね，読書をして，テレビゲームをして，宿題をした。ずっと家で過ごしたよ。京都はどうだった？

セイジ：とても楽しかったよ。京都には観光名所がたくさんあるね。僕は京都が好きで，毎年夏に行っているんだ。君は京都に行ったことがある？

ケン　：１回だけね。小学生の時に修学旅行で京都と奈良に行ったよ。両方の都市でお寺と神社に行った。僕は特に清水寺と法隆寺が気に入ったよ。金閣寺も見たよ。とてもきれいな金色の建物だったけれど，中に入ることはできなかったんだ。その旅行はとても楽しくて，小学校の一番の思い出になっているよ。

セイジ：それはよかったね。⑴イ僕は大阪に住んでいたから，小学校の修学旅行は伊勢に行ったんだ。大阪に住んでいた頃は，家族と一緒に週末によく京都に行ったよ。

ケン　：へえ，君は京都に詳しいんだね。この夏はどのくらいの間滞在したの？

セイジ：たった２日間だよ。四条通りにいいホテルを見つけたんだ。そのホテルは駅にもレストランにも近かったよ。そこには初めて泊まったよ。

ケン　：京都駅からそこまではバスで行ったの？

セイジ：いいや，電車に乗ったよ。電車はいつも時間通りに来るからね。京都駅からホテルまでは８分しかかからなかったよ。⑶S僕たちは北に向かって２つ目の駅で降りたんだ。ホテルはちょうど道の反対側にあったよ。

ケン　：それは便利だね。近くに有名な観光名所はあった？

セイジ：たった２つ先の駅に京都御所があったよ。昔，多くの日本の天皇が暮らしていたんだ。今はとても大きな公園になっているよ。

ケン　：それは知らなかったな。⑵エ僕は修学旅行でそこ（＝京都御所）には行かなかったよ。

セイジ：僕は，来年の春から兄が行く大学を見学する計画を立てていたんだ。だから僕は，⑷C御所の南側の丸太町駅で降りて道を渡り，大学に向かって北に歩いたんだよ。でも僕は大きな間違いをした。それは違う場所だったんだ。⑸O兄が行く大学は，御所の2.5キロ東にあって，そこまで徒歩で約30分かかったよ。

ケン　：おやおや！暑かっただろうねえ。

B【本文の要約】参照。

⑴　質問「どれが正しいですか？」…ア「ケンは何度かセイジの兄に会ったことがある」が適当。

⑵　質問「セイジの兄は，京都のどこに住む予定ですか？」…エ「電車の駅の近くに」が適当。

⑶　質問「セイジの兄はどこにテレビを置く予定ですか？」…「部屋の右側」，「ドアの近く」より，Cが適当。

⑷　質問「セイジの兄はどこに本を置く予定ですか？」…ベッドの近くだと判断する。Aが適当。

⑸　質問「セイジの兄がコンピュータ，テレビ，ベッドを買うとしたらいくらかかりますか？」…広告参照。
24000《コンピュータ》＋18000《テレビ》＋8000《ベッド》＝50000(円)　広告にyou can receive 20% off the price when you buy three products「商品を

３点購入すれば20%の割引を受けられます」とあるから，50000×（１－0.2）＝40000(円)より，イが適当。

⑹　質問「セイジの兄が，自転車，テレビ，ベッドを含むセットを買うとしたらいくらかかりますか？」…広告参照。①～④のうち，「自転車，テレビ，ベッドを含むセット」とは③のことである。③の合計金額は10000《自転車》＋18000《冷蔵庫》＋18000《テレビ》＋8000《ベッド》＝54000(円)　広告にMaybe the best choice for you is to buy from one of our 30% discount sets.「おそらく当社の 30%割引のセットの１つを購入するのが最もよい選択でしょう」とあるから，54000×（１－0.3）＝37800(円)より，イが適当。

【本文の要約】

セイジ：やあケン，久しぶり。

ケン　：ほんとだね。最後に会った時よりも寒くなったね。

セイジ：そうだね。僕らが兄の大学について話したこと，覚えている？

ケン　：うん。⑴ア君の家に遊びに行くといつもお兄さんは僕に優しくしてくれたよ。すべては順調に進んでいる？

セイジ：それが，僕は兄の新生活に向けた準備の手伝いで大忙しなんだ。家族は，兄の住む場所を探すためにまた京都に行ったんだよ。

ケン　：なるほど。いい物件を探すのは大事だもんね。もうどこか見つかったの？

セイジ：うん。でも簡単じゃなかったよ。もちろん，大学や駅やお店の近くに住む方がいいけど，そういう場所はすごく高いんだよ。⑵エ僕たちは四条通りの駅の近くに一件見つけたんだけど，近くにお店がまったくないんだ。兄がそこに引っ越したら大学まで自転車で15分だよ。そしてそこは値段もそんなに高くないよ。

ケン　：よさそうだけどな。大学まで自転車で通学する方が健康にもいいだろうし。お兄さんはもう新居用の買い物をしたの？

セイジ：うん。机，ベッド，テレビのような，多くのものを買うのってお金がかかるよ。兄のためにいいものを探すのに時間がかかったよ。最初僕たちはたくさんのお店やデパートを見て回ったけれどいいものが見つからなかった。でも，いいものを安い値段で扱うオンラインストアがたくさんあることに気付いたんだ。

ケン　：そうだね。でも買おうとしているものを細部まで見るのが難しい場合があるよね。

セイジ：言いたいことはわかるよ。でも僕たちは兄が必要なものすべてを，ひとつのウェブサイトで手に入れることができたんだ。そのウェブサイトは新入生のための特別セールをやっていたんだよ。

ケン　：それはよかったね。次は新しいものをお兄さんの部屋のどこに置くか決めないとね。

セイジ：もう決めたよ。実はポケットにその計画があるよ。見るかい？

ケン　：うん，見せて。

セイジ：⑶イ最初兄はテレビを部屋の右側の窓の近くに置きたかったんだ。でも窓からの光で，テレビは見にくかったんだ。そこでもっとドアに近いところに移したんだよ。それから窓のそばに机を置いた。本の置き場所については長いこと話し合ったよ。兄は大きな本棚を持っているんだ。両親と僕は，それを机のそばに置くべきだと思ったんだ。そうすれば兄は勉強している時に容易に本を見つけられるからね。⑷アしかし，兄はベッドで本を読み，眠る前にその本を戻したいと言ったんだよ。

ケン　：おもしろい考えだね。でも君はお兄さんが本当に勉強すると思っているの？

セイジ：してほしいよ。両親は，兄を大学に行かせるのに大金がかかったって言ってたよ。

Ⅲ　【本文の要約】参照。

⑴①　〈過去分詞(called)＋語句（“Spot the difference”）〉が後ろから名詞(game)を修飾する形。過去分詞の called

が適当。　③　keep ~ing「～し続ける」より，ing 形の pointing が適当。

④　過去の文だから，過去形の found が適当。

(2)　第１段落から読み取る。２行目のゲームのタイトルより，それは違いを見つけるゲームであること，２～５行目より，筆者の祖母はルール通りにせず２枚の絵を見比べて同じ箇所を見つけて楽しんだことがわかる。

(3)　文中に疑問詞を含む間接疑問文だから，I'm worried about how many people のあとに動詞が続く形になる。

・be worried about ～「～が心配である／気がかりである」　・agree with ～「～に同意する／賛成する」

(4)　YouTube の画面でクリックすることで動画の制作者にプラスになるものだから，いいねボタンを指すと判断する。like や good などさまざまな英語が考えられる。

(5)　X-ray とはレントゲンのこと。下線部⑦の直後の文より，表情や体は映らず，骨が動く様子が見える。

【本文の要約】

昔，私は，新聞に載っていた「Spot the Difference」①と呼ばれる(＝called)ゲームのやり方を祖母に教えようとしました。私は，ルールは十分わかりやすいと思いました。しかし祖母はずっと２枚の絵を見比べて同じ箇所を③指摘し続けました(＝kept pointing out)。祖母は違いを④見つける(＝found)よりも，同じ箇所を④見つける(＝found)方が楽しめると言いました。その言葉は祖母を大いに物語っています。

世の中には他人との違いについて考えることにあまりにも多くの時間を費やしてしまう人がたくさんいます。そういう人々はその違いがどんなに悪いことかということを人に見せることが好きです。私はインターネットでそのような人を見かけました。日本人ユーチューバーでした。自分で作った動画の中で彼は，黒人への人種差別的考えを表現しました。彼はしばしば，自分の人種差別的考えをシェアしました。私は何人の人が彼に賛同するかが心配です。彼は動画を英語で作っています。彼は人々の注意をひきつけるようなタイトルを使います。彼はおそらく，英語なら自分の動画が世界中に理解されることをわかっています。これはおそらく，彼の動画を見ている人の数と彼の収入にプラスに働くでしょう。このユーチューバーの動画にメッセージを送ったり「⑥like／good」をクリックしたりするのは，彼の思うつぼなのです。その人は，みなさんのクリックや注目には値しません。

一方で，よいメッセージをシェアする動画もたくさんあります。そのような動画のタイトルの１つは「Love Has No Labels」です。これはアメリカのある非政府組織によって作られました。それは，キスやハグやダンスをして愛情や友情をわかち合う友達，恋人，家族の様子を，レントゲン画面の裏側から見せています。これは彼らの表情や体を映す代わりに，画面には(5)骨が動く画像のみが映し出されるのです。彼らが画面の裏側から現れると，その年齢，宗教，肌の色，性別が様々であることがわかります。この動画は，見た目は違っていても私たちはみな同じで，みな人間なんだ，ということを示しています。

たぶんこれこそ私の祖母が私に伝えていたことなのでしょう。違いを見つけるのは簡単ですが，私たちは同じところに目を向けることによってわかり合えるのです。

Ⅳ　【本文の要約】参照。

①　直後にダイスケが人数を答えているから，野球部員の人数を尋ねる文が適切。

・How many ～ are there…?「…には何人の～がいますか？」

②　・It is … for＋人＋to ～「(人)にとって～することは…だ」

③　・文中に疑問詞を含む間接疑問文だから，Do you know where のあとは肯定文の語順。

【本文の要約】

ユウジ　：名古屋高校の生徒は一生懸命勉強することができ，スポーツの面でも優れていることで有名だね。

ダイスケ：そうだね。僕は野球部に入ろうと考えているよ。もう何部に入るか決めた？

ユウジ　：まだだよ。(1)野球部には何人の部員がいるの？(=How many members are there in the baseball club?)

ダイスケ：すごくたくさんだよ。50人くらいいるよ。

ユウジ　：おぉ！それは多いね。野球には興味があるけど朝早くに練習するんじゃないのかな？僕は学校からすごく遠くに住んでいるんだ。(2)僕には早起きは難しい(=It's hard for me to get up early)から，別の部に入ることを考えてるよ。

ダイスケ：何を言ってるんだよ？本気で野球がしたければ早起きできるよ。

ユウジ　：その通りだ。考えてみるよ。

ダイスケ：それがいいよ。今度の土曜日に一緒に野球の練習を見にいかないか？

ユウジ　：いいね。(3)彼らがどこで練習しているのか知ってるの？(=Do you know where they practice?)

ダイスケ：うん。彼らは矢田川の近くの公園で練習してるよ。

ユウジ　：学校の近くの公園のこと？

ダイスケ：うん，そうだよ。9時に砂田橋駅で待ち合わせをしよう。

## ―《2021　理科　解説》―

Ⅰ　(1)　エタンのような炭素原子と水素原子からなる有機物を完全燃焼させると，酸素と結びついて，二酸化炭素と水ができる。エタンの化学式 $C_2H_6$ の炭素原子の数より $CO_2$ が２個，水素原子の数より $H_2O$ が３個でき，酸素原子は２×２＋１×３＝７(個)必要である。酸素は分子($O_2$)の形で存在しているので，酸素原子が偶数個になるように，すべての分子の数を２倍すると，$2C_2H_6+7O_2\to4CO_2+6H_2O$ となる。

(2)　(1)の化学反応式より，２個のエタン分子から４個の二酸化炭素分子ができるので１個のエタン分子から２個の二酸化炭素分子ができる。

(3)　(1)の化学反応式より，２個のエタン分子と７個の酸素分子が結びつくので，200 個のエタン分子を完全燃焼させるには，酸素分子が $7\times\frac{200}{2}=700$(個)必要である。

(4)　エタン分子の１個の質量をmを使って表すと，(12m×２)＋(m×６)＝30m(g)となる。エタン 30gと酸素 112gがちょうど反応するので，エタン分子１個とちょうど反応する酸素分子は 112m(g)である。(1)の化学反応式より，エタン分子２個と酸素分子７個がちょうど反応するので，エタン分子１個とちょうど反応する酸素分子は$\frac{7}{2}$(個)である。したがって，酸素分子１個の質量をmを使って表すと，$112m\div\frac{7}{2}=32m$(g)となる。

(5)　(4)解説より，酸素原子１個の質量をmを使って表すと 16m(g)となるので，水分子($H_2O$)の質量をmを使って表すと，２m＋16m＝18m(g)となる。(1)の化学反応式より，エタン分子２個の 30m×２＝60m(g)と水分子６個の 18m×６＝108m(g)がちょうど反応するので，エタン 30gの完全燃焼によって生じる水は $30\times\frac{108m}{60m}=54$(g)となる。

(6)　質量保存の法則より，発生した二酸化炭素の質量は(30＋112)－54＝88(g)だから，〔密度(g/L)＝$\frac{質量(g)}{体積(L)}$〕より，$\frac{88}{44.8}=1.964\cdots\to1.96$g/Lとなる。

Ⅱ　問１(1)　物体を焦点距離の２倍の位置に置くと，反対側の焦点距離の２倍の位置に，物体と同じ大きさの実像ができる。z＝３cmより，物体(ろうそく)と実像の大きさが同じになったので，ろうそくは焦点距離の２倍の位置にあることがわかる。したがって，焦点距離は10÷２＝５(cm)となる。　(2)　ろうそくから凸レンズまでの距離と凸レンズからスクリーンまでの距離の比(x：y＝２：１)は，物体(ろうそく)と実像の長さの比と等しいので，実像の長さはろうそくの長さの半分→0.5 倍である。また，このとき，凸レンズから焦点までの距離(５cm)と焦点からスクリーンまでの距離の比も2：1であり，y＝5＋$\frac{5}{2}$＝7.5(cm)となる。したがって，x＝7.5×2＝15(cm)となる。

**問2**(2)　鏡①で入射角と反射角が等しくなるように反射し，ガラスに入るときの入射角とガラスから出ていくときの屈折角が等しくなる。つまり，Xから出てYに届く光は，鏡①で反射する点を含む鏡①に垂直な直線に対して左右対称の形を描く。したがって，光は鏡①上の(11，0)と(3，0)の中点である(7，0)で反射する。また，Ⅰ(5，6)で屈折して(7，0)で反射したので，(7，0)から右に2，上に6進んだ(9，6)で屈折する。

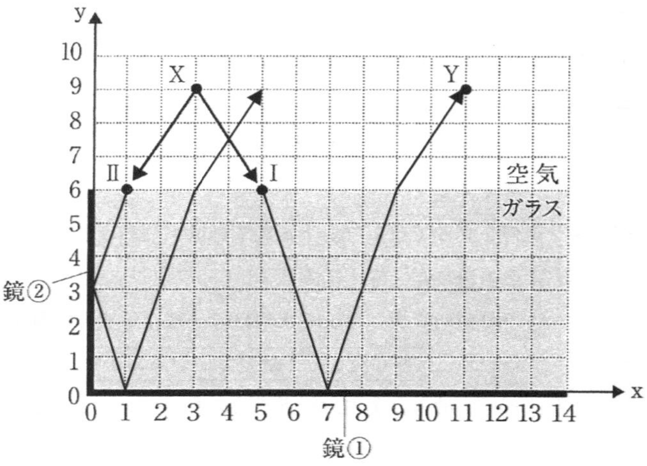


(3)　XからⅡの方向に進んだ光の空気とガラスの境界面での入射角は，Ⅰの方向に進んだ光の入射角と等しいので，屈折角も等しくなる。その後，鏡②上の(0，3)と，鏡①上の(1，0)で反射し，(2)解説の(7，0)で反射した光よりも6目盛り左側を平行に進むので，Yの位置を左に6目盛り移動した点に進む。

Ⅲ　**問1**(1)　ア○…コロナウイルス，インフルエンザウイルスはウイルス，乳酸菌，結核菌，黄色ブドウ球菌は細菌類である。　(2)　イ，エ○…ケンミジンコ，オオカナダモは多細胞生物である。　(3)　ウイルスの大きさはおよそ0.0001㎜～0.00001㎜である。

**問2**(1)　赤色の純系(RR)と白色の純系(rr)をかけ合わせてつくった子の桃色の花がもつ遺伝子はすべてRrである。　(2)　遺伝子Rrをもつ桃色の個体を自家受粉させると，RR：Rr：rr＝1：2：1となる。したがって，赤色：白色：桃色＝1：1：2となる。　(3)　赤色の自家受粉で得られる種子の花の色はすべて赤色，白色の自家受粉で得られる種子の花の色はすべて白色になり，(2)解説より，桃色の自家受粉で得られる種子の花の色は赤色：白色：桃色＝1：1：2となる。赤色の花の自家受粉で得られる個体の数は100×3＝300(個)，白色の花の自家受粉で得られる個体の数は100×4＝400(個)，桃色の花の自家受粉で得られる個体の数は100×5＝500(個)となり赤色：白色：桃色＝125：125：250となるので，これらをすべて合わせると，赤色：白色：桃色＝425：525：250＝17：21：10となる。

**問3**(1)　A．〔陽性率(%)＝$\frac{\text{新規陽性者数(人)}}{\text{検査実施人数(人)}}$×100〕より，Aの人数を$x$人とすると，2.5＝$\frac{7}{x}$×100となるから，$x$＝280(人)となる。　B．$\frac{262}{875}$×100＝29.94…→29.9%　(2)　ア×…3月30日から4月5日までは半数をこえている。　イ×…陽性率と検査実施人数から推測できるのは，感染者数ではなく新規陽性者数である。　ウ○…この間に50名近い新規陽性者数が0名になり，10%以上の感染率だったのが0.0%に下がったので，効果があったと言える。　エ×…新規陽性者数のうち感染経路不明者数の割合が最も高いのは，100%の5月4日から5月10日と6月29日から7月5日である。　オ○…検査実施人数が400名をこえた7月13日から8月30日までは，陽性率が必ず10%以上になっている。

Ⅳ　(1)　⑤初期微動継続時間は震源からの距離に比例するので，60×$\frac{9}{5}$＝108(㎞)となる。　⑥AとBの震源からの距離の差とP波の到達時刻の差より，P波は108－60＝48(㎞)を50－42＝8(秒)で伝わることがわかる。したがって，$\frac{48}{8}$＝6(㎞/秒)となる。　⑦S波はAB間の48㎞を8＋(9－5)＝12(秒)で伝わるので，$\frac{48}{12}$＝4(㎞/秒)となる。　⑧S波はAC間を6時26分11秒－(6時25分42秒＋5秒)＝24(秒)で伝わるので，AC間の距離は4×24＝96(㎞)であり，Cは震源から60

＋96＝156(km)離れている。

(2)　P波が震源からAまで伝わるのにかかる時間は$\frac{60}{6}$＝10(秒)だから，6時25分42秒−10秒＝6時25分32秒となる。

(4)　イ×…震度は，震源からの距離，地盤，震源の深さなどの影響を受けるので，マグニチュードが大きくても震度が大きくなるとは限らない。　エ×…2016年に起こった熊本地震でも，震度7が観測されている。

## 《2021　社会　解説》

Ⅰ　(1)　武漢は長江中流域に位置するから，イを選ぶ。アは北京，ウは上海，エは香港。

(2) i　人口は，ブラジル＜アメリカ＜インドである。　ii　熱帯の面積は，アメリカ＜インド＜ブラジル。

(3) ii　オ．チリは世界最大の露天掘り銅山(チュキカマタ銅山)があり，オーストラリアは液化天然ガスなどの鉱産資源の産出が盛んである。よって，aを銅鉱，cを液化天然ガスと判断し，bは木材となる。　iii　中国は安価な労働力によって大量生産できるので，衣類が上位のcと判断する。残ったうち，機械類の輸出が多いaをフィリピンと判断し，bはインドネシアとなる。

(4)(a)・(b)　外国人観光客は，地理的に近い東アジアの国からが多い。　(c)　イスラム教では，豚肉を食べることや飲酒が禁じられており，1日に5回アラビア半島にある聖地メッカの方角に祈る習慣がある。

(5) i　エが正しい。　ア．アマゾン川流域に広がる熱帯雨林(セルバ)は，農地や牧場の開発のための伐採が深刻化している。　イ．サハラ砂漠南縁に広がる草原(サヘル)は砂漠化が進んでいる。　ウ．タイガはユーラシア大陸の針葉樹林なので，南アメリカ大陸のアルゼンチンにはない。　ii　ウが誤り。自然分解されないマイクロプラスチックを魚などが食べ，その魚を食べている人間の体に移行して影響を及ぼす危険性が問題視されている。

(6) i　埼玉県南部や兵庫県南部には，昼間は大都市で働いたり学んだりして，夜間に家に帰ってきて生活する人々が多い。このような人々が住む町のことを「ベッドタウン」と呼ぶ。　ii　ア．秋田県は高齢化が最も進むa，沖縄県は出生率が高いcと判断できるので，東京都はbとなる。　iii　イ．愛知県は自動車生産が盛んだからa，高知県は農業・漁業・林業が盛んだからc，沖縄県は観光業が盛んだからbと判断する。

Ⅱ　(1)　正解なし。「目には目を，歯には歯を」の復讐法はハンムラビ法典に見られる。現在，ハンムラビ法典はシュメール法典を集大成したものとされているため，世界最古の法とは言わない。

(2)　両方とも誤りだからエを選ぶ。　X．ナウマン象を狩猟していたのは氷河時代で，小型動物の狩猟が行われた。Y．青銅器は弥生時代に使われたから，縄文時代にはない。

(3)　bとcが正しいからウを選ぶ。aとdはメソポタミア文明の記述である。

(4)　アが正しい。　b．エリザベス1世は，父ヘンリー8世の宗教改革を受けつぎイギリスの絶対王政を確立した。c．ルイ14世はベルサイユ宮殿を建てた太陽王，ルイ16世はフランス革命で処刑された王である。

(5)　エが正しい。バスコ＝ダ＝ガマは，15世紀末にインド航路を開拓した。マゼランは，16世紀初期に初めて世界一周に成功した。コロンブスは，15世紀末に西インド諸島に到達した。

(6)　aとcが正しいからアを選ぶ。『魏志』倭人伝には，弥生時代に邪馬台国の女王卑弥呼が魏に使いを送り，「親魏倭王」の称号を授かったことが記されている。ヤマト政権は，古墳時代に関東から北九州までを支配していた。

(7)　ウが正しい。ホッブズは，『リヴァイアサン』，ロックは『市民政府二論』を著したイギリスの思想家である。

(8)　ウ．日本は唐の進んだ制度や文化を学ぶために遣唐使を送っており，701年に大宝律令が作られた。「律」は刑罰に関するきまり，「令」は政治のしくみや租税などに関するきまりを意味する。

(9)　ア．a．十七条の憲法(飛鳥時代／7世紀初期)→大宝律令(飛鳥時代／8世紀初期)→墾田永年私財法(奈良時代)

(10)　ウ．b．太閤検地開始(1582年)→a．刀狩令(1588年)→c．文禄の役(1592年)・慶長の役(1597年)

(11)　アが正しい。徳川家光は鎖国体制も確立した。　イ．享保の改革は徳川吉宗が行った。　ウ．寛政の改革は老中松平定信が行った。　エ．「王政復古の大号令」ではなく「大政奉還」である。

(12)　エ．保元の乱は後白河天皇と崇徳上皇の対立に藤原氏一族や源氏平氏の争いが結びついて起こり，保元の乱で活躍した平清盛と源義朝の対立や貴族間の対立から，平治の乱も起こった。

(13)　オ．ｃ．承平・天慶の乱(10 世紀)→ａ．前九年合戦(11 世紀)→ｂ．治承・寿永の乱(12 世紀)

(14)　エが正しい。　ア．「醍醐天皇」ではなく「後醍醐天皇」である。　イ．室町幕府も御成敗式目を基本法典とした。　ウ．己酉約条は江戸幕府と朝鮮との間で結ばれた。また，室町幕府は明との間で，勘合貿易を行った。

(15)　イが正しい。特定の集団を一揆と呼び，それが惣であれば土一揆，惣・町民・国人であれば国一揆，一向宗徒であれば一向一揆と呼ばれた。

(16)　ウが正しい。　ｆ．五箇条の御誓文では，世論に従って新しい政治を行うという政府の方針を誓う文が発表された。1868 年発表の五榜の掲示では，キリスト教の禁止が提示された。　ｇ．伊藤博文は君主権の強いドイツ(プロイセン)の憲法を学んで帰国した後，大日本帝国憲法の制定に力をつくした。

(17)　カ．ｃ．富岡製糸場設立(1872 年)→ｂ．鹿鳴館建設(1883 年)→ａ．金本位制度確立(1897 年)

(18)　ウが正しい。　Ｘ．中江兆民はルソーの『社会契約論』を訳し，解説を加えて出版した。　Ｙ．福沢諭吉の『学問のすゝめ』では，人間の自由・平等や学問の大切さが説かれている。

(19)　ｂとｃが正しいからウを選ぶ。　ａ．大日本帝国憲法に内閣の規定はなく，議院内閣制はとられていなかった。　ｄ．日本国憲法の三大義務は「教育の義務」「勤労の義務」「納税の義務」である。また，戦後に制定された日本国憲法では，「戦争放棄」「戦力不保持」「交戦権の否認」が９条に規定されている。

(20)　エ．　Ｘ．男子普通選挙法制定は大正時代の 1925 年。　Ｙ．選挙権年齢が満 18 歳以上に引き下げられたのは平成時代の 2015 年。

Ⅲ　(1)　文民統制(シビリアンコントロール)のイが正しい。　ア．皇位は世襲制である。　ウ．法律案に対して衆議院と参議院が異なる議決を行った場合に両院協議会を開くことはできるが，義務ではない。　エ．憲法改正は，国民投票で有効投票の過半数の賛成を得られなければ成立しない。各議院の総議員の３分の２以上の賛成をもって行われるのは，憲法改正の発議。

(2)　イが誤り。条約の締結は内閣が行い，締結の前または後に国会が承認する。

(4)　アは，地方議会議長についての記述だから誤り。

(5)　ウが誤り。国政調査権は国会が内閣に対して持つ権限で，国会と内閣が連帯して責任を負うものではない。

(6)　エが誤り。日本電信電話公社・日本国有鉄道・日本専売公社の民営化は 1980 年代に行われた。

(7)　エが正しい。　ア．「公的扶助」ではなく「社会保険」である。　イ．介護保険は，国民全員が 40 歳になった月から加入して保険料を納める。　ウ．国民健康保険には自営業者とその家族が加入する。

(8)　日本の国民負担率は，高福祉社会のスウェーデンやドイツよりも低く，アメリカよりも高い。

(9)　エが誤り。地方裁判所は 50 設置されている(都府県にそれぞれ１，北海道に４)。

(10)　エが正しい。　ア．「家庭裁判所」ではなく「簡易裁判所」である。　イ・ウ．第二審を求めるのが控訴，第三審を求めるのが上告である。

Ⅳ　(1)　両方とも誤りだからエを選ぶ。　Ａ．労働基準法では少なくとも週１日の休日か，４週間を通じて４日以上の休日を与えなければならないと定められている。　Ｂ．「非正規雇用」ではなく「正規雇用」である。非正規雇用は，賃金が低かったり契約期間が短かったりするため，生活が安定しにくい。

⑵　Aのみ誤りだからウを選ぶ。「直接金融」でなく「間接金融」である。銀行が客から集めた預金を，客の意思に関わらず企業に貸すため，間接金融という。

⑶　両方とも誤りだからエを選ぶ。　A．好況期には，資金量が増えて物価が上昇しやすい(インフレーション)。

B．日本銀行の公開市場操作は，不況時は国債を買い，好況時は国債を売ることで市場に介入する。

# 名古屋高等学校

## 《国　語》

一　問一. a. 広義　b. 対象　c. 紛　d. 分析　e. 近似　問二. (1)二　(2)六

問三. A. エ　B. イ　C. オ　D. ア　E. ウ　問四. X. 再現　Y. 宗教　問五. ウ

問六. 実験者の意　問七. 実験結果が常に正しいわけではないが、数々の条件下で同傾向の結果が得られるようになると、次第に精度も高まり、結果が仮説に近づくことで、「正しい」と認識されること。　問八. イ

二　問一. a. オ　b. ウ　問二. X. 虫　Y. 苦　問三. 小市航太／日向子／恵一　問四. オ

問五. エ　問六. ア, イ　問七. エ　問八. 自分の居場所　問九. ア

## 《数　学》

I　(1) $(-6xy^2)$　(2) $(x+y-2)(x-y+2)$　(3) $-2$　(4) 3　(5) $\frac{80}{3}$　(6) 66.5　(7) 67　(8) $8\pi-16$

(9) $112\pi$　(10) $\frac{5}{16}$

※II　20

III　(1) $\frac{7}{8}$　(2) $\frac{117}{32}$

IV　(1) 15　(2) 12

V　(1) $\frac{1}{4}$　(2) $\frac{1}{2}b^2+2b$　(3) $2\sqrt{2}-2$

VI　(1) $2\sqrt{2}$　(2) 75　(3) 1 : 2

※の解き方は解説を参照してください。

## 《英　語》

I　A. (1)ウ　(2)エ　(3)ウ　(4)ア　B. (1)When is your birthday?　(2)Have you finished your homework?

(3)How do you say ‘Thank you’ in Japanese?　C. (1)×　(2)?　(3)○　(4)?

II　A. (1)イ　(2)イ　(3)E　(4)I　B. (1)ウ　(2)エ　(3)エ　(4)ア

III　(1)ア. been　イ. known　ウ. visiting　エ. to take　(2)エ　(3)間違ってマイクロプラスチックを食べた魚を, 人間が知らずに食べること。　(4)The whale was too little to eat fish　(5)(例文) Please stop using plastic products.

(6)ア. ×　イ. ×　ウ. ×　エ. ○

IV　①What time does it start　②Which do you like better, curry or pizza　③I'm looking forward to seeing

## 《理　科》

Ⅰ　(1)$CuCl_2 \to Cu^{2+} + 2Cl^-$　(2)$Cl_2$　(3)50　(4)3.5　(5)3.8　(6)ア

Ⅱ　問1．(1)肝門脈　(2)右心室　(3)A，B，C，D，E　(4)不要な物質が少ない。　問2．(1)50　(2)②エ　③カ

Ⅲ　問1．(1)42　(2)イ　問2．(1)エ　(2)77　(3)イ　(4)B→C→D

Ⅳ　(1)9　(2)98　(3)b　(4)ア　(5)11.06　(6)エ

## 《社　会》

Ⅰ　(1)ウ　(2)エ　(3)ア　(4)ウ　(5)エ　(6)エ　(7)オ　(8)ウ　(9)ア　(10)イ　(11)イ　(12)アパルトヘイト　(13)ウ　(14)ア　(15)スペイン

Ⅱ　(A)姫路城　(B)屋久島　(1)ウ　(2)(a)エ　(b)イ　(c)ア　(d)エ　(e)ウ　(f)ウ　(g)イ　(h)朱印船　(i)イ

Ⅲ　(1)ア　(2)イ　(3)ア　(4)エ　(5)玉音放送　(6)板門店　(7)国後島　(8)ウ

Ⅳ　(1)エ　(2)(a)エ　(b)オ　(3)イ，ウ　(4)イ　(5)エ　(6)エ　(7)ウ

Ⅴ　(1)カ　(2)エ　(3)イ　(4)エ　(5)エ　(6)イ　(7)エ

←解答例は前ページにありますので，そちらをご覧ください。

## 《2020　国語　解説》

一　問二(1)　文節の先頭は必ず自立語になり、一つの文節に自立語は一つだけ。自立語は、単独で意味のわかる単語（名詞・代名詞・動詞・形容詞・形容動詞・連体詞・副詞・接続詞・感動詞）。付属語（助詞・助動詞）は、単独では一文節になることはできない。「信じなければ」と「救われない」の二文節。　(2)　「信じ」（動詞「信じる」の未然形）、「なけれ」（打ち消しの助動詞「ない」の仮定形）、「ば」（接続助詞）、「救わ」（動詞「救う」の未然形）、「れ」（受け身の助動詞「れる」の未然形）、「ない」（打ち消しの助動詞「ない」の終止形）の六単語。

問三Ａ　「毎日のように見る夢～存在するものだろうか。見間違い～普通にあることではないか」「ネス湖の恐竜～悪戯《いたずら》だったことが既に判明している。スプーンを曲げる～イカサマだったと判明している」といった例から言えることを、「『この目で見た』ものが正しいなんて、とてもいえないのではないか」とまとめているので、エの「つまり」が適する。　Ｂ　「自分がどう感じようが」と「自分が信じようが信じまいが」ということを並べて取り上げているので、イの「また」が適する。　Ｃ　直前の段落で、「ＴＶ局や新聞社」「特許庁」などでは「単に書面を見て～大雑把《おおざっぱ》な審査が行われるだけ」であることを述べている。「ＴＶ局や新聞社」「特許庁」でさえそうなのだから、「個人が書いている」場合ももちろん、科学的に証明されていると信じるのは危険であり、「もうほとんど『正しいかどうか』など問題外である」と述べている。よって、オの「まして」が適する。　Ｄ　直後に「～見ても」と仮定の表現があるので、アの「たとえ」が適する。　Ｅ　「実験で観察できるのは～近似的な結果だけ」であるが、「実験を多くの人が試み～同傾向の結果が得られる～精度も高まってくる～仮説に近づく～どうやら『正しい』という認識がだんだん生まれてくる」というつながりなので、ウの「しかし」が適する。

問四Ｘ　直後の段落で「ほかの人たちにもその現象を観察してもらう～同じ現象をみんなが確かめられたとき、はじめて～科学的に『確からしいもの』だと見なされる」と具体的に説明し、このことを、後の段落で「他者による再現性」と表現している。　Ｙ　直前の「信じる人の前でしか起こらない～信じなければ救われない」より。

問五　――①の直前の段落で述べている「同じ現象をみんなが確かめられたとき、はじめてその現象が～『確からしいもの』だと見なされる～一人で主張しているうちは『正しい』わけではない～多数が確認すれば、科学的に正しいものとなる」というあり方に似ているもの。よって、多数派の意志が決定に反映されている、ウが適する。

問六　「測定や分析」に、それをやっている人間の何が混ざるのか。――②のある一文は、「実験結果は常に正しいわけではない」ということを説明したもの。これと同じことを述べた、～～ｃのある段落に着目する。「実験というのは、いろいろな要因が紛れ込むし、また測定にも、実験者の意志がどうしても介入しがちである」より。

問七　直前の「こうした実験を多くの人が試み、数々の条件下でも同傾向の結果が得られるようになる。次第に精度も高まってくる～結果も仮説に近づく～どうやら『正しい』という認識がだんだん生まれてくる」という手順をふむことを指しているので、この部分をまとめる。ただし、「こうした実験」が意味する内容を説明すること。それは、直前の、あくまで「近似的な結果だけ」が得られるものだということであり、そのことを含め、筆者がくり返し述べてきた「実験結果は常に正しいわけではない」というスタンスで扱うべきものだということである。

問八　筆者は、「科学は『信じる』ものではない」「すべてをそのままデータとして留め、確からしいものから、疑わしいものまで、そのときどきの判断で並べておけば良い」と述べている。この考えに、イの「別の多くの大学の先生が～検討した結果、僕たち一般の人間も正しいと信じられる科学的真実が得られる」は適さない。

二　問二Ｘ　ひとつの事に熱中する人のことを「～の虫」という。　　Ｙ　この前後にある「それを見ると笑っちゃうほどシンプルなんだぜ」「もっと笑っちゃったのがさ」「もっと笑えること教えてやろうか」といった発言から、自分の家の商売の規模の小ささと、それを知らずに継ごうと思っていた自分の甘さをあざ笑っている(自嘲《じちょう》している)ような気持ちがうかがえる。よって、「苦笑」。

**問三**　まず、――②の５行後で、和彦《かずひこ》が「ほら航太《こうた》先輩」と言っているので、和彦が航太より学年が下であることはわかる。全員の学年がわかるのは、［Ｘ］の２～５行後の「文芸部の三年生は～腰を下ろした～ねえ、京《みやこ》、和彦、二人で～飲み物買ってきて。私がおごる』日向子《ひなこ》がそう提案～恵一《けいいち》と航太もポケットを探る。二年生二人が仲よく校舎内に消えるのを」である。よって、三年生は、小市《おち》航太、日向子、恵一。

**問四**　本文後半で、進路についての具体的な悩みが語られる。「小市堂《おちどう》に未来はないってお父さんに言われた」、つまり、家業の和菓子店を継ぐことができなくなったのである。だから「面談で～大学進学希望と初めて口に出した」ものの、「これから考えなければいけないことが色々あるらしい」とあるとおり、まだ前向きに動き出すには至らない心境、主体的に受け止めていない様子がうかがえる。このことについて、本文最後で「小市堂の作業場が居場所になればいいと思っていた～だが、航太の作る菓子を受け取る人が、いないとなれば～おれのポジション～誰にも必要とされないものなのかもしれない」という気持ちが語られている。この内容から、オのような理由が読み取れる。「ぼんやりしていた」のであるから、元気がなく、何かを集中して考えたりしている様子ではない。「進学先はこれから考える」と言っていることからも、イの「どの大学を選んだら良いか迷っていた」は適さない。

**問五**　――③の俳句の季語は「南風」で、季節は夏。アの季語は「名月」で、季節は秋。イの季語は「椿《つばき》」で、季節は春。「赤い」「白い」とあるので椿の花である。椿の実ならば、季節は秋。ウの季語は「鈴虫」で、季節は秋。エの季語は「甲虫《かぶとむし》」で、季節は夏。オの季語は「花の雲」(桜の花が一面に咲いている様子を、雲に見立てている)で、季節は春。よって、エが同じ。

**問六**　地方大会の決勝戦で航太が作った句「今ここがおれのポジション南風《みなみ》吹く」は、試合には使われなかった。ここでの「安全策」とは、勝つために、試合でマイナスになりそうな点があるこの句を避けたということ。使われなかった理由は、恵一が「『おれのポジション』って言い方は～俳句らしくはないし～Ｊ－ＰＯＰあたりで使い古されたベタな感じがする～審査員にどう評価されるか、読みにくい句だとも思ったしな」と言っている。この内容にウ、エ、オは合う。評価されそうなものを積極的に選ぶアとイが適さない。

**問七**　「上生菓子が鯛《たい》に化けた」とは、「物々交換」されたということ。売り上げから得たお金で鯛を買ったのではなく、上生菓子をあげたら鯛をくれたというように、直接交換したものだった。問二のＹの解説を参照。自分の家の商売の規模の小ささを語るエピソードの一つなので、エが適する。

**問八**　航太がかつて作った「今ここがおれのポジション南風吹く」という俳句が重要な意味を持っている。本文は、「小市堂の作業場が居場所になればいいと思っていた」航太が、それがかなわないとわかり、「おれのポジション～誰にも必要とされないものなのかもしれない」という気持ちになって、悩んでいる場面である。

**問九**　イの「接続表現を多用する」、ウの「俳句を出すことによってこの話を格調高くしている」、エの「余情が生み出されており」、オの「情景描写によって心情を暗示する」といった特徴は見られない。よって、アが適する。

## 《2020　数学　解説》

Ｉ　(1)　求める式をＡとすると，与式より，$4x^2y\times9y^2\div A=-6xy$なので，$4x^2y\times9y^2=(-6xy)\times A$

$A=-\dfrac{4x^2y\times9y^2}{6xy}=-6xy^2$　　したがって，求める式は，$(-6xy^2)$である。

(2)　与式$=x^2-(y^2-4y+4)=x^2-(y-2)^2=\{x+(y-2)\}\{x-(y-2)\}=(x+y-2)(x-y+2)$

(3)　$2x+7y=-9$…①，$4x+2y=3$…②とする。①×2−②で$x$を消去すると，$14y-2y=-18-3$

$12y=-21$　　$y=-\frac{7}{4}$　　②に$y=-\frac{7}{4}$を代入すると，$4x+2\times\left(-\frac{7}{4}\right)=3$　　$4x=\frac{13}{2}$　　$x=\frac{13}{8}$

したがって，$2x+3y=2\times\frac{13}{8}+3\times\left(-\frac{7}{4}\right)=\frac{13}{4}-\frac{21}{4}=-\frac{8}{4}=-2$

〔別の解き方〕

$2x+3y=t$とすると，$2x=t-3y$となる。これを①，②にそれぞれ代入すると，

$t-3y+7y=-9$より，$t+4y=-9$…③，$2(t-3y)+2y=3$より，$2t-4y=3$…④

③＋④で$y$を消去すると，$t+2t=-9+3$　　$3t=-6$　　$t=-2$　　したがって，$2x+3y=-2$

(4)　$\sqrt{7x}$が11以上で12より小さくなればよい。$11=\sqrt{121}$，$12=\sqrt{144}$なので，$\sqrt{121}\leqq\sqrt{7x}<\sqrt{144}$を満たす正の整数$x$が何個あるのかを考える。このとき，$121\leqq 7x\leqq 144$より，$\frac{121}{7}\leqq x<\frac{144}{7}$であり，$\frac{121}{7}=17.2\cdots$，$\frac{144}{7}=20.5\cdots$なので，条件を満たす整数$x$の値は，18，19，20の3個である。

(5)　求める分数を$\frac{b}{a}$とする。$\frac{b}{a}\times\frac{12}{5}$も$\frac{b}{a}\times\frac{9}{16}$も整数となるとき，bは5と16の公倍数，aは12と9の公約数となる。このうち，$\frac{b}{a}$が最小となるのは，bが最小，aが最大となるときなので，bは5と16の最小公倍数である80，aは12と9の最大公約数である3となる。よって，求める分数は$\frac{80}{3}$である。

(6)　度数分布表から平均値を求めるときは，$\frac{\{(\text{階級値})\times(\text{その階級の度数})\}\text{の合計}}{(\text{度数の合計})}$を計算すればよいが，計算を簡単にするために，60点以上70点未満の階級の階級値の65点を仮の平均とする。表にまとめると右のようになるから，「仮の平均との差」の平均は，(＋30)÷20＝＋1.5(点)であり，平均値は，65＋1.5＝66.5(点)となる。

| 階級(点) | 階級値(点) | 仮の平均との差(点) | 度数(人) | (仮の平均との差)×(度数) |
|---|---|---|---|---|
| 以上～未満<br>40 ～ 50 | 45 | −20 | 3 | −60 |
| 50 ～ 60 | 55 | −10 | 3 | −30 |
| 60 ～ 70 | 65 | ±0 | 6 | ±0 |
| 70 ～ 80 | 75 | ＋10 | 5 | ＋50 |
| 80 ～ 90 | 85 | ＋20 | 2 | ＋40 |
| 90 ～ 100 | 95 | ＋30 | 1 | ＋30 |
| 計 | | | 20 | ＋30 |

(7)　右のように作図する。平行線の錯角は等しいから，

ℓ//mより，∠EDA＝∠FBA＝78°である。∠DEA＝180−148＝32(°)なので，

外角の性質より，△ADEについて，∠EAB＝78＋32＝110(°)である。

△ABCはAB＝ACの二等辺三角形なので，∠ABC＝(180−110)÷2＝35(°)である。

したがって，∠$x$＝180−78−35＝67(°)である。

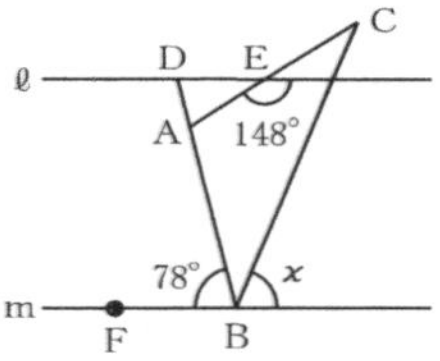


(8)　右のように作図する。求める面積は，斜線部分のうち，太線で囲まれた面積4つ分である。△BCDは直角二等辺三角形なので，$BD=\sqrt{2}BC=4\sqrt{2}$(cm)

正方形の対角線の交点はそれぞれの中点で交わるので，$BO=\frac{1}{2}BD=2\sqrt{2}$(cm)

太線で囲まれた面積を求めるには，半径が$BO=2\sqrt{2}$cm，中心角が90°のおうぎ形の面積から，1辺の長さが4÷2＝2(cm)の正方形の面積をひけばよいので，

$(2\sqrt{2})^2\pi\times\frac{90}{360}-2\times2=2\pi-4$(cm²)　　よって，求める面積は，$(2\pi-4)\times4=8\pi-16$(cm²)である。

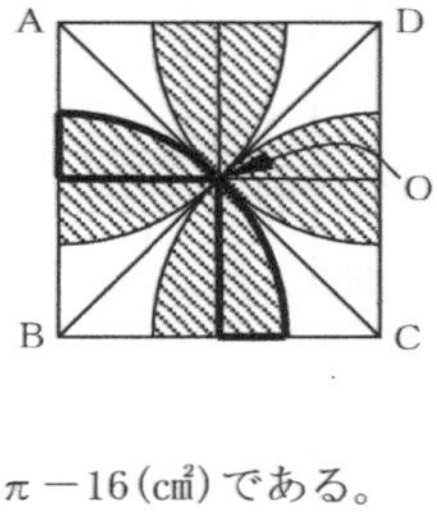


(9)　底面の半径は8÷2＝4(cm)なので，底面積は$4^2\pi=16\pi$(cm²)である。円柱の側面積は，(底面の円周の長さ)×(高さ)で求められるので，この円柱の側面積は，$8\pi\times10=80\pi$(cm²)である。

よって，表面積は，$16\pi\times2+80\pi=112\pi$(cm²)である。

(10)　1枚の硬貨を4回投げるとき，出方は全部で$2^4=16$(通り)ある。

Pの最後の位置がBとなるのは，Pが全部で1cm，4cm，7cm，11cm，…，と動いたときである。4回すべて裏のときは1×4＝

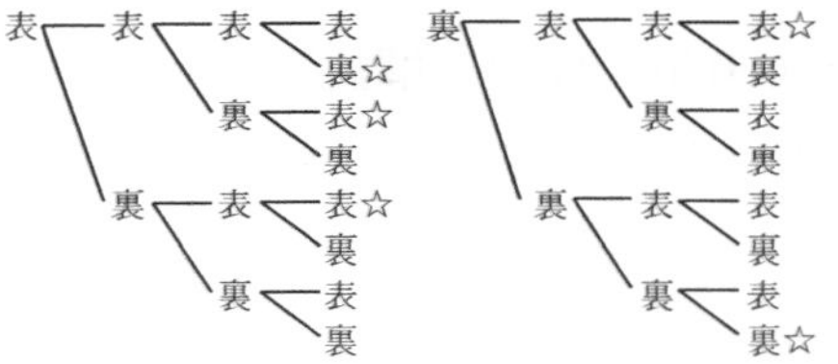

4(cm)動き，そこから，裏1回を表1回に置きかえると，1cm多く

動くので，4回すべて裏のときに4cm，1回裏で3回表のときに

7cm動くとわかる。よって，条件に合うのは，樹形図の☆印の5通りなので，求める確率は，$\frac{5}{16}$である。

**Ⅱ** 正方形の1辺の長さを$x$cmとする($x>12$)。できる長方形は，縦の長さが$(x+5)$cm，横の長さが$(x-12)$cmであり，面積はもとの正方形の半分だから，$(x+5)(x-12)=\frac{1}{2}x^2$　　$x^2-7x-60=\frac{1}{2}x^2$　　$2x^2-14x-120=x^2$

$x^2-14x-120=0$　　$(x-20)(x+6)=0$　　$x=20,\ -6$　　$x>12$より，$x=20$

したがって，正方形の1辺の長さは20cmである。

**Ⅲ** **(1)** ED−CEで求める。三平方の定理より，△ADEについて，$\mathrm{AE}=\sqrt{\mathrm{AD}^2+\mathrm{DE}^2}=\sqrt{3^2+4^2}=5$(cm)である。折って重なることから，$\mathrm{AB}=\mathrm{BE}=\frac{1}{2}\mathrm{AE}=\frac{5}{2}$(cm)，∠CBA＝∠CBE＝180÷2＝90(°)とわかる。△ADEと△CBEにおいて，∠ADE＝∠CBE＝90°，∠AED＝∠CEB(共通)なので，△ADE∽△CBEである。よって，AE：CE＝DE：BEより，$5:\mathrm{CE}=4:\frac{5}{2}$なので，$\mathrm{CE}=5\times\frac{5}{2}\div4=\frac{25}{8}$(cm)である。したがって，$\mathrm{CD}=4-\frac{25}{8}=\frac{7}{8}$(cm)である。

**(2)** (1)の解説をふまえる。右図のようにACをひき，△ABC＋△ACDで求める。

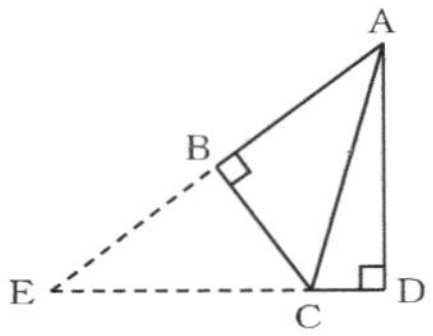


△ADE∽△CBEだから，AD：CB＝DE：BEより，$3:\mathrm{CB}=4:\frac{5}{2}$なので，

$\mathrm{CB}=3\times\frac{5}{2}\div4=\frac{15}{8}$(cm)である。したがって，求める面積は，

$\frac{1}{2}\times\mathrm{AB}\times\mathrm{CB}+\frac{1}{2}\times\mathrm{CD}\times\mathrm{AD}=\frac{1}{2}\times\frac{5}{2}\times\frac{15}{8}+\frac{1}{2}\times\frac{7}{8}\times3=\frac{1}{2}\times\left(\frac{5}{2}\times\frac{15}{8}+\frac{7}{8}\times3\right)=$

$\frac{1}{2}\times\left(\frac{75}{16}+\frac{42}{16}\right)=\frac{117}{32}$(cm²)である。

**Ⅳ** **(1)** A君の作った食塩水は300＋60＝360(g)で，そのうち食塩は60g含まれている。B君が加えようとした食塩の量を$x$gとすると，できた食塩水の量は$(360+x)$gで，そのうち食塩は$(60+x)$g含まれている。濃度が20%で，$360+x$は0ではないから，$\frac{60+x}{360+x}\times100=20$　　$(60+x)\times5=360+x$　　$300+5x=360+x$　　$x=15$

よって，B君は食塩を15g加えて濃度を20%にしてから，300gを超えている分の食塩水を捨てようとした。

**(2)** C君が捨てようとした食塩水の量をa g，加えようとした食塩の量をb gとする。

食塩水と食塩の量について，連立方程式をつくる。

食塩水を300gにしようとしたから，食塩水の量について，$360-a+b=300$　　$a-b=60$…㋐

A君がつくった食塩水には，全体の$\frac{60}{360}=\frac{1}{6}$の量の食塩が含まれているので，C君が捨てようとした食塩水に含まれる食塩の量は$\frac{1}{6}$a gである。20%の食塩水300gには食塩が$300\times\frac{20}{100}=60$(g)含まれているから，食塩の量について，$60-\frac{1}{6}a+b=60$　　$\frac{1}{6}a=b$　　$a=6b$…㋑

㋐に㋑を代入すると，$6b-b=60$　　$5b=60$　　$b=12$　　㋑に$b=12$を代入すると，$a=6\times12=72$

よって，C君は食塩を12g加えようとした。

**Ⅴ** **(1)** 放物線$y=ax^2$はA(−4，4)を通るので，$4=a\times(-4)^2$　　$16a=4$　　$a=\frac{1}{4}$

**(2)** Bの位置が変わっても辺OAの位置は変わらないので，△OABの面積が変わらないようにBを動かして$y$軸上にもっていき，その移動先をCとすると，△OAB＝△OACとなる。このときOA//BCである。

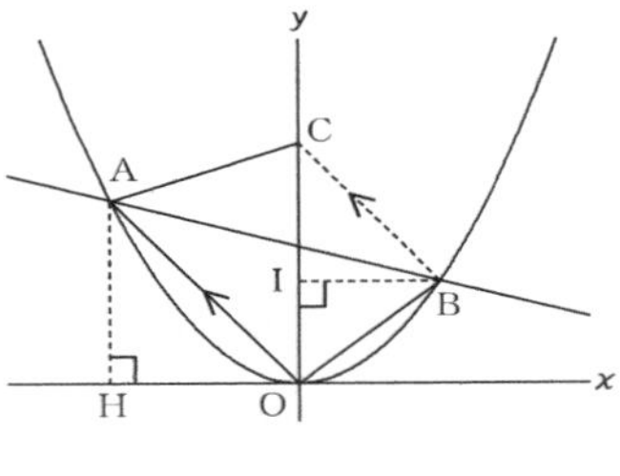


$y=\frac{1}{4}x^2$の式から，B$\left(b,\ \frac{1}{4}b^2\right)$と表せる。

直線OAの傾きが$\frac{4}{-4}=-1$なので，右図の△OAHは直角二等辺三角形である。

OA//BCだから，△BCIも直角二等辺三角形なので，IC＝IB＝bより，

Cの$y$座標は$\mathrm{OI}+\mathrm{IC}=\frac{1}{4}b^2+b$である。

したがって，$\triangle\mathrm{OAC}=\frac{1}{2}\times\mathrm{OC}\times$(OとAの$x$座標の差)＝

$\frac{1}{2}\times(\frac{1}{4}b^2+b)\times 4=\frac{1}{2}b^2+2b$　　よって，$S=\frac{1}{2}b^2+2b$

〔別の解き方〕

直線ＡＢと$y$軸との交点をＤとする。

右の「座標平面上の三角形の面積の求め方」より，

$\triangle OAB=\frac{1}{2}\times OD\times$（ＡとＢの$x$座標の差）で求められるので，

ＯＤを求める。Ｄは直線ＡＢの切片である。

放物線$y=cx^2$上に$x$座標がｄとｅの２点があるとき，その

２点を通る直線の切片は，$-cde$で求められるから，

Ｄの$y$座標は，$-\frac{1}{4}\times$（Ａの$x$座標）×（Ｂの$x$座標）＝

$-\frac{1}{4}\times(-4)\times b=b$である。よって，$OD=b$だから，

$S=\frac{1}{2}\times b\times\{b-(-4)\}=\frac{1}{2}b^2+2b$

**座標平面上の三角形の面積の求め方**

下図において，$\triangle OPQ=\triangle OPR+\triangle OQR=\triangle OMR+\triangle ONR=\triangle MNR$だから，

△ＯＰＱの面積は以下の式で求められる。

$\triangle OPQ=\frac{1}{2}\times OR\times$（ＰとＱの$x$座標の差）

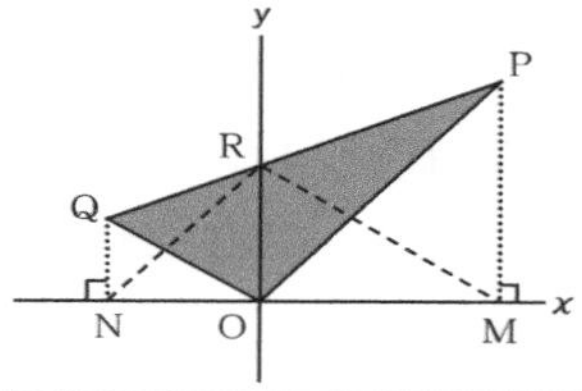


(3)　(2)より，$S=2$のとき，$2=\frac{1}{2}b^2+2b$　　$b^2+4b-4=0$

２次方程式の解の公式より，$b=\frac{-4\pm\sqrt{4^2-4\times1\times(-4)}}{2\times1}=\frac{-4\pm\sqrt{32}}{2}=\frac{-4\pm4\sqrt{2}}{2}=-2\pm2\sqrt{2}$

$b>0$より，$b=-2+2\sqrt{2}=2\sqrt{2}-2$

**Ⅵ**　(1)　△ＡＢＤは３辺の長さの比が$1:2:\sqrt{3}$の直角三角形であり，△ＣＢＤは直角二等辺三角形である。

よって，$BD=2AB=4$(cm)，$BC=\frac{1}{\sqrt{2}}BD=\frac{4}{\sqrt{2}}=\frac{4\sqrt{2}}{2}=2\sqrt{2}$(cm)である。

(2)　$\angle BAD=\angle BCD=90°$なので，円周角の定理の逆から，４点Ａ，Ｂ，Ｃ，ＤはＢＤを直径とする円の周上の点である。円周角の定理より，$\overset{\frown}{CD}$について，$\angle DAC=\angle DBC=45°$である。$\angle BAE=90-45=45(°)$だから，△ＡＢＥの内角について，

$\angle AEB=180-(60+45)=75(°)$である。

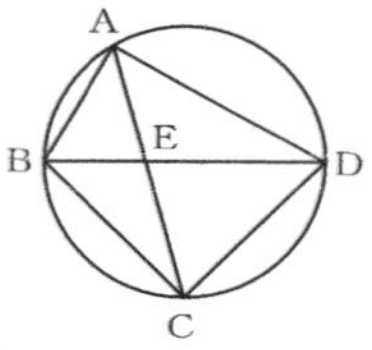


(3)　(2)の解説をふまえる。△ＡＢＥと△ＤＣＥにおいて，$\angle ABE=\angle DCE$（$\overset{\frown}{AD}$の円周角），

$\angle BAE=\angle CDE$（$\overset{\frown}{BC}$の円周角）だから，$\triangle ABE\backsim\triangle DCE$である。

$DC=BC=2\sqrt{2}$cmより，△ＡＢＥと△ＤＣＥの相似比は，$AB:DC=2:2\sqrt{2}=1:\sqrt{2}$なので，

面積比は，$1^2:(\sqrt{2})^2=1:2$である。

## 《2020　英語　解説》

Ⅰ　A(1)　「あなたは今までに自由の女神に行ったことがありますか？」→ウ「いいえ，ありません」が適切。現在完了の“経験”の疑問文〈Have you ever been ～?〉には，Yes, I have. / No, I haven't.で答える。

(2)　「彼に折り返しの電話をしてほしいですか？」→エ「いいえ，それは結構です」が適切。　・want＋人＋to ～「(人) に～してほしい」　・call＋人＋back「(人) に折り返し電話する」

(3)　「あなたはロボットに興味がありますか？」→ウ「はい，とても興味があります」が適切。

・be interested in ～「～に興味がある」

(4)　「アマゾン川の長さはどれくらいですか？」→ア「わかりません」が適切。

B(1)　「私の誕生日は８月 22 日です」が答えになる英文は，時を尋ねる疑問文が適切。（例文）When is your birthday?「誕生日はいつですか？」　(2)　Yes, I have.が答えになる英文は，現在完了の疑問文が適切。（例文）Have you finished your homework?「宿題はすませましたか？」　(3)　「日本語では『ありがとうございます』と言います」が答えになる英文は，（例文）のような How do you say ‘thank you’ in Japanese?「日本語で ‘thank you’

はどう言いますか？」が適切。

C 【放送文の要約】参照。(1)「マイケルは×アメリカの学食について話している」　(2) ？「マイケルは日本とアメリカの制服は似ていると思っている」…本文にない内容。　(3) ○「マイケルの意見は，アメリカの学生は制服を持つべきだというものである」　(4) ？「マイケル・ジョンソンはアメリカ人である」…本文からは，アメリカ人かどうかは不明。

【放送文の要約】

みなさん，こんにちは。僕はマイケル・ジョンソンです。今から学校の制服について話します。多くの日本の学生は制服を着ていますが，アメリカの学生はほとんど着ていません。(3)僕は，アメリカでも制服を着るべきだと思います。その理由は４つあります。

１つ目は，制服を着ると洋服代がかからないことです。２つ目は，制服があれば，毎日何を着て行こうかと悩まなくてすみます。３つ目は，制服を着ていると，自分はその学校の生徒だという意識が生まれることです。４つ目は，弟や妹がいるなら，制服を再使用したり，リサイクルしたりできることです。これは地球のために良いことです。学校の制服は，学生にとって多くの点で望ましいものです。(3)僕は，アメリカの学生も制服を着るべきだと思います。本日はご清聴ありがとうございました。

Ⅱ　A【本文の要約】参照。(1)質問「アレックスは東京オリンピックを楽しむために何をしましたか？」…アレックスの３回目の発言から，イ「彼は金メダルをつくるために自分の古い携帯電話を送った」が適切。

(2)　質問「浅草駅は，マラソンコースのどこにありますか？」…アレックスの６，７回目の発言より，２人はマラソンコース 42.195 キロの約３分の１の地点にいるから，イ「スタート地点から約 15 キロです」が適切。

(3)　質問「アレックスは，おじいさんに東京タワーへの行き方を尋ねた時，どこにいましたか？Ａ～Ｅから選びなさい」…おじいさんの最初の発言より，浅草駅が左側に見える可能性があるのはＤかＥ。「２つ目の角を左に曲がり…」より，Ｅが適切。

(4)　質問「芝公園駅はどこにありますか？Ｆ～Ｊから選びなさい」…アレックスとおじいさんのやり取りより，「三田駅までレッドラインに乗る」，「三田駅で乗り換える」，「三田駅は浅草駅から 10 番目」から，三田駅はＨである。また，「三田駅でブルーラインに乗り換える」，「芝公園駅は三田駅の隣の駅」だから，Ｉが芝公園駅。

【本文の要約】

アレックス：サトシ，悲しそうだね。どうしたの？

サトシ　　：僕は 2020 年東京オリンピック・パラリンピックのチケットを１枚も持っていないんだ。東京 2020 を楽しめないよ。泣きたくなっちゃうよ！

アレックス：それは残念だね。僕はもう，あることをしたよ。

サトシ　　：そうなの？何をしたの？

アレックス：えっと，ある種のボランティア活動かな。(1)イ古い携帯電話を送っただけなんだけどね。

サトシ　　：それがなぜボランティア活動になるの？

アレックス：そういう電話には，少量の金《きん》が入っているんだよ。オリンピックのメダルは中古の携帯電話の金から作られているんだ。これは地球を救うことにつながるんだよ。

サトシ　　：金メダルがリサイクル品ってこと？すごい！僕も自分のを送りたいな。どうすればいい？

アレックス：残念だけど，もう終わっちゃったよ。

サトシ　　：ああ，ついていないな！東京 2020 を全然楽しめないよ。

アレックス：心配するなって！僕に考えがあるよ。⑵イ僕は，スタートラインからマラソンコースに沿って歩く計画をしているんだ。42.195 キロだよ。長い距離に思えるけれど，できるよ。コース沿いには観光名所がいくつかあるしね。一緒に来る？

サトシ　　：うん！楽しそうだ。

～翌週の週末～

サトシ　　：アレックス，ちょっと待って…もう最寄りの駅に行こうよ。

アレックス：がんばれよ，サトシ。⑵イまだ３分の１しか歩いていないよ！

サトシ　　：わかっているけど，僕はもう歩けないよ。

アレックス：わかった。東京タワーまで行って，休もう。あそこにいるおじいさんに，東京タワーへの行き方を聞いてくるね。（おじいさんに話しかけて）すみません，東京タワーに行くのに１番近い駅への道を教えてくれませんか？

おじいさん：いいですよ。それ（１番近い駅）は芝公園駅です。まず，⑶この通りを行って，２つ目の角を左に曲がってください。それから３つ目の角を右に曲がってください。そうすると左側に浅草駅が見えます。⑷レッドラインに乗って三田駅で乗り換えてください。

アレックス：⑷三田駅は浅草駅から何駅目ですか？

おじいさん：⑷10駅目です。

アレックス：三田駅からは何線に乗ればいいですか？

おじいさん：⑷ブルーラインに乗ってください。芝公園駅は三田駅の隣の駅です。

アレックス：ありがとうございました。

おじいさん：どういたしまして。

Ｂ【本文の要約】参照。⑴　質問「アレックスはどのＴシャツを買いましたか？」…アレックスの４，５回目の発言より，漢字の書いてあるＣのＴシャツだから，ウが適切。

⑵「もし贈り物として扇子を買うなら，」に続く文はエ「それをギフトボックスに入れてもらえます」が適切。商品案内のSensuには，We can prepare a small gift box if you need it.「必要でしたら，小型のギフトボックスをご用意できます」とある。

⑶　質問「アレックスが両親と妹に買うのは何ですか？」…サトシとアレックスの３回目の発言より，両親にはそれぞれにタオル（＝２枚の手ぬぐい），アレックスの５回目の発言とサトシの６回目の発言より，妹には折り紙を手に入れることができるから，エが適切。商品案内の２番目の★「当店で 3000 円以上お買い上げなら，折り紙を差し上げます」より，アレックスとサトシは２人で｛800《手ぬぐい》×２＋1000《Tシャツ》×（１－0.1）×２｝＝3400 円支払うので，折り紙はただで手に入れられる。

⑷　質問「サトシはＴシャツにいくら支払いますか？」…商品案内のT-shirtには，BUY 2 GET 10% OFF とあり，サトシとアレックスはそれぞれ１枚ずつ買うから，1000 円の 10%引き（＝900 円）のアが適切。

【本文の要約】

～浅草駅近く～

サトシ　　：見て。この店がセールをしているよ。

アレックス：わぁ，日本の伝統的なものがたくさんあるよ。あれは侍の刀だ！木でできているんだね，かっこいい！ほしい！

サトシ　　：刀を手に持って歩くつもり？

アレックス：ああ，それはあまりいい考えではないね。じゃあ，扇子と呼ばれる日本の扇はどうかな？それに描いてある絵は浮世絵みたいだ。僕の両親は浮世絵が好きなんだよ。気に入ると思うな。

サトシ　　：(3)エあのタオルは？それにも浮世絵が描いてあるよ。

アレックス：きれいだね。(3)エ両親，それぞれに１枚ずつ買おう。

サトシ　　：このＴシャツを見てよ。オリンピックの特別デザインが描いてあるよ。

アレックス：(1)ウこのＴシャツには漢字が書いてある。どういう意味なの？

サトシ　　：「五輪」って書いてあるんだ。日本語で５つの輪っていう意味さ。日本ではオリンピックのことを「五輪」って呼ぶことがあるんだよ。

アレックス：それはいいね。(1)ウそれも買おう。妹にも何か買ってあげたいな。彼女はこの和紙の折り紙が気に入るだろう。でもお金が足りないよ。僕は2,700円しか持っていないんだ。

サトシ　　：(3)エ3000円以上買うと，プレゼントで折り紙がもらえるよ。一緒にＴシャツ２枚分を支払おうよ。

アレックス：いい考えだね。オリンピック期間中，そのＴシャツを着て僕の家で試合を見ようよ。

サトシ　　：きっと次の夏は素晴らしいことになるぞ！

Ⅲ 【本文の要約】参照。(1)ア　直前のhasに続く動詞で直後が形容詞より，be動詞の過去分詞beenが適切。現在完了“継続”の文。　イ　話の流れより，過去分詞knownが適切。〈過去分詞＋語句〉known as ‘microplastics’が後ろから，前にある名詞（ここではpieces）を修飾する文。　ウ　話の流れより，現在分詞visitingが適切。〈現在分詞＋語句〉visiting the beachが後ろから，前にある名詞（ここではpeople）を修飾する文。　エ　needに続く動詞だから，不定詞を使ったto takeが適切。

(2)　文の流れから，エが適切。ア「プラスチックゴミ」，イ「問題」，ウ「アマゾン川」は不適切。

(3)　代名詞thatは，前にある名詞や文を指す。ここでは直前の文を条件に合う日本語でまとめる。

(4)　選択肢のtoo，toに着目する。　・too … to～「～するには…すぎる／あまりにも…で～できない」

(5)　第４段落では，海に流されたプラスチックゴミが赤ちゃんクジラの体内から見つかり，それが死因だったのだから，(例文)「プラスチック製品を使うのをやめてください」のような文を書けばよい。　・stop ～ing「～することをやめる」

(6)　ア「日本は×世界で１番プラスチックゴミを捨てる国である」　イ×「魚はマイクロプラスチックを食べないから，海をきれいにする必要はない」…本文にない内容。　ウ「神奈川の『プラごみゼロ宣言』は，×2018年に死んだクジラが発見される前に始まった」　エ○「プラスチックゴミを減らすことを始めた企業や店がある」…第５段落の内容と一致。

【本文の要約】

去年の夏，アマゾン川近くの熱帯雨林で大きな火災がありました。森林の大部分が失われ，その地域にしか生存しない動物がたくさん死にました。その森林は何年もの間，世界中の人々のア役に立ってきました(＝has been helpful)。なぜなら，その森林は世界の酸素の約20%を産出しているからです。今日私たちは多くの環境問題を抱えています。その森林火災は環境問題をさらに深刻なものにしました。テレビで，「私たちは何か手を打たなければなりません。森林を燃やすことは①エ私たちの将来を燃やすことを意味するのです！」と言う人がいました。私たちが自然を守ることが大切なのです。

環境問題はますます深刻になっています。そこで多くの国々がその問題を解決する方法について考えています。その問題のひとつにプラスチックゴミがあります。プラスチック製のストローやビニール袋のようなプラスチック製品は，使いやすいのですが，捨てるのも簡単です。ＵＮＥＰ（国連環境計画）は 2015 年，プラスチックゴミについての報告をしました。その報告によると，世界のプラスチックゴミの約半分はプラスチック製の包装で，日本は世界で２番目にプラスチックゴミを大量に捨てている国です。

海に行けば，浜辺にはプラスチックボトルやビニール袋がすぐに目につきます。このプラスチックは海に入り，「マイクロプラスチックとして ｲ知られている(＝known) 小さな破片になります。(3)魚は間違ってマイクロプラスチックを食べる可能性があり，人間はそれを知らずにその魚を食べているかもしれないのです。それが将来私たちの身体にどのように影響するのか，わかりません。まだ，マイクロプラスチックを海から集める方法は見つかっていません。

2018 年，神奈川県の由比ヶ浜で、死んだクジラの赤ちゃんが見つかりました。その赤ちゃんクジラは，小さすぎて，魚を食べることはできませんでした。ですから人々は，お腹の中にプラスチックゴミを見つけた時は，衝撃を受けました。みな，これは赤ちゃんクジラからのメッセージだと思いました。神奈川県は，「プラごみゼロ宣言」キャンペーンを始めました。神奈川県では人々にプラスチック製ストローの使用をやめ，プラスチック製品のリサイクルをするように呼び掛けています。また，浜辺を ｳ訪れる(＝visiting) 人たちに，プラスチックゴミを家に持ち帰るようお願いしています。神奈川県のコンビニやレストランは，客にプラスチック製ストローやビニール袋を提供するのをやめることに決めました。県は 2030 年までにプラスチックゴミをゼロに減らそうと努力しています。

(6)ｴプラスチックに関する問題について考え始めた企業もたくさんあります。日本にあるコンビニエンスストアは，近い将来ビニール袋の提供をやめます。私たちは買い物に行く時には，自分自身の袋を ｴ持っていく必要があります(＝need to take)。店によっては，数年後にプラスチック製ストローの使用をやめると言っています。再利用できる新しいタイプのストローを使おうとしているところもあります。(6)ｴある店はすでに，Ｓサイズのアイスコーヒー用のプラスチックカップを紙製のカップに変えました。私たちはストローなしでそのカップから飲むことができます。紙製に変えることによって，毎年 542.5 トンのプラスチックゴミを減らすことになります。

私たちのひとりひとりが地球を守るために私たちの生活を変えるべきときが来ました。必ずしもたやすいことばかりではありませんが，私たちの地球はひとつしかないのです。

**Ⅳ** 【本文の要約】参照。① 直後にタカシが時刻を答えているから，時刻を尋ねる文が適切。

② ・Which do you like better, A or B?「ＡとＢのどちらが好き？」

③ ・look forward to ～ing「～することを楽しみにする」 このtoは不定詞ではなく前置詞だから，動詞はing形にする。

【本文の要約】

タカシ ：君は明日の夜，時間がある？

ジェーン：ええ，なぜ？

タカシ ：名古屋高校に特別な望遠鏡があるって知っている？明日の夜，星を見る授業があるんだ。

ジェーン：いいわね。行きたいわ。①何時に始まるの？(＝What time does it start?)

タカシ ：7時からだよ。お腹が空くから，授業の前に夕飯を食べよう。

ジェーン：わかったわ。その近くにおいしいレストランが２つあるのよ。ひとつはカレーの店でもうひとつはピザの店よ。②カレーとピザ，あなたはどちらの方が好き？(＝Which do you like better, curry or pizza?)

タカシ ：ピザがいいな！じゃあ６時に学校の前で待ち合わせしよう。

ジェーン：きれいな星を③見るのを楽しみにしているわ。(＝I'm looking forward to seeing)

## 《2020 理科 解説》

Ⅰ (2) 陽極に引き付けられるのは陰イオンの塩化物イオン($Cl^-$)であり，陽極に電子を１個渡して塩素原子(Cl)になり，２つ合わさって塩素分子($Cl_2$)となって発生する。

(3) 銅イオン($Cu^{2+}$)１個が銅原子になるためには，電子が２個必要である〔$Cu^{2+}+2e^- \rightarrow Cu$〕。したがって，電子が 100 個ある場合，銅原子は 50 個できる。

(4) 表１～３を比較すると，陰極の表面に付着した金属の質量は，電流を流した時間の長さに比例し，電流の大きさにも比例していることがわかる。したがって，表１から１Ａの電流を 30 分間流したときに陰極の表面に付着した金属の質量が 0.6ｇなので，５Ａの電流を 35 分間流すと，$0.6 \times 5 \times \frac{35}{30} = 3.5$(ｇ)となることがわかる。

(5) 表１～３より，水溶液中の銅イオンがすべて金属の銅になると 3.6ｇになることがわかるので，発生する塩素の質量は $3.6 \times \frac{71}{64} = 3.99375$(ｇ)である。つまり，最初に溶けていた塩化銅の質量は $3.6 + 3.99375 = 7.59375$(ｇ)である。塩化銅水溶液の質量が 200ｇなので，濃度は$\frac{7.59375}{200} \times 100 = 3.79 \cdots \rightarrow 3.8$%である。

(6) 表２より，２Ａの電流を 90 分以上流したとき，溶けていた塩化銅はすべて銅と塩素に分解することがわかる。塩化銅水溶液は酸性で，水溶液中に水素イオンが存在するから，100 分間流し続けたときに陰極付近に発生している気体は水素である。アは水素，イとエは二酸化炭素，ウは酸素，オはアンモニアが発生する。

Ⅱ 問１(1) 小腸で吸収された養分を肝臓に運ぶための血液が流れる血管を肝門脈という。 (2) 心臓から肺に血液が流れる血管なので肺動脈である。肺動脈は心臓の右心室から出ている。 (3) 動脈血とは，肺で二酸化炭素をはなして酸素を受けとった，酸素を多く含む血液である。したがって，肺から心臓に戻り，心臓から全身に運ばれて，全身の細胞で酸素が使われる前までの血液だから，Ａ，Ｂ，Ｃ，Ｄ，Ｅを流れる血液が動脈血である。

(4) 腎臓で不要物がこし取られるため，じん臓を通る前のＣを流れる血液より，じん臓を通った後のＩを流れる血液の方が，不要物が少ない。

問２(1) 種子が丸くなる形質が優性形質(形質を伝える遺伝子はＲ)，種子がしわになる形質が劣性形質(形質を伝える遺伝子はｒ)なので，純系の丸い種子(ＲＲ)と，純系のしわの種子(ｒｒ)をかけ合わせると，全て丸い種子(Ｒｒ)になる。さらに，それを自家受粉させると，ＲＲ《丸》：Ｒｒ《丸》：ｒｒ《しわ》＝１《丸》：２《丸》：１《しわ》の割合で種子ができるので，Ｒｒの割合は，$\frac{2}{1+2+1} \times 100 = 50$(%)である。 (2) ①で得られた丸い種子の遺伝子の組み合わせは，ＲＲ：Ｒｒ＝１：２である。つまり 100 粒を自家受粉して丸い種子のみが得られた 33 本はＲＲ，丸い種子としわの種子が得られた 67 本はＲｒである。33 本のＲＲから得られた丸い種子(②)の数は，$33 \times 120 = 3960$(粒)となり，およそ 4000 粒，67 本のＲｒから得られた丸い種子は $67 \times 120 \times \frac{1+2}{1+2+1} = 6030$(粒)となり，およそ 6000 粒である。

Ⅲ 問１(1) ある気温において空気１$m^3$が含むことのできる水蒸気量を飽和水蒸気量という。実際にその空気１$m^3$あたりに含まれる水蒸気量と飽和水蒸気量が等しくなる温度が露点なので，露点における飽和水蒸気量が，実際にその空気１$m^3$あたりに含まれる水蒸気量である。したがって〔湿度(%)＝$\frac{\text{空気１}m^3\text{に含まれる水蒸気量}(g/m^3)}{\text{飽和水蒸気量}(g/m^3)} \times 100$〕より，$\frac{12.8}{30.3} \times 100 = 42.2 \cdots \rightarrow 42$%である。 (2) 0.2 $m^3$で 1.2ｇが得られたので，１$m^3$であれば $1.2 \times \frac{1.0}{0.2} = 6.0$(ｇ)の水滴が得られたことになる。つまり，飽和水蒸気量が $12.8 - 6.0 = 6.8$($g/m^3$)になるような気温なので，表より，およそ５℃である。

問２(1) 湿球の水が蒸発するときに周りから熱をうばう現象を利用するので，湿球にまかれたガーゼが常にしめっていて，常に水が蒸発できるようにしておく。 (2) 図１の湿度表は湿球の温度を基準にしており，乾球の示度が 27℃，湿球の示度が 24℃なので，湿球温度 24℃，示度の差３℃の数値を読み取ればよい。したがって，湿度は 77%である。 (4) 場所Ｂは乾球温度が 33℃，湿度が 86%なので，図１の湿度表より，場所Ｂの湿球温度は

31℃である。また，場所Dは湿球温度が 26℃，湿度が 72％なので，場所Dの乾球温度は 30℃である。以上より，場所BのWBGTは 0.7×31＋0.2×34＋0.1×33＝31.8，場所CのWBGTは 0.7×26＋0.2×34＋0.1×30＝28.0，場所DのWBGTは 0.7×26＋0.2×32＋0.1×30＝27.6 となり，B＞C＞Dである。

**Ⅳ** (1) $\frac{10+8}{2}$＝9 (cm/s)

(2) 0～8秒の間は，10cm/sで等速直線運動をしているので，台車が動いた距離は 10×8＝80(cm)である。したがって，合計で 80＋18＝98(cm)である。

(3) コイルを磁石に近づけているので，反発する向きに電流が流れる。したがって，図の台車上のコイルの磁石側がN極になるような向きに電流が流れる。

(4) 速さが増加しているので，台車が壁に向かう向きに力がはたらいている。

(5) 台車の移動距離はグラフ2によってできる面積で表される。0秒から $t_1$ 秒までに台車は 80cm 進んでいるので，グラフ2の(0, 0)，($t_1$, 0)，($t_1$, 16)で囲まれた三角形の面積が 80 である。したがって，$t_1$×16÷2＝80 より，$t_1$＝10(秒)である。同様に($t_1$, 16)，($t_1$, 0)，($t_2$, 0)，($t_2$, 18)で囲まれた台形の面積が 18 なので，(16＋18)×($t_2$－10)÷2＝18 より，$t_2=\frac{188}{17}$＝11.058…→11.06 秒である。

(6) 斜面にそって下向きに力がはたらいているので，速さは減少していき，磁石に到達してからは，反発力によってさらに速さの増える割合は小さくなる。

## ―《2020 社会 解説》―

**Ⅰ** (1) ウが正しい。経線(縦の線)によって，12 等分されているから，360÷12＝30(度)間隔で引かれている。

(2) エが正しい。同一円上にある経線の経度の和は 180 度になるから，東経 90 度の経線と同一円上にある経線は西経 90 度の経線のエである。

(3) アが正しい。日付変更線をまたがずに，経度差が大きいほど時差は大きくなる。ウェールズはA，ジョージアはC，南アフリカはE，ニュージーランドはGだから，ウェールズが日本との経度差が最も大きい。

(4) ウが正しい。ニュージーランドは日本より時刻が進んだ数少ない国である。経度差 15 度で1時間の時差が生じ，日本は東経 135 度の経線を標準時子午線とし，ニュージーランドの標準時子午線は東経 180 度あたりと考えられるので，経度差は 180－135＝45(度)，時差は 45÷15＝3(時間)程度になる。

(5) エが正しい。(あ)「1991 年に独立した」から，ソ連解体後に独立したジョージアである。(い)「産業革命発祥の地」からイギリスである。(う)「北部が工業の中心地域」からイタリアである。イタリアは，北部がミラノ・トリノなどを中心とした工業地域，南部が農業地域である。

(6) エが正しい。ウラン鉱は，カザフスタン＞カナダ＞ナミビア，金鉱は，中国＞オーストラリア＞ロシア，ボーキサイトは，オーストラリア＞中国＞ブラジルの順になる。

(7) オが正しい。(あ)「火山島を主島」からサモアと判断する。「い」「環太平洋造山帯の一部」「北島…南島」からニュージーランドと判断する。(う)「古期造山帯」からアフリカ大陸の南アフリカと判断する。古期造山帯には，オーストラリア大陸のグレートディバイディング山脈・ロシアのウラル山脈・中国のテンシャン山脈・北アメリカのアパラチア山脈などがある。

(8) ウが正しい。(あ)1年中高温であることから南太平洋にあるFのサモアである。(い)1年の気温差が小さいことから，西岸海洋性気候のイギリスである。(う)12 月・1月が暖かいことから，南半球のニュージーランドである。

(9) アが正しい。はっきりとした雨季と乾季がある(い)がDのナミビア，6月～8月にかけて雨が少ないのは，北半球の地中海性気候の特徴だから，(あ)がBのイタリア，１年を通して少ないながらも安定した降水がある(う)が西岸海洋性気候のGのニュージーランドである。

(10) イが正しい。ワイン・オリーブ・トマトなどから判断できる。北部のポー川では稲作がさかんで，日本にもなじみの米料理とはリゾットである。

(11) イが正しい。アボリジニはオーストラリアの先住民。インディオは南アメリカの先住民。マサイはアフリカ大陸の先住民(垂直ジャンプの踊りで知られる)。サーミはヨーロッパ北部のスカンジナヴィア半島近郊の先住民。

(12) 反アパルトヘイト運動の中心人物として，黒人ではじめて大統領に就任したネルソンマンデラが知られる。

(13) ウが正しい。４か国の中でニュージーランドが最も牧畜がさかんであることから，牧場・牧草地率が最も高いウと判断する。アは日本，イはイタリア，エはジョージア。

(14) アが正しい。自動車・衣類がイタリアのポイントである。イは日本，ウはニュージーランド，エは南アフリカ。

(15) 南アメリカ大陸のブラジル以外の国は，スペインの植民地支配を受けていた。

Ⅱ (1) ウが正しい。平安京への遷都は桓武天皇によって行われた。アについて，784 年に平城京から長岡京への遷都が行われ，794 年に長岡京から平安京への遷都が行われた。イについて，奈良時代の聖武天皇についての記述である。エについて，富本銭は飛鳥時代の天武天皇の治世のころに造られたと言われる日本最古の貨幣である。

(2)(a) エが正しい。藤原頼通についての記述である。アは藤原道長，イは平清盛，ウは菅原道真の記述である。

(b) イが正しい。アについて，「春はあけぼの」では，春夏秋冬の趣のある場面についての記述があるだけで，仁和寺についての記述はない。ウについて，『平家物語』は作者不詳であり，鴨長明の作品として『方丈記』が知られる。エについて，紀貫之らが編纂したのは『古今和歌集』である。

(c) アが正しい。金閣(鹿苑寺)は世界文化遺産ではあるが，焼失し再建された建物なので国宝ではない。足利義政は，京都の東山に２層からなる銀閣(慈照寺)を建てた。

(d) エが正しい。アについて，浄土真宗が誤り，正しくは浄土宗である。イについて，踊念仏による布教は，親鸞ではなく一遍である。ウについて，日蓮の唱える「南無妙法蓮華経」は念仏ではなく題目である。

(e) ウが正しい。真言宗・高野山金剛峰寺・空海(弘法大師)，天台宗・比叡山延暦寺・最澄(伝教大師)の組み合わせをしっかりと覚えよい。嵯峨天皇は，空海と並ぶ三筆の一人で，桓武天皇の子でもある。

(f) ウが正しい。後鳥羽上皇は承久の乱を起こして隠岐に流された上皇。讃岐は，保元の乱に敗れた崇徳上皇が流された土地。京都所司代は江戸時代に置かれた役職である。

(g) イが正しい。家茂は，13 歳で将軍に就任し 20 歳で亡くなった。皇女和宮との公武合体や 229 年ぶりの上洛などで知られる。1867 年，徳川慶喜は二条城で大政奉還を行った。

(h) 京都の商人・角倉了以が朱印状を受けて，東南アジアとの貿易をした船が角倉船である。大阪の豪商・末吉孫左衛門が朱印状を受けて，ルソン島(フィリピン)などとの貿易を行ったのが末吉船である。

(i) イが正しい。1995 年１月に阪神・淡路大震災が起きた。

Ⅲ (1) アが誤り。ミッドウェー海戦の敗戦から戦況が不利に転じた。

(2) イが誤り。戦争責任者(戦犯)がかけられた裁判は，極東国際軍事裁判(東京裁判)などである。

(3) アが正しい。1951 年のことである。イは 1949 年，ウは 1962 年，エは 1965 年。ベトナム戦争の開始時期は，所説あるが，ここでは北爆を開始した 1965 年とする。1955 年説もある。

(4)　エがあてはまらない。自由民主党は55年体制(第1党が自由民主党・第2党が社会党)が始まった1955年に結成された。

(5)　玉音放送は，難しい漢語で述べられたので，意味が解らなかった市民が多かったと言われている。

(6)　北緯38度線の軍事境界線に板門店がある。

(7)　北方領土については右図を参照。

(8)　ウが正しい。甲について，日本と中国の国交正常化は，田中角栄首相が訪中して調印した日中共同声明のときである。日中平和友好条約は福田武夫首相のときに締結された。

Ⅳ　(1)　エが正しい。選挙権年齢と要件については，右表を参照。

| 選挙法改正年(主なもののみ抜粋) | 直接国税の要件 | 性別による制限 | 年齢による制限 |
|---|---|---|---|
| 1889年 | 15円以上 | 男子のみ | 満25歳以上 |
| 1925年 | なし | 男子のみ | 満25歳以上 |
| 1945年 | なし | なし | 満20歳以上 |
| 2015年 | なし | なし | 満18歳以上 |

(2)(a)　エが正しい。ドント方式による議席配分については，右表を参照。　(b)　オが正しい。参議院議員の比例代表制では，候補者または政党名を書く「非拘束名簿式」が採られている。

| 定数7 | A党 | B党 | C党 | D党 |
|---|---|---|---|---|
| 得票数 | 10000票 | 8000票 | 6000票 | 3500票 |
| ÷1 | **10000①** | **8000②** | **6000③** | **3500⑥** |
| ÷2 | **5000④** | **4000⑤** | 3000 | 1650 |
| ÷3 | **3334⑦** | 2667 | 2000 | 1167 |
| ÷4 | 2500 | 2000 | 1500 | 875 |
| 獲得議席数 | **3** | **2** | **1** | **1** |

(3)　イとウが正しい。残りはすべて満25歳以上である。

(4)　イが誤り。憲法改正の発議は，総議員の3分の2以上の賛成が必要である。

(5)　エが正しい。アについて，国民審査の具体的内容は国民審査法に規定されている。イについて，国民審査は，衆議院議員総選挙時に行われる。ウについて，国民審査では投票者の過半数が罷免を可とするとき罷免される。

(6)　エが誤り。重大な刑事裁判の第1審だけに裁判員裁判が行われる。

(7)　ウが正しい。アについて，副知事や副市長村長も地方公務員に属するので，解職請求の対象である。

Ⅴ　(1)　カが正しい。形のあるものの消費が財，形のないものの消費がサービスにあたる。

(2)　エが誤り。ケネディは民主党出身の大統領である。

(3)　イが正しい。アはネガティブオプション，ウはキャッチセールス，エはアポイントメントセールス。

(4)　エが正しい。クーリングオフは訪問販売や電話勧誘販売に適用される。

(5)　エが正しい。ＰＬ法ができたことで，使い方の指示・警告などの注意書きが増えた。

(6)　イが正しい。アについて，25歳の医療費の自己負担率は3割。ウについて，雇用保険料は，事業者と労働者の双方で負担する。エについて，介護保険への加入は満40歳以上に義務付けられている。

(7)　エが正しい。所得が大きいほど負担率が大きくなるのが累進性，所得が小さいほど負担率が大きくなるのが逆進性である。

## ■ ご使用にあたってのお願い・ご注意

（1）問題文等の非掲載

著作権上の都合により，問題文や図表などの一部を掲載できない場合があります。

誠に申し訳ございませんが，ご了承くださいますようお願いいたします。

（2）過去問における時事性

過去問題集は，学習指導要領の改訂や社会状況の変化，新たな発見などにより，現在とは異なる表記や解説になっている場合があります。過去問の特性上，出題当時のままで出版していますので，あらかじめご了承ください。

（3）配点

学校等から配点が公表されている場合は，記載しています。公表されていない場合は，記載していません。

独自の予想配点は，出題者の意図と異なる場合があり，お客様が学習するうえで誤った判断をしてしまう恐れがあるため記載していません。

（4）無断複製等の禁止

購入された個人のお客様が，ご家庭でご自身またはご家族の学習のためにコピーをすることは可能ですが，それ以外の目的でコピー，スキャン，転載（ブログ，ＳＮＳなどでの公開を含みます）などをすることは法律により禁止されています。学校や学習塾などで，児童生徒のためにコピーをして使用することも法律により禁止されています。

ご不明な点や，違法な疑いのある行為を確認された場合は，弊社までご連絡ください。

（5）けがに注意

この問題集は針を外して使用します。針を外すときは，けがをしないように注意してください。また，表紙カバーや問題用紙の端で手指を傷つけないように十分注意してください。

（6）正誤

制作には万全を期しておりますが，万が一誤りなどがございましたら，弊社までご連絡ください。

なお，誤りが判明した場合は，弊社ウェブサイトの「ご購入者様のページ」に掲載しておりますので，そちらもご確認ください。

## ■ お問い合わせ

解答例，解説，印刷，製本など，問題集発行におけるすべての責任は弊社にあります。

ご不明な点がございましたら，弊社ウェブサイトの「お問い合わせ」フォームよりご連絡ください。迅速に対応いたしますが，営業日の都合で回答に数日を要する場合があります。

ご入力いただいたメールアドレス宛に自動返信メールをお送りしています。自動返信メールが届かない場合は，「よくある質問」の「メールの問い合わせに対し返信がありません。」の項目をご確認ください。

また弊社営業日（平日）は，午前９時から午後５時まで，電話でのお問い合わせも受け付けています。

2025 春

株式会社教英出版
〒422-8054　静岡県静岡市駿河区南安倍３丁目 12-28
TEL　054-288-2131　　FAX　054-288-2133
URL　https://kyoei-syuppan.net/
MAIL siteform@kyoei-syuppan.net

## 福岡県

①福岡大学附属若葉高等学校
②精華女子高等学校(専願試験)
③精華女子高等学校(前期試験)
④西南学院高等学校
⑤筑紫女学園高等学校
⑥中村学園女子高等学校(専願入試)
⑦中村学園女子高等学校(前期入試)
⑧博多女子高等学校
⑨博多高等学校
⑩東福岡高等学校
⑪福岡大学附属大濠高等学校
⑫自由ケ丘高等学校
⑬常磐高等学校
⑭東筑紫学園高等学校
⑮敬愛高等学校
⑯久留米大学附設高等学校
⑰久留米信愛高等学校
⑱福岡海星女子学院高等学校
⑲誠修高等学校
⑳筑陽学園高等学校(専願入試)
㉑筑陽学園高等学校(前期入試)
㉒真颯館高等学校
㉓筑紫台高等学校
㉔純真高等学校
㉕福岡舞鶴高等学校
㉖折尾愛真高等学校
㉗九州国際大学付属高等学校
㉘祐誠高等学校
㉙西日本短期大学附属高等学校
㉚東海大学付属福岡高等学校
㉛慶成高等学校
㉜高稜高等学校
㉝中村学園三陽高等学校
㉞柳川高等学校
㉟沖学園高等学校
㊱福岡常葉高等学校
㊲九州産業大学付属九州高等学校
㊳近畿大学附属福岡高等学校
㊴大牟田高等学校
㊵久留米学園高等学校
㊶福岡工業大学附属城東高等学校(専願入試)
㊷福岡工業大学附属城東高等学校(前期入試)
㊸八女学院高等学校
㊹星琳高等学校
㊺九州産業大学付属九州産業高等学校
㊻福岡雙葉高等学校

## 佐賀県

①龍谷高等学校
②佐賀学園高等学校
③佐賀女子短期大学付属佐賀女子高等学校
④弘学館高等学校
⑤東明館高等学校
⑥佐賀清和高等学校
⑦早稲田佐賀高等学校

## 長崎県

①海星高等学校(奨学生試験)
②海星高等学校(一般入試)
③活水高等学校
④純心女子高等学校
⑤長崎南山高等学校
⑥長崎日本大学高等学校(特別入試)
⑦長崎日本大学高等学校(一次入試)
⑧青雲高等学校
⑨向陽高等学校
⑩創成館高等学校
⑪鎮西学院高等学校

## 熊本県

①真和高等学校
②九州学院高等学校(奨学生・専願生)
③九州学院高等学校(一般生)
④ルーテル学院高等学校(専願入試・奨学入試)
⑤ルーテル学院高等学校(一般入試)
⑥熊本信愛女学院高等学校
⑦熊本学園大学付属高等学校(奨学生試験・専願生試験)
⑧熊本学園大学付属高等学校(一般生試験)
⑨熊本中央高等学校
⑩尚絅高等学校
⑪文徳高等学校
⑫熊本マリスト学園高等学校
⑬慶誠高等学校

## 大分県

①大分高等学校

## 宮崎県

①鵬翔高等学校
②宮崎日本大学高等学校
③宮崎学園高等学校
④日向学院高等学校
⑤宮崎第一高等学校(文理科)
⑥宮崎第一高等学校(普通科·国際マルチメディア科·電気科)

## 鹿児島県

①鹿児島高等学校
②鹿児島実業高等学校
③樟南高等学校
④れいめい高等学校
⑤ラ・サール高等学校

**新刊**
**もっと過去問シリーズ**

## 愛知県

愛知高等学校
7年分(数学・英語)
中京大学附属中京高等学校
7年分(数学・英語)
東海高等学校
7年分(数学・英語)
名古屋高等学校
7年分(数学・英語)
愛知工業大学名電高等学校
7年分(数学・英語)
名城大学附属高等学校
7年分(数学・英語)
滝高等学校
7年分(数学・英語)

※もっと過去問シリーズは入学試験の実施教科に関わらず、数学と英語のみの収録となります。

教英出版
〒422-8054
静岡県静岡市駿河区南安倍3丁目12－28
TEL 054-288-2131
FAX 054-288-2133
詳しくは教英出版で検索
教英出版 検索
URL https://kyoei-syuppan.net/

㉝光ヶ丘女子高等学校
㉞藤ノ花女子高等学校
㉟栄徳高等学校
㊱同朋高等学校
㊲星城高等学校
㊳安城学園高等学校
㊴愛知産業大学三河高等学校
㊵大成高等学校
㊶豊田大谷高等学校
㊷東海学園高等学校
㊸名古屋国際高等学校
㊹啓明学館高等学校
㊺聖霊高等学校
㊻誠信高等学校
㊼誉高等学校
㊽杜若高等学校
㊾菊華高等学校
㊿豊川高等学校

### 三重県

①暁高等学校(3年制)
②暁高等学校(6年制)
③海星高等学校
④四日市メリノール学院高等学校
⑤鈴鹿高等学校
⑥高田高等学校
⑦三重高等学校
⑧皇學館高等学校
⑨伊勢学園高等学校
⑩津田学園高等学校

### 滋賀県

①近江高等学校

### 大阪府

①上宮高等学校
②大阪高等学校
③興國高等学校
④清風高等学校
⑤早稲田大阪高等学校
(早稲田摂陵高等学校)
⑥大商学園高等学校
⑦浪速高等学校
⑧大阪夕陽丘学園高等学校
⑨大阪成蹊女子高等学校
⑩四天王寺高等学校
⑪梅花高等学校
⑫追手門学院高等学校
⑬大阪学院大学高等学校
⑭大阪学芸高等学校
⑮常翔学園高等学校
⑯大阪桐蔭高等学校
⑰関西大倉高等学校
⑱近畿大学附属高等学校
⑲金光大阪高等学校
⑳星翔高等学校
㉑阪南大学高等学校
㉒箕面自由学園高等学校
㉓桃山学院高等学校
㉔関西大学北陽高等学校

### 兵庫県

①雲雀丘学園高等学校
②園田学園高等学校
③関西学院高等部
④灘高等学校
⑤神戸龍谷高等学校
⑥神戸第一高等学校
⑦神港学園高等学校
⑧神戸学院大学附属高等学校
⑨神戸弘陵学園高等学校
⑩彩星工科高等学校
⑪神戸野田高等学校
⑫滝川高等学校
⑬須磨学園高等学校
⑭神戸星城高等学校
⑮啓明学院高等学校
⑯神戸国際大学附属高等学校
⑰滝川第二高等学校
⑱三田松聖高等学校
⑲姫路女学院高等学校
⑳東洋大学附属姫路高等学校
㉑日ノ本学園高等学校
㉒市川高等学校
㉓近畿大学附属豊岡高等学校
㉔夙川高等学校
㉕仁川学院高等学校
㉖育英高等学校

### 奈良県

①西大和学園高等学校

### 岡山県

①[県立]岡山朝日高等学校
②清心女子高等学校
③就実高等学校
(特別進学コース〈ハイグレード·アドバンス〉)
④就実高等学校
(特別進学チャレンジコース·総合進学コース)
⑤岡山白陵高等学校
⑥山陽学園高等学校
⑦関西高等学校
⑧おかやま山陽高等学校
⑨岡山商科大学附属高等学校
⑩倉敷高等学校
⑪岡山学芸館高等学校(1期1日目)
⑫岡山学芸館高等学校(1期2日目)
⑬倉敷翠松高等学校
⑭岡山理科大学附属高等学校
⑮創志学園高等学校
⑯明誠学院高等学校
⑰岡山龍谷高等学校

### 広島県

①[国立]広島大学附属高等学校
②[国立]広島大学附属福山高等学校
③修道高等学校
④崇徳高等学校
⑤広島修道大学ひろしま協創高等学校
⑥比治山女子高等学校
⑦呉港高等学校
⑧清水ヶ丘高等学校
⑨盈進高等学校
⑩尾道高等学校
⑪如水館高等学校
⑫広島新庄高等学校
⑬広島文教大学附属高等学校
⑭銀河学院高等学校
⑮安田女子高等学校
⑯山陽高等学校
⑰広島工業大学高等学校
⑱広陵高等学校
⑲近畿大学附属広島高等学校福山校
⑳武田高等学校
㉑広島県瀬戸内高等学校(特別進学)
㉒広島県瀬戸内高等学校(一般)
㉓広島国際学院高等学校
㉔近畿大学附属広島高等学校東広島校
㉕広島桜が丘高等学校

### 山口県

①高水高等学校
②野田学園高等学校
③宇部フロンティア大学付属香川高等学校
(普通科〈特進·進学コース〉)
④宇部フロンティア大学付属香川高等学校
(生活デザイン·食物調理·保育科)
⑤宇部鴻城高等学校

### 徳島県

①徳島文理高等学校

### 香川県

①香川誠陵高等学校
②大手前高松高等学校

### 愛媛県

①愛光高等学校
②済美高等学校
③FC今治高等学校
④新田高等学校
⑤聖カタリナ学園高等学校

## 学校別問題集

### 北海道

①札幌北斗高等学校
②北星学園大学附属高等学校
③東海大学付属札幌高等学校
④立命館慶祥高等学校
⑤北海高等学校
⑥北見藤高等学校
⑦札幌光星高等学校
⑧函館ラ・サール高等学校
⑨札幌大谷高等学校
⑩北海道科学大学高等学校
⑪遺愛女子高等学校
⑫札幌龍谷学園高等学校
⑬札幌日本大学高等学校
⑭札幌第一高等学校
⑮旭川実業高等学校
⑯北海学園札幌高等学校

### 青森県

①八戸工業大学第二高等学校

### 宮城県

①聖和学園高等学校(A日程)
②聖和学園高等学校(B日程)
③東北学院高等学校(A日程)
④東北学院高等学校(B日程)
⑤仙台大学附属明成高等学校
⑥仙台城南高等学校
⑦東北学院榴ケ岡高等学校
⑧古川学園高等学校
⑨仙台育英学園高等学校(A日程)
⑩仙台育英学園高等学校(B日程)
⑪聖ウルスラ学院英智高等学校
⑫宮城学院高等学校
⑬東北生活文化大学高等学校
⑭東北高等学校
⑮常盤木学園高等学校
⑯仙台白百合学園高等学校
⑰尚絅学院高等学校(A日程)
⑱尚絅学院高等学校(B日程)

### 山形県

①日本大学山形高等学校
②惺山高等学校
③東北文教大学山形城北高等学校
④東海大学山形高等学校
⑤山形学院高等学校

### 福島県

①日本大学東北高等学校

### 新潟県

①中越高等学校
②新潟第一高等学校
③東京学館新潟高等学校
④日本文理高等学校
⑤新潟青陵高等学校
⑥帝京長岡高等学校
⑦北越高等学校
⑧新潟明訓高等学校

### 富山県

①高岡第一高等学校
②富山第一高等学校

### 石川県

①金沢高等学校
②金沢学院大学附属高等学校
③遊学館高等学校
④星稜高等学校
⑤鵬学園高等学校

### 山梨県

①駿台甲府高等学校
②山梨学院高等学校(特進)
③山梨学院高等学校(進学)
④山梨英和高等学校

### 岐阜県

①鶯谷高等学校
②富田高等学校
③岐阜東高等学校
④岐阜聖徳学園高等学校
⑤大垣日本大学高等学校
⑥美濃加茂高等学校
⑦済美高等学校

### 静岡県

①御殿場西高等学校
②知徳高等学校
③日本大学三島高等学校
④沼津中央高等学校
⑤飛龍高等学校
⑥桐陽高等学校
⑦加藤学園高等学校
⑧加藤学園暁秀高等学校
⑨誠恵高等学校
⑩星陵高等学校
⑪静岡県富士見高等学校
⑫清水国際高等学校
⑬静岡サレジオ高等学校
⑭東海大学付属静岡翔洋高等学校
⑮静岡大成高等学校
⑯静岡英和女学院高等学校
⑰城南静岡高等学校
⑱静岡女子高等学校
⑲ 常葉大学附属常葉高等学校
常葉大学附属橘高等学校
常葉大学附属菊川高等学校
⑳静岡北高等学校
㉑静岡学園高等学校
㉒焼津高等学校
㉓藤枝明誠高等学校
㉔静清高等学校
㉕磐田東高等学校
㉖浜松学院高等学校
㉗浜松修学舎高等学校
㉘浜松開誠館高等学校
㉙浜松学芸高等学校
㉚浜松聖星高等学校
㉛浜松日体高等学校
㉜聖隷クリストファー高等学校
㉝浜松啓陽高等学校
㉞オイスカ浜松国際高等学校

### 愛知県

①[国立]愛知教育大学附属高等学校
②愛知高等学校
③名古屋経済大学市邨高等学校
④名古屋経済大学高蔵高等学校
⑤名古屋大谷高等学校
⑥享栄高等学校
⑦椙山女学園高等学校
⑧大同大学大同高等学校
⑨日本福祉大学付属高等学校
⑩中京大学附属中京高等学校
⑪至学館高等学校
⑫東海高等学校
⑬名古屋たちばな高等学校
⑭東邦高等学校
⑮名古屋高等学校
⑯名古屋工業高等学校
⑰名古屋葵大学高等学校
(名古屋女子大学高等学校)
⑱中部大学第一高等学校
⑲桜花学園高等学校
⑳愛知工業大学名電高等学校
㉑愛知みずほ大学瑞穂高等学校
㉒名城大学附属高等学校
㉓修文学院高等学校
㉔愛知啓成高等学校
㉕聖カピタニオ女子高等学校
㉖滝高等学校
㉗中部大学春日丘高等学校
㉘清林館高等学校
㉙愛知黎明高等学校
㉚岡崎城西高等学校
㉛人間環境大学附属岡崎高等学校
㉜桜丘高等学校

２０２４年度

# 高校一般入学試験問題

# 国　語

（50分）

## 注意事項

◎「始め」の合図があるまで中を見てはいけません。

◎解答用紙は別になっています。

◎解答は全て解答用紙の所定の欄に記入しなさい。

◎解答用紙だけ提出し，問題は持ち帰りなさい。

◎字数制限のある問題は、句読点・記号も一字に数える。

名古屋高等学校

2024(R6) 名古屋高
K 教英出版

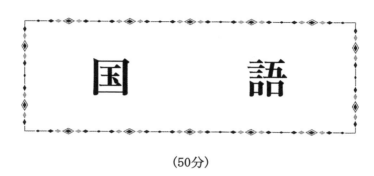

# 国　語



一　次の文章を読んで、後の問いに答えよ。

昨今、「正しさは人それぞれ」とか「みんなちがってみんないい」といった言葉や、「現代社会では価値観が多様化している」「価値観が違う人とは結局のところわかりあえない」といった言葉が流布《るふ》しています。このような、「人や文化によって価値観が異なり、それぞれの価値観には優劣がつけ(1)られない」という考え方を相対主義といいます。「正しさは人それぞれ」ならまだしも、「絶対正しいことなんてない」とか、「何が正しいかなんて誰にも決められない」といったことさえ主張する人もけっこういます。

こうしたことを主張する人たちは、(2)おそらく多様な他者や他文化を(3)尊重しようと思っているのでしょう。そういう善意はよいものではありますが、はたして「(4)正しさは人それぞれ」や「みんな(5)ちがってみんないい」という主張は、本当に(6)多様な他者を尊重することにつながるのでしょうか。そもそも、「正しさ」を各人が勝手に決めてよいものなのか。それに、人間は(7)本当にそれほど違っているのかも疑問です。

たしかに、価値観の異なる人と接触することがなかったり、異なっていても両立できるような価値観の場合には、「正しさは人それぞれ」と言っていても大きな問題は生じません。たとえば、訪ねることも難しい国の人たちがどのような価値観によって生活していても、自分には関係がありません。またたとえば、野球が好きな人とサッカーが好きな人は、スポーツのネタでは話が合わないかもしれませんが、好きなスポーツの話さえしなければ仲良くできるでしょう。サッカーが好きなのは間違っていて、すべての人は野球が好きでなければならない、なんていうことはありません。

こうした場面では、「人それぞれ」「みんなちがってみんないい」でよいでしょう。しかし、世の中には、①両立しない意見の中から、どうにかして一つに決めなければならない場合があります。たとえば、「日本の経済発展のためには原子力発電所が必要だ」という意見と、「事故が起こった場合の被害が大きすぎるので、原子力発電所は廃止すべきだ」という意見とは、両立しません。どちらの意見にももっともな点があるかもしれませんが、日本全体の方針を決めるときには、どちらか一つを選ばなければなりません。原子力発電所をイジ[a]するのであれば、廃止した場合のメリットは捨てなければなりません。逆もまたしかり。「みんなちがってみんないい」というわけにはいかないのです。

②そんなときには、どうすればよいでしょうか。「価値観が違う人とはわかりあえない」のであれば、どうすればよいのでしょうか。

そうした場合、現実の世界では権力を持つ人の考えが通ってしまいます。本来、政治とは、意見や利害が対立したときにダキョウ[b]点や合意点を見つけだすためのはたらきなのですが、最近は、日本でもアメリカでもその他の国々でも、権力者が力任せに自分の考えを実行に移すことが増えています。批判に対してきちんと正面から答えず、単に自分の考えを何度も繰り返したり、論点をずらしてはぐらかしたり、権力を振りかざして脅したりします。

そうした態度を批判するつもりで「正しさは人それぞれだ」とか「みんなちがってみんないい」などと主張したら、権力者は大喜びでしょう。なぜなら、もしもさまざまな意見が「みんなちがってみんないい」のであれば、つまりさまざまな意見の正しさに差がないとするなら、選択は力任せに行うしかないからです。「絶対正しいことなんてない」とか「何が正しいかなんて誰にも決められない」というのであればなおさらです。決定は正しさにもとづいてではなく、人それぞれの主観的な信念にもとづいて行うしかない。それに納得できない人とは話し合っても無駄だから権力で強制するしかない。こういうことになってしまいます。

つまり、「正しさは人それぞれ」や「みんなちがってみんないい」といった主張は、多様性を尊重するどころか、異なる見解を、権力者の主観によって力任せに切り捨てることを正当化することにつながってしまうのです。これでは結局、「力こそが正義」という、困った世の中になってしまいます。それは、権力など持たない大多数の人々（おそらく、この本を読んでくれているみなさんの大部分）の意見が無視される社会です。

では、どうしたらよいのでしょうか。

よくある答えは、「科学的に判断するべきだ」ということです。科学は、「客観的に正しい答え」を教えてくれると多くの人は考えています。このように、さまざまな問題について「客観的で正しい答えがある」という考え方を、普遍主義といいます。探偵マンガの主人公風に言えば、「真実は一つ！」という考え方だといってもよいかもしれません。先ほどの［ X ］と反対の意味の言葉です。「価値観が多様化している」と主張する人たちでも、科学については普遍主義的な考えを持っている人が多いでしょう。「科学は人それぞれ」などという言葉はほとんど聞くことがありません。

そして実際、日本を含めてほとんどの国の政府は、政策を決めるにあたって科学者の意見を聞くための機関や制度を持っています。日本であれば、各省庁の審議会（専門家の委員会）や日本学術会議などです。「日本の経済発展のために原子力発電所は必要なのか」「どれぐらいの確率で事故が起こるのか、事故が起こったらどれぐらいの被害が出るのか」といった問題について、科学者たちは「客観的で正しい答え」を教えてくれそうに思えます。

［ A ］、実は科学は一枚岩ではないのです。科学者の中にも、さまざまな立場や説を取っている人がいます。そうした多数の科学者が論争する中で、「より正しそうな答え」を決めていくのが科学なのです。［ B ］、「科学者であればほぼ全員が賛成している答え」ができあがるには時間がかかります。みなさんが中学や高校で習う※ニュートン物理学は、いまから三〇〇年以上も昔の一七世紀末に提唱されたものです。アインシュタインの※相対性理論や※量子力学は「現代物理学」と言われますが、提唱されたのは一〇〇年前（二〇世紀初頭）です。現在の物理学では、相対性理論と量子力学を統一する理論が探求されていますが、それについては合意がなされていません。合意がなされていないからこそ、研究が進められているのです。

最先端の研究をしている科学者は、それぞれ自分が正しいと考える仮説を正当化するために、実験をしたり計算をしたりしています。［ C ］、科学者に「客観的で正しい答え」を聞いても、何十年も前に合意が形成されて研究が終了したことについては教えてくれますが、まさしく今現在問題になっていることについては、「自分が正しいと考える答え」しか教えてくれないのです。ある意味では、「科学は人それぞれ」なのです。

［　Ｄ　］、たくさんの科学者の中から、自分の意見と一致する立場をとっている科学者だけを集めることが可能になります。東日本大震災で福島第一原発が爆発事故を起こす前までは、日本政府は「原子力推進派」の学者の意見ばかりを聞いていました（最近また、そういう時代に逆戻りしつつあるような気がしますが）。アメリカでも、トランプ大統領（在任二〇一七～二〇二一）は地球温暖化に懐疑的な学者ばかりを集めて「地球温暖化はウソだ」と主張し、経済活動を優先するために二酸化炭素の排出のcキセイを緩和しました。

　権力を持つ人たちは、もっと直接的に科学者をコントロールすることもできます。現代社会において科学研究の主要な財源は国家予算です。そこで、政府の立場と一致する主張をしている科学者には研究予算を支給し、そうでない科学者には支給しないようにすれば、政府の立場を補強するような研究ばかりが行われることになりかねません。

　このように考えてくると、③科学者であっても、現時点で問題になっているような事柄について、「客観的で正しい答え」を教えてくれるものではなさそうです。ではどうしたらよいのでしょうか。自分の頭で考える？　どうやって？

　この本では、「正しさ」とは何か、それはどのようにして作られていくものなのかを考えます。そうした考察を踏まえて、多様な他者と理解し合うためにはどうすればよいのかについて考えます。ここであらかじめ結論だけ述べておけば、私は、「正しさは人それぞれ」でも「真実は一つ」でもなく、人間の生物学的特性を前提としながら、人間と世界の関係や人間同士の間の関係の中で、いわば共同作業によって「正しさ」というものが作られていくのだと考えています。それゆえ、多様な他者と理解し合うということは、かれらとともに「正しさ」を作っていくということです。

　これは、「正しさは人それぞれ」とか「みんなちがってみんないい」といったお決まりの簡便な一言を吐けば済んでしまうようなdアンイな道ではありません。これらの言葉は、言ってみれば相手と関わらないで済ますための最後通牒《つうちょう》です。みなさんが意見を異にする人と話し合った結果、「結局、わかりあえないな」と思ったときに、このように言うでしょう。「まあ、人それぞれだからね」。対話はここで終了です。

ともに「正しさ」を作っていくということは、そこで終了せずに踏みとどまり、とことん相手と付き合うという面倒な作業です。相手の言い分を受け入れて自分の考えを変えなければならないこともあるでしょう。それでプライドが傷つくかもしれません。しかし、傷つくことを嫌がっていては、新たな「正しさ」を知って成長していくことはできません。

最近、「正しさは人それぞれ」と並んで、「どんなことでも感じ方しだい」とか「心を傷つけてはいけない」といった感情尊重の[e]フウチョウも広まっています。しかし、学び成長するとは、今の自分を否定して、今の自分でないものになるということです。これはたいへんに苦しい、ときに心の傷つく作業です。あえていえば、成長するためには傷ついてナンボです。若いみなさんには、傷つくことを恐れずに成長の道を進んでほしいと思います（などと言うのは説教くさくて気が引けますが）。

（山口裕之『「みんな違ってみんないい」のか？　――相対主義と普遍主義の問題』ちくまプリマー新書）

（注）※ニュートン物理学＝物理学者ニュートンが運動の法則や万有引力の法則を確立したことによって作りあげた力学体系。量子力学や相対性理論に対して、古典力学と呼ばれる。

※相対性理論＝物理学者アインシュタインによって提唱された物理学の基礎理論。従来の概念を根本的に変更した四次元の新しい時間・空間構造をもたらした。

※量子力学＝素粒子・原子・原子核・分子など微視的な粒子に関する、古典力学とは異なる力学体系。

問一　～～～a～eのカタカナを漢字に直せ。

問二　‖(1)「られ」と同じ働き・意味の「られ（れ）」を、次の**ア**～**オ**から一つ選び、記号で答えよ。

**ア**　次の休日が待たれてならない。
**イ**　彼の悪口には傷つけられた。
**ウ**　先生があした上京されます。
**エ**　このドアから出られて助かった。
**オ**　家のことが案じられて仕方ない。

問三　‖(2)～(7)の品詞の種類は、合計何種類になるか。最も適当なものを、次の**ア**～**オ**から一つ選び、記号で答えよ。

**ア**　2種類　　**イ**　3種類　　**ウ**　4種類　　**エ**　5種類　　**オ**　6種類

問四　［Ａ］から［Ｄ］にあてはまる言葉の組み合わせとして最も適当なものを、次の**ア**～**オ**から一つ選び、記号で答えよ。

| | | | | |
|---|---|---|---|---|
| **ア** | Ａ　ところが | Ｂ　それゆえ | Ｃ　つまり | Ｄ　そこで |
| **イ** | Ａ　ところが | Ｂ　つまり | Ｃ　それゆえ | Ｄ　そもそも |
| **ウ** | Ａ　そもそも | Ｂ　つまり | Ｃ　ところが | Ｄ　そこで |
| **エ** | Ａ　そもそも | Ｂ　ところが | Ｃ　それゆえ | Ｄ　つまり |
| **オ** | Ａ　それゆえ | Ｂ　ところが | Ｃ　つまり | Ｄ　そもそも |

問五　[X] に入れるのに適当な語を本文中から漢字四字で抜き出して答えよ。

問六　――①「両立しない意見の中から、どうにかして一つに決めなければならない場合」の例として最も適当なものを、次の**ア**～**オ**から一つ選び、記号で答えよ。

**ア**　「命の価値はすべての生き物に平等だから、動物を殺して食べてはならない」と考えるか、「人間が生きるためには、動物の犠牲はやむをえない」と考えるか。

**イ**　旅行に出かけた際に、「せっかくの旅行だから、高くてぜいたくなものを食べたい」と考えるか、「その土地の名産品を食べて地産地消に努めるべきだ」と考えるか。

**ウ**　地球温暖化を防止するために、「太陽光や風力発電など再生可能エネルギーの利用を促進すべき」と考えるか、「石炭や石油など化石燃料の利用を減らすべき」と考えるか。

**エ**　ある企業の経営方針として、「安い商品をたくさんのお客さんに売ろう」と考えるか、「高級な商品を少ないお客さんに売ろう」と考えるか。

**オ**　労働力不足に対処するために「海外からの移民を認めるべき」と考えるか、「コンピューターやロボットの普及をすすめるべき」と考えるか。

問七　――②「そんなときには、～よいのでしょうか」に対する答えを、本文の主張をふまえて五〇字以内で説明せよ。

問八 ――線③「科学者であっても、~を教えてくれるものではなさそうです」のようにいうのはなぜか。その理由として**適当でないもの**を、次の**ア**~**オ**から一つ選び、記号で答えよ。

**ア** 科学者の中には、さまざまな立場や説を取っている人がいるため、ほぼ全員が納得できる答えを出すまでには長い時間を必要とするから。

**イ** 最先端の研究をしている科学者は、自分が正しいと考える仮説を主張しているに過ぎず、その説が別の科学者から賛同を得られるとは限らないから。

**ウ** 科学は一枚岩ではなく、実験や計算を通じて「より正しそうな答え」を決めていく必要があるため、現在の問題については一致した答えを出すのが難しいから。

**エ** 現代の社会が抱える問題は、あまりにも複雑で多岐《たき》にわたっているため、科学者にとってもどのような事態になるのかを予測することはできないから。

**オ** 権力を持つ人たちは、国家予算を誰に配分するかを決めることができるため、政府の立場と一致する研究ばかりが行われる可能性があるから。

問九　以下は本文を読んだ後の生徒の感想である。この中から筆者の主張にあうものとしてふさわしいものを、次の**ア**〜**キ**から**二つ選び**、記号で答えよ。

**ア**　Ａ君：最近、グローバル化の進展やＬＧＢＴＱ＋など、「価値観の多様化」ということがよく言われているけど、実は多様な価値観を尊重することは間違いだということが分かりました。

**イ**　Ｂ君：いやそれは場合によるんじゃないかな。温暖化対策など、国際社会全体で方針を決める時には、リーダーの決めた方針に従ってみんなで協力することが必要だと思うよ。

**ウ**　Ｃ君：それは危険な考え方だよ。権力を持つ人の考えが強引に実行されてしまうことになるから、多くの人の意見が無視されて、独裁主義に陥る可能性があるよ。

**エ**　Ｄ君：そういうことが起きないために民主主義という考え方があるんだと思う。両立しない意見をどちらか一方に決めなければならない時には、多数決にすることで多くの人の意見が尊重されることになるね。

**オ**　Ｅ君：意見や価値観の違う人といろいろ議論するのは時間もかかるし、大変だよ。ときにはけんかになったりすることもあるかもしれないしね。

**カ**　Ｆ君：現代社会はコンピューターの普及で変化のスピードがどんどん速くなっているから、科学者のように結論を出すのに何十年もかかっていては、どんどん時代に取り残されてしまうことになるよ。

**キ**　Ｇ君：人間同士だとどうしても主観的な判断からは逃れられないと思う。それならＡＩなどコンピューターの力を利用すれば、人間が判断するよりずっといい判断ができると思うな。

二　次の【文章Ⅰ】は、宮城谷昌光『新三河物語』の一節である。徳川家康（大殿）に仕える大久保忠世《ただよ》・忠佐《ただすけ》兄弟のもとに、家康の長男である松平信康《のぶやす》（三郎）が訪れた場面である。文章を読んで、後の問いに答えよ。

【文章Ⅰ】

①さて、帰宅した忠世と平助は仰天した。岡崎の信康に仕えている甚九郎忠長が、ふたりを待ちかねたような顔で、

「三郎君が渡らせたまう」

と、語《っ》げた。三郎君とはむろん次郎三郎信康のことである。信康は父の家康とともに出陣すべく、すでに浜松にいて、城内で宿泊するはずである。

「なにゆえ、わが家に——」

と、問うているひまはなく、忠世は屋敷内をみまわった。忠佐と彦十郎《ひこじゅうろう》が信康を迎える仕度をさせたようで、忠世はあらたな指図をおこなわずにすんだ。着替えを終えて、忠佐の顔をみた忠世は、

「大殿はご存じなのであろうか」

と、不審をあらわにした。

「知らぬ」

忠佐はそっけない。不安をおぼえた忠世は彦十郎を城へつかわして報告をおこなわせた。彦十郎が帰宅するまえに、信康は側近を従えて、大久保屋敷に到着した。忠世と忠佐、それに平助が※趨迎《すうげい》した。

大久保兄弟をみた信康は、いきなり(1)破顔して、

「※金の揚羽蝶《あげはちょう》と浅黄《あさぎ》の黒餅、しかとみたぞ。なんじどもは(2)天下に比類なき武将である」

と、屋敷にあがるまえに大声で称《ほ》め、平助に目をやった。すかさず忠世が、

「本日、大殿におめみえをたまわりました弟の平助でございます」

と、いった。平助に顔を近づけた信康は、

「よき面構《つらがま》えである。忠臣の相でもある。なんじはかならず徳川家中で、平助ありと知られ、徳川の名誉を守りぬく者となろう」

と、予言めいたことをいった。

岡崎城下における信康の評判はさほどかんばしいものではない。わずかではあるが羽根にいた平助も馬上の信康を目撃して、

——たけだけしさを求めすぎて、めくばりに※疎漏《そろう》がある。

と、感じた。ところが信康の息がかかるほどの近さで観察すると、

——ぞんがい弱い人だ。

と、おもわざるをえなかった。家康の※嫡子《ちゃくし》として生まれながら、どこかに劣等意識をもち、それに苛立《いらだ》ちつつも、おのれの弱さを克服しようとするひたむきさをもっている。

　のちに平助は信康について、

「これほどの殿は二度とでないであろう。昼も夜も、※武辺の者を召し寄せられて、武辺の談《はなし》ばかりをなさった。そのほかに、馬と鷹《たか》にご熱心であった」

と、書く。平助は信康に好感をいだき、それを晩年まで失わなかったということである。

ところで家康は信康をどのように観《み》ていたのであろうか。家康は晩年（慶長十七年）に※嗣人《しじん》である秀忠の※正室（浅井氏）へ※訓誡《くんかい》状を与えるが、そのなかで信康についてふれて、

「三郎が生まれたころ、わたしは若年で、ほかに男の子供がいなかったということがあり、そのうえ三郎は痩《や》せていたので、育ちさえすればよいと心得て、気のつまるようなことをさせず、きままに育てた。幼少のとき、行儀作法をゆるやかに捨ておいたため、三郎は親を敬することも知らず、遠慮がなく、あれはこれゆえ、これはあれゆえ、といいわけばかりをして、のちには親

**V**　AB＝AD＝6cmの正三角柱ABC－DEFがある。辺AB，ACの中点をそれぞれM，Nとするとき，点Aと線分MNの距離は $\frac{3\sqrt{3}}{2}$ cmであった。次の問いに答えよ。

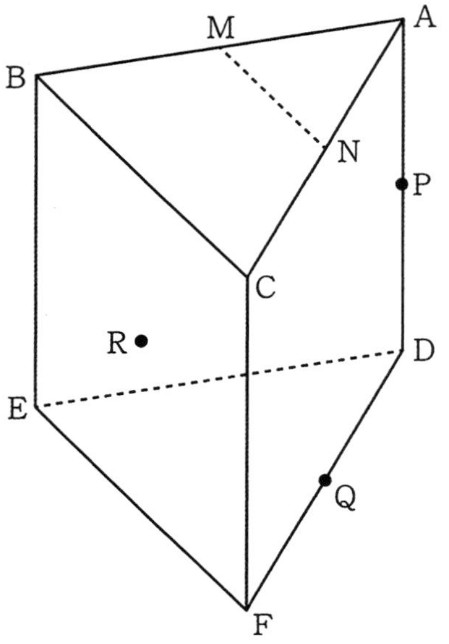


（1） 辺AD，DFの中点をそれぞれP，Q，四角形BEFCの対角線の交点をRとするとき，点Pと線分MNの距離は $\frac{3\sqrt{7}}{2}$ cmであった。正三角柱ABC－DEFを点M，Nと次の1点を通る平面で切るとき，その切り口の図形の面積が小さい順に**ア**～**ウ**の記号を並べよ。解答は，左から順に書くこと。

**ア**　点P　　　**イ**　点Q　　　**ウ**　点R

（2） この正三角柱を4点M，N，E，Fを通る平面で2つに分けたとき，点Aを含む方の立体の体積を求めよ。

**Ⅳ**　AB＝8，AC＝4，BC＝$4\sqrt{5}$，∠A＝90° である直角三角形ABCがある。辺AB上にAC＝ADとなるように点Dをとり，辺BC上に∠ACD＝∠DEBとなるように点Eをとる。このとき，DC＝$4\sqrt{2}$となった。次の問いに答えよ。

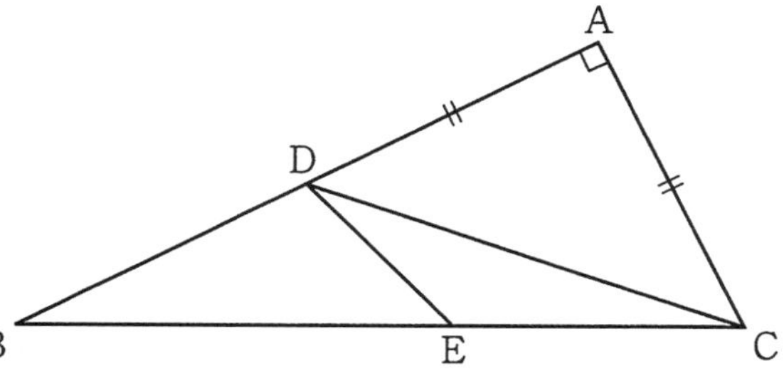


（1） △BDCと△DECが相似であることを証明せよ。
ただし，「△BDCと△DECについて，共通な角であるから，∠BCD＝∠DCE……①」に続けて書くこと。

（2） 線分ECの長さを求めよ。

（3） 下の図のように辺BC上にDE＝DFとなるように点Fをとる。このとき，△ABCと△DEFの面積の比を最も簡単な整数の比で表せ。

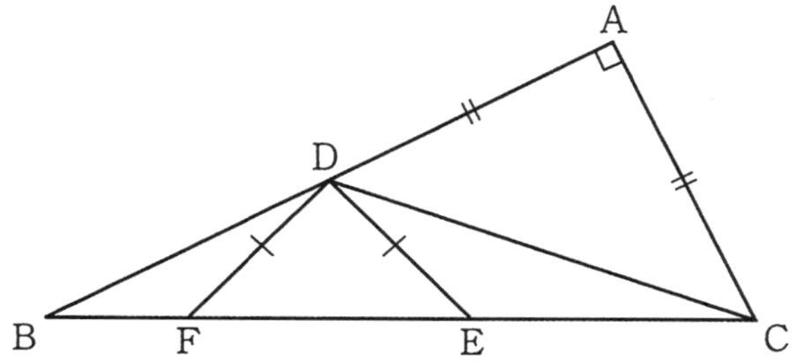

**Ⅲ**　図のように，放物線 $y=x^2$ と直線 $y=-3x$ が，点Aおよび原点で交わっている。このとき，次の問いに答えよ。

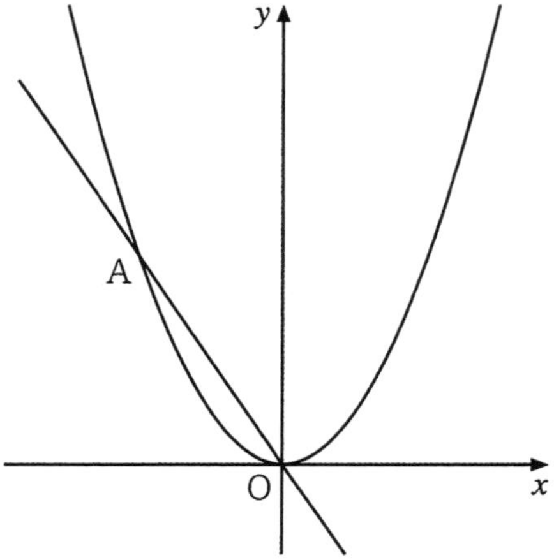


（１）２つの関数 $y=x^2$ と $y=-3x$ について，$x$ の値が $-5$ から $a$ まで増加するときのそれぞれの変化の割合は一致する。このとき，$a$ の値を求めよ。ただし，$a>-5$ とする。

（２）点Aを通り，傾きが $\frac{1}{3}$ である直線と放物線との交点のうち，点Aと異なる点を点Bとする。

① △OABの面積を求めよ。

② 点Cを四角形OACBが平行四辺形となるようにとるとき，点Cを通り，△OABの面積を二等分する直線の式を求めよ。

B　次のYumiとDavidのメールのやり取りを読んで，あとの問いに答えよ。

| From: | Yumi Tanaka |
|---|---|
| To: | David King |
| Date: | Thursday June 26, 2023 |
| Subject: | Your visit to Japan |

Hi David,

I had a great time in New York. The Kings were the best host family! Please say thank you from me again to your parents. My mother, father and little brother Yuta are very excited to welcome you to Japan in August. We live in Nagoya. It's near the center of Japan so we can go to visit many places easily. I hope you will enjoy lots of Japanese food when you come. Please look at this survey of the favorite foods of foreign tourists in Japan. Let me know which ones you want to try.

| Japanese Food | Number of People |
|---|---|
| sushi | 110 |
| ramen | 68 |
| tempura | 28 |
| Japanese curry | 24 |
| okonomiyaki | 18 |
| shabu shabu | 15 |
| yakitori | 15 |
| soba | 12 |
| yakiniku | 8 |
| onigiri | 4 |

| | |
|---|---|
| From: | David King |
| To: | Yumi Tanaka |
| Date: | Saturday June 28, 2023 |
| Subject: | My trip to Japan |

Hi Yumi,
Thanks for your mail. I can't believe I'll be in Japan very soon. Thanks for the information about Japanese food. I also checked some dishes on the internet. I'm not surprised that sushi is the most popular Japanese dish for foreign people. It looks delicious! I want to eat many different kinds. Also, Japanese curry sounds interesting to me. In New York, I have eaten ramen and Indian curry. I especially want to try curry in Japan. I have never heard of some of the food on the list. Please tell me what soba and onigiri are. Finally I want to try one more food in Japan, natto. I heard many foreigners don't like it but it is very healthy and it looks cool!
See you soon,
David

| | |
|---|---|
| From: | Yumi Tanaka |
| To: | David King |
| Date: | Sunday June 29, 2023 |
| Subject: | Your visit to Japan |

David,
I spoke to my parents, and we decided to take you to a nice sushi restaurant near our house. You can have lots of different raw fish. To answer your questions, soba is traditional Japanese noodles and onigiri is a ball of rice with some fish, vegetable, meat or seaweed inside. We always have natto at home so you can try it any time. Are there any places you want to visit during your trip? Please tell me soon. My family will make a plan.
Yumi

| | |
|---|---|
| From: | David King |
| To: | Yumi Tanaka |
| Date: | Tuesday July 1, 2023 |
| Subject: | My trip to Japan |

Yumi,
Thanks again. I'm thinking about Japanese food every day. I'm hungry! There are some places I want to visit in Japan. I really want to see the golden temple in Kyoto. It looks so beautiful. Also I want to go to USJ in Osaka and of course I'd like to go to an outdoor onsen. Finally, I want to go to karaoke with you and your friends. Let's sing some Japanese and English songs together.
David

(1) Why does Yumi say that they can go to visit many places easily?

ア Because Nagoya is one of the biggest cities in Japan.
イ Because Nagoya is in the middle of Japan.
ウ Because many tourists come to Nagoya.
エ Because there are many kinds of transportation in Nagoya.

(2) Which is NOT true about the survey?

ア Shabu shabu was as popular as yakitori for foreigners in Japan.
イ Okonomiyaki was less popular than yakitori among foreigners.
ウ Tempura was the third most popular Japanese food for foreigners.
エ Japanese curry was twice as popular as soba.

(3) What will David probably eat in Japan?

ア natto
イ soba
ウ onigiri
エ ramen

(4) Which one of these is NOT true?

ア David will go to a sushi restaurant and eat a lot of different raw fish.
イ David would like to go to Kyoto and Osaka.
ウ David wants to experience an outdoor onsen.
エ David wants to go to karaoke with his host family.

(5) Which one of these is true?

ア Yumi's family have already made a plan to take David to Kyoto.
イ David sometimes eats Indian curry and makes onigiri in New York.
ウ It took David two days to reply to Yumi's last mail.
エ Yumi has visited USJ in Osaka before.

**Ⅲ** 次の英文を読んで，あとの問いに答えよ。

Japanese manga culture is becoming very popular all around the world. People of all ages in many countries love these Japanese comic books. Maybe manga has spread to many countries because it has many different types of stories. There are action stories, love stories, history stories and, of course, fantasy stories. Another reason is the many different types of characters. When we read manga, it is easy for us to connect with one of them. Moreover, the unique and stylish art in Japanese manga makes it [ A ] from other comics. The exciting pictures have a lot of detail. This improves the story and creates an amazing experience for fans in many countries.

Manga was born over two hundred years ago but it [ B ] only become popular globally since the development of the internet. Now, fans all over the planet can find manga and watch anime by using a smartphone or computer. Then they can share their experiences with other fans in different places. The Japanese government is also using manga as part of its "Cool Japan" campaign. They hope that fans of manga will become interested in other parts of Japan's rich history and culture.

Japanese manga culture has also changed other kinds of entertainment* and pop culture. Many video games use the characters and ideas of manga, and singers make cool anime videos. Also, there are now many big Cosplay (wearing the same clothes as manga characters) events held in big cities [ C ] Sydney to London. These events will probably help to make manga culture grow even bigger in the future.

When people thought of Japan thirty years ago, they imagined kimonos, cameras and cars. However, now they will probably be thinking about the young ninja *Uzumaki* in *Naruto*, or the adventures of *Son Goku* in *Dragon Ball*.

【注】entertainment：芸能

(1) [ A ]～[ C ]に当てはまる語を本文中からそれぞれ1語で抜き出せ。

(2) 本文において，日本の漫画が世界中に広まった理由として間違っているものを1つ選び，記号で答えよ。

ア Because manga has many kinds of story.
イ Because people can learn Japanese history through manga.
ウ Because we can connect with the characters when we read manga.
エ Because people are attracted to the art.

(3) 次の英文の空所に入る最も適切なものを1つ選び，記号で答よ。

Japanese manga wasn't popular globally before the internet developed because (　　　　　　).

ア stories weren't interesting for foreign people
イ it was easy for fans to share their comments about manga
ウ it was difficult for people to find
エ people always enjoyed manga or anime at home

(4) 日本政府は，漫画が「クールジャパン」にどのような影響を与えることを期待しているか，35～40字の日本語で説明せよ。

| | | | | | | | | | |
|---|---|---|---|---|---|---|---|---|---|
| | | | | | | | | | |
| | | | | | | | | | |
| | | | | | | | | | |
| | | | | | | | | | |

ことを期待している。

(5) 次の質問の答えとなるよう、空所に適切な語を書き入れよ。

What can you guess about the influence of Cosplay events?
They (　　　　)(　　　　)(　　　　)(　　　　) bigger in the future.

Ⅳ　以下の資料は，2023年に調査された日本人留学生に人気のある留学先ランキングである。調査結果を元に，下のワークシートの A ～ C の英文を完成させよ。ただし， A と B の空欄には表の内容を正しく表現する英単語1語を書け。 C については指定された語数で回答せよ。

| 日本人留学生に人気のある行き先ランキング　2023年 | | |
|---|---|---|
| Rank | Country | % |
| 1 | Canada | 23 |
| 2 | the US | 22 |
| 3 | Australia | 17 |
| 4 | the UK | 10 |
| 5 | the Philippines | 7 |
| 6 | New Zealand | 4 |

| | |
|---|---|
| Introduction<br>・導入<br>・資料の紹介 | A　Last year many Japanese students went (1　　) to study English. The data (2　　) the (3　　) most popular countries. |
| Body<br>・説明<br>・データの比較 | B　Canada had the highest number of (1　　). The US was second with 22%. Also, 5% more Japanese studied in the US than in (2　　). The only country in the list that has a first (3　　) different from English was the Philippines. |
| Conclusion<br>・感想や意見 | C　If I go to study abroad in the future, (自分の意見を20～25語の英語で完成させよ。) |

2024 年度高校一般入試　英語リスニング問題　スクリプト

Ⅰ　A

※教英出版注
音声は，解答集の書籍ＩＤ番号を
教英出版ウェブサイトで入力して
聴くことができます。

Part 1

| | | | | |
|---|---|---|---|---|
| A. father | B. CD | C. technology | D. dog | E. book |
| F. smartphones | G. serious | H. baseball | I. aunt | J. researcher |
| K. soccer | L. brother | M. basketball | N. rabbit | O. magazine |

1. This is a very popular sport in America and Japan. Shohei Otani is the most famous player now.

2. We can buy this at a convenience store or a bookstore. It has a lot of information and nice color pictures It can be about fashion, sports or music. A new one is made every week or month.

3. This is my grandfather's son, but not my uncle.

4. This animal is very cute. It has big ears. If we have one at home, we should give it carrots to eat.

5. This is always changing. Scientists at companies and universities learn new things and make new products.

Part 2

1.　A: Shall we go shopping tomorrow?
　B: That's a great idea. Where shall we meet?
　A: (BEEP)

2.　A: Have you read this book?
　B: No. What is the book about?
　A: It's about the environment.
　B: (BEEP)

問七

問八

問九

※

# 二

問一

(1)

(2)

(3)

問二

問三

問四

問五

問六

問七

(1)

(2)

※

# 数学解答用紙

(2024高一数学)

| I | (1) | (2) | |
|---|---|---|---|
| | | $x=$ | $y=$ |
| | (3) | (4) | (5) |
| | | $x=$ | $z=$ |
| | (6) | (7) | (8) |
| | | $\angle x=$ ° | |

※

| II | (1) | (2) | (3) |
|---|---|---|---|
| | $cm^2$ | cm | $a=$ |

※

| III | (1) | (2) | |
|---|---|---|---|
| | $a=$ | ① | ② |

※

| | (1) |
|---|---|
| | |

【解答

# 数 学 解 答 用 紙

(2024高一数学)

| | (1) | (2) | |
|---|---|---|---|
| Ⅰ | | $x=$ | $y=$ |
| | (3) | (4) | (5) |
| | | $x=$ | $z=$ |
| | (6) | (7) | (8) |
| | | $\angle x=$ ° | |

※

| | (1) | (2) | (3) |
|---|---|---|---|
| Ⅱ | $\mathrm{cm}^2$ | cm | $a=$ |

※

| | (1) | (2) | |
|---|---|---|---|
| Ⅲ | $a=$ | ① | ② |

※

| | (1) |
|---|---|
| | |

【解答

# 英 語 解 答 用 紙

(2024高一英語)

| | | | | | | | | | | | |
|---|---|---|---|---|---|---|---|---|---|---|---|
| Ⅰ | Part 1 | (1) | | (2) | | (3) | | (4) | | (5) | |
| | Part2 | (1) | | (2) | | (3) | | (4) | | (5) | |
| | Part3 | (1) | | (2) | | (3) | | (4) | | (5) | |

※

| | | | | | | | | | | | |
|---|---|---|---|---|---|---|---|---|---|---|---|
| Ⅱ | A | (1) | | (2) | | (3) | | (4) | | | |
| | B | (1) | | (2) | | (3) | | (4) | | (5) | |

※

| | | | | | |
|---|---|---|---|---|---|
| Ⅲ | (1) | A | | B | |
| | | C | | | |
| | (2) | | | (3) | |
| | | | | | |

【解答用

| | | |
|---|---|---|
| (4) | | |
| | | ことを期待している。 |
| (5) | They (　　　)(　　　)(　　　)(　　　) bigger in the future. | |

※

| | | | | | | | |
|---|---|---|---|---|---|---|---|
| Ⅳ | A | 1 | | 2 | | 3 | |
| | B | 1 | | 2 | | 3 | |
| | C | If I go to study abroad in the future, | | | | | |

※

※印の欄には何も書き入れないこと。

| | | | |
|---|---|---|---|
| 受験番号 | | 氏名 | |

| | |
|---|---|
| ※得点 | ※100点満点（配点非公表） |

# 英 語 解 答 用 紙

(2024高一英語)

| | | | | | | | | | | | |
|---|---|---|---|---|---|---|---|---|---|---|---|
| Ⅰ | Part 1 | (1) | | (2) | | (3) | | (4) | | (5) | |
| | Part2 | (1) | | (2) | | (3) | | (4) | | (5) | |
| | Part3 | (1) | | (2) | | (3) | | (4) | | (5) | |

※

| | | | | | | | | | | | |
|---|---|---|---|---|---|---|---|---|---|---|---|
| Ⅱ | A | (1) | | (2) | | (3) | | (4) | | | |
| | B | (1) | | (2) | | (3) | | (4) | | (5) | |

※

| | | | | | |
|---|---|---|---|---|---|
| Ⅲ | (1) | A | | B | |
| | | C | | | |
| | (2) | | | (3) | |
| | | | | | |

【解答用

| | | |
|---|---|---|
| | (4) | ことを期待している。 |
| | (5) | They (　　　　)(　　　　)(　　　　)(　　　　) bigger in the future. |

※

| | | | | | | | |
|---|---|---|---|---|---|---|---|
| Ⅳ | A | 1 | | 2 | | 3 | |
| | B | 1 | | 2 | | 3 | |
| | C | If I go to study abroad in the future, | | | | | |

※

※印の欄には何も書き入れないこと。

| | | | |
|---|---|---|---|
| 受験番号 | | 氏名 | |

| | |
|---|---|
| ※得点 | ※100点満点（配点非公表） |

共通な弧であるから，∠BCD＝∠BCE……③

| Ⅳ | (2) | (3) |
|---|---|---|
| | EC＝ | △ABC：△DEF＝　　　： |

| ※ |
|---|
| |

| Ⅴ | (1) | (2) |
|---|---|---|
| | →　　→ | $cm^3$ |

| ※ |
|---|
| |

※印の欄には何も書き入れないこと。

| 受験番号 | | 氏名 | |
|---|---|---|---|

| ※得点 | ※100点満点<br>（配点非公表） |
|---|---|

# 国語解答用紙

（二〇二四高一国語）

受験番号

氏名

※得点

※100点満点（配点非公表）

※印の欄には何も書き入れないこと。

## 一

問一

a

b

c

d

e

問二

問三

問四

問五

問六

3. A: What are you going to do tonight?

B: I have to finish my English homework.

A: You are always studying!

B: (BEEP)

4. A: What club will you join at high school?

B: I'm not sure.

A: Why don't you continue to play baseball?

B: (BEEP)

5. A: How was your summer vacation?

B: It wasn't very exciting this year.

A: Why not?

B: (BEEP)

Part 3

Is everyone listening because I'll only say this once? I'm going to talk about our school trip to Greenfield School in England. We will fly from Haneda Airport to London on August 3$^{rd}$. Our flight is very early in the morning, so we have to go to Tokyo from Nagoya the day before we fly. We will be on the airplane for fourteen hours so please bring a book, or some homework. We will arrive in London and then take a bus to Greenfield School at 4pm. The bus trip takes 3 hours. I think you will be very tired so you can sleep on the bus. After we arrive at school, the staff will guide you to your rooms. Greenfield school has many rooms for two people. You will share a room with a student from France, Spain or China. Please try hard to communicate with them in English. We will stay at Greenfield School for two weeks. In the mornings you will take English classes. In the afternoons we will do a lot of interesting activities. I'm really looking forward to visiting the Harry Potter Museum in London, and I can't wait to see an English Premier League soccer game. Let's try not to speak any Japanese for two weeks in England. If we can do it, I'm sure our English skills will improve.

# 英　　語

（2024高一英語）

| Iのリスニング問題は試験開始から数分後におこなう。それまで他の問題を解いていること。 |
|---|

I　【リスニング問題】 放送をよく聞いて，問いに答えよ。

※教英出版注
音声は，解答集の書籍ＩＤ番号を教英出版ウェブサイトで入力して聴くことができます。

## Part 1

これから流れる放送を聞き，その英語が表す語として最も適当なものをそれぞれ下の表のA～Oより1つ選び，記号で答えよ。なお，英語はそれぞれ2度読まれる。

| | | | | |
|---|---|---|---|---|
| A. father | B. CD | C. technology | D. dog | E. book |
| F. smartphones | G. serious | H. baseball | I. aunt | J. researcher |
| K. soccer | L. brother | M. basketball | N. rabbit | O. magazine |

(1) ＿＿＿＿＿＿＿＿

(2) ＿＿＿＿＿＿＿＿

(3) ＿＿＿＿＿＿＿＿

(4) ＿＿＿＿＿＿＿＿

(5) ＿＿＿＿＿＿＿＿

## Part 2

これから放送する対話を聞き、続きの内容として最も適切なものをそれぞれ**ア〜エ**より1つ選び，記号で答えよ。なお，英語は1度だけ読まれる。

(1)
ア I'll be there at twelve.
イ On the bus stop.
ウ Under the golden clock.
エ I want a new t-shirt.

(2)
ア Can I borrow it?
イ Sure. I understand.
ウ Great! I love science fiction books.
エ I'll read it again.

(3)
ア OK. See you later.
イ I think I'll pass.
ウ I can't go there.
エ Do you think so?

(4)
ア I think I want to try something new.
イ That's right.
ウ I decided last week.
エ You are always practicing hard.

(5)
ア I really enjoyed the town festival.
イ I played with friends every day.
ウ I didn't remember to study.
エ It was too hot to go outside.

## Part3

これから流れる放送では，名古屋高校の先生が，生徒に修学旅行の説明をしている。放送をよく聞き，下の問いに対する答えとして最も適切なものをそれぞれ**ア**～**エ**より1つ選び，記号で答えよ。
なお，英語は1度だけ読まれる。

(1) When will the students leave Nagoya?

ア The day before they return
イ August 3$^{rd}$
ウ August 2$^{nd}$
エ Two weeks from now

(2) What advice does the teacher give to the students for their time on the airplane?

ア Sleep a lot.
イ Don't use Japanese.
ウ Wear a mask.
エ Study or read.

(3) What time will the students arrive at Greenfield School?

ア 14:00
イ 16:00
ウ 18:00
エ 19:00

(4) In England, what will the students do in the afternoons?

ア Study in their rooms with a foreign student.
イ Take classes in English.
ウ Take part in a variety of activities.
エ Watch Harry Potter movies.

(5) What is the teacher looking forward to?

ア Going to see a sports event.
イ Meeting Harry Potter.
ウ Studying with students from other countries.
エ Returning to Japan with stronger Japanese.

## Ⅱ　次のＡ，Ｂの問いに答えよ。

### Ａ　次のKenとMaryの対話を読んで，あとの問いに答えよ。

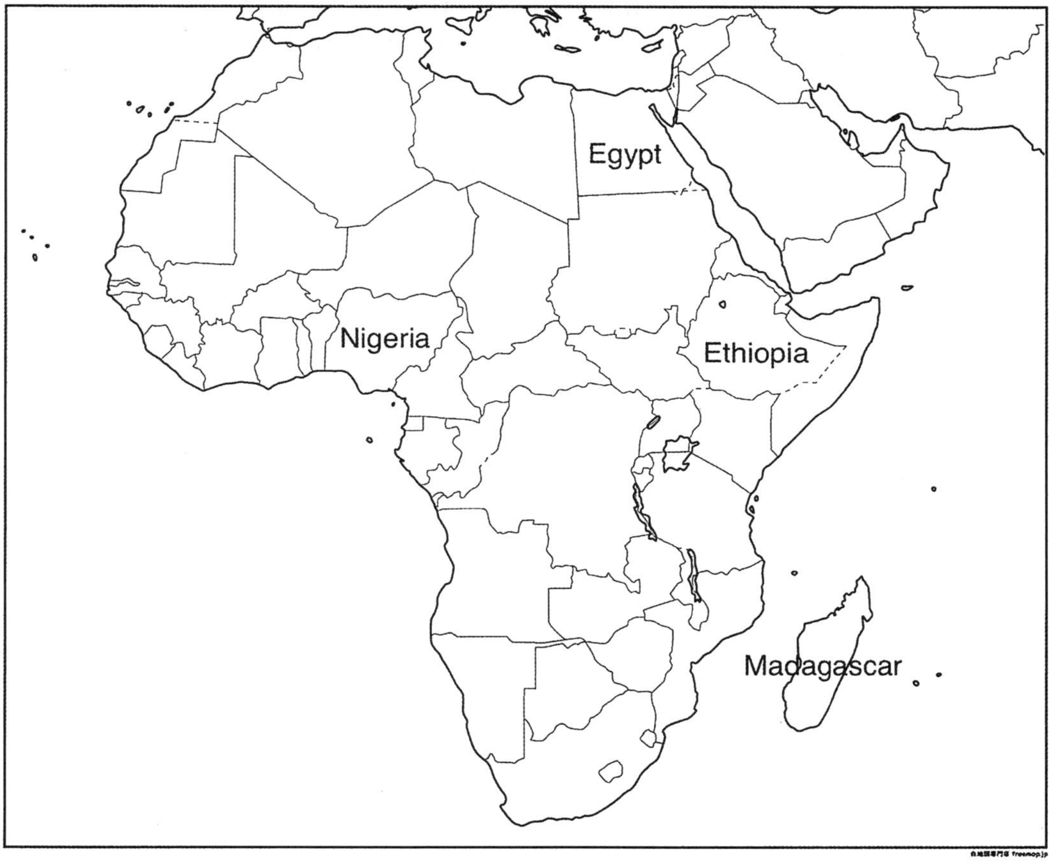


出典：白地図専門店　アフリカ大陸　白地図を加工して作成

Ken : Hi Mary! How are you?

Mary : I'm great, Ken. I just had a really interesting social studies class.

Ken : What did you learn?

Mary : We learned about some of the countries in Africa.

Ken : I don't know much about Africa. Could you tell me some of the things you learned?

Mary : Why don't I give you a quiz?

Ken : OK. That sounds like fun. I'm ready.

Mary : How many countries are there in Africa?

Ken : Oh, that's a difficult question! Twenty?

Mary : Actually, there are fifty-four countries. Six of them are island countries like Madagascar.

Ken : That's a lot of countries. Please ask me another question.

Mary : OK. Which country has the highest population? You can look at this map to help.

Ken : Thanks. Just a moment… Well, is the answer Egypt?

Mary : That's a good effort but it's not the right answer.

Ken : Let me guess again! Is it Ethiopia?

Mary : Good effort again. Ethiopia has about the same population as Japan now, but the answer is Nigeria. Now more than 220,000,000 people live there. And the population is rising 2.5% every year.

Ken : Wow! Thanks for teaching me.

Mary : Well, I think we should all know more about the countries in Africa. In the year 2050, Africa will have a quarter of the global population. Also, many people in Africa are slowly becoming richer.

Ken : If that is true, Japanese companies should try to sell many things to people living in Africa.

(1) How many countries are there in Africa without counting island countries?

ア 54
イ 6
ウ 48
エ 60

(2) Which one of these is true?

ア Mary thinks that Egypt has the highest population in Africa.
イ Mary thinks that people in Japan should increase their knowledge about Africa.
ウ In the year 2050, Nigeria will have a quarter of the global population.
エ Until recently, Ethiopia had a bigger population than Japan.

(3) Japanese companies should try to sell many things to people living in Africa because

ア the number of countries in Africa will rise in the future.
イ a lot of African people visit Japan for a trip every year.
ウ it will make Japanese more popular in Africa.
エ they are getting more money than before.

(4) What is true about Ken?

ア He originally thought he knew a lot about Africa.
イ He didn't know the answers to any of Mary's questions.
ウ He is happy that he went to the class about Africa.
エ He thinks that people in Africa will have a bright future.

２０２４年度

# 高校一般入学試験問題

# 英　　語

（50分）

## 注意事項

◎「始め」の合図があるまで中を見てはいけません。

◎ 解答用紙は別になっています。

◎ 解答は全て解答用紙の所定の欄に記入しなさい。

◎ 解答用紙だけ提出し，問題は持ち帰りなさい。

④　③の作業を繰り返し，図のような長方形を作る。ただし，出来上がった図形は長方形になるように$a$，$b$の値は定められている。

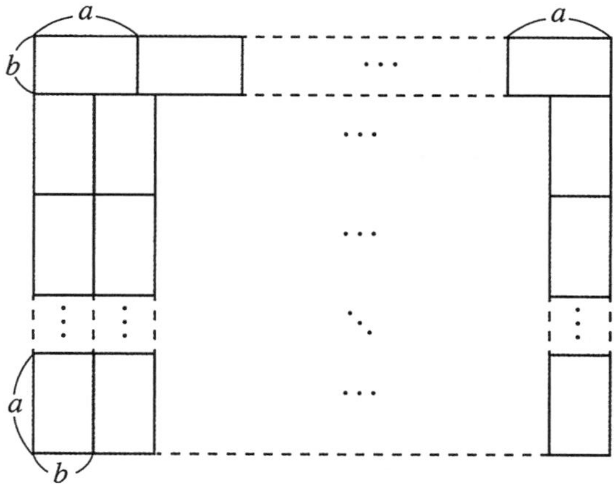


⑤　出来上がった大きな長方形を長方形Aとする。

（１）$a=7$，$b=3$のとき，長辺を横向きに並べたタイルは15枚であった。このとき，長方形Aの面積を求めよ。

（２）$a=4$，$b=2$のとき，この長方形Aの面積は$560\text{cm}^2$であった。このとき，長方形Aの短辺の長さを求めよ。

（３）長方形Aの短辺の長さが166cm，長辺の長さが288cmであった。このとき，$a$の値を求めよ。

**Ⅱ**　長辺が$a$cm，短辺が$b$cmの長方形のタイルを以下の〈**並べ方**〉に従ってすきまなく並べる。以下の問いに答えよ。ただし，$a$，$b$は整数で，$0<b<a$，$0<b<5$とする。

〈**並べ方**〉

① タイルの長辺を横向きにし，横1列に並べる。

② ①で並べたタイルの下側に，タイルの長辺を縦向きとして，①で並べたタイルより7枚少ないタイルを図のように縦1列に並べる。

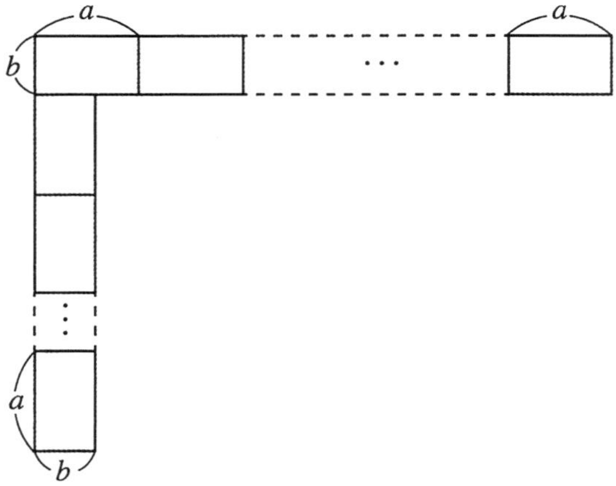


③ 1つ前の手順で並べたタイルの右隣りに同じ枚数のタイルを図のように縦1列に並べる。

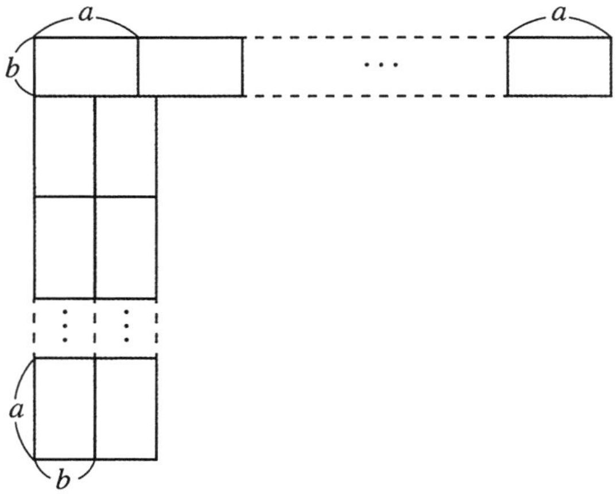

（7） 次の図において，$\angle x$の大きさを求めよ。

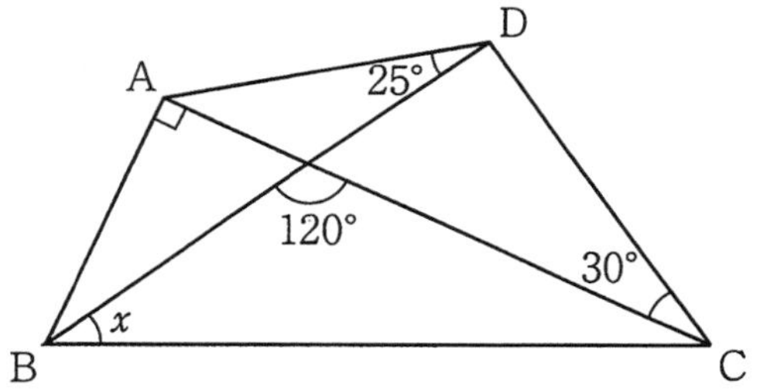


（8） あるクラスの生徒全員が20点満点の数学の確認テストを行った。下の図は，点数と人数の関係を表したものである。この図から読み取れるものとして，**誤っているもの**を次の**ア**～**エ**のうちからすべて選び，記号で答えよ。ただし，すべて正しい場合は「なし」と答えること。

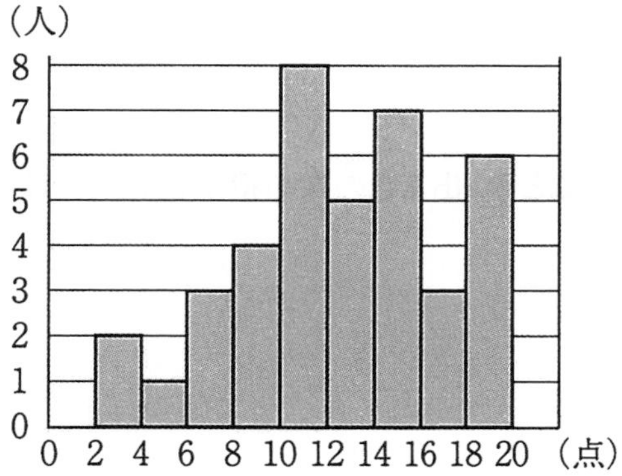


**ア**　このデータの第3四分位数が含まれる階級は14点以上16点未満である。
**イ**　最頻値は11点である。
**ウ**　テストを受けた生徒は39人である。
**エ**　平均値は10点である。

（4）　方程式$8(x-1)^2=5$を解け。ただし，解は分母を有理化して答えること。

（5）　$y$は$x$に反比例し，$z$は$y^2$に比例している。$x=4$のとき$y=6$であり，$y=4$のとき$z=9$である。$x=3$のとき$z$の値を求めよ。

（6）　大小2つのさいころを同時に投げるとき，出る目の数の積が奇数または5の倍数になる確率を求めよ。

# 数　　　学



**I**　次の問いに答えよ。

（1）$(-2b)^3 \div \frac{1}{3}a^3b^4 \times \left\{-(a^3b)^2\right\}$ を計算せよ。

（2）連立方程式 $\begin{cases} \dfrac{x+y}{3} - \dfrac{y}{5} = -1 \\ \dfrac{x+y}{2} - \dfrac{y}{10} = -1 \end{cases}$ を解け。

（3）$x = \frac{5}{11}$，$y = -\frac{1}{11}$ のとき，$4x^3y - 4x^2y^2 + xy^3$ の値を求めよ。

２０２４年度

# 高校一般入学試験問題

# 数　　学

（50分）

**注　意　事　項**

◎「始め」の合図があるまで中を見てはいけません。

◎ 解答用紙は別になっています。

◎ 解答は全て解答用紙の所定の欄に記入しなさい。

◎ 解答用紙だけ提出し，問題は持ち帰りなさい。

◎ 円周率は$\pi$とします。

子の争いのようになった。たびたびいいきかせても、ききいれず、かえって親をうらんだ」

と、述懐した。

子の教育について、幼少のころのしつけがいかに大切であるかを説いた家康は、信康を育てそこなったという苦《にが》さがあったのであろう。

突然、信康が大久保屋敷に渡ることにおいても、おそらく家康には無断である。信康の傅役《※ふやく》は三人いたといわれるが、石川春重《はるしげ》と平岩親吉《ちかよし》がそれで、あとのひとりは鳥居伊賀守《いがのかみ》忠吉《ただよし》であるが、この老臣は信康が十四歳のときに亡くなっている。石川と平岩のうち、ひとりが岡崎城に残り、ひとりが浜松に付いてきたはずであるのに、大久保屋敷には傅相《※ふしょう》は信康に随従してこなかった。信康はかれをだしぬいて城をぬけだしてきたのかもしれない。

信康を一言でいえば、

——強さにあこがれた人。

ということになろう。このあこがれの目に設楽原《※したらがはら》合戦でめざましく躍動する大久保兄弟が映ったのである。武田を畏怖《いふ》しつづけてきた信康は、感動のかたまりになった。信康がおぼえている「　Ａ　」をかれらがはればれと砕破してくれたのである。なんとしても大久保兄弟に会わねばならぬ、と信康は意《おも》い、浜松にきたので、小さな密行を敢行した。

たしかに信康はここでも、忠世と忠佐に武辺の談ばかりをせがんだ。上和田の常源はどのような策略をもって広忠《※ひろただ》公を岡崎城にお迎えしたのか、今川軍と織田軍が激突した小豆坂《あずきざか》の合戦はどのようであったのか、父上の初陣はどうであったか、大高城への兵糧《ひょうろう》入れはどのようにおこなわれたか、などと、つぎつぎに問い、膳《ぜん》に箸《はし》をつけるのも忘れてききいった。

この席には、忠世にとって重要な同心である杉浦勝吉がいて、実際に大高城への兵糧入れで功を樹《た》てたので、かれの談は精密である。

「織田勢をみたので、殿が物見をだされました。帰ってきた者どもは、そろって、今日の兵糧入れはいかがでしょうか、敵がまさっております、と申しました。ところが、それがしは、早々《そうそう》、御入れ候《そうら》え、と申し上げました」
「む……」
②信康は身をのりだすようにきいている。
「みなはわれを睨《にら》み、八郎五郎は何を申し上げ候や、敵はまさっているうえに気負っている、となじりました」
「ふむ、敵は兵力にまさり、しかも戦意は旺盛《おうせい》か。引くのが常道であるのに、なにゆえすすんで、兵糧入れをあえてなさんとするか」
信康は戦場にいる気分なのであろう、すこし上気している。
「観《み》るとは、見抜くということでなければなりませぬ。それがしは旗の動きをみたのです。山の上にいた敵がわれらに気づいておりるようであれば、それこそ敵がまさっていると申せます。が、あのときの敵は山の下にいて、上へ登ったのです。強兵ではないあかしです。それゆえそれがしは、兵糧入れをいそぐように言上したのです」
「そういうものか……」
ため息をついた信康は目をあげた。このまなざしは、はじめておやえの美貌《びぼう》をとらえた。
「あれは――」
信康はおやえを指した。口もとに幽《かす》かに苦みを浮かべた忠佐は、
「それがしの女《むすめ》でござる」
と、いった。信康は手招きをして、おやえの※繊婉《せんえん》さをたしかめると、
「岡崎城へまいれ」
と、強くいった。微笑しつつ頭をさげたおやえは、
「かたじけないおことばですが、生来の病弱にて……、あまつさえ、幼児《おさなご》を育てねばなりませぬ。浜松をはなれるわけにはまい

らぬのです」

と、やんわりとことわった。

「児《こ》がいるのか……」

たちまち信康は興醒《きょうざ》めしたようである。

「ねむくなった」

と、いった信康は、※黎明《れいめい》近くまで寝て、星の光が消えぬうちに城へもどった。忠世は従者のひとりである弟の甚九郎に、

「なにゆえ、お止めせぬ」

と、叱《しか》るようにいった。が、甚九郎は兄の訓言をはねかえして、

「それがしが三郎君を※諫止《かんし》できようか。それをなさるのは※傅佐《ふさ》のかたである。われは、いいつけられたことをするのみ」

と、するどくいって、信康に随従して去った。忠世は憂鬱《ゆううつ》さに襲われた。どうみても信康は、深い考えもなく、※恣放《しほう》をおこなっている。かつて尾張では、たわけとよばれた信長の※恣心《ししん》をいさめるべく、老臣の平手政秀《まさひで》が腹を切った。信康においても、このままでは石川春重か平岩親吉が自刃《じじん》しなければならなくなろう。

③——困ったことだ。

腕組みをして歩く忠世の目のまえに、忠佐が立っていた。

「われらは三郎君に、気に入られたらしい。またの渡りがある。覚悟しておいたほうがよい」

「それでは、われらが三郎君をそそのかしているようにみられる。われらにも、いや一門にも、難儀がふりかかる」

「そう想《おも》うのであれば、殿にまっすぐ申し上げよ。今日のおとがめは軽いが、後難は避けがたく、しかも重い」

と、忠佐はいった。

信康をもてなすことが※咎殃《きゅうおう》のはじまりになってはこまるので、忠世は、出陣まえの家康に面謁《めんえつ》して、

「昨夜、三郎君の突然の渡りあり」

と、委細を述べようとした。が、家康は、それについては知っている、という目をして、

「乱行はありや」

と、問うた。

「いささかも――」

忠世がそう答えると、微《かす》かに笑った家康は、

「三郎は、なんじと治右衛門の武勇に(3)あやかりたかったようである。迷惑をかけたな」

と、すこし辞を低くした。あわてて忠世は低頭して、

「迷惑とは存じませぬ。が、ふたたびの渡りあるときは、どのようにいたせばよろしいのでしょうか」

と、家康の意向をさぐった。

「④追い返せ、とはいわぬ」

そういった家康は出陣した。

（宮城谷昌光『新三河物語』新潮文庫刊）

（注）※趨迎＝走り出て迎えること。

※金の揚羽蝶と浅黄の黒餅＝大久保忠世・忠佐の旗印。

※疎漏＝おろそかで手おちのあること。

※嫡子＝家督を継ぐ立場にある子、特に長男を指す。

※武辺＝戦場で勇敢に敵と戦うこと。

※嗣人＝跡継ぎの息子。ここでは三男の秀忠を指す。
※正室＝正式な妻のこと。
※訓誡＝訓戒に同じ。
※傅役・傅相・傅佐＝付き添って養い育てる役目。その役をする人。
※設楽原合戦＝三河国長篠城（現・愛知県新城市長篠）をめぐり、
　織田信長・徳川家康と、武田勝頼の軍勢が戦った合戦。
※広忠公＝松平広忠。徳川家康の父。
※繊婉＝弱々しくて、美しい。
※黎明＝あけがた。
※諫止＝非道な行為や無謀な行為などをやめさせるために、いさめること。
※恣放・恣心＝わがままにすること。またその気持ち。
※咎殃＝わざわい。災難。

（参考）大久保氏系図

- 忠俊《ただとし》（常源）
- 忠員《ただかず》
  - 忠世《ただよ》（七郎右衛門）
  - 忠佐《ただすけ》（治右衛門）
  - 忠為《ただため》（彦十郎）
  - 忠長《ただなが》（甚九郎）
  - 忠教《ただたか》（平助）

問一 ══(1)～(3)の言葉の意味として最も適当なものを、次の**ア**～**オ**からそれぞれ一つずつ選び、記号で答えよ。

(1)「破顔して」

**ア** 大声で叫んで　**イ** 感極まって　**ウ** ひどく興奮して

**エ** 我を忘れて　**オ** にっこり笑って

(2)「比類なき」

**ア** 前例がなくとても珍しい　**イ** 比べられないくらい利口な　**ウ** たとえようもなく美しい

**エ** 誰もが諦めるほどひどい　**オ** 並ぶものがないほど優れた

(3)「あやかりたかった」

**ア** 教えを受けたかった　**イ** ねぎらいたかった　**ウ** 同じようになりたかった

**エ** 配下に加えたかった　**オ** 張り合いたかった

問二 ［ A ］に入れるのに最も適当な言葉を、次の**ア**～**オ**から一つ選び、記号で答えよ。

**ア** 罪悪感　**イ** 虚無感　**ウ** 背徳感　**エ** 爽快感　**オ** 閉塞感

問三 ――――①「さて、帰宅した忠世と平助は仰天した」のようになったのはなぜか。最も適当なものを、次の**ア**～**オ**から一つ選び、記号で答えよ。

**ア** 家康の命を受けて信康が突然訪問することを聞かされて、出迎えの準備をする余裕がなかったから。

**イ** 浜松にいるはずの信康が急に来訪することを告げられ、思ってもいない事態にうろたえたから。

**ウ** 信康が家に来れば、無理難題を押し付けられるに決まっており、何とかして断りたかったから。

**エ** 合戦の働きを評価されたことは嬉《うれ》しかったが、直接信康から賞賛されるとは思わず、驚喜したから。

**オ** 自分たちと敵対していた信康が家に来ることになり、どう対応すればよいか分からず、困惑したから。

問四 ――――②「信康は身をのりだすようにきいている」における信康の様子を説明したものとして最も適当なものを、次の**ア**～**オ**から一つ選び、記号で答えよ。

**ア** 自分のあこがれの存在であった大久保兄弟を目の当たりにし、緊張で体が硬くなり動けなくなっている。

**イ** 戦いの話が好きな信康は、まるで戦場にいるような気分になり、じっと座っているのが苦痛になっている。

**ウ** 臨場感のある杉浦勝吉の戦話を熱心に聞いているうちに、周りのものが眼に入らなくなっている。

**エ** 武田軍を打ち破った設楽原合戦の話を聞き、自分が手柄をあげたような感覚になり、優越感に浸っている。

**オ** 杉浦勝吉が、兵糧入れを進言した理由がわからず、話を遮って真意を問いただそうとしている。

問五　――③「――困ったことだ」における忠世の気持ちはどのようなものか。最も適当なものを、次の**ア**～**オ**から一つ選び、記号で答えよ。

**ア**　信康の身勝手な行動のせいで傅役である石川春重や平岩親吉が切腹する事態となり、心から同情している。

**イ**　病弱で子供のいる娘のおやえが信康に気に入られ、今後もおやえに言い寄るのではないかと迷惑に思っている。

**ウ**　深い考えもなく身勝手な行動をとる信康の行動を苦々しく思い、止める方法はないかと思案している。

**エ**　家康の意向を無視した行動をとる信康に近づくことで、その責任を問われるのではないかと心配している。

**オ**　武田家に勝利してせっかくよい気分でいたところに、信康のせいでその気分が台無しになり落胆している。

問六　――④「追い返せ、とはいわぬ」における家康の気持ちはどのようなものか。最も適当なものを、次の**ア**～**オ**から一つ選び、記号で答えよ。

**ア**　信康が忠世に会いに行ったことは知っていたが、忠世が隠すことなく自分に報告したことに好感を抱き、今後も信康とうまくやっていくことを期待する気持ち。

**イ**　信康が忠世の武勇に感動して押しかけたことは承知しているが、それを理由に忠世を処罰するつもりはなく、信康の行動には口出しせずにおこうという気持ち。

**ウ**　信康の行動が忠世に迷惑をかけていることは理解しているが、一方で親として子供である信康がかわいいので、なんとかその意向を尊重したいと葛藤する気持ち。

**エ**　信康の行動が皆の問題になっていることを歯がゆく思っているが、勇猛で武勇に優れ、戦いの際には力を発揮するので、機嫌を損ねないよう配慮する気持ち。

**オ**　信康がわがままな性格になったのは自分の教育が間違っていたためであると認識しており、忠世が教育係となってその性格を改めることを切望する気持ち。

問七　以下の【文章Ⅱ】は司馬遼太郎『覇王の家』の一節である。文章を読んで⑴、⑵の問いに答えよ。

【文章Ⅱ】

「岡崎三郎（信康）のことだが」

と、信長は家康の子、信長のむすめ婿、岡崎城主、徳川家の後継者であるこの若者の人物評からきりだした。あれは自分のむすめ婿で、ゆくすえひさしく目にかけてゆこうとおもっていたが、しかしどうやらそれほどの男ではないらしい、いかにも武略はあるようだが、しかし将としては士卒を愛せず、その性 X で、とうてい大国をたもつ人間とはおもわれない、この点はどうか、※左衛門尉《さえもんのじょう》の存念はいかがである、と信長は一気にいった。

言いおわると、その下瞼《まぶた》から赤味が消えて高々《たかだか》と忠次《ただつぐ》を見つめつつ聴こうとする構えをとった。忠次は吸いこまれるように、

「おおせのごとく、あの三郎さまという方はまことに X のご性質にて、ゆくすえ」

と、平素思っていることを正直にいってしまったが、べつに悔いはしなかった。ただ、「ゆくすえ」といった言葉のあとのことばをさがした。気がかりでございます、とでもいえば穏当であろうが、そのとき信長がその言葉をむしりとって、

「おそろしいか」

と問うてきたため、つい忠次は勢いこみ、ハイと答えた。末おそろしいというほうが、忠次としては率直な感想であり、言いすぎたとはおもわない。忠次は、信康という男に累年、腹が立ちつづけてきている。この男死ね、と戦場で何度おもったかわからない。

信康は平素はあかるくて物に躁《はしゃ》ぐことのすきな若者だが、ときに尋常でない。秋の踊りの季節に城下の者たちが城門のそばまできて城主に踊りをみせるのが習慣になっているが、あるとき、信康は※桟敷《さじき》にすわってそれを見つつにわかに弓矢をとり、踊り方の下手な者、服装の粗末な者に対し、つづけさまに矢を射込んだ。死者が数人出た。

信康は、その知恵、神経のことごとくが猟人にもっとも適しているらしい。そのため鷹野《たかの》がすきであった。鷹野に出て獲物の

ないときのかれの不興はすさまじいものであった。あるとき猟場で僧に出遭った。「僧に出あうとかならず獲物がない」ということを信康はきいていたので、すべてをこの僧のせいにし、みずから僧をひっとらえて首に縄をかけ、馬のわきにつなぎ、むちをあげて駈《か》けだした。ついに引きずり殺しに殺してしまった。

が、忠次が蔵している信康への怒りは、そういうことがじかの原因ではない。信康は、忠次に対し、家累代のオトナとして重んずる作法を、すこしもとらなかった。信康にすれば当然であった。かれはうまれついての徳川氏の後継者であり、かれにすれば父の家康が松平時代から経てきた労苦や、あるいは家康がそのオトナたちや三河の豪族たちからうけた忠誠や援助については、それを知らずともよい。父の家康の地位は三河人の押したてによって浮力を保っている。家康はそれをよく知っている。が、信康はうまれながらの三河人のあるじであった。頭ごなしに三河人どもを追いつかえばよく、殺すも活《い》かすも自在である、とおもっていた。三河人の代表者である酒井忠次からみれば、

――笑止な。

という一言に尽きた。忠次は、信康にそれをわからせるよう、態度を※傲岸《ごうがん》にした。そのため、摩擦がしばしばおこった。信康は忠次などを家の飼猫程度にしかみておらず、忠次がこの若殿の前でオトナとしての重味をみせればみせるほど、信康は忠次を憎み、※嘲弄《ちょうろう》し、ときには衆の前で※面罵《めんば》した。

（司馬遼太郎「覇王の家」『司馬遼太郎全集　第34巻』所収　文藝春秋刊）

（注）※左衛門尉＝酒井忠次、徳川家康の重臣。

※桟敷＝祭礼などを見物するために、地面より一段高く作られた観覧席。

※傲岸＝おごり高ぶって、いばっていること。

※嘲弄＝ばかにすること。

※面罵＝面と向かってののしること。

(1)　X に入れるのに最も適当な言葉を、次の**ア**〜**オ**から一つ選び、記号で答えよ。

**ア**　狡猾《こうかつ》　**イ**　卑劣　**ウ**　冷淡　**エ**　狂暴　**オ**　勇敢

(2)　【文章Ⅰ】と【文章Ⅱ】において信康の人物像はどのように描かれているか。その説明として最も適当なものを、次の**ア**〜**オ**から一つ選び、記号で答えよ。

**ア**　【文章Ⅰ】では、孤独で誰からも理解されないながら、表情豊かで人間味のある人物として描かれるが、【文章Ⅱ】では、人を人とも思わない無慈悲な行動を取る人物として描かれる。

**イ**　【文章Ⅰ】では、強さにあこがれを抱きながら、実際には弱さを持つことを自覚した人物として描かれるが、【文章Ⅱ】では、武勇にすぐれ様々な戦果を上げた人物として描かれる。

**ウ**　【文章Ⅰ】では、大胆な行動を取りながら、周囲の人間に対する気配りができる人物として描かれるが、【文章Ⅱ】では、家臣を軽んじて士卒を愛することのない人物として描かれる。

**エ**　【文章Ⅰ】では、父家康に反抗的ながら、武勇の話を熱心に聞く純粋な思いを持つ人物として描かれるが、【文章Ⅱ】では、父との関係に苦しみながら傲慢に生きる人物として描かれる。

**オ**　【文章Ⅰ】では、劣等意識を持ちながら、それを克服しようとするひたむきさも持ち合わせた人物として描かれるが、【文章Ⅱ】では、常識や人間性に欠ける人物として描かれる。

2024年度

# 高校一般入学試験問題

# 理　　科

（40分）

## 注意事項

◎「始め」の合図があるまで中を見てはいけません。

◎ 解答用紙は別になっています。

◎ 解答は全て解答用紙の所定の欄に記入しなさい。

◎ 解答用紙だけ提出し，問題は持ち帰りなさい。

名古屋高等学校

# 理　　　科



**I**　(1)　気体に関する記述として下線部に誤りを含むものを，次の**ア**～**オ**から１つ選び，記号で答えよ。

**ア**　メタンは，空気より軽い無色・無臭の気体である。
**イ**　二酸化炭素を水に溶かした溶液は，酸性を示す。
**ウ**　アンモニアを溶かした水溶液は，緑色のBTB溶液を青色に変える。
**エ**　硫化水素は，有毒な無色・腐卵臭の気体である。
**オ**　塩化水素は水に溶けやすいため，上方置換法で気体を集める。

(2)　図１は赤ワインからエタノールを蒸留することを目的に組み立てた装置である。この実験に対する指摘として正しい文章を，次の**ア**～**オ**から１つ選び，記号で答えよ。

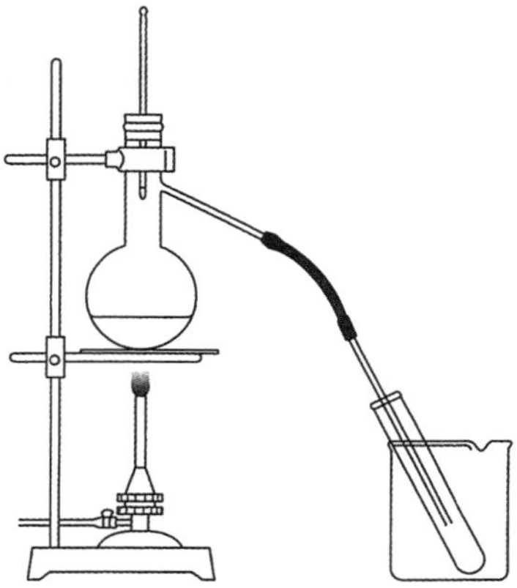

図１

**ア**　温度計の液だめは，蒸気の温度を正確に測るために，もっと液面に近づけるべきである。
**イ**　静かに加熱すれば突発的な沸騰は起こらないので，沸騰石を入れる必要はない。
**ウ**　加熱しても沸騰が起こらなかった場合，途中でゴム栓を開けて沸騰石を入れる。
**エ**　液量は枝付きフラスコの半分より少なく入れる。
**オ**　ビーカーの中に水を入れ，さらに空の試験管を入れて，そこに出てきた蒸気が逃げないように冷やし，さらにガラス管と試験管の口を，ゴム栓を使って密閉する。

(3)　原子は，中心にある原子核と，原子核のまわりを取り巻くいくつかの電子とからできている。原子核は，さらにいくつかの陽子と中性子とからできている。原子核に含まれる陽子の数を原子番号という。また，原子核に含まれる陽子と中性子の数の和を質量数という。ここで，原子番号13のアルミニウム原子の質量数が27のとき，このアルミニウム原子の陽子の数，電子の数，中性子の数をそれぞれ整数で答えよ。

(4)　炭酸水素ナトリウムの加熱について次の各問いに答えよ。

①　試験管に炭酸水素ナトリウムを入れて加熱すると熱分解し，気体と液体と炭酸ナトリウムが生成する。生成した気体と液体が何であるか確認するために必要なものを，次の**ア**～**カ**からそれぞれ1つずつ選び，記号で答えよ。

**ア**　赤色リトマス紙　　**イ**　青色リトマス紙　　**ウ**　塩化コバルト紙
**エ**　石灰水　　**オ**　フェノールフタレイン液　　**カ**　火のついた線香

②　炭酸水素ナトリウムを加熱する実験において，加熱前の炭酸水素ナトリウムと加熱後の試験管に残った固体の質量を2回調べた。加熱前の炭酸水素ナトリウムの質量は5.4gとした。1回目は，ある程度のところで加熱をやめた。2回目は，しっかり加熱をしようと思い，十分な時間をとって気体が出なくなるまで加熱をした。それぞれ残った固体の質量を調べると1回目は4.4g，2回目は3.4gであり，1回目は炭酸水素ナトリウムと炭酸ナトリウムの混合物が得られ，2回目は炭酸ナトリウムのみが得られた。このとき，1回目で得られた混合物に含まれる反応せずに残った炭酸水素ナトリウムの質量は何gであったと考えられるか。小数第1位まで求めよ。

(5)　「2050年カーボンニュートラル」の実現に向けて，ガスについても脱炭素化の動きが加速している。その方法の一つとして有望視されているのが二酸化炭素と水素からメタン$CH_4$を合成する「メタネーション」技術である。合成したメタンは天然ガスの代わりに利用できる。このメタネーションでの反応を化学反応式で示せ。ただし，この反応で生成するのはメタン$CH_4$と水である。

## Ⅱ　次の各問いに答えよ。

問1　大きさや質量の異なる3つの円柱の棒A，B，Cがある。それぞれの底面の半径，全長，質量は表の通りである。ここで，図1のように密度が$1.23g/cm^3$の液体で満たした容器の中に，これらの棒を液面にちょうど触れさせた状態かつ止まった状態で1本ずつ静かに離し，その様子について観察した。その結果，ある1つだけは液面に浮いて止まり，他の2つは液体中を落下し，容器の底に沈んだ。この状態を状態Pとする。物体が受ける浮力の大きさは，その物体がおしのけた液体にはたらく重力の大きさに等しいことを用いて，あとの問いに答えよ。ただし，円柱の棒にはたらく力は重力と液体から受ける浮力以外の力は考えないものとし，円周率は3.14とする。

| 円柱 | 半径(mm) | 全長(cm) | 質量(g) |
|---|---|---|---|
| A | 2.0 | 10 | 2.0 |
| B | 1.0 | 80 | 2.5 |
| C | 3.0 | 5.0 | 4.5 |

表

円柱の棒（止まった状態）　　　　（状態P）

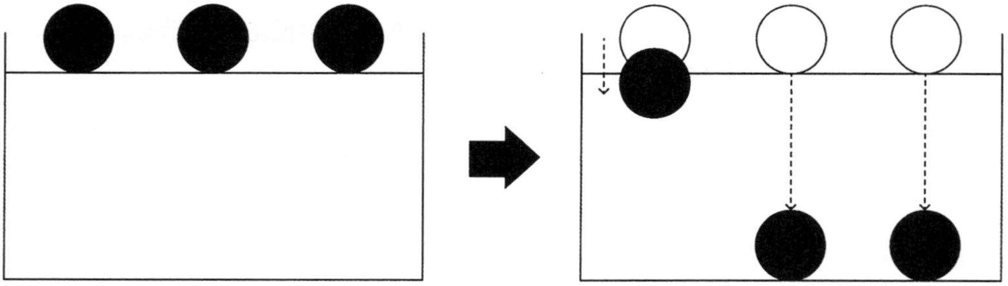

※円柱を正面から見た様子である。
※A～Cの半径の違いを考慮していない。
※液面にちょうど触れさせた状態かつ止まった状態から静かに離す。

※円柱を正面から見た様子である。
※A～Cの半径の違いを考慮していない。
※3つのうち1つは液面に浮き，2つは沈んだ。

図1

(1)　Aの密度は何g/cm$^3$か。小数第2位を四捨五入して，小数第1位まで答えよ。

(2)　浮いた棒はA～Cのどの棒か。記号で答えよ。また，その棒が液体中に沈んでいる部分は，全体の体積の何%か。小数第1位を四捨五入して，整数で答えよ。

(3)　状態Pにおける棒A～Cがそれぞれ受ける浮力の大きさの大小関係として，最も適当なものを，次の**ア**～**カ**から1つ選び，記号で答えよ。

**ア**　A ＞ B ＞ C
**イ**　A ＞ C ＞ B
**ウ**　B ＞ A ＞ C
**エ**　B ＞ C ＞ A
**オ**　C ＞ B ＞ A
**カ**　C ＞ A ＞ B

(4)　沈んだ2つの棒に関して，次の①，②それぞれにおける液体中を落下する様子について述べたものとして最も適当なものを，あとの**ア**～**カ**から1つずつ選び，記号で答えよ。

①「離してから円柱全体が完全に液体の中に入る瞬間まで」
②「①の後から容器の底に沈むまで」

**ア**　速さが一定の割合でだんだんと速くなる。
**イ**　速さが一定の割合でだんだんと遅くなる。
**ウ**　常に一定の速さである。
**エ**　液体から受ける浮力が増えていき，やがて一定の速さになる。
**オ**　液体から受ける浮力が増えていき，だんだんと速くなる。
**カ**　液体から受ける浮力が増えていき，だんだんと遅くなる。

問2　仕事率が30Wのモーターがある。このモーターで力のつり合いを保ちながら，糸を巻きとる装置を作った。図2のように，この装置を使い，糸の先端に取りつけられた大きさの無視できる物体を，摩擦力を無視できるなめらかな斜面に沿って，地上から3.0mの位置まで引き上げた。引き上げるのに要した時間は3.0秒だった。その後しばらくして，糸を切断し，物体は静止した状態から徐々に加速して斜面を下り，摩擦力の無視できる水平面を進み，反対側の斜面を地上から2.7mの高さまで登ると，再び斜面を下ってきた。反対側の斜面の一部は摩擦力がはたらくあらい斜面であり，物体は斜面と平行な向きに90Nの一定の摩擦力を受ける。質量100gの物体にはたらく重力の大きさを1Nとして，あとの問いに答えよ。ただし，糸の質量は考えないものとする。

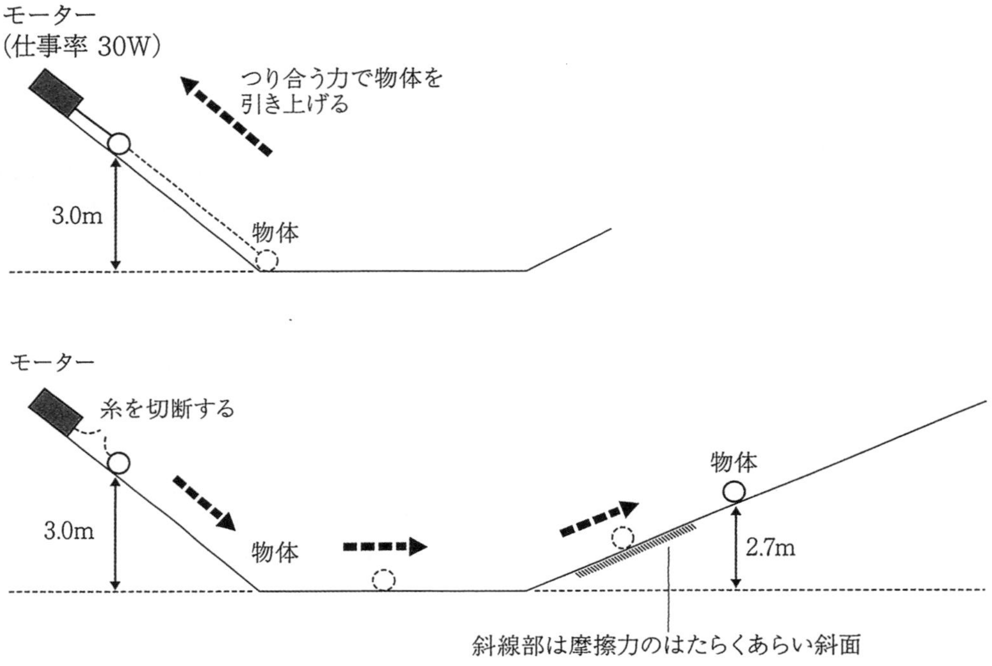


図2

（1）　物体の質量は何kgか。

（2）　摩擦力のはたらくあらい斜面の距離は何mか 。

Ⅲ　問１　次の文章を読んで，各問いに答えよ。

冬の雑木林の中には，新しい落ち葉がたくさん堆積しており，土に混じって菌類や細菌類などが生息している。この土を用いて，次の実験を行った。

〔実験１〕

①　図１のように，採集した後の土に白熱電球を太陽に見立てた装置を使って光を当てると，土が徐々に表面から乾いていった。

②　光を3日間当て続けるとビーカー内に小動物が落ちていた。

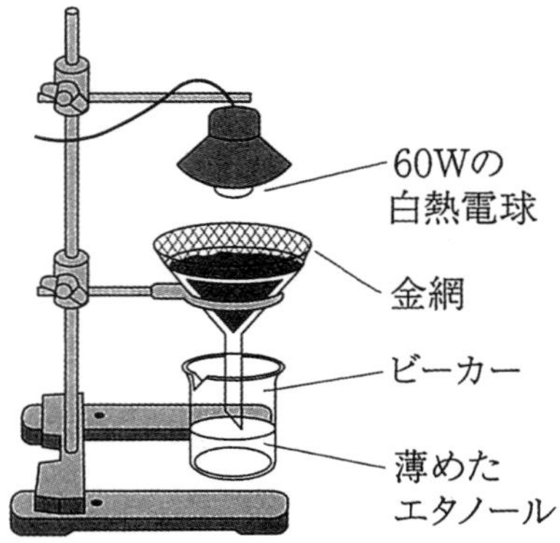


図１

〔実験２〕

①　実験１の②で光を当てた後の土を，100gはそのままペットボトルⅠに入れ，別に分けた100gは十分に加熱してからペットボトルⅡに入れた。

②　図２のように，ペットボトルⅠ，Ⅱのそれぞれにデンプンのりを入れて混ぜ合わせ，25℃に保った。

③　②の直後，図３のように，試験管A～Dを用意し，試験管A，BにはペットボトルⅠの上澄み液を，試験管C，DにはペットボトルⅡの上澄み液をそれぞれ$1cm^3$ずつ入れた。

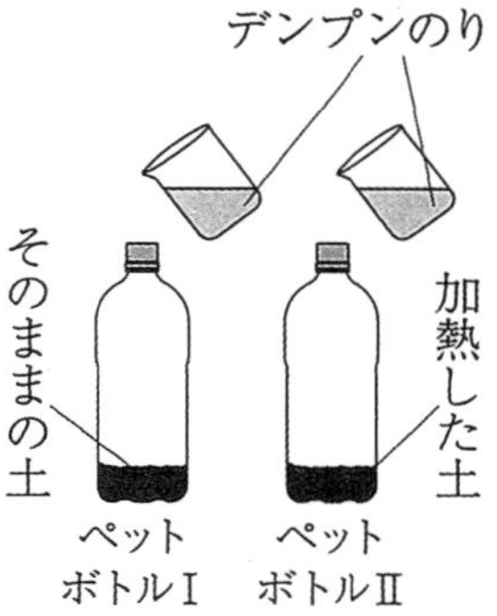


図２

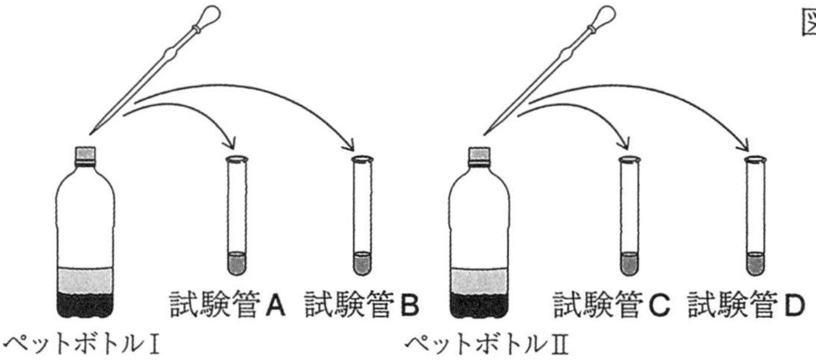


図３

④　③の直後，図４のように，試験管A，Cにはヨウ素液を１滴加えて色の変化を観察した。また，試験管B，Dにはベネジクト液を$1cm^3$加え，沸騰石を入れてガスバーナーで十分に加熱した後，沈殿の有無を観察した。

２０２４年度

# 高校一般入学試験問題

# 社　　会

（40分）

## 注　意　事　項

◎「始め」の合図があるまで中を見てはいけません。

◎ 解答用紙は別になっています。

◎ 解答は全て解答用紙の所定の欄に記入しなさい。

◎ 解答用紙だけ提出し，問題は持ち帰りなさい。

◎ 教科書中に漢字で書かれている語句は，全て漢字で答えなさい。

# 社　　会



**I**　次の文章と**図1**を読み，あとの問いに答えよ。

地理学は，地球の表層で生じる①自然現象や地表を舞台に展開する②人間活動を対象にし，自然と人間の関わりを動態的にとらえるとともに，その③地域的特色を解き明かそうとする学問である。私たちが居住する地表は，人間の手が加わっていない原野や原生林，人間の手が加わった農地や林地，人間が造り出した建物・道路・橋といった人工物など，多種多様な地物*で覆われている。地理学の研究は，「地表のどこにどんな 地物が存在し，それぞれがどのように関わってくるか」を探ることから始まる。それゆえ，④絶対位置（緯度経度），⑤距離，方向，スケール，分布，密度，さらには関係位置や相互作用，相互依存といった空間的な概念を理解しておくことが肝要である。最近では，気候変動，大気汚染，生態系破壊，経済格差，難民問題，感染症といった地球規模の課題に社会の関心が注がれている。俯《ふ》瞰《かん》的見方やシステム的考察を重視する地理学はこれらのテーマと親和性が高く，その解決に学術的リーダーシップが期待される。

*地上に存在するもの。岩石・植物などの自然物および建物・物件など人工構築物のこと。
（出典：日本地理学会編『地理学事典』丸善出版）

**図1**

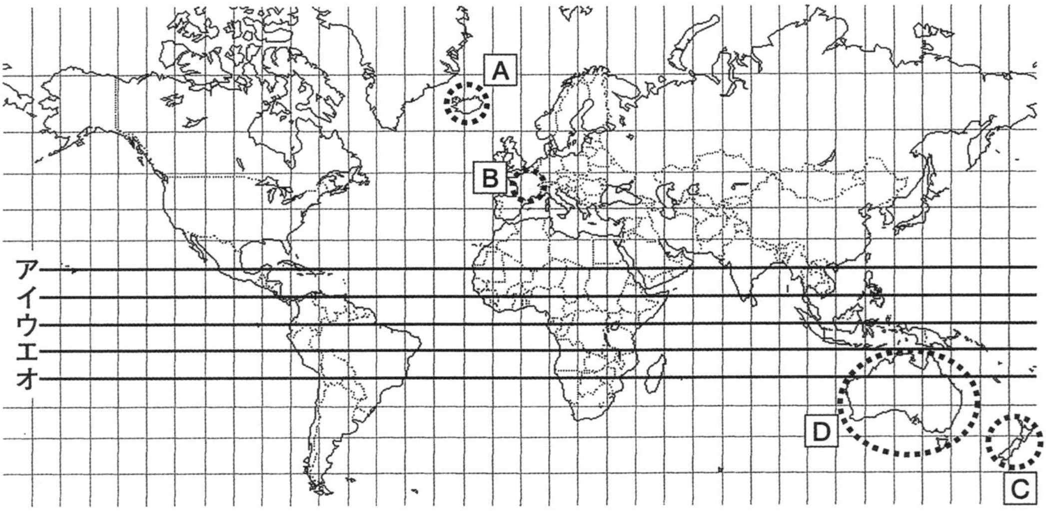


Craft MAPより作成（http://www.craftmap.box-i.net/）

(1)　**図1**の緯線と経線は等間隔で引かれている。緯線・経線の間隔として正しいものを，次の**ア**～**オ**から一つ選べ。

**ア**　5度　　**イ**　10度　　**ウ**　15度　　**エ**　20度　　**オ**　25度

(2)　**図1**に引かれた**ア**～**オ**の太線のうち，地球上の実際の距離が最長のものを，一つ選べ。

(3)　**図1**の**C**の国は，グリニッジ標準時に対して＋12時間の時差がある。東京の羽田国際空港から**C**の国の北島への航空機の所要時間は11時間である。現地時間の午前9時発の航空機は，その日の何時に東京の羽田国際空港に到着するか。午前と午後の区別をつけて到着地の時間で答えよ。サマータイムはないものとする。

※この問題は学校当局により採点対象外となりました。

(4)　次のX～Zの文章は，**図1**の**A**・**B**・**C**の国の特徴について述べた文である。**A**・**B**・**C**とX～Zの組み合わせとして最も適当なものを，あとの**ア**～**カ**から一つ選べ。

X　平野が多く，国土の半分以上が農地であり，小麦，ぶどう，とうもろこしの輸出が盛んである。

Y　牧畜業が盛んであり，飼育される羊の数が人口より多い国として知られる。果樹栽培においては，キウイフルーツの生産が有名である。

Z　国土の一部が氷河に覆われ，火山と溶岩台地のため，農業には不向きであるが，1人当たりの魚介類の消費量は世界有数である。

| | ア | イ | ウ | エ | オ | カ |
|---|---|---|---|---|---|---|
| A | X | X | Y | Y | Z | Z |
| B | Y | Z | X | Z | X | Y |
| C | Z | Y | Z | X | Y | X |

(5)　下線部①について，　次の問いに答えよ。

a　次の**ア**～**エ**は，広島・浜松・盛岡・新潟の気温と降水量の平年値を示したグラフである。広島の平年値を表しているグラフを，次の**ア**～**エ**から一つ選べ。

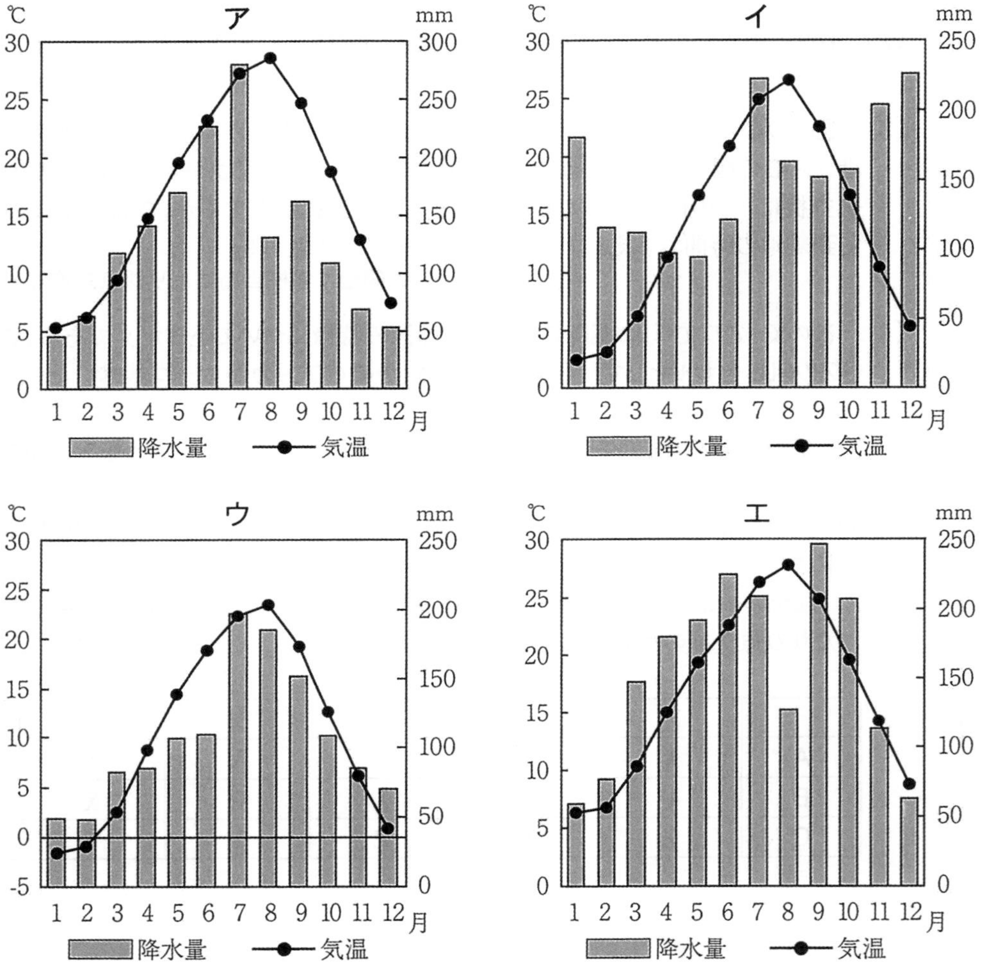


（気象庁HPより作成　https://www.data.jma.go.jp/gmd/risk/obsdl/index.php）

b　初夏から秋にかけて東北地方の太平洋岸に吹く，寒冷で湿潤な北東からの風を何というか答えよ。

（6）　下線部②について，次の問いに答えよ。

a　次の表は，**図1**中の**C**国と**D**国におけるエネルギー別発電量を示したものである。表中の**ア**～**エ**は，火力，水力，太陽光，地熱のいずれかに対応している。水力に該当するものを，次の**ア**～**エ**から一つ選べ。

単位：億kWh

| | ア | イ | 風力 | ウ | エ |
|---|---|---|---|---|---|
| **C**国 | 79 | 263 | 21 | 1 | 80 |
| **D**国 | 2199 | 160 | 152 | 99 | 0 |

（『世界国勢図会2021／2022年版』より作成）

b　次の**X**～**Z**は，鉄鉱石，銀鉱，銅鉱のいずれかの生産量の割合を示したものである。**X**～**Z**と資源名との正しい組み合わせを，あとの**ア**～**カ**から一つ選べ。

**X**

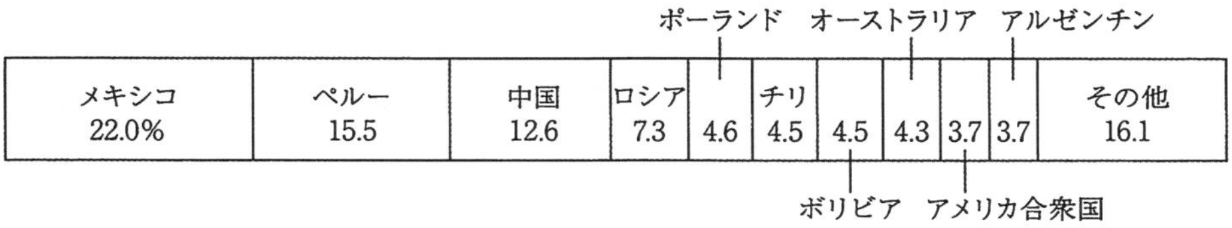


**Y**

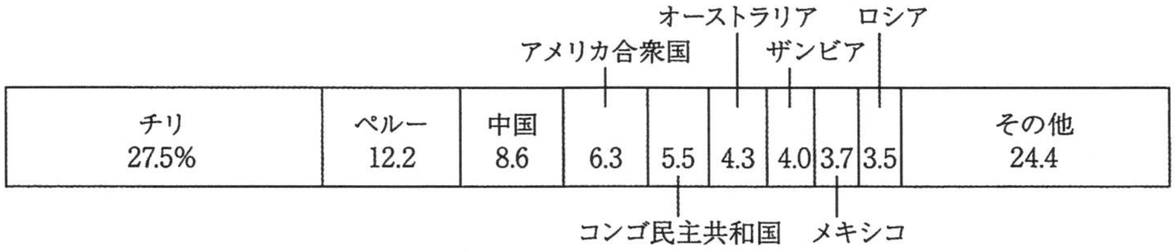


**Z**

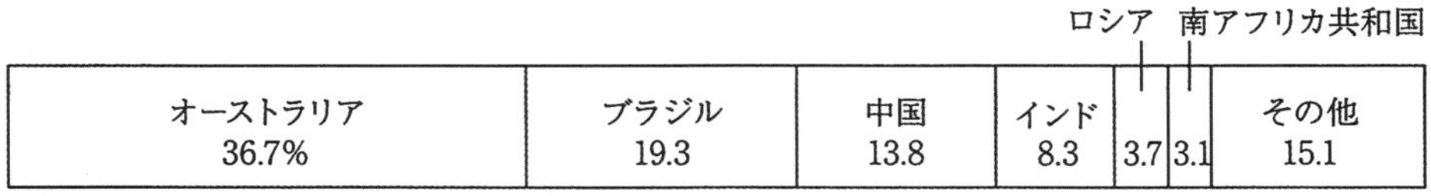


| | ア | イ | ウ | エ | オ | カ |
|---|---|---|---|---|---|---|
| 鉄鉱石 | X | X | Y | Y | Z | Z |
| 銀鉱 | Y | Z | X | Z | X | Y |
| 銅鉱 | Z | Y | Z | X | Y | X |

（『データブック・オブ・ザ・ワールド2023』より作成）

(7)　下線部③について，次の問いに答えよ。

a　次の表X～Zは，フランス，ハンガリー，イタリア，いずれかの国の伝統料理とその説明を示している。X～Zに該当する国の組合せとして最も適当なものを，あとの**ア～カ**から一つ選べ。

| | 料理名 | 説　明 |
|---|---|---|
| X | ポタージュ | 小麦粉をバターで炒めたルウを使ってとろみをつける。仕上げに生クリームを使う。 |
| Y | ミネストローネ | オリーブオイルで炒めた野菜をトマトで煮込む。 |
| Z | グヤーシュ | 豚の油で炒めた牛肉をブイヨンとパプリカでじっくり煮込む。 |

| | ア | イ | ウ | エ | オ | カ |
|---|---|---|---|---|---|---|
| X | フランス | フランス | ハンガリー | ハンガリー | イタリア | イタリア |
| Y | ハンガリー | イタリア | フランス | イタリア | フランス | ハンガリー |
| Z | イタリア | ハンガリー | イタリア | フランス | ハンガリー | フランス |

b　次の表は，ブドウ，メロン，モモの都道府県別収穫量の上位5位までを示したものである。表中のX～Zに該当する果物として正しいものを，あとの**ア～カ**から一つ選べ。

| X | | Y | | Z | |
|---|---|---|---|---|---|
| 都道府県 | 千トン | 都道府県 | 千トン | 都道府県 | 千トン |
| 山梨 | 30 | 山梨 | 35 | 茨城 | 34 |
| 福島 | 23 | 長野 | 32 | 熊本 | 24 |
| 長野 | 10 | 山形 | 16 | 北海道 | 22 |
| 山形 | 9 | 岡山 | 14 | 山形 | 11 |
| 和歌山 | 7 | 北海道 | 7 | 青森 | 10 |

（『データブック・オブ・ザ・ワールド2023』より作成）

| | ア | イ | ウ | エ | オ | カ |
|---|---|---|---|---|---|---|
| X | ブドウ | ブドウ | メロン | メロン | モモ | モモ |
| Y | メロン | モモ | ブドウ | モモ | ブドウ | メロン |
| Z | モモ | メロン | モモ | ブドウ | メロン | ブドウ |

c　次の表は，日本，アメリカ合衆国，ドイツ，中国，インドの5カ国について，2015年における鉄道輸送量と自動車保有台数（トラック・バスを含む）を示したものである。鉄道輸送量については，人キロ単位の旅客，トンキロ単位の貨物に区分し，自動車保有台数については，トラック・バスを含む総数と，人口100人当たりの保有台数を掲載した。中国に該当するものを，次の**ア**～**オ**から一つ選べ。

| | 鉄道輸送 | | 自動車保有台数 | |
|---|---|---|---|---|
| | 旅客（億人km） | 貨物（億トンkm） | 保有台数（千台） | 人口100人当たりの保有台数（台） |
| **ア** | 4,416 | 194 | 78,289 | 61.5 |
| **イ** | 11,613 | 6,543 | 56,466 | 4.2 |
| **ウ** | 13,457 | 28,821 | 232,312 | 16.3 |
| **エ** | 980 | 1,131 | 50,848 | 61.2 |
| **オ** | 320 | 23,641 | 281,499 | 86.1 |

（『世界国勢図会2021／2022年版』より作成）

d　次に示す群馬県，岐阜県，島根県，兵庫県の面積・人口のデータと世界遺産に関する文について，正しいものの組み合わせを，次の**ア**～**ク**から一つ選べ。

［面積・人口］

①　10,621㎢　198万人
②　8,401㎢　547万人
③　6,708㎢　67万人
④　6,362㎢　194万人

（『データでみる県勢2022』より作成）

［世界遺産］

あ　五層七階の大天守閣をもつ城。白鷺城の別名で知られる。
い　日本初の本格的な機械製糸工場。お雇い外国人と工女が従事。
う　合掌造と呼ばれる伝統的な民家。屋根裏は養蚕に使われた。
え　江戸幕府の直轄の銀山。17世紀の前半が採掘の最盛期。

**ア**　①ーあ　　**イ**　②ーえ　　**ウ**　③ーう　　**エ**　④ーい
**オ**　①ーえ　　**カ**　②ーう　　**キ**　③ーい　　**ク**　④ーあ

e　次の表は，いくつかの言語の中で，日本語の「おやすみなさい」にあたる表現をまとめたものであり，その言語を公用語としている国の一部を示したものである。表中のAとBに当てはまる国名の正しい組合せを，あとの**ア**～**エ**から一つ選べ。

| 「おやすみなさい」にあたる表現 | 公用語としている例 |
|---|---|
| bonne nuit | フランス・コートジボワール |
| buenas noches | スペイン・アルゼンチン |
| boa noite | ポルトガル・A |
| góða nótt | アイスランド |
| godnat | B |
| god natt | ノルウェー |

**ア**　A：ブラジル　B：デンマーク　　**イ**　A：ブラジル　B：ロシア
**ウ**　A：モロッコ　B：デンマーク　　**エ**　A：モロッコ　B：ロシア

(8)　下線部④について，次の問いに答えよ。

a　次の県の組合せのうち，2県の境界が陸上で接しているものを，次の**ア**～**ク**から**2つ**選べ。

**ア**　熊本県－佐賀県　　**イ**　長野県－埼玉県　　**ウ**　福井県－富山県
**エ**　山梨県－群馬県　　**オ**　岩手県－山形県　　**カ**　愛知県－長野県
**キ**　岐阜県－新潟県　　**ク**　島根県－岡山県

b　次の**地図2**における4つの◆のうち，県庁所在地の位置として間違っているものを，図中の**ア**～**エ**から一つ選べ。

**地図2**

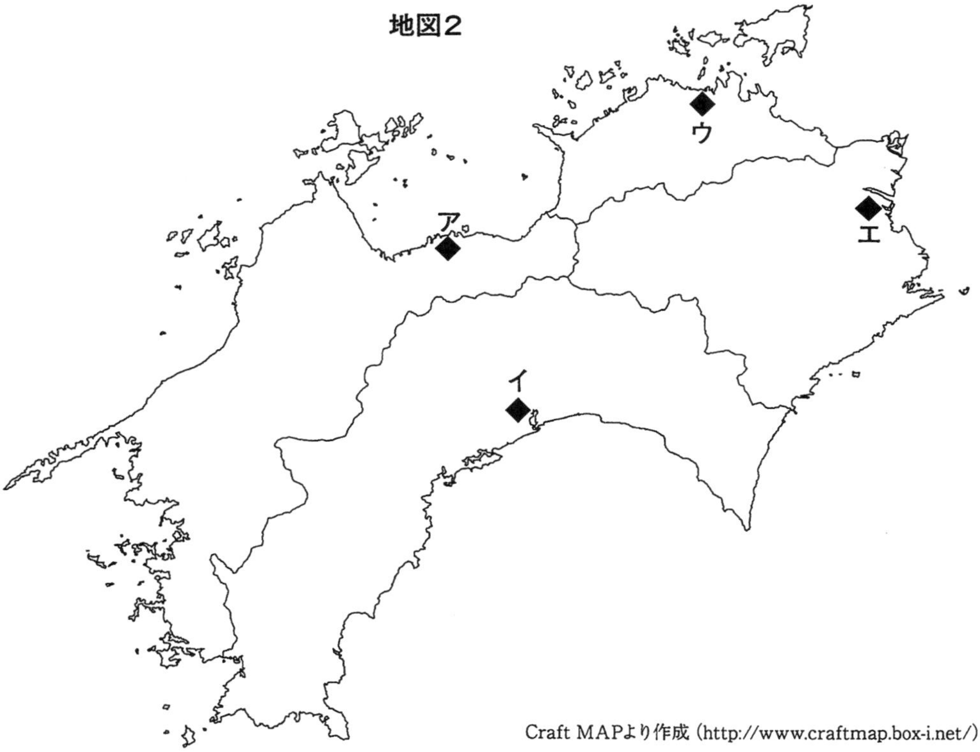


Craft MAPより作成（http://www.craftmap.box-i.net/）

(9)　下線部⑤について，地理太郎さんの自宅の周辺には，4つの公園がある。地理太郎さんの自宅からそれぞれの公園までの距離を，地図を用いて測定したところ，次のようになった。地理太郎さんの自宅から最も近い公園を，あとの**ア**～**エ**から一つ選べ。

公園A：5万分の1の地図上で3cm
公園B：2万5千分の1の地図上で7cm
公園C：1万分の1の地図上で16cm
公園D：5千分の1の地図上で28cm

**ア**　公園A　　　**イ**　公園B　　　**ウ**　公園C　　　**エ**　公園D

Ⅱ　次の年表を見て，あとの問いに答えよ。

| | |
|---|---|
| 1206年 | チンギス=ハンがモンゴルを統一する |
| | 〈　A　〉 |
| 1642年 | ピューリタン革命がはじまる（～1649） |
| 1688年 | 名誉革命がはじまる（～1689）・・・・・・・・・・・・・・・・① |
| | 〈　B　〉 |
| 1748年 | モンテスキューが『法の精神』を著す |
| 1789年 | フランス革命が始まる（～1799）・・・・・・・・・・・・・・・② |
| | 〈　C　〉 |
| 1840年 | アヘン戦争がはじまる（～1842） |
| | 〈　D　〉 |
| 1853年 | クリミア戦争がはじまる（～1856）・・・・・・・・・・・・・③ |
| 1861年 | アメリカ南北戦争が始まる（～1865）・・・・・・・・・・・④ |

（1）　年表中〈　A　〉の時期に起きたできごとに**あてはまらないもの**を，次の**ア**～**エ**から一つ選べ。

**ア**　コロンブスが西インド諸島に着く。
**イ**　最初の十字軍の派遣が始まる。
**ウ**　コペルニクスが地動説を発表する。
**エ**　ルターの宗教改革が始まる。

（2）　年表中〈　B　〉の時期の江戸幕府の政策について，あてはまるものを，次の**ア**～**エ**から一つ選べ。

**ア**　幕府は，財政再建のために，貨幣の質をもとにもどし，長崎での貿易を制限して，金・銀の海外流出をおさえた。
**イ**　幕府は，大名や大商人に海外渡航を許可する朱印状を与え，貿易を幕府の統制下においた。
**ウ**　武家諸法度を改正し，参勤交代を制度として導入した。
**エ**　幕府は，旗本や御家人の生活苦を救うため，札差からの借金を帳消しにした。

(3)　年表中〈　B　〉の時期の日本の文化について，**誤っているもの**を，次の**ア**～**エ**から一つ選べ。

**ア**　松尾芭蕉は，俳諧（俳句）の芸術性を高め，各地を旅して『おくのほそ道』などの紀行文を著した。

**イ**　『風神雷神図屛風』や『燕子花図屛風』などの作品で知られる俵屋宗達が，屛風のほかにもまき絵などに優美な装飾画を描いた。

**ウ**　歌舞伎では，上方の坂田藤十郎や江戸の市川団十郎などの役者が人気を集めた。

**エ**　近松門左衛門は，人形浄瑠璃の脚本家として，義理と人情の板ばさみに悩む男女を描き，人々を感動させた。

(4)　年表中〈　C　〉の時期に日本で起きたできごとにあてはまるものを，次の**ア**～**エ**から一つ選べ。

**ア**　島原・天草地方で，天草四郎を大将にして一揆が起こった。

**イ**　薩摩藩の島津氏が琉球を武力で征服した。

**ウ**　生類憐れみの令で動物愛護が命ぜられ，違反した者が厳しく罰せられた。

**エ**　大塩平八郎が「救民」をかかげて，門人とともに挙兵した。

(5)　年表中〈　D　〉の時期に，洪秀全を指導者として起きた乱を答えよ。

(6)　次の条文は，①の際に発布された権利の章典（一部要約）である。条文中の（　　）にあてはまる語句の正しい組み合わせを，あとの**ア**～**カ**から一つ選べ。

第1条　（　甲　）の権限によって，（　乙　）の同意なく，法律を停止することは違法である。

第4条　（　甲　）大権と称して，（　乙　）の承認なく，（　甲　）の使用のために税を課すことは違法である。

第6条　（　乙　）の同意なく，平時に常備軍を徴用し，維持することは法に反する。

**ア**　甲＝国　王　　乙＝人　民　　　**イ**　甲＝国　王　　乙＝議　会

**ウ**　甲＝議　会　　乙＝人　民　　　**エ**　甲＝議　会　　乙＝国　王

**オ**　甲＝人　民　　乙＝国　王　　　**カ**　甲＝人　民　　乙＝議　会

Ⅲ

| (1) | (2) |
|---|---|
| | |

| (3) | | | | | | | |
|---|---|---|---|---|---|---|---|
| A | | B | | C | | D | |

| (4) | (5) |
|---|---|
| | |

※

Ⅳ

| 問1 | | | | | | | 問2 |
|---|---|---|---|---|---|---|---|
| (1) | | | | | | (2) | (2) |
| A | | B | | C | | | |

| 問2 | | | |
|---|---|---|---|
| (1) | (2) | (3) | (4) |
| | 右の枠に記入 | | |

(2)

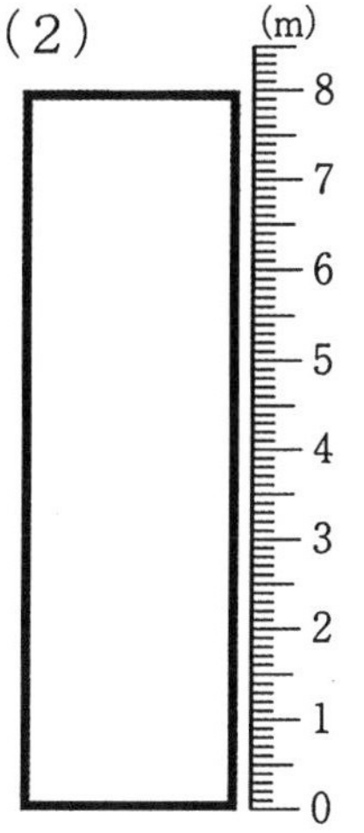


※

※印の欄には何も書き入れないこと。

| 受験番号 | | 氏名 | |
|---|---|---|---|

| ※得点 | ※100点満点（配点非公表） |
|---|---|

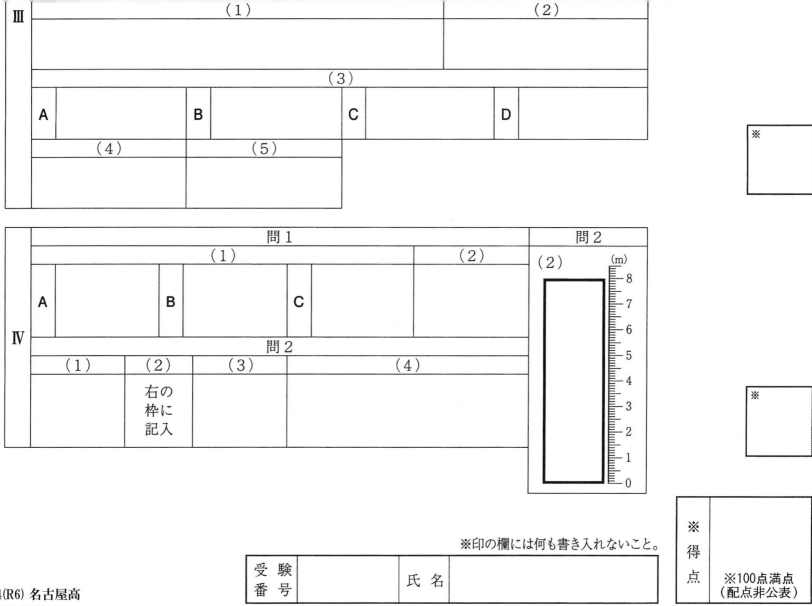

| Ⅲ | (1) | (2) | (3) | (4) | (5) | |
|---|---|---|---|---|---|---|
| | | | | | | |
| | (6) | (7) | (8) | (9) | | ※ |
| | | | | | | |

| Ⅳ | (1) | (2) | (3) | (4) | | |
|---|---|---|---|---|---|---|
| | | | | 思想家 | 著作物 | |
| | | | | | | |
| | (5) | (6) | (7) | (8) | (9) | (10) |
| | | | | | | |

※

| Ⅴ | (1) | (2) | (3) | (4) | (5) |
|---|---|---|---|---|---|
| | | | | | |

※

※印の欄には何も書き入れないこと。

| 受験番号 | | 氏名 | |
|---|---|---|---|
| | | | |

| ※得点 | ※100点満点（配点非公表） |
|---|---|
| | |

# 社 会 解 答 用 紙

（2024高一社会）

**I**

| (1) | (2) | (3) | (4) |
|---|---|---|---|
| | | | |

| (5) | | (6) | |
|---|---|---|---|
| a | b | a | b |
| | | | |

| (7) | | | | |
|---|---|---|---|---|
| a | b | c | d | e |
| | | | | |

| (8) | | (9) |
|---|---|---|
| a | b | |
| | | |

※

**II**

| (1) | (2) | (3) | (4) | (5) | (6) |
|---|---|---|---|---|---|
| | | | | | |

| (7) | (8) | (9) | (10) |
|---|---|---|---|
| | | | |

※

【解答用

# 理 科 解 答 用 紙

（2024高一理科）

**Ⅰ**

| (1) | (2) | (3) 陽子の数 | (3) 電子の数 | (3) 中性子の数 |
|---|---|---|---|---|
| | | 個 | 個 | 個 |

| (4) ① 気体 | (4) ① 液体 | (4) ② | (5) |
|---|---|---|---|
| | | g | |

※

**Ⅱ**

| 問1 (1) | 問1 (2) 記号 | 問1 (2) | 問1 (3) | 問1 (4) ① | 問1 (4) ② |
|---|---|---|---|---|---|
| g/cm³ | | % | | | |

| 問2 (1) | 問2 (2) |
|---|---|
| kg | m |

※

| 問1 (1) a | 問1 (1) b | 問1 (2) |
|---|---|---|
| | | |

| (3) 試 | (3) 理 | (4) |
|---|---|---|
| | | |

【解答

(7)　年表中②の時に日本で進められていた改革について詠んだ短歌（狂歌）を，次の**ア**～**エ**から一つ選べ。

**ア**　水引て十里四方はもとの土

**イ**　世の中に蚊ほどうるさきものはなし ぶんぶといふて夜もねられず

**ウ**　上げ米といへ上米は気に入らず 金納ならばしじうくろふぞ

**エ**　浅間しや富士より高き米相場 火のふる江戸に砂の降るとは

(8)　年表中③の1853年のできごとを，次の**ア**～**エ**から一つ選べ。

**ア**　幕府は，来航する外国船に燃料や食料を与えて帰すよう法令を出した。

**イ**　幕府は，外国船の砲撃を批判した渡辺崋山や高野長英を処罰した。

**ウ**　ラクスマンが根室に来航し，日本との貿易を求めた。

**エ**　ペリーが，4隻の軍艦を率いて浦賀に来航した。

(9)　年表中③の時に従軍看護師として活躍した人物で，世界初の看護学校の設立や医療制度改革に大きく貢献したイギリスの看護師を答えよ。

(10)　次の英文は，年表中④の時期に当時のアメリカ大統領がおこなった演説の一節である。(　　)にはいずれも同じ英単語があてはまる。その1語をアルファベットで答えよ。

「Government of the (　　), by the (　　), for the (　　)」

## Ⅲ　次の文を読み，あとの問いに答えよ。

京都の鴨川に，松原橋という橋が架かっている。ここに立つ松原橋の駒札（説明板）には，次のように書かれている。

> 松原通は平安時代の五条大路であり，当初は嵯峨天皇の勅命により橋が架けられたともいわれる。①清水寺の参詣道でもあったことから，人の往来が多く，大変賑わった都の目抜き通りであった。
>
> 元来，この地に架かっていた橋が五条橋であり，通りの両側に見事な松並木があったことから五条松原橋とも呼ばれていた。
>
> 安土桃山時代，②豊臣秀吉が方広寺大仏殿の造営に当たり，この地に架かっていた橋を③平安京の六条坊門小路（現在の五条通）に架け替え，五条橋と称した。そのため，この地の橋の名前からは「五条」が外れ，以後，松原橋と呼ばれるようになった。
>
> この通りは，歴史的・伝承的に話題が豊富である。伝説に謳《うた》われる牛若丸と弁慶の決闘，「京の五条の橋の上」は，当地のことを指す。
>
> また，この橋を東へ進むと清水寺に行き着くが，途中，冥界へ通じると言われる井戸で有名な六道珍皇寺がある。
>
> 現在架かる橋は，昭和十年（1935年）鴨川の大洪水による倒壊流出後に架け替えられたものである。　　京都市

この松原橋を西から東へと渡ると，六波羅と呼ばれる地域に入る。ここは，葬送地である④鳥辺野に入る際の入口にあたることから，六道珍皇寺など多くの寺院が建立されて，信仰の地として栄えた。「六波羅」といえば，1221年の⑤承久の乱後に「⑥六波羅探題」が設置されたことでも知られる。それ以前の院政期には，平氏政権の中心地として多くの邸が建ち並んだ場所でもあった。そのような関係からであろうか，この地にある六波羅蜜寺という⑦真言宗寺院には，⑧平清盛と伝わる坐像が残されている。この寺は，天暦5年（951）に醍醐天皇の第二皇子と伝わる空也上人によって開かれたと伝わり，空也上人像があることでも知られている。宝物館には，平清盛坐像，空也上人像のほかにも，運慶・湛慶親子の坐像や弘法大師坐像，定朝作とも伝わる地蔵菩薩像など，貴重な文化財が並び，歴史を感じさせられる空間となっている。

(1)　下線部①には，「阿弖流為（アテルイ）・母禮（モレ）之碑」が建っている。阿弖流為は，蝦夷の首長，母禮はその母親である。当時の征夷大将軍は，降伏したこの二人の助命を朝廷に願い出たが，受け入れられずに二人は処刑された。この征夷大将軍が清水寺の創建に大きく関わっていたと伝わることから，平安遷都千二百年を期して1994年に有志によって建立されたものである。この征夷大将軍を答えよ。

(2)　下線部②について，**誤っているもの**を，次の**ア〜エ**から一つ選べ。

**ア**　村ごとに役人を派遣して検地を実施し，田畑の面積や土地のよしあしを調べて，その生産量を石高で表すようにした。

**イ**　長崎がイエズス会に寄進されていることを知ると，バテレン追放令を発して，宣教師の国外追放を命じた。

**ウ**　刀狩令を発して，百姓が一揆をくわだて，年貢をとどこおらせないように，百姓から刀・やりなどの武器を取り上げた。

**エ**　文禄の役・弘安の役の二度にわたって朝鮮へ大軍を派遣したが，結果的に豊臣政権の没落を早めることとなった。

(3)　下線部③へ遷都した桓武天皇についての文章（甲・乙）の正誤を判断し，その正誤の正しい組み合わせを，あとの**ア〜エ**から一つ選べ。

甲　桓武天皇は，平城京で貴族や僧侶の権力闘争が起こったことから一旦藤原京に都を移した後，さらに平安京に遷都した。

乙　桓武天皇は，班田収授の実施に力を入れるほか，国司の不正の取締りを行って，地方政治の引き締めに努力した。

**ア** 甲＝正　乙＝正　　**イ** 甲＝正　乙＝誤
**ウ** 甲＝誤　乙＝正　　**エ** 甲＝誤　乙＝誤

(4)　下線部③について，**誤っているもの**を，次の**ア〜エ**から一つ選べ。

**ア**　都の正門である羅城門から都へ入ると，真っ直ぐに北へ延びた朱雀大路が朱雀門まで続いている。

**イ**　羅城門から入ると，都を守る寺として建てられた東寺が右手に，西寺が左手に見られる。

**ウ**　都の中央を南北に通る朱雀大路は，幅が約85mあり，都を東側の右京と西側の左京に分けている。

**エ**　平安宮を正門の朱雀門から出て南へ向かい，七条大路付近に来ると，左手に東市，右手に西市が見られる。

(5)　下線部④とは，西の葬送地「あだし野」に対する東の葬送地「鳥部山」をいい，日本三大随筆のひとつの「あだし野の露消ゆる時なく，鳥部山の烟《けぶり》立ち去らでのみ住み果つるならひならば，いかにもののあはれもなからん。」という一節に出てくる。この随筆は，「仁和寺にある法師」の話でよく知られている随筆でもある。この著書名を答えよ。

(6)　次の演説は，下線部⑤に先立ち，鎌倉で行われた演説である。この演説を行った人物を答えよ。

> みな心を一つにして聞きなさい。これが最後の言葉です。頼朝公が朝廷の敵をたおし，幕府を開いて以来，官位や土地など，その御恩は山よりも高く海よりも深いものです。その御恩に報いる志が浅くてよいはずがありません。ところが今，朝廷から，執権の北条義時を討てという命令が出されました。名誉を大事にする者は，上皇に味方する武士をたおし，幕府を守りなさい。上皇に味方したい者は，今，申し出なさい。
> （『吾妻鏡』より一部要約）

(7)　下線部⑥は，何をする役所か。簡潔に説明せよ。

(8)　下線部⑦について，次の**ア**～**エ**のうち，真言宗寺院を一つ選べ。

**ア**　延暦寺　　**イ**　興福寺　　**ウ**　東大寺　　**エ**　金剛峯寺

(9)　下線部⑧について，**誤っているもの**を，次の**ア**～**エ**から一つ選べ。

**ア**　平清盛は，鳥羽法皇の死後，後白河天皇側に味方して保元の乱に勝利した。
**イ**　平清盛は，平治の乱で源義朝を破り，その子源頼朝を伊豆に流罪とした。
**ウ**　平清盛は，太政大臣就任後，娘を安徳天皇の后にし，一族で高位高官を独占した。
**エ**　平清盛は，瀬戸内海航路や大輪田泊を整備して日宋貿易に力を入れた。

Ⅳ　次の文章は，「Chat GPT」を用いて作成した文章である。一読すると，簡潔によくまとまっていると思われるが，所々に表現として適切か迷う箇所がある。Chat GPTのような生成ＡＩによって，私たちの生活は便利になっていくだろうが，作られたものが本当に正しいかどうかを自分で判断できることが今後重要になっていくだろう。自立した主権者になるためには，作成された文章を自ら吟味しながら読み進めていく必要があるだろう。この文章を読み，あとの問いに答えよ。

Ａ「人権を分かりやすく説明して」と指示し，作成された文章

人権とは，私たち人間が生まれながらにして持っている特別な権利のことです。これは，どんな国や文化でも持つべき普遍的な権利です。

みんな平等：人権の一つは「みんな平等」です。これは，①性別，人種，宗教，国籍などによらず，全ての人が同じように大切にされるべきということです。だれもが尊重され，差別を受けずに暮らす権利があります。

生きる権利：私たちは，生まれながらにして生きる権利を持っています。他の誰かによって意図的に傷つけられることがないように，命が守られる権利です。

教育の権利：学ぶことや知識を得ることは重要な権利です。②みんなが教育を受けることができるようにすることが大切です。

自由な意見：自分の考えや意見を持つことが自由にできる権利があります。ただし，他の人を傷つけたり，暴力を扇動するような悪い行為は含まれません。

家族との結びつき：家族との絆を持ち，家族と一緒に暮らす権利があります。家族の愛や支援はとても大切です。

人権は大切なものであり，私たちの個性や尊厳を守るために存在します。他の人の権利を尊重することも大切です。もし，③人権が侵されるようなことがあったら，信頼できる大人に相談したり，助けを求めることが大切です。みんなが幸せに暮らせる社会を作るために，人権を大切にしましょう。

Ｂ「人権の歴史について分かりやすく説明して」と指示し，作成された文章

人権は，昔から人々が生きる上で大切な考え方でした。たくさんの人が，自分たちの権利を守るために闘ってきました。

昔，人々は王様や支配者によって搾取されたり，不当な扱いを受けたりすることがよくありました。でも，そのようなことに反対する人々が現れました。

例えば，④アメリカでは「独立戦争」という戦いがありました。アメリカの人々は，イギリスの王様による不当な支配に対して，「自由と平等」を求めて戦いました。そして，アメリカ合衆国が誕生し，⑤アメリカの憲法には人々の権利を守るための法律が書かれました。

同じように，⑥フランスでは「フランス革命」という大きな出来事がありました。フランスの人々は，貴族による特権階級に反対して立ち上がり，「自由・平等・博愛」という考え方を広め

ました。これによって，フランスの憲法にも人権を尊重する内容が盛り込まれました。

その後も世界中で人権のための戦いが続きました。⑦奴隷制度の廃止や，⑧女性の参政権の獲得，⑨子どもたちの権利の保護など，たくさんの改革が行われました。

現在，国際的な団体や法律によって，人権を守る取り組みが進んでいます。人権は，誰もが尊重される権利であり，誰もが平等に大切にされるべきだという考え方です。

だから，私たちはお互いを尊重し，優しく接することが大切です。⑩みんなが幸せに暮らすために，人権を守ることを忘れずにいきましょう。

(1)　下線部①について，「平等」に関する日本の取り組みについて述べた次の**ア**～**エ**の文のうち，**誤りを含むもの**を一つ選べ。

**ア**　戦後，同和対策審議会が出した答申には，同和問題の解消は国の責務であり，国民の課題であると宣言されたが，今もなお差別は解消されておらず，2016年には，部落差別解消推進法が制定された。

**イ**　1997年に制定されたアイヌ文化振興法では，アイヌの伝統を尊重することが求められた。2019年にはアイヌ民族支援法にかわり，アイヌ民族が先住民族として法的に位置づけられた。

**ウ**　1985年に男女共同参画社会基本法が制定され，雇用面での女性への差別が禁止された。さらに，1999年には男女雇用機会均等法が制定され，男性も女性も対等な立場で活躍できる環境が整った。

**エ**　現代では，障がいがあっても教育や就職の面で不自由なく生活できるといったインクルージョンの実現が求められており，例えば，公共の交通機関や建物では，誰でも利用しやすいようにするバリアフリー化が進められている。

(2)　下線部②を実現するために，日本国憲法では何を無償と定めているか。次の**ア**～**エ**から一つ選べ。

**ア**　幼児教育　　**イ**　義務教育　　**ウ**　中等教育　　**エ**　高等教育

(3)　下線部③について，人権侵害の例として「ハラスメント」が考えられ，2022年4月からパワーハラスメント防止措置が全企業で義務化されるなど，ハラスメント防止策の整備が日本でも進められている。しかし，まず私たち一人一人が「ハラスメント」に何が該当するのかを理解し，判断できるようにすることが重要である。次の**ア**～**エ**のうち，ハラスメントに該当するものとして適当なものを一つ選べ。

**ア**　労働者を育成するために現状よりも少し高いレベルの業務を任せる。

**イ**　労働者への配慮を目的として，労働者の家族の状況等についてヒヤリングを行う。

**ウ**　遅刻など社会的ルールを欠いた言動が見られ，再三注意しても改善されない労働者に対して一定程度強く注意する。

**エ**　業務の遂行に関する必要以上に長時間にわたる厳しい叱責を繰り返し行う。

(4)　下線部④について，次の史料は独立戦争時に出された「アメリカ独立宣言」の一部である。史料中の下線部に大きな影響を与えたと考えられる思想家とその著作物として適当なものを，あとの**ア**～**カ**からそれぞれ一つずつ選べ。

アメリカ独立宣言（1776年）

　われわれは，自明の真理として，すべての人は平等に造られ，造物主によって，一定の奪いがたい天賦《てんぷ》*の権利を付与され，そのなかに生命，自由および幸福の追求の含まれることを信ずる。また，これらの権利を確保するために人類のあいだに政府が組織されたこと，そしてその正当な権力は被治者の同意に由来するものであることを信ずる。そしていかなる政治の形体といえども，もしこれらの目的を毀損《きそん》**するものとなった場合には，人民はそれを改廃し，かれらの安全と幸福とをもたらすべしとみとめられる主義を基礎とし，また権限の機構をもつ，新たな政府を組織する権利を有することを信ずる。

『人権宣言集』岩波文庫より

*天賦・・・生まれつき備わっている。天から賦与《ふよ》されたもの。

**毀損・・・こわれること。こわすこと。傷つけること。

**ア**　ジョン＝ロック　　**イ**　ホッブズ　　**ウ**　ルソー

**エ**　『リバイアサン』　　**オ**　『統治二論』(『市民政府二論』)　　**カ**　『社会契約論』

(5)　下線部⑤の記述には，誤りが含まれていると考えられる。内容を訂正するとしたらどのような文章が正しいか。次の**ア**〜**エ**から一つ選べ。

**ア**　アメリカの憲法には人々の権利を守るための条例が書かれました。
**イ**　アメリカの憲法には人々の権利を守るための政令が書かれました。
**ウ**　アメリカの憲法には人々の権利を守るための大統領令が書かれました。
**エ**　アメリカの憲法には人々の権利を守るための条文が書かれました。

(6)　下線部⑥について，フランス革命時に国民議会で採択された「フランス人権宣言」に書かれている内容として適当なものを，次の**ア**〜**エ**のうちから一つ選べ。

**ア**　あらゆる主権の原理は，本質的に国民に存する。いずれの団体，いずれの個人も，国民から明示的に発するものでない権威を行い得ない。
**イ**　すべて人は生来ひとしく自由かつ独立しており，一定の生来の権利を有するものである。これらの権利は人民が社会を組織するに当り，いかなる契約によっても，人民の子孫からこれを〔あらかじめ〕奪うことのできないものである。
**ウ**　自由人は，その同輩の合法的裁判によるか，または国法によるものでなければ，逮捕，監禁，差押，法外放置，もしくは追放をうけまたはその他の方法によって侵害されることはない。
**エ**　国王は，王権により，国会の承認なしに法律の効力を停止し，または法律の執行を停止し得る権限があると称しているが，そのようなことは違法である。

(7)　下線部⑦について，アメリカ合衆国において，1863年に奴隷解放宣言を発表した大統領は誰か。次の**ア**〜**エ**から一つ選べ。

**ア**　ジェファーソン　　**イ**　ワシントン　　**ウ**　トランプ　　**エ**　リンカン

(8)　下線部⑧について，日本で初めて女性参政権が認められたのは何年か。次の**ア**〜**エ**から一つ選べ。

**ア**　1889年　　**イ**　1919年　　**ウ**　1925年　　**エ**　1945年

(9)　下線部⑨について，1989年に国際連合で「子どもの権利条約」が採択され，日本は1994年に批准しました。子どもの権利条約について述べた文のうち，**誤りを含むもの**を，次の**ア**～**エ**から一つ選べ。

**ア**　すべての子どもは，子ども自身や親の人種や国籍，性，意見，障がい，経済状況などどんな理由でも差別されず，条約の定めるすべての権利が保障される。

**イ**　子どもに関することが決められ，行われる時は，「その子どもにとって最もよいことは何か」を，保護者だけでなく，裁判所や行政当局など公的機関も同様に，子どもにとっての最善の利益を第一に考える。

**ウ**　すべての子どもの命が守られ，もって生まれた能力を十分に伸ばして成長できるよう，医療，教育，生活への支援などを受けることが保障され，高校・大学までの段階的な無償化を進める。

**エ**　子どもは自分に関係のある事柄について自由に意見を表すことができ，平和的な集会を開いたり，団体を設立したりすることができ，おとなはその意見を子どもの発達に応じて十分に考慮する。

(10)　下線部⑩について，現在日本では，憲法には明文規定はないが，社会の変化にともなって，「新しい人権」が主張されるようになっている。新しい人権について述べた文のうち，**誤りを含むもの**を，次の**ア**～**エ**から一つ選べ。

**ア**　新しい人権は主に，日本国憲法第13条に定められている「幸福追求権」に基づいて主張されている。

**イ**　延命治療をしない選択をして死に至る尊厳死や，不治の病気で耐えがたい苦痛を感じている人が，医師の力を借りて死を選ぶ安楽死が，自己決定権として主張されている。

**ウ**　現代では情報化の進展によって，多くの情報が国や地方の役所に集まっているため，こうした情報を手に入れる権利としてアクセス権が主張されている。

**エ**　深刻な公害の発生により，住みやすい環境を求める環境権が主張されるようになり，住居への日当たりの確保を求める日照権もその一つと考えられている。

**V**　次の（1）～（5）のことがらについて述べた文A・Bの正誤の組み合わせを判断し，解答例にしたがって記号で答えよ。

【解答例】　A・Bどちらとも正しい場合…………**ア**
Aが正しく，Bが誤りである場合 ……**イ**
Aが誤りであり，Bが正しい場合 ……**ウ**
A，Bどちらとも誤りである場合………**エ**

（1）　為替相場について

A　円高は，輸出が中心の企業にとっては不利になることが多いが，輸入が中心の企業にとっては有利になることが多い。

B　多くの物資を輸入に頼る日本に暮らす私たちにとっては，円高の方が物価が上昇しにくいと考えられ，家計の支出への影響は少ないと考えられる。

（2）　日本銀行の金融政策について

A　不景気のとき，国債などを銀行から買い，銀行から企業への資金の貸し出しを増やそうとする。

B　好景気のとき，国債などを銀行へ売り，銀行から企業への資金の貸し出しを減らそうとする。

（3）　近年の日本政府が進めた金融政策について

A　アベノミクスでは，大胆な金融緩和を進めて市場に出回る通貨量を増やし，人々がお金を使いやすくすることで，インフレを達成しようとしていた。

B　アベノミクスでは，大胆な金融緩和によって金利が下がり，為替市場において円が買われるようになることで，円高を進めようとしていた。

（4）　衆議院について

A　衆議院が内閣不信任案の決議を可決した場合は，内閣は10日以内に衆議院の解散を行うか，総辞職する必要がある。

B　衆議院と参議院の議決が異なる場合，予算の議決，条約の承認，内閣総理大臣の指名については，衆議院で出席議員の3分の２以上の賛成で再び可決されれば成立する。

(5)　現代社会について

A　製品やサービスが，言語や性別，障がいの有無などにかかわらず，誰でも利用しやすいように工夫した，エディトリアルデザインが広がってきている。

B　働くことと子育てとの両立の難しさや，晩婚化などによって合計特殊出生率が増加傾向にあり，日本は現在，少子高齢化が進んでいる。

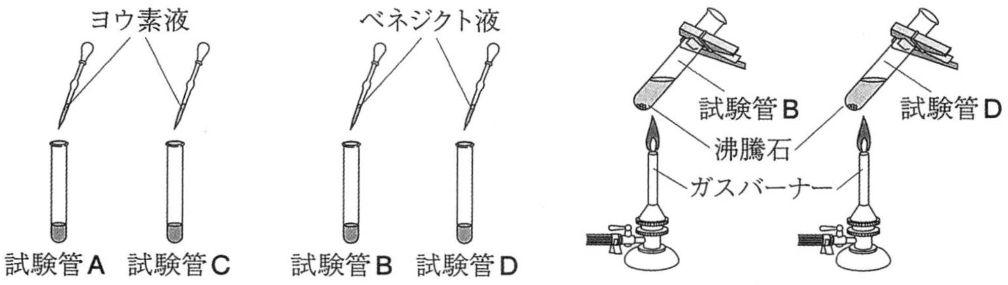


図4

⑤　ペットボトルⅠ，Ⅱにふたをして25℃のまま保ち，2日後，4日後に③～④と同じ操作を行い，観察した。

(1)　実験1の②において，ビーカー内に落ちてきた小動物を双眼実体顕微鏡で観察したところ，ダンゴムシやトビムシが確認できた。これらの小動物がビーカー内に落ちてきた理由として以下の文中**a**，**b**に当てはまる語をそれぞれ答えよ。

ダンゴムシやトビムシは，温度が［　**a**　］く，湿度が［　**b**　］い環境を嫌うため。

(2)　実験２の④において，反応が見られなかった試験管はどれか。**A**～**D**からすべて選び，記号で答えよ。

(3)　実験２の⑤において，ある1つの試験管では，デンプンのりを入れた直後は変化が見られなかったが，2日後では変化が見られ，4日後には再び変化が見られなくなった。その試験管を**A**～**D**から1つ選び，記号で答えよ。また，その理由として最も適当なものを次の**ア**～**ウ**から1つ選び，記号で答えよ。

**ア**　土の中の菌類や細菌類によって，実験開始から2日後ではデンプンのりが分解されて糖ができ，4日後には菌類や細菌類が死滅したため。

**イ**　土の中の菌類や細菌類によって，実験開始から2日後ではデンプンのりが分解されて糖ができ，4日後では糖がなくなったから。

**ウ**　土の中の菌類や細菌類によって，実験開始から2日後では糖がなくなり，4日後にはデンプンがつくられたから。

(4)　土の中の生物には，何種類もの生物どうしの間に「食べる・食べられる」の関係があり，その関係は複雑に絡み合ってつながっている。このように複雑に絡み合うつながり（ネットワーク）を何というか。漢字で答えよ。

問2　ヒトの体内での消化と吸収のはたらきについて，各問いに答えよ。

(1)　下の**ア**～**コ**は，人の体内に存在する部位である。この中から，消化管に属するものを記号で選び，それらを食物の通る順番に正しく並びかえよ。

**ア**　ぼうこう　**イ**　小腸　**ウ**　肝臓　**エ**　胃　**オ**　だ液腺
**カ**　大腸　**キ**　じん臓　**ク**　十二指腸　**ケ**　食道　**コ**　すい臓

(2)　胃液に含まれている消化酵素を答えよ。

(3)　右の表は，ヒトの消化酵素**A**～**D**が，栄養分の分解にどのようにかかわっているかを示したものである。○はその栄養分が消化作用を受け，×は消化作用を受けないことを示している。表中の消化酵素**A**～**D**を生成している部位を（1）の**ア**～**コ**からそれぞれ選び，記号で答えよ。

| | デンプン | タンパク質 | 脂肪 |
|---|---|---|---|
| 消化酵素**A** | × | ○ | × |
| 消化酵素**B** | ○ | ○ | ○ |
| 消化酵素**C** | ○ | ○ | × |
| 消化酵素**D** | ○ | × | × |

※この問題は学校当局により採点対象外となりました。

(4)　消化されない食物は直腸にためられて便になるが，食物繊維はその代表的なものである。食物繊維が消化されない理由として最も適当なものを，次の**ア**～**オ**から1つ選び，記号で答えよ。

**ア**　ヒトは，食物繊維の消化酵素を分泌しないから。
**イ**　食物繊維は丈夫ですりつぶせないから。
**ウ**　ヒトは，食物繊維を溶かす塩酸を分泌しないから。
**エ**　食物繊維は胆汁を吸収してしまうから。
**オ**　食物繊維は腸内細菌を繁殖させるから。

(5)　肝臓について述べた文章として誤っているものを，次の**ア**～**エ**から1つ選び，記号で答えよ。
**ア**　タンパク質が体内で分解されるときにできるアンモニアを，尿素に作りかえる。
**イ**　胆汁をつくり，蓄える。
**ウ**　心臓からの動脈血と小腸からの静脈血の両方が流れ込んでいる。
**エ**　自己再生能力が高く，一部を切り取っても，大きさやはたらきが再生される。

Ⅳ　次の各問いに答えよ。

問1　都市が周りに比べて高温になる現象をヒートアイランド現象という。愛知県の名古屋周辺の2023年7月25日から7月27日までの3日間の気温観測データを用いて，都市化の進んでいる名古屋が周辺の観測地点に比べ高温だったか確認したい。図1は愛知県内のいくつかの気象観測地点の位置図である。図2は名古屋から伊良湖にかけての南北4地点，名古屋・大府・南知多・伊良湖の気象観測地点で計測された気温の推移を表している。図3は名古屋の東西にあたる稲武と愛西の気温の推移を表している。

図1　気象観測地点の位置

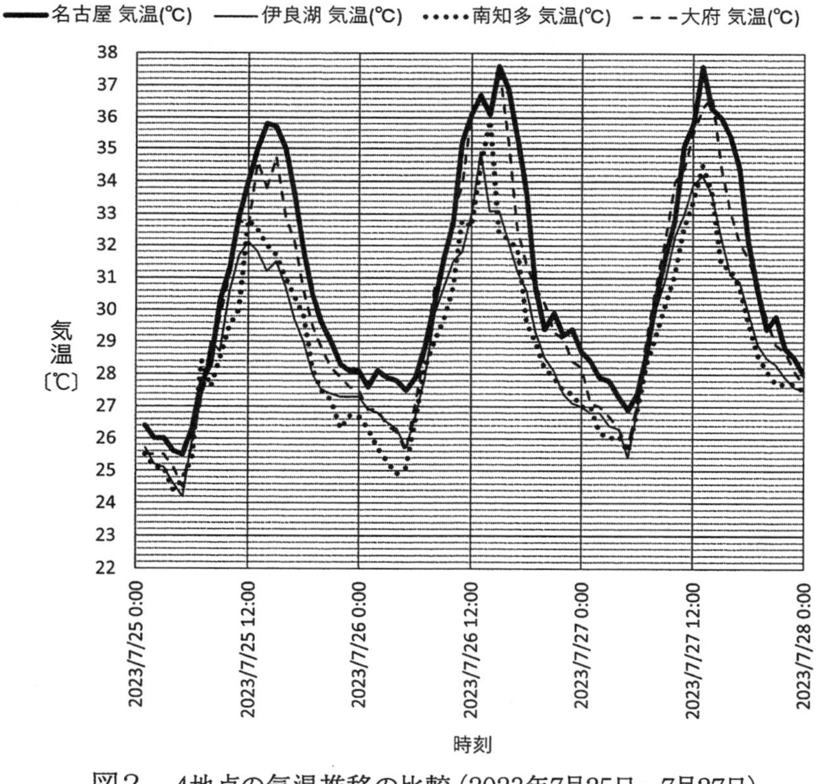


図2　4地点の気温推移の比較（2023年7月25日～7月27日）

(1)　図2の観測結果について述べた次の文章の空欄 [ A ] ～ [ C ] に入る観測地点名を，次の**ア**～**エ**からそれぞれ1つずつ選び，記号で答えよ。

**ア**　名古屋　　**イ**　大府　　**ウ**　南知多　　**エ**　伊良湖

2023年7月25日から7月27日までの気温推移グラフを見ると，各時刻において，4地点のうちの最も高い気温を記録しているのはほぼ［ A ］であり，最も低い気温が記録されているのは，ほぼ［ B ］か［ C ］かのどちらかである。3日間の4地点の最高気温を比較すると，3日とも［ A ］の最高気温が最も高かった。4地点の最低気温を比較すると，7月25日と27日は［ B ］が，7月26日は［ C ］が最も低かった。

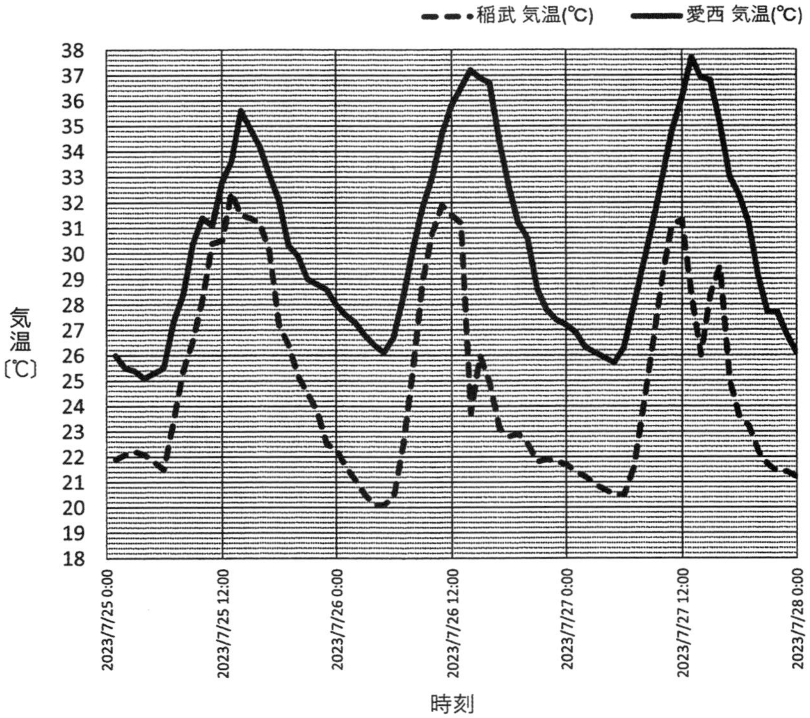


図３　稲武・愛西2地点の気温推移の比較（2023年7月25日～7月27日）

（2）　図２と図３に関する次の文章**ア**～**エ**のうち，下線部が適当でないものはどれか。1つ選び，記号で答えよ。

**ア**　愛西と名古屋は海からの距離も標高もほぼ同程度であり，毎日の最高気温もほぼ同じであるが，毎日の最低気温は愛西の方が必ず低い。

**イ**　稲武の毎日の最低気温はそれぞれ南知多の同日の最低気温よりも3℃から5℃程度低くなっている。

**ウ**　グラフから読み取れる1日の最高気温と最低気温の差を南知多と大府で比較すると，南知多の方が小さい。これは，南知多の観測地点は海に細く突き出した半島の先端にあり，周囲の海水の影響を受け，気温が変化しにくいからである。

**エ**　南知多・稲武・愛西の観測地点それぞれの最低気温は，2日間続いて上昇しているが，8月にはよくあることであり，この気温上昇が地球規模の気候変動のあらわれであるとは言えない。

問2　露頭下端の高さが標高180mの露頭A，露頭下端の高さが標高200mの露頭B，露頭下端の高さが標高200mの露頭Cでそれぞれ柱状図を作成した。（柱状図は図4，露頭位置図は図5）露頭Dの下端は標高200mである。ABとBCは直角で，B，C，Dは一直線に並んでいる。図5の範囲の地層は互いに平行に重なっており，ある方向に向かって一定の割合で低くなるように傾いている。その傾きは小さいため，露頭における地層の上面の高さと下面の高さの差は地層の厚さに一致すると考えて良い。また，地層には上下の逆転や断層はないものとする。

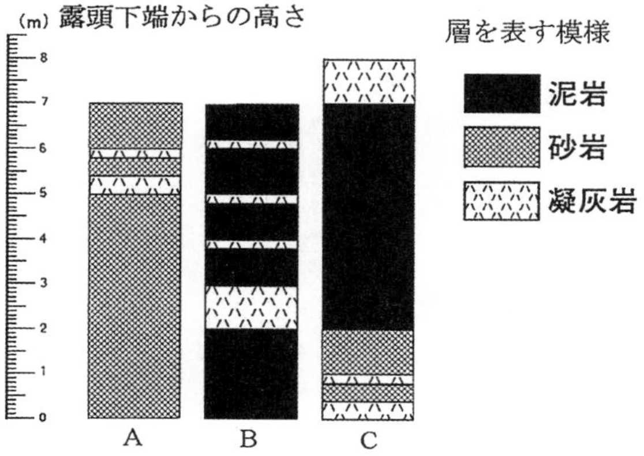

図4　露頭柱状図

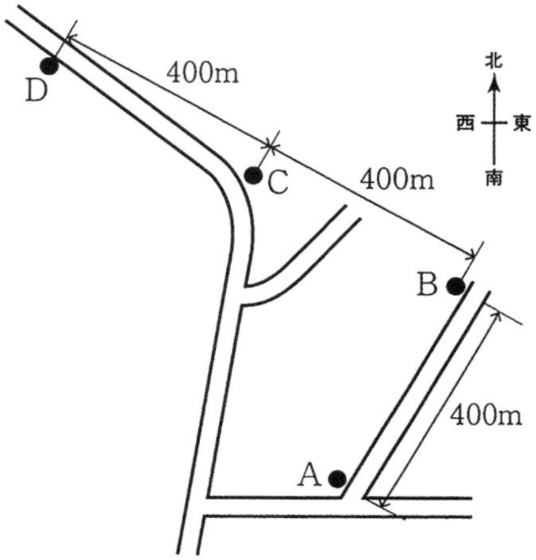

図5　露頭位置図

（1）　図5の地域の地層は東西南北のどの方向に向かって低くなるように傾いているか。次の**ア**～**エ**から1つ選び，記号で答えよ。

**ア**　東　　**イ**　西　　**ウ**　南　　**エ**　北

（2）　露頭Dでは下端（標高200m）から高さ8mまで地層が露出している。露頭Dの柱状図に，凝灰岩が露出する部分を図４のように層を表す模様を用いて，書き入れよ。

（3）　露頭Cの下端から5mの高さに露出している地層からデスモスチルスが産出している。また，この地域の地層と同じ時代に堆積した地層からはビカリアが産出している。この地域の地層が堆積した年代を次の**ア**～**エ**から1つ選び，記号で答えよ。

**ア**　古生代より前　　**イ**　古生代　　**ウ**　中生代　　**エ**　新生代

（4）　凝灰岩は何が堆積し，かたまってできる岩石か。漢字３文字で答えよ。

２０２３年度

# 高校一般入学試験問題

# 国　　　語

（50分）

## 注　意　事　項

◎「始め」の合図があるまで中を見てはいけません。

◎ 解答用紙は別になっています。

◎ 解答は全て解答用紙の所定の欄に記入しなさい。

◎ 解答用紙だけ提出し，問題は持ち帰りなさい。

名古屋高等学校

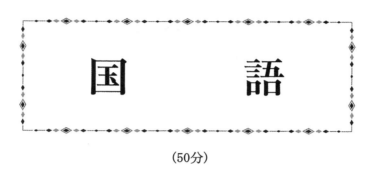

# 国語

（二〇二三高校一般　国語）

一　次の文章を読んで、後の問いに答えよ。（字数制限のある問題は句読点・記号等も一字に数える。）

特定の目的に向けて他者をコントロールすること。私は、これが利他の最大の敵なのではないかと思っています。

冒頭で、私は「利他ぎらい」から研究を出発したとお話ししました。なぜそこまで利他に警戒心を抱いていたのかというと、これまでの研究のなかで、他者のために何かよいことをしようとする思いが、しばしば、その他者をコントロールし、支配することにつながると感じていたからです。善意が、むしろ壁になるのです。

たとえば、全盲になって一〇年以上になる西島玲那さんは、一九歳のときに失明して以来、自分の生活が「毎日はとバスツアーに乗っている感じ」になってしまったと話します。「ここはコンビニですよ」。「ちょっと段差がありますよ」。どこに出かけるにも、周りにいる※晴眼者《せいがんしゃ》が、まるでバスガイドのように、言葉でことこまかに教えてくれます。(1)それはたしかにありがたいのですが、すべてを［　X　］して言葉にされてしまうと、自分の聴覚や触覚を使って自分なりに世界を感じることができなくなってしまいます。たまに出かける[a]カンコウだったら人に説明してもらうのもいいかもしれない。けれど、それが毎日だったらどうでしょう。

「障害者を演じなきゃいけない窮屈さがある」と彼女は言います。晴眼者が障害のある人を助けたいという思いそのものは、すばらしいものです。けれども、それがしばしば「善意の押しつけ」という形をとってしまう。障害者が、健常者の思う「正義」を実行するための道具にさせられてしまうのです。

若年性アルツハイマー型認知症当事者の丹野智文さんも、私によるインタビューのなかで、同じようなことを話しています。

助けてって言ってないのに(2)助ける人が多いから、イライラするんじゃないかな。家族の会に行っても、家族が当事者のお弁当を持ってきてあげて、ふたを開けてあげて、(3)割り箸を割って、はい食べなさい、というのが当たり前だからね。「それ、(4)おかしくない？　できるのになぜそこまでするの？」って聞いたら、「やさしいからでしょ」って。「でもこれは本人の自立を奪ってない？」って言ったら、一回怒られたよ。でもぼくは言い続けるよ。だってこれをずっとやられたら、本人はどんどんできなくなっちゃう。

認知症の当事者が怒りっぽいのは、周りの人が助けすぎるからなんじゃないか、と丹野さんは言います。何かを自分でやろうと思うと、 X してぱっとサポートが入る。お弁当を食べるときにも、割り箸をぱっと割ってくれるといったように、やってくれることがむしろ本人たちの自立を奪っている。病気になったことで失敗が許されなくなり、bチョウセンができなくなり、自己肯定感が下がっていく。丹野さんは、周りの人のやさしさが、当事者を追い込んでいると言います。

ここに圧倒的に欠けているのは、他者に対する信頼です。目が見えなかったり、認知症があったりと、自分と違う世界を生きている人に対して、その力を信じ、任せること。やさしさからつい先回りしてしまうのは、その人を信じていないことの裏返しだともいえます。

社会心理学が専門の山岸俊男は、①信頼と安心はまったく別のものだと論じています。どちらも似た言葉のように思えますが、ある一点において、ふたつはまったく逆のベクトルを向いているのです。

その一点とは「不確実性」に開かれているか、閉じているか。山岸は『安心社会から信頼社会へ』のなかで、その違いをこんなふうに語っています。

信頼は、社会的不確実性が存在しているにもかかわらず、相手の（自分に対する感情までも含めた意味での）人間性のゆえに、相手が自分に対してひどい行動はとらないだろうと考えることです。これに対して安心は、そもそもそのような社会的不確実性が存在していないと感じることを意味します。

安心は、相手が想定外の行動をとる可能性を意識していない状態です。要するに、相手の行動が自分のコントロール下に置かれていると感じている。

それに対して、信頼とは、相手が想定外の行動をとるかもしれないこと、それによって自分が不利益をｃコウムるかもしれないことをｄゼンテイとしています。つまり「社会的不確実性」が存在する。にもかかわらず、それでもなお、相手はひどい行動をとらないだろうと信じること。これが信頼です。

［　Ａ　］信頼するとき、人は相手の自律性を尊重し、支配するのではなくゆだねているのです。これがないと、ついつい自分の価値観を押しつけてしまい、結果的に相手のためにならない、というすれ違いが起こる。相手の力を信じることは、利他にとって絶対的に必要なことです。

私が出産直後に数字ばかり気にしてしまい、うまく授乳できなかったのも、赤ん坊の力を信じられていなかったからです。

［　Ｂ　］、安心の追求は重要です。問題は、安心の追求には終わりがないことです。一〇〇％の安心はありえない。

信頼はリスクを意識しているのに大丈夫だと思う点で、不合理な感情だと思われるかもしれません。［　Ｃ　］、この安心の終わりのなさを考えるならば、むしろ、「ここから先は人を信じよう」という判断をしたほうが、合理的であるということができます。

利他的な行動には、本質的に、「これをしてあげたら相手にとって利になるだろう」という、「私の思い」が含まれています。重要なのは、それが②「私の思い」でしかないことです。

思いは思い込みです。そう願うことは自由ですが、相手が実際に同じように思っているかどうかは分からない。「これをしてあげたら相手にとって利になるだろう」が「これをしてあげるんだから相手は喜ぶはずだ」に変わり、さらには「相手は喜ぶべきだ」になるとき、利他の心は、容易に相手を支配することにつながってしまいます。

つまり、利他の大原則は、「自分の行為の結果はコントロールできない」ということなのではないかと思います。やってみて、相手が実際にどう思うかは分からない。分からないけど、それでもやってみる。この不確実性を意識していない利他は、押しつけであり、ひどい場合には暴力になります。

「自分の行為の結果はコントロールできない」とは、別の言い方をすれば、「見返りは期待できない」ということです。「自分がこれをしてあげるんだから相手は喜ぶはずだ」という押しつけが始まるとき、人は利他を自己eギセイととらえており、その見返りを相手に求めていることになります。

私たちのなかにもつい芽生えてしまいがちな、見返りを求める心。先述のハリファックスは、警鐘を鳴らします。「自分自身を、他者を助け問題を解決する救済者と見なすと、気づかぬうちに権力志向、うぬぼれ、自己陶酔へと傾きかねません」（『Compassion』）。

③アタリの言う合理的利他主義や、「情けは人のためならず」の発想は、【　Ⅰ　】と考える点で、他者の支配につながる危険をはらんでいます。ポイントはおそらく、「めぐりめぐって」というところでしょう。めぐりめぐっていく過程で、私の「思い」が「予測できなさ」に吸収されるならば、むしろそれは他者を支配しないための想像力を用意してくれているようにも思います。

（伊藤亜紗／中島岳志／若松英輔／國分功一郎／磯崎憲一郎『『利他』とは何か』所収・伊藤亜紗「『うつわ』的利他——ケアの現場から」）

（注）※晴眼者…（盲人に対し）目の見える人。

問一　～～～～a～eのカタカナを漢字に直せ。

問二　＝＝＝(1)「それはたしかにありがたいのですが」の部分を、（A）単語で分けた場合、（B）文節で分けた場合、それぞれいくつになるか。正しい組み合わせを、次の**ア**～**カ**から一つ選び、記号で答えよ。

**ア**（A）6（B）3　**イ**（A）6（B）4　**ウ**（A）7（B）3
**エ**（A）7（B）4　**オ**（A）8（B）3　**カ**（A）8（B）4

問三　＝＝＝(2)、(3)、(4)の（A）活用の種類（あるいは品詞の種類）、（B）活用形を次からそれぞれ選び、記号で答えよ。

（A）**ア**　五段活用　**イ**　上一段活用　**ウ**　下一段活用　**エ**　サ行変格活用　**オ**　形容詞
（B）**カ**　未然形　**キ**　連用形　**ク**　終止形　**ケ**　連体形　**コ**　仮定形

問四　［　A　］、［　B　］、［　C　］にあてはまる言葉として最も適当な組み合わせはどれか。次の**ア**～**オ**から一つ選び、記号で答えよ。

**ア**　A　つまり　B　もちろん　C　しかし
**イ**　A　だから　B　しかし　C　つまり
**ウ**　A　しかし　B　もちろん　C　つまり
**エ**　A　つまり　B　だから　C　もちろん
**オ**　A　だから　B　しかし　C　もちろん

問五　二箇所ある［X］には、同じ語が入る。入れるのに適当な語を本文中から三字で抜き出して答えよ。

問六　——①「信頼と安心はまったく別のものだ」とあるが、本文の「信頼」と「安心」の説明として**適当でないもの**を、次の**ア**～**カ**から**二つ**選び、記号で答えよ。

**ア**　「信頼」は、自分とは違う世界を生きている人間に対しても、その力を信じて、行動を任せることである。

**イ**　「安心」は、相手が自分にひどい行動をとるかもしれないという「社会的不確実性」を想定しないものである。

**ウ**　「信頼」は、相手の自律性を尊重しながら、自分の価値観をもとにして相手のことを考えることである。

**エ**　「安心」は、相手の行動は自分の支配下にあって、相手の想定外の行動は意識されていない状態である。

**オ**　「信頼」は、リスクを意識しているにもかかわらず大丈夫と思う点で、一見不合理に思われる面もある。

**カ**　「安心」は、その追求は大切であるが、一〇〇％の安心はあり得ず、そのようなものは求めてはいけないものである。

問七　——②「『私の思い』でしかない」とあるが、これはどういうことか。その説明として最も適当なものを、次の**ア**～**オ**から一つ選び、記号で答えよ。

**ア**　自分の行為の結果の不確実性を認識し、相手からの見返りも期待しないという思いでしかないということ。

**イ**　自分の行為の目的がコントロールできると信じて、相手の利に無償で奉仕する思いが存在するということ。

**ウ**　自分の行為の結果はコントロールできないことを意識し、相手の利を優先する思いでしかないということ。

**エ**　自分の行為の目的は正しいから、相手を支配してしまうのは当然だという勝手な思いに過ぎないということ。

**オ**　自分の行為の結果は、必ずや相手の利になるであろうという独りよがりの思い込みに過ぎないということ。

問八　――③「アタリの言う合理的利他主義や、『情けは人のためならず』の発想」を参考にして、続く【　Ⅰ　】に入れるのに適当な文を二十五字以内で書け。なお、「アタリ（＝フランスの思想家）の言う合理的利他主義」について、本文の他の箇所に以下に挙げる説明があるので、その説明もあわせて参考にすること。

> アタリの利他主義の特徴は、その「合理性」です。件《くだん》のＮＨＫの番組でも、アタリはこう語っています。
>
> 　利他主義とは、合理的な利己主義にほかなりません。みずからが感染の脅威にさらされないためには、他人の感染を確実に防ぐ必要があります。利他的であることは、ひいては自分の利益になるのです。またほかの国々が感染していないことも自国の利益になります。たとえば日本の場合も、世界の国々が栄えていれば市場が拡大し、長期的にみると国益にもつながりますよね。
>
> 合理的利他主義の特徴は、「自分にとっての利益」を行為の動機にしているところです。

問九　この文章の表現や構成の説明として**適当でないもの**を、次の**ア**～**オ**から一つ選び、記号で答えよ。

**ア**　実際のケアの現場からの意見を採り上げて、日常では見落としがちな側面を指摘し、「利他」の考え方について筆者の考えを補強している。

**イ**　社会学・心理学者等の文章を引用しながら、それについて筆者の反対意見を述べ、「利他」に対する筆者独自の考えを披露している。

**ウ**　社会学者の文章を引用しながら、「安心」に対する考え方の盲点になる面を指摘し、「利他」に対する筆者の考えを展開している。

**エ**　キーワードになる語を丁寧に解説を加えて説明しながら、その語にカギ括弧《かっこ》をつけて強調し、筆者の考えを述べている。

**オ**　ケアの現場において「善意の押しつけ」になる例を挙げて、一般の人が陥る可能性のある「利他」の危険性を指摘している。

## 二

次の文章を読んで、後の問いに答えよ。（字数制限のある問題は句読点・記号等も一字に数える。）

「俺」（一哉）は牧師である父と祖母の三人暮らしで、母（香住）と父は離婚している。「俺」はある時、オルガン部の発表会に出ずに、悪友の家に行き、そのままバンドのライブを見に行き、家に帰るのが遅くなってしまった。この一連のことを父からとがめられている場面である。

「すみませんでした」

俺は父に頭を下げた。謝るのは簡単だった。悪いことをしたと自分で思っている。だけど、簡単に謝ってしまう自分を冷ややかに眺めているもう一人の自分がどこかにいるような気がする。

父はどこか納得がいかないような顔つきで、ずっと俺を眺めていた。そして、しばらくしてから言った。

「おばあさんが言っていた。とても感情的になってしまった、一哉に言うべきでないことを言ってしまったと」

どの部分が言うべきでないことなのか俺は考えた。たぶん、母のことだろう。もしかすると、父のことも。

「いくつまでが子供なんだろう」

俺は独り言のようにつぶやいた。

「子供が聞いちゃいけないことなんて、俺は十歳の時にさんざん聞かされているよ。いまさら、子供扱いされて、大人が取り繕った言葉だけ話しても無意味なんだ」

いらいらして足の爪先で床を蹴った。

「おばあさんは、俺の聞きたいことを話してくれたよ。ありがたかったよ」

人間としてのなまなましい言葉。嘘《うそ》のない言葉。子供用に薄められたり、抜かされたりしていない言葉。

**V**　次の問いに答えよ。

（１） 半径3cm，∠BAC＝60° のおうぎ形に円Oが内接している。$\overset{\frown}{BC}$の長さと円Oの周の長さ$\ell$を最も簡単な比で表せ。

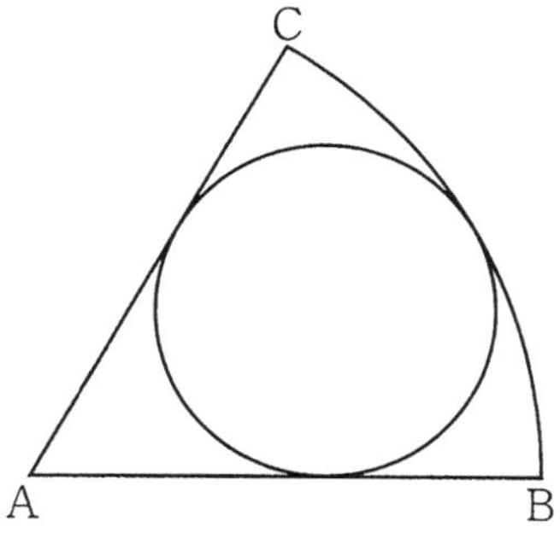


（２） 半径3cm，∠BAC＝60° のおうぎ形に，円Oが外接している。このとき，円Oの半径と斜線部分の面積をそれぞれ求めよ。

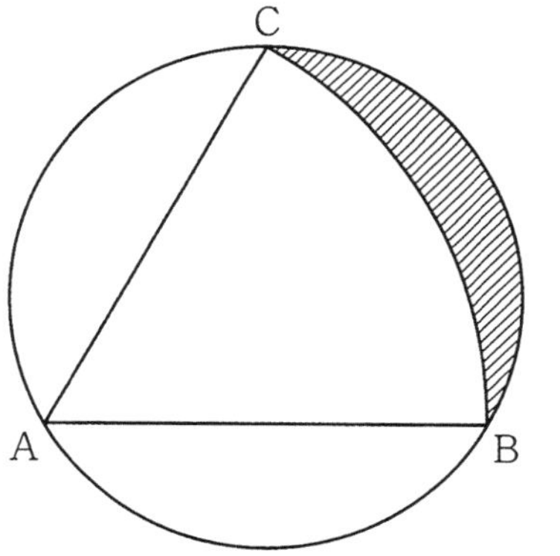

**Ⅳ**　関数 $y=x^2$……①のグラフ上の2点A，Bを通る直線 $\ell$ がある。2点A，Bの $x$ 座標はそれぞれ $-1$，2とする。次の問いに答えよ。

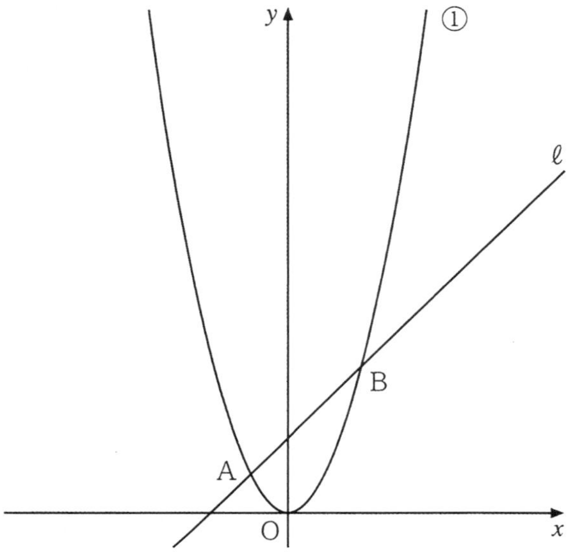


（1） 直線 $\ell$ の式を求めよ。

（2） 直線 $\ell$ 上に点Pをとる。直線OPが△OABの面積を二等分するとき直線OPの式を求めよ。

（3） ①のグラフ上に点Cをとる。直線ACの切片を $a$（$a>0$）とする。△OACの面積が6となるような $a$ の値を求めよ。**解答用紙に求め方を書くこと。**

（4） ①のグラフ上に点Dをとる。直線ADの切片を $b$（$b>0$）とする。
△OADの面積が△OABの面積の6倍となるような $b$ の値を求めよ。

Ⅲ　図において，△ABC，△ADE，△FGAはいずれも直角二等辺三角形である。点Hは辺BCの中点，点Dは辺BCと辺AGの交点であり，辺AB，辺BCと辺FGの交点をそれぞれ点Iと点J，辺AC，線分AHと辺DEの交点をそれぞれ点Kと点Lとする。また，AB＝AGである。次の問いに答えよ。

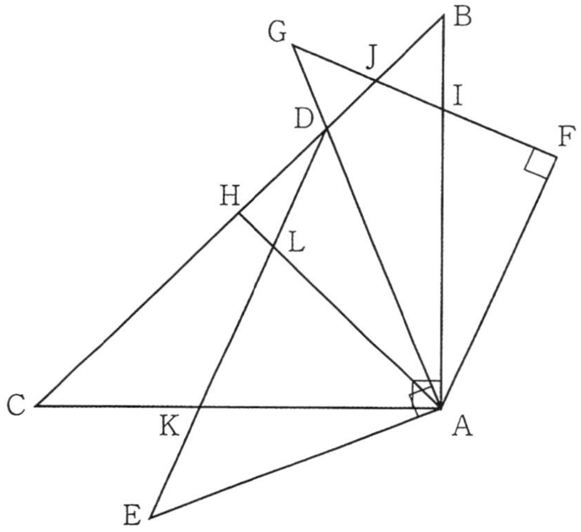


（１）△ABDと△AGIは合同である。この合同の証明に用いられる合同条件をかけ。

（２）図において，△ABDと相似な三角形をすべて答えよ。ただし，△AGIは除く。
また，解答欄はすべて埋まるとは限らない。

Ⅱ　名古屋高校には，1周540mのランニングコースがある。Aさん，Bさんの2人がそれぞれ一定の速さで走るとき，次の問いに答えよ。

（1）同じスタート地点から同時に反対方向にスタートすると，80秒後に2人はちょうどすれ違う。Aさんの速さを分速$x$m，Bさんの速さを分速$y$mとして，$y$を$x$の式で表せ。

（2）さらに，(1)のときと同じ速度で，同じスタート地点から同時に同じ向きにスタートをすると，36分後にちょうどAさんはBさんに追いついた。このとき，Aさん，Bさんの速さはそれぞれ分速何mであるか。

※教英出版注
音声は，解答集の書籍ＩＤ番号を教英出版ウェブサイトで入力して聴くことができます。

*Listening Script*

Part 1

(1) A: Mr. Wise, what brought you to Japan?
B: Well, I studied Japanese in university, and I wanted to improve.
A: Really! How long have you studied the language?
B: Let me think… <BEEP>

(2) A: What do you want to do at our school?
B: I want to start teaching! Tomorrow is our first class together.
A: I know. We've been looking forward to your class.
B: Thanks very much. I'm <BEEP>

(3) A: What should we do next?
B: Now, I want everyone to write a short introduction.
A: How many words should we write?
B: About 30. Do you have any more questions? Feel <BEEP>.

(4) A: When can we see you again?
B: I'll be back next week. I teach each class once a week.
A: Have you been to class 3-C? It's my friend's class.
B: Let me check. No, but <BEEP>

(1) Yumi asked Mike to go to *rakugo* because [ 1 ].

ア she likes traditional Japanese storytelling
イ she wanted to take pictures with performers
ウ he likes watching comedy
エ he wanted to perform *rakugo*

(2) Yumi and Mike will leave the event [ 2 ].

ア at 3:20
イ at 3:45
ウ at 4:10
エ at 4:40

(3) Which one of these is true?

ア Yumi is going to watch a movie with her family on Saturday.
イ Mike came to Japan to study Japanese culture.
ウ Yumi and Mike will go to the *rakugo* show without reservations.
エ Yumi and Mike want to experience the *rakugo* stage after the show.

[C]

| From: | Richard Thompson |
|---|---|
| To: | Kaito Suzuki |
| Date: | Thursday, June 8, 2022 |
| Subject: | About your next lesson |

Hi, Kaito. How are you doing?
In the last lesson, your English was very good! I think your English skills have been improving.
We planned your next lesson for June 13. However, I have to go to Tokyo from June 13 to 14 for some meetings, so I can't give a lesson to you. I can change the lesson date to June 17, or if it doesn't work for you, another teacher can give you a lesson only on the original date. Please tell me a convenient date for your next lesson.

| From: | Kaito Suzuki |
|---|---|
| To: | Richard Thompson |
| Date: | Friday, June 9, 2022 |
| Subject: | Re:About your next lesson |

Hello, Richard. I'm fine and studying hard for the term examination.
I'm glad to hear that. I always enjoy your lessons. I don't have time on June 17 because I have swimming lessons every Saturday. I think it is best that I take the next lesson from another teacher. I want to ask about my homework. You gave me some homework in the last lesson. Must I bring the homework to the next lesson?

| From: | Richard Thompson |
|---|---|
| To: | Kaito Suzuki |
| Date: | Friday, June 9, 2022 |
| Subject: | Re:Re:About your next lesson |

Hi, thank you for your e-mail.
I asked Kelly, another teacher at our school, to give you a lesson only that day. She is a very nice and cheerful teacher, so you will like her lesson. Thank you for the inquiry about the homework. Please remember to do and bring your homework which I gave you in the last lesson. Kelly is very kind, but she may get angry if you forget it.
I hope your next lesson will be good.

(1) Why did Richard write the first e-mail to Kaito?

ア To invite Kaito to some meetings in Tokyo.
イ To change Kaito's next lesson to another date.
ウ To give some homework to Kaito.
エ To tell Kaito that his English needs to be improved.

(2) 下線部の意味として，もっとも適当なものを**ア～エ**より一つ選び，記号で答えよ。

ア asking something
イ telling something
ウ seeing something
エ listening to something

(3) Which one of these is NOT true?

ア Richard will take part in some meetings in Tokyo.
イ Kaito will have a swimming lesson on June 24.
ウ Richard hasn't asked another teacher about Kaito's lesson yet.
エ Kaito will take his next lesson from Kelly.

Ⅲ　次の英文を読んで，あとの問いに答えよ。

Have you ever sent a message in a bottle? Maybe you have seen one on TV or in a movie. Usually, people send these messages for fun, but the messages are not often found. For three people camping in California in 2019, a *miracle happened. [A]

A family was camping for several days in California. Everything was going well. They spent hours walking through beautiful forests and traveling down rivers on *floats. [B] On the third day, they reached a 15-meter-high *waterfall. They had to stop. They couldn't go down, and they couldn't go back.

At first, they tried to cross the river, but the river *current was too fast. Then, they were going to climb down the waterfall, but couldn't find their *rope. "My heart sank when I realized (1)<u>the waterfall was too dangerous to climb down</u>," the father said later. The family thought about what to do next, but they were very scared. [C]

Then, the father looked at his water bottle and found some hope. They should put a message in a bottle! He wrote the words "GET HELP" on the bottle and put a note with the date inside. It said, "We are at the waterfall. Get help please." The man threw the bottle over the waterfall and it moved down the river. When they couldn't see it anymore, they decided to set up their camp.

Before going to sleep, (2)<u>they collected white rocks</u> and put them on a blue sheet. They wrote "SOS" in big letters. Sometime after midnight they heard a big noise. It was a *helicopter, and they were going to be saved! [D]

When they were finally safe, the family learned something incredible.
(3)<u>[ was / a bottle / found / their / in / message ]</u>. Their plan worked! The two people who found the bottle reported (4)<u>the *situation</u> but did not tell anyone their names. The father said, "They didn't leave their name or phone number. They just did the thing which was right in their heart and took it seriously. [E] I can't thank them enough."

【注】miracle：奇跡　floats：浮き輪　waterfall：滝　current：（川の）流れ
rope：ロープ　helicopter：ヘリコプター　situation：状況

(1)　下線部 **(1)** とほぼ同じ意味になるように次の文の空所に適語を1語ずつ答えよ。

...the waterfall was (　　　) dangerous (　　　) (　　　) (　　　) climb down the waterfall.

(2)　下の1文を挿入するのに最も適当な位置を本文中の記号 [A] ～ [E] の中から一つ選び，記号で答えよ。

They were told to wait until the next morning for help.

(3)　下線部 **(2)** について，なぜ白い石を集める必要があったのか，考えられる理由を20字以内の日本語で答えよ。

(4)　下線部 **(3)** について，与えられた語を並べ替えて，下の日本語の意味になるように英文を完成させよ。ただし，文頭に来る語句も小文字になっている。

「瓶の中の彼らのメッセージは発見された。」

(5)　下線部 **(4)** の「その状況」とは，どのような状況か，30字以内の日本語で説明せよ。

(6)　次の**ア**～**エ**のうち，本文の内容に合うものを一つ選び，記号で答えよ。

**ア**　The three people camping in California found a message in a bottle in 2019.
**イ**　The family crossed the river on the second day of the camping trip.
**ウ**　The father wrote a message, put it in a bottle and left it on a rock.
**エ**　Two people found the bottle, but the family didn't know their names.

Ⅳ　以下の資料は５年前に発表された日本男子高校生に人気のあるスポーツのランキングである。結果から読み取れることと将来起こると予想される変化について，下のワークシートに与えられた条件に従ってレポートを完成させよ。

| 日本で人気のある高校スポーツランキング（男子） | |
|---|---|
| Rank | Sport |
| 1 | soccer |
| 2 | baseball |
| 2 | basketball |
| 4 | track and field |
| 5 | badminton |
| 6 | tennis |

【注】rank：順位　　　track and field：陸上競技

ランキングをもとに，下のワークシートのA～Cの英語を完成させよ。ただし，AとBの空欄には表の内容を正しく表現する英単語1語を書け。Cについては指定された語数で解答せよ。

| | |
|---|---|
| Introduction<br>・導入<br>・資料の紹介 | A　Do you know which sports are the（ 1 ）（ 2 ） in Japan?　Here is（ 3 ）that shows the sports（ 4 ）boys like the most. |
| Body<br>・説明<br>・データの比較 | B　（ 1 ）to the data, soccer was the most popular sport. Also, baseball was（ 2 ）popular（ 3 ） basketball among boys. Tennis was（ 4 ） popular than the other five sports. |
| Conclusion<br>・感想や意見 | C　I think that in the future,（自分の意見を20～25語の英語で完成させよ。） |

(2)　葉を脱色させる方法について述べた文として最も適当なものを，次の**ア**～**エ**から1つ選び，記号で答えよ。

**ア**　葉をあたためたうすい塩酸につける。　**イ**　葉を食塩水でよくもむ。

**ウ**　葉をあたためたエタノールにつける。　**エ**　葉を石けん水につける。

(3)　図2の管①と管②が集まった部分を何というか。その名称を漢字で答えよ。

(4)　図2の茎の断面について述べた文として最も適当なものを，次の**ア**～**エ**の中から1つ選び，記号で答えよ。

**ア**　図2のような茎の断面は，被子植物の双子葉類の特徴である。また，管①は道管といい，水や無機養分を運ぶ。

**イ**　図2のような茎の断面は，被子植物の双子葉類の特徴である。また，管①は師管といい，葉でできた養分を運ぶ。

**ウ**　図2のような茎の断面は，被子植物の単子葉類の特徴である。また，管①は道管といい，水や無機養分を運ぶ。

**エ**　図2のような茎の断面は，被子植物の単子葉類の特徴である。また，管①は師管といい，葉でできた養分を運ぶ。

問2　次の文章を読み，各問いに答えよ。

生物の細胞を観察すると，構造や機能についてすべての生物に共通した部分と，生物の種類によって異なる部分がある。例えば，共通した部分としては，DNAと（　**あ**　）をもち，①細胞の構成成分がほぼ等しいことが挙げられる。異なる部分としては，（　**あ**　）の外側に②（　**い**　）という構造をもつかもたないかなどがある。

(1)　文中の空欄（　**あ**　）と（　**い**　）に当てはまる細胞の構造の名称をそれぞれ漢字3字で答えよ。

(2)　下線部①について，動物および植物を構成する物質のうち，最も多い物質を次の**ア**～**エ**から1つ選び，記号で答えよ。

**ア**　炭水化物　　**イ**　タンパク質　　**ウ**　脂質　　**エ**　水

(3)　下線部②について，以下に示すa～hの生物の中から，空欄（　**い**　）をもつ生物を過不足なく選んだものはどれか。あとの**ア**～**ク**の中から1つ選び，記号で答えよ。

a　ヒイラギ　　b　ヤスデ　　c　イヌワラビ　　d　スギゴケ
e　ミジンコ　　f　イチョウ　　g　アメーバ　　h　ニワトリ

**ア**　a, b, d　　**イ**　a, c, d　　**ウ**　b, c, f, h
**エ**　d, e, f, g　　**オ**　a, b, c, d　　**カ**　a, c, d, f
**キ**　a, b, c, d, f, h　　**ク**　a, c, d, f, g

**Ⅳ**　次の文章を読み，各問いに答えよ。

問１　火成岩のつくりについて述べた次の文章を読んで各問いに答えよ。

[ A ]のような[ B ]では大きな鉱物が粒のよく見えない部分に散らばって見える。このようなつくりを[ C ]といい，大きな鉱物の結晶を[ D ]，まわりの一様に見えるごく小さな鉱物の集まりやガラス質の部分を[ E ]という。

（1）　文章中の空欄**A**～**E**のうち，**A**～**C**を埋める用語の組み合わせとして最も適当なものを次の**ア**～**ク**から1つ選び，記号で答えよ。

| | | | |
|---|---|---|---|
| **ア** | **A**：花崗岩《かこうがん》 | **B**：深成岩 | **C**：等粒状組織 |
| **イ** | **A**：花崗岩 | **B**：深成岩 | **C**：斑状組織 |
| **ウ** | **A**：花崗岩 | **B**：火山岩 | **C**：等粒状組織 |
| **エ** | **A**：花崗岩 | **B**：火山岩 | **C**：斑状組織 |
| **オ** | **A**：安山《あんざん》岩 | **B**：深成岩 | **C**：等粒状組織 |
| **カ** | **A**：安山岩 | **B**：深成岩 | **C**：斑状組織 |
| **キ** | **A**：安山岩 | **B**：火山岩 | **C**：等粒状組織 |
| **ク** | **A**：安山岩 | **B**：火山岩 | **C**：斑状組織 |

（2）　ある岩石が文章中の空欄**C**に入る組織をもち，文章中の空欄**D**に入る結晶の主なものとして長石と石英と黒雲母の結晶が岩石中に見られた。この岩石名として最も適当なものを次の**ア**～**カ**から1つ選び，記号で答えよ。

**ア**　花崗岩　　**イ**　閃緑岩《せんりょくがん》　　**ウ**　斑《はん》れい岩
**エ**　流紋《りゅうもん》岩　　**オ**　安山岩　　**カ**　玄武《げんぶ》岩

（3）　ある岩石が文章中の空欄**C**に入る組織をもち，文章中の空欄**D**に入る結晶としてかんらん石が岩石中に見られた。この岩石名として最も適当なものを次の**ア**～**カ**から１つ選び，記号で答えよ。

**ア**　花崗岩　　**イ**　閃緑岩　　**ウ**　斑れい岩
**エ**　流紋岩　　**オ**　安山岩　　**カ**　玄武岩

問２　堆《たい》積岩の分類について述べた次の文章を読んで各問いに答えよ。

[ A ]は，粒径2mmより小さい火山砕屑《さいせつ》物が堆積してかたまってできた岩石をいう。生物の遺骸《いがい》が堆積してできた岩石のうち主成分が炭酸カルシウムであるものは[ B ]という。[ B ]にうすい塩酸をかけると発泡する。二酸化ケイ素を主成分とする殻をつくる微生物の遺骸が堆積してできた非常に硬い岩石は[ C ]という。

（1）　文章中の空欄**A**～**C**を埋める用語の組み合わせとして最も適当なものを次の**ア**～**カ**から１つ選び，記号で答えよ。

| | | | |
|---|---|---|---|
| **ア** | **A**：チャート | **B**：凝灰岩 | **C**：石灰岩 |
| **イ** | **A**：チャート | **B**：石灰岩 | **C**：凝灰岩 |
| **ウ** | **A**：石灰岩 | **B**：チャート | **C**：凝灰岩 |
| **エ** | **A**：石灰岩 | **B**：凝灰岩 | **C**：チャート |
| **オ** | **A**：凝灰岩 | **B**：チャート | **C**：石灰岩 |
| **カ** | **A**：凝灰岩 | **B**：石灰岩 | **C**：チャート |

(2)　文章中の下線部を表す用語として最も適当なものを次の**ア**～**サ**から1つ選び，記号で答えよ。

**ア**　火山噴出物　**イ**　石炭　**ウ**　火山灰　**エ**　有孔《こう》虫　**オ**　放散虫
**カ**　火山ガス　**キ**　溶岩　**ク**　サンゴ　**ケ**　貝殻　**コ**　ケイソウ
**サ**　石灰

問3　次の文章を読んで各問いに答えよ。

堆積岩の地層中には化石が見つかることがある。湖や河口などの環境を示す［A］や，ごく浅いあたたかい海の環境を示す［B］のように，地層が堆積した当時の環境を示す化石を［C］という。また，地層中に火山灰が見つかることもある。広域火山灰は遠く離れた地層が同時代にできたことを調べる際のよい目印となる。

(1)　文章中の空欄**A**～**C**を埋める語として最も適当なものを次の**ア**～**シ**から1つずつ選び，それぞれ記号で答えよ。

**ア**　サンヨウチュウ　**イ**　生痕《こん》化石　**ウ**　アンモナイト
**エ**　ティラノサウルス　**オ**　デスモスチルス　**カ**　パレオパラドキシア
**キ**　ナウマンゾウ　**ク**　ブナ　**ケ**　サンゴ
**コ**　シジミ　**サ**　示準化石　**シ**　示相化石

(2)　浜名湖《はまなこ》で行われた湖底ボーリング調査では，湖底下14.25 mからアカホヤ火山灰（約6300年前）が見つかっている。宍道湖《しんじこ》で行われた湖底ボーリング調査では，湖底下7.80 mにアカホヤ火山灰が見つかっている。アカホヤ火山灰は調査をした年から6300年前に堆積したものとし，浜名湖と宍道湖のそれぞれで堆積速度が一定であり，堆積した地層は厚さが減少しないものとすると，それぞれ1年あたり何mmの地層が堆積したことになるか。小数第2位を四捨五入して小数第1位まで求めよ。

教英出版

(7)　下線部⑦について述べた次の文中（　a　）（　b　）に入る語句の組合せとして正しいものを，あとの**ア**～**エ**から一つ選べ。

Aの人物が中心となってつくった憲法案は，（　a　）における非公開での審議を経たのち，天皇から国民に与えるという形で発布された。この憲法では，天皇が国の元首として大きな権限を持ち，国を統治することとされた。国会は帝国議会とよばれ，貴族院・衆議院の二院制で，法律をつくったり予算を決めたりする権限を持った。国民は臣民とよばれ，所有権の不可侵，信教の自由，言論・集会・出版の自由を認められたが，（　b　）の範囲内との制限を受けた。

**ア**　a：枢密院　b：公共の福祉　　**イ**　a：元老院　b：公共の福祉
**ウ**　a：枢密院　b：法律　　**エ**　a：元老院　b：法律

(8)　下線部⑧に関して述べた次の文X・Yについて，その正誤の組合せとして正しいものを，下の**ア**～**エ**から一つ選べ。

X　琉球王国は，東アジアの海と東南アジアの海を結ぶ中継貿易で繁栄し，その精神は王府正殿に掲げられた「万国津梁の鐘」に表されている。

Y　琉球王国は，第二次大戦末期米軍によって占領され，占領終結とともに日本に編入されて沖縄県となった。

**ア**　X正　Y正　　**イ**　X正　Y誤　　**ウ**　X誤　Y正　　**エ**　X誤　Y誤

(9)　下線部⑨の革命に関して述べた次の文a～dについて，正しいものの組合せを，下の**ア**～**エ**から一つ選べ。

a　この革命は，清教徒が国教会の改革を求めるとともに，王の専制政治に反対することによって起こった。

b　この革命は，国王が国民議会の動きを武力でおさえようとしたのが引き金となり，都市の民衆や農民らが起こした。

c　この革命の結果，古い身分社会がこわされ，市民を中心とした自由で平等な新しい社会への道が開かれた。

d　この革命の結果，議会と国王はお互いの権限を確認し合い，権利の章典が発布された。

**ア**　a，c　　**イ**　a，d　　**ウ**　b，c　　**エ**　b，d

(10) 下線部⑩に関して，次の地図（X島，Y港）と文a・bは，朝鮮との貿易に関連する場所と内容である。場所とその内容の組合せについて正しいものを，下の**ア**～**エ**から一つ選べ。

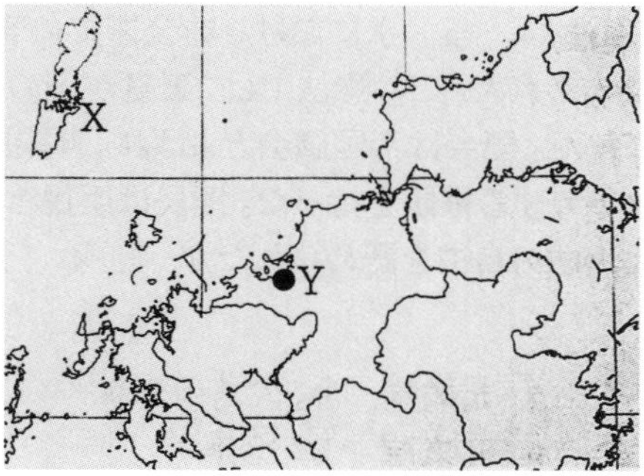


a　朝鮮との貿易は，銅銭・生糸などを輸入し，硫黄・刀剣などを輸出した。

b　朝鮮との貿易は，木綿や陶磁器・仏典などを輸入し，銅などを輸出した。

**ア**　X－a　　**イ**　Y－a
**ウ**　X－b　　**エ**　Y－b

(11) 下線部⑪に関して述べた次の条文の抜粋X・Yと，その条文を持つ条約や法に該当する語句a～dとの組合せとして正しいものを，下の**ア**～**エ**から一つ選べ。

X　すべて人は，人種，皮膚の色，性，言語，宗教，政治上その他の意見，国民的若しくは社会的出身，財産，門地その他の地位又はこれに類するいかなる事由による差別をも受けることなく…

Y　すべて国民は，法の下に平等であって，人種，信条，性別，社会的身分又は門地により，政治的，経済的又は社会的関係において，差別されない。

a　世界人権宣言　　b　女子差別撤廃条約
c　日本国憲法　　d　男女共同参画社会基本法

**ア**　X－a　Y－c　　**イ**　X－a　Y－d
**ウ**　X－b　Y－c　　**エ**　X－b　Y－d

(12) 下線部⑫に関して述べた次の文X・Yと，それに該当する語句a～dとの組合せとして正しいものを，下の**ア**～**エ**から一つ選べ。

X　天皇が幼いときに政治を代行する役職に就いた。
Y　この時代に，貴族社会を描いた『源氏物語』など優れた作品が生まれた。

a　摂政　　b　関白　　c　紫式部　　d　兼好法師

**ア**　X－a　Y－c　　**イ**　X－a　Y－d
**ウ**　X－b　Y－c　　**エ**　X－b　Y－d

(13) A～Fの文章の内容は，年表中（**あ**）～（**か**）のどの時期にあたるか。それぞれにあてはまるものを選べ。

Ⅲ　次の文章を読み，後の問いに答えよ。

①人権とは，人が生まれながらに持つ権利である。②現代国家の役割は，この人権をいかに保障していくことができるかがテーマとなっている。これこそが，③民主政治である。国家が政治を行なっていく前提として権力を有することが必要である。そのため，現代の国家は憲法を持ち，④権力の濫用を防ぎ，国民一人一人の人権を保障することが考えられている。

日本国憲法における自由権は，精神の自由，経済の自由，身体の自由に大別される。⑤精神の自由は，精神的な活動の自由をいい，⑥経済の自由は，経済的な活動の自由をいう。⑦身体の自由は，国家による不当な身体的拘束を阻止することをいう。

日本国憲法における人権には，自由権の他にも，⑧社会権や参政権など人権規定が存在する。それに加えて今日では，社会・経済の変動にともなって，人々の意識の変化や価値観の多様化がみられるようになり，⑨憲法が制定された当初想定されていなかった様々な問題の発生にともない，多様な人権が主張されるようになった。

1950年代以降，公害が深刻化するにつれ，⑩住民運動や被害者運動の高まりが見られ，訴訟に発展するなど大きな社会問題となった。また，1970年代には，ゴミ問題，⑪自動車排気ガス問題などの生活型公害や都市型公害が社会問題としても深刻化するようになった。その問題解決の中で環境権などが提唱されるようになった。

（1）　下線部①について，人権保障について述べた文として正しいものを，次の**ア**～**エ**から一つ選べ。

**ア**　日本国憲法によれば，人権は永久不可侵の権利であるので，どのような制限も受けない。

**イ**　日本国憲法では基本的人権の尊重を三大基本原理の一つとして掲げているが，国際化が進展する今日においても，日本国民のみを対象としており，人権保障は外国人には及ばない。

**ウ**　世界人権宣言では，人種や宗教などの違いをこえて人類普遍の価値として人権を認めた宣言で，主に自由権を内容とするA規約と主に社会権を内容とするB規約で成り立っている。

**エ**　国際的な人権保障の一つとして，国連人権理事会は加盟各国の人権保障の状況を調査し，問題がある場合には改善を勧告するなどしている。

(2)　下線部②に関連して，領域に関連する説明として，正しいものを次の**ア～エ**から一つ選べ。

**ア**　領空とは，領土の地表から宇宙空間に至るまでをいい，他国の領空の内側を許可なく自由に航行することは国際法上認められていない。

**イ**　海岸線（基線）から24海里までの海域を領海といい，他国の領海の内側を許可なく自由に通航することは国際法上認められていない。

**ウ**　領海から200海里までの海域を排他的経済水域といい，天然資源の探査・開発など経済的活動について沿岸国が主権的権利を認められている。

**エ**　宇宙空間については，どの国の主権も及ばないとされている。

(3)　下線部③に関連して，日本の選挙制度について述べた文として正しいものを次の**ア～エ**から一つ選べ。

**ア**　衆議院議員選挙では，小選挙区制が採用されており，選挙区によっては複数名選ばれる。

**イ**　衆議院議員選挙では，比例代表制が採用されており，比例代表の候補者名で票は投じられ，その票が政党得票となり，ドント方式による議席配分が行われる。

**ウ**　参議院議員選挙では，選挙区制が採用されており，選挙区によっては複数名選ばれる。

**エ**　参議院議員選挙では，比例代表制が採用されており，政党名のみでの投票が行われ，ドント方式による議席配分が行われている。

(4)　下線部④について，日本の三権分立の仕組みについて述べた文として，**誤っているもの**を次の**ア～エ**から一つ選べ。

**ア**　国会が，内閣総理大臣を指名する。

**イ**　国会には，弾劾裁判所が設けられ，裁判官を裁判することができる。

**ウ**　内閣が，最高裁判所の裁判官を指名し，その他の裁判官については任命する。

**エ**　裁判所は，内閣が作る命令，規則，処分が憲法に違反していないか具体的な事件の裁判を通して審査する。

(5)　下線部⑤について述べた文として，**誤っているもの**を次の**ア**～**エ**から一つ選べ。

**ア**　表現の自由は，代表民主主義を支える上で，各個人が自分の考えを表明し，社会のあり方を決定する上で必要不可欠である。

**イ**　日本国憲法では，検閲は禁止されている。

**ウ**　信教の自由は，国民がどのような宗教であっても信じる自由を保障しており，信じない自由についても保障している。

**エ**　政治と宗教が分離すべきとする考え方（政教分離）に基づき，国家公務員は宗教を信仰してはならない。

(6)　下線部⑥に関連した文として，正しいものを次の**ア**～**エ**から一つ選べ。

**ア**　日本国憲法では，私有財産を公共のために用いることは認められており，その場合には正当な補償が必要になる。

**イ**　日本国憲法では，財産権が公共の福祉のためであったとしても制限することはできないと明文で規定している。

**ウ**　一定の職業に関して，資格が設けられたり，規制が行われたりすることは，職業選択の自由に反する。

**エ**　職業選択の自由には，どのような職業につくかの自由は認められるが，その職業を実際に行う自由は含まれない。

(7)　下線部⑦について述べた文として，正しいものを次の**ア**～**エ**から一つ選べ。

**ア**　憲法第31条では，法律の定める手続きによらなければ，刑罰を科すことはできないと定めているが，例外的な場合には，この限りではない。

**イ**　憲法第33条では，裁判官が発する令状によらなければ逮捕や捜索・差押することができない。ただし，現行犯逮捕の場合にはこの限りではない。

**ウ**　憲法第36条では，拷問及び残虐な刑罰を禁じているが，例外的な場合には，拷問を行うことは止むを得ないとしている。

**エ**　再審制度が設けられているが，一度有罪判決が出た後，無罪となる証拠が新たに発見されることはまずないため，再審が行われたことは戦後一度もない。

（8） 下線部⑧について述べた文として，**誤っているもの**を次の**ア**～**エ**から一つ選べ。

**ア** 労働三権とは，団体権、団体交渉権，団体行動（争議）権を指す。

**イ** 公務員は，その地位の特殊性と職務の公共性にかんがみ，労働三権が制限されている。

**ウ** 現在国政選挙の選挙権は18歳以上となっており，衆議院議員選挙の被選挙権は25歳以上，参議院議員選挙の被選挙権は30歳以上になっている。

**エ** 国があやまって国民に損害を与えた場合に，国民は国に損害賠償を求めることができる。

（9） 下線部⑨について，新しい人権の根拠となる憲法第13条の権利を何というか。漢字５字で答えよ。

（10） 下線部⑩に関連して，住民の政治への関わりについて述べた文として，**誤っているもの**を次の**ア**～**エ**から一つ選べ。

**ア** 現代の民主政治において世論の役割は重要であり，その一つとして住民運動の意義は大きい。

**イ** 住民運動を背景として，住民投票が行われることがあるが，住民投票の結果は法的拘束力を持つことになる。

**ウ** 地方公共団体は，NPO(非営利組織)との協働，または支援を通じて地方政治の充実を図るようになってきている。

**エ** オンブズマン制度とは，地方行政の業務やそれに関連する職員の行為などによって不利益を受けたときに住民が申し立てることができる制度であり，中立的な立場から是正の勧告を行う。

（11） 下線部⑪に関連して，下の表は，世界の二酸化炭素排出量の上位五カ国を示している。第3位と第5位にあてはまる国の組合せとして正しいものを次の**ア**～**カ**から一つ選べ。

| 二酸化炭素（CO2）排出量の多い国 | | |
|---|---|---|
| 順位 | 国名 | 排出量（100万トン）（2019年）（注） |
| 1位 | 中華人民共和国（中国） | 9,809.2 |
| 2位 | アメリカ合衆国（米国） | 4,766.4 |
| 3位 | A | 2,309.1 |
| 4位 | ロシア | 1,587.0（2018年） |
| 5位 | B | 1,066.2 |

出典：総務省統計局「世界の統計2022」
（https://www.mofa.go.jp/mofaj/kids/ranking/co2.html）

**ア**　A 日本　B ブラジル　　**イ**　A 日本　B インド　　**ウ**　A 日本　B ドイツ
**エ**　A ブラジル　B 日本　　**オ**　A インド　B 日本　　**カ**　A ドイツ　B 日本

Ⅳ　次の（1）～（5）のことがらについて述べた文A・Bの正誤の組み合わせを判断し，解答例にしたがって記号で答えよ。

《解答例》　・A，Bどちらとも正しい場合 ･････････････ア
・Aが正しく，Bは誤りである場合 ･･････････イ
・Aが誤りであり，Bは正しい場合 ･･････････ウ
・A，Bどちらとも誤りである場合 ･･････････エ

（1）　企業について

A　株式会社では，株主への配当は株価の上昇分が配当として分配される。

B　株式会社が倒産した場合，株主は出資額を失うことにはなるが，出資額を超えて責任を負うことはない。

（2）　労働に関する法律について

A　労働基準法は，正規労働者，非正規労働者すべての労働者に適用される。この法律では労働条件に関する最低基準を定めており，この条件を満たさない労働契約は無効となる。

B　労働組合法では，労働者が企業と対等に交渉するため労働組合を組織することを保障しており，非正規雇用の労働者も加入することができる。

（3）　価格について

A　需要曲線と供給曲線の交点で示される価格を均衡価格といい，均衡価格よりも価格が高く設定された場合には，売れ残りが生じると考えられる。

B　企業同士の話し合いによって価格が決定されるなど市場での競争を制限するような行為は独占禁止法で禁止されており，国家公安委員会による，監視、運営が行われている。

（4）　財政について

A　不景気の際に，総需要を増大させ，景気を回復させるためには，減税をおこない政府支出を増大させる。

B　一般会計の歳入に占める公債金の割合が50%を超えたことは過去一度もない。

(5)　社会保険について

A　年金保険は，全員が加入する国民年金の他に，会社員や公務員が加入する厚生年金があり，基礎年金に加えて支給される仕組みとなっている。

B　国民健康保険については，保険加入者の保険料はもちろんのこと，企業の支払う保険料と税金とでまかなわれており，治療にかかる費用の一部負担で医療サービスを受けられるようになっている。

問八

と考える点で、他者の支配につながる危険をはらんでいます。

問九

※

# 二

問一

(1)

(2)

問二

問三

問四

問五

問六

問七

問八

問九

※

# 数学解答用紙

(2023高一数学)

| I | (1) | (2) | (3) |
|---|---|---|---|
| | | | |
| | (4) | | (5) |
| | 中央値　　　　　点 | 範囲 | $\angle x =$　　　° |
| | (6) | (7) | (8) |
| | | | $x =$ |

※

| II | (1) | (2) | |
|---|---|---|---|
| | $y =$ | Aさん<br>分速　　　m | Bさん<br>分速　　　m |

※

| III | (1) | | | |
|---|---|---|---|---|
| | | | | |
| | (2) | | | |
| | | | | |

※

【解答

# 英 語 解 答 用 紙

（2023高一英語）

| | | | | | | | | | |
|---|---|---|---|---|---|---|---|---|---|
| I | Part 1 | (1) | | (2) | | (3) | | (4) | |
| | Part 2 | [A] | (1) | | (2) | | (3) | | |
| | | [B] | (　　　　) → (　　　　) → (　　　　) | | | | | | |

※

| | | | | | | | | | | | |
|---|---|---|---|---|---|---|---|---|---|---|---|
| II | [A] | (1) | | (2) | | [B] | (1) | | (2) | | (3) | |
| | [C] | (1) | | (2) | | (3) | | | | | |

※

| | | |
|---|---|---|
| III | (1) | | (2) | |
| | (3) | 20 |
| | (4) | |
| | (5) | 20 |

【解答

# 理 科 解 答 用 紙

(2023高一理科)

**I**

| 問1 | |
|---|---|
| (1) | |
| ① | ② |

| 問1 |
|---|
| (2) |
| → |

| 問1 | 問2 | |
|---|---|---|
| (3) | (1) | (2) |
| | | |

| 問2 |
|---|
| (3) |
| → |

| 問2 |
|---|
| (4) |
| → → |

| ※ |
|---|
| |

| (1) | (2) | (3) |
|---|---|---|
| Ω | V | V |
| (4) | (5) | |

【解答

# 社 会 解 答 用 紙

(2023高一社会)

**I**

| (1) | (2) | | | |
|---|---|---|---|---|
| | i | | | ii |
| | 緯 | 度 | 経 | 度 |

| (3) | | | (4) | | |
|---|---|---|---|---|---|
| i | ii | iii | i | ii | iii |
| | | | | | |

| (5) | | (6) | | |
|---|---|---|---|---|
| i | ii | i | ii | iii |
| | | | | |

| (7) | (8) |
|---|---|
| | |

※

| (1) | (2) | (3) | (4) | (5) | (6) |
|---|---|---|---|---|---|
| | | | | | |
| (7) | (8) | (9) | (10) | (11) | (12) |

【解答

| | A | B | C | D | E | F |
|---|---|---|---|---|---|---|
| | | | | | | |

※

| Ⅲ | (1) | (2) | (3) | (4) | (5) | (6) | (7) |
|---|---|---|---|---|---|---|---|
| | | | | | | | |
| | (8) | (9) | | | (10) | (11) | |
| | | | | | | | |

※

| Ⅳ | (1) | (2) | (3) | (4) | (5) |
|---|---|---|---|---|---|
| | | | | | |

※

※印の欄には何も書き入れないこと。

| 受験番号 | | 氏名 | |
|---|---|---|---|

| ※得点 | ※100点満点<br>（配点非公表） |
|---|---|

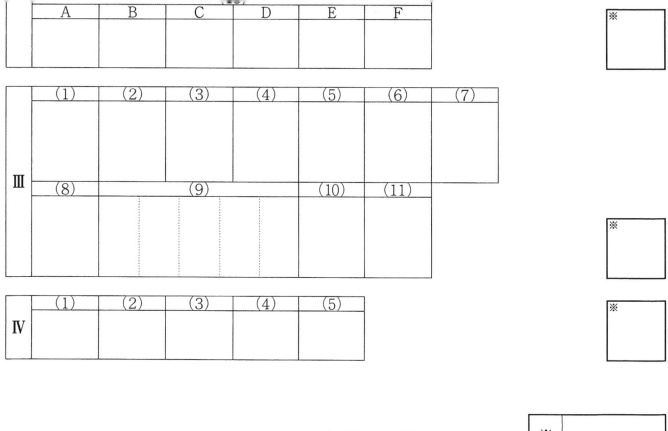

| | | | |
|---|---|---|---|
| | 位置 と | W | W |

| | | | | |
|---|---|---|---|---|
| Ⅲ | 問1 | | | |
| | (1) | (2) | (3) | (4) |
| | | | | |
| | 問2 | | | |
| | (1) | | (2) | (3) |
| | あ | い | | |

※

| | | | | | |
|---|---|---|---|---|---|
| Ⅳ | 問1 | | | 問2 | |
| | (1) | (2) | (3) | (1) | (2) |
| | | | | | |

| | | | | | |
|---|---|---|---|---|---|
| Ⅳ | 問3 | | | | |
| | (1) | | | (2) | |
| | A | B | C | 浜名湖 mm | 宍道湖 mm |

※

※印の欄には何も書き入れないこと。

| | | | |
|---|---|---|---|
| 受験番号 | | 氏名 | |

| | |
|---|---|
| ※得点 | ※100点満点（配点非公表） |

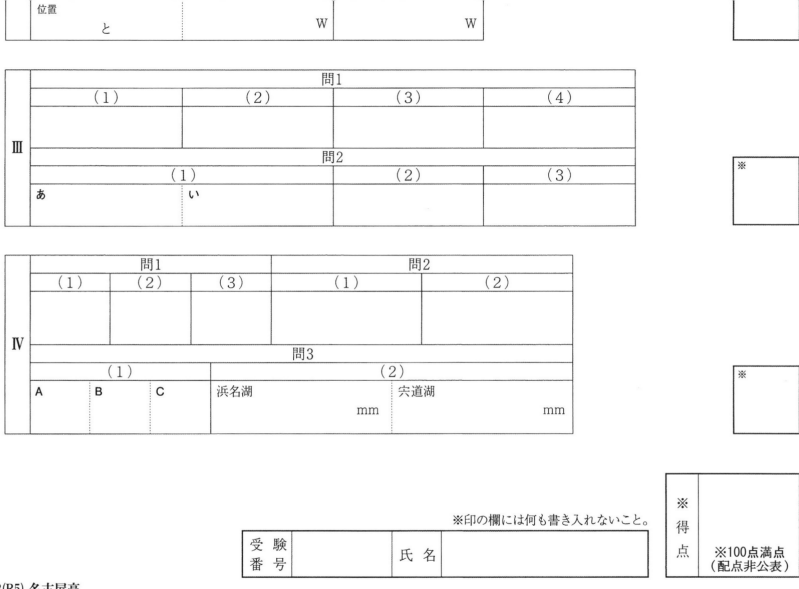

| | | | | | | | | | |
|---|---|---|---|---|---|---|---|---|---|
| Ⅳ | A | (1) | | (2) | | (3) | | (4) | |
| | B | (1) | | (2) | | (3) | | (4) | |
| | I think that in the future, | | | | | | | | |
| | | | | | | | | | |
| | | | | | | | | | |
| | | | | | | | | | |
| | | | | | | | | | |
| | | | | | | | | | |

※

※印の欄には何も書き入れないこと。

| | | | |
|---|---|---|---|
| 受験番号 | | 氏名 | |

| | |
|---|---|
| ※得点 | ※100点満点（配点非公表） |

| Ⅳ | (3) | |
|---|---|---|
| | (求め方) | (答え)<br>$a=$ |
| | (4) | |
| | $b=$ | |

※

※

| Ⅴ | (1) | (2) | |
|---|---|---|---|
| | $\overset{\frown}{BC}:\ell=$ | 半径　　cm | 面積　　$cm^2$ |

※

※印の欄には何も書き入れないこと。

| 受験番号 | | 氏名 | |
|---|---|---|---|

| ※得点 | ※100点満点(配点非公表) |
|---|---|

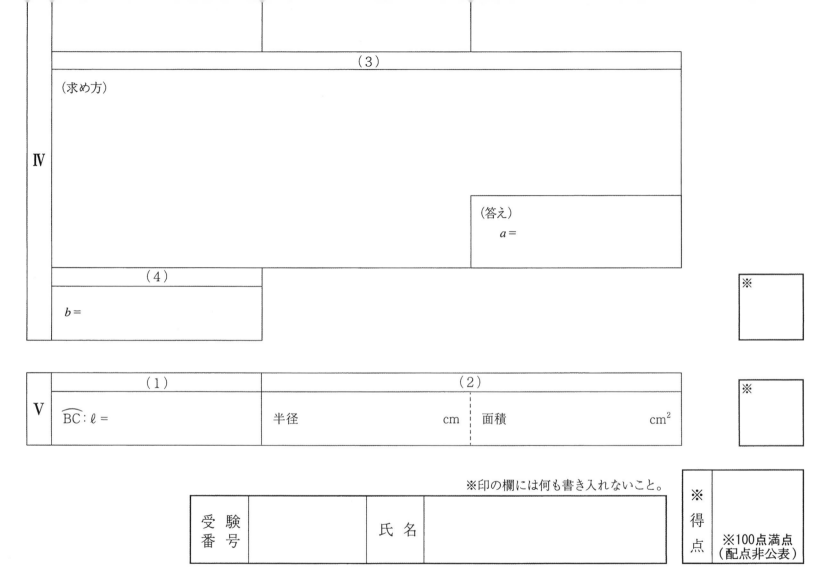

# 国語解答用紙

（二〇二三高一国語）

| 受験番号 |
| --- |
| |

| 氏　　名 |
| --- |
| |

| ※　得　点 |
| --- |
| ※100点満点<br>（配点非公表） |

※印の欄には何も書き入れないこと。

## 一

問一

a

b

c

（る）

d

e

問二

問三

(2)

（A）

（B）

(3)

（A）

（B）

(4)

（A）

（B）

問四

問五

問六

問七

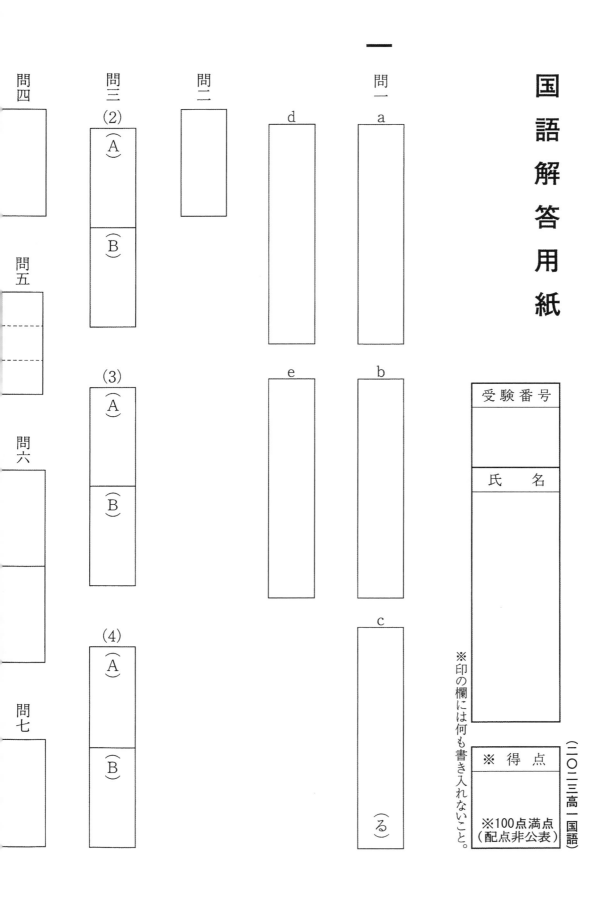

# 社　　会

（2023高一社会）

**I**　次の文章を読み，後の問いに答えよ。

地理学は大地の理を学ぶ学問である。我々は現在，①地球を離れて生きていけない。地球を②空間的に解釈する学問が地理学である。そのため，③地球上で起きているありとあらゆることが地理と関係してくる。言い方を変えれば，我々に関係している全てが地理と関係している。地理の視点は二つある。④自然的な視点と⑤社会的な視点である。日常生活において自然環境の影響を感じることが少なくなってきている昨今であるが，それでもまったくの無関係に我々は日々を過ごすことはできない。例えば，⑥農業に関して言えば，日本では米が主食で，欧米では小麦が主食であることについて自然環境を無視して説明はできない。日本では羊をあまり食べないが，一方で，アラブ諸国では豚を滅多に食べない。それは⑦宗教的な要因であったり，⑧文化的な要因であったりする。我々があたり前だと思っていることは，決してあたり前とは限らない。

（1）　下線部①について，緯度0°の線が通らない国を次の**ア**～**オ**から一つ選べ。

**ア** ブラジル　　**イ** エクアドル　　**ウ** インドネシア　　**エ** スリランカ　　**オ** ケニア

（2）　下線部②について，　次の問いに答えよ。

i．名古屋高等学校の所在地は，北緯35°，東経136°である。地球上における名古屋高等学校の正反対となる地点の緯度と経度を解答らんに合う形で答えよ。

ii．日本の西端（東経122度）における日の出の時刻が午前7時00分であるとき，日本の東端（東経153度）の日の出時刻は何時何分だと考えられるか。最も適当なものを**ア**～**エ**から一つ選べ。

**ア**　午前4時56分　　　**イ**　午前5時58分
**ウ**　午前8時02分　　　**エ**　午前9時04分

(3)　下線部③について，次の問いに答えよ。

i．次の文は，2021年にイギリスで開かれた気候変動対策の国連会議「COP26」で焦点となった発電方法について述べたものである。空欄［　X　］にあてはまる資源名を答えよ。

> COP26では，$CO_2$排出が多い［　X　］火力発電の廃止が大きな焦点になった。［　X　］火力発電は電源の中で最も多くの$CO_2$を排出することから温暖化の要因とされている。一方，［　X　］は長期的に見れば安く，世界各地から輸入できることから，日本では天然ガスに次ぐ主力電源となっており，新規の建設が進んでいる。

ii．次の表は，人口密度，人口増減率，県庁所在地の人口を示したものである。
表中の**ア**～**エ**は，岡山県，島根県，鳥取県，山口県のいずれかに対応している。岡山県を**ア**～**エ**から一つ選べ。

| | 人口密度<br>2020年・単位：人／平方ｋｍ | 人口増減率<br>2015年～2020年・単位：％ | 県庁所在地の人口<br>2020年・単位：万人 |
|---|---|---|---|
| **ア** | 157.9 | −3.4% | 18.6 |
| **イ** | 219.7 | −4.4% | 19.1 |
| **ウ** | 100.1 | −3.3% | 20.1 |
| **エ** | 265.6 | −1.7% | 70.8 |

（『データでみる県勢2021』より作成）

iii．次の表は北海道，千葉県，愛知県，鹿児島県の製造品出荷額上位4品目（2019年）の統計である。北海道を表中の**ア**～**エ**から一つ選べ。

| | 1位 | 2位 | 3位 | 4位 |
|---|---|---|---|---|
| **ア** | 石油・石炭製品 | 化学 | 食料品 | 鉄鋼 |
| **イ** | 輸送用機械 | 電気機械 | 鉄鋼 | 生産用機械 |
| **ウ** | 食料品 | 飲料・飼料 | 電子部品 | 窯業・土石 |
| **エ** | 食料品 | 石油・石炭製品 | 鉄鋼 | パルプ・紙 |

（『データでみる県勢2021』より作成）

（4） 下線部④について，次の問いに答えよ。

i．次のア～エは，名古屋・仙台・高松・松本の気温と降水量のグラフである。
名古屋の平年値を表しているグラフを**ア**～**エ**から一つ選べ。

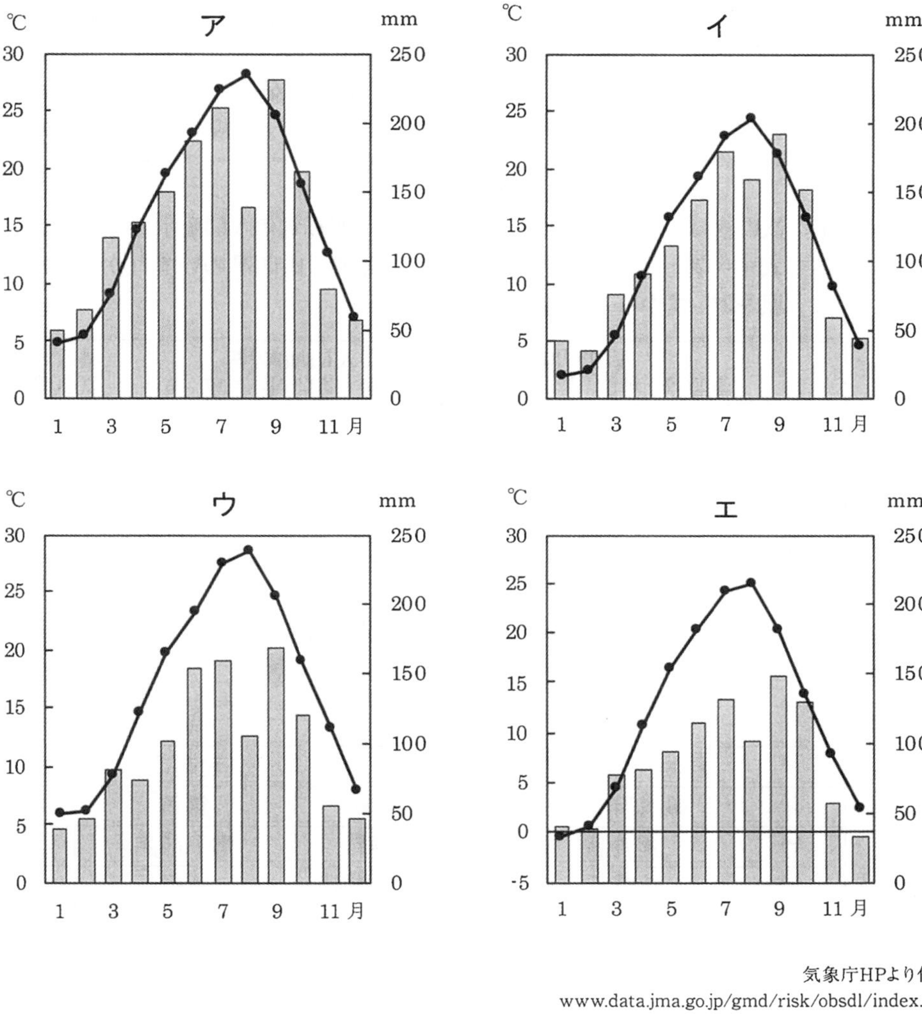


気象庁HPより作成
www.data.jma.go.jp/gmd/risk/obsdl/index.php

ii．次の表は日本における発電方式別発電電力量（2019年度）の上位５道県について示したものであり，**A〜C**は水力，地熱，風力のいずれかである。水力，地熱，風力の上位５道県として最も適当なものを**ア〜カ**から一つ選べ。

〈単位：百万ｋＷｈ〉

| | 火力 | | A | | 太陽光 | | B | | C | |
|---|---|---|---|---|---|---|---|---|---|---|
| 1 | 千葉 | 81900 | 富山 | 8654 | 福島 | 1182 | 青森 | 1449 | 大分 | 757 |
| 2 | 神奈川 | 79703 | 岐阜 | 8073 | 茨城 | 1107 | 北海道 | 1194 | 秋田 | 458 |
| 3 | 愛知 | 65821 | 長野 | 7363 | 岡山 | 1101 | 秋田 | 977 | 鹿児島 | 334 |
| 4 | 福島 | 47094 | 新潟 | 7070 | 北海道 | 1087 | 三重 | 397 | 岩手 | 247 |
| 5 | 兵庫 | 45965 | 福島 | 5964 | 三重 | 847 | 鹿児島 | 346 | 北海道 | 100 |

（『データでみる県勢2021』より作成）

| | ア | イ | ウ | エ | オ | カ |
|---|---|---|---|---|---|---|
| A | 水力 | 水力 | 地熱 | 地熱 | 風力 | 風力 |
| B | 地熱 | 風力 | 水力 | 風力 | 水力 | 地熱 |
| C | 風力 | 地熱 | 風力 | 水力 | 地熱 | 水力 |

iii．次の表は利根川，石狩川，北上川，信濃川の４つの河川の長さ，流域面積，その河川が流れている都道府県数を示したものである。表中の**ア〜エ**から北上川にあてはまるものを一つ選べ。

| | 河川の長さ | 流域面積 | その河川が流れている都道府県数 |
|---|---|---|---|
| **ア** | 367km | 11,900平方km | 3 |
| **イ** | 322km | 16,840平方km | 6 |
| **ウ** | 268km | 14,330平方km | 1 |
| **エ** | 249km | 10,150平方km | 2 |

総務省統計局日本統計年鑑（第71）R4　第1章 国土・気象 1-5 主な水系
www.stat.go.jp/data/nenkan/71nenkan/01.html

(5)　下線部⑤について，次の問いに答えよ。

i．次の文章は世界の結びつきと交通手段について説明したものである。下線部**ア〜エ**から，**適当でないもの**を一つ選べ。

> 交通手段の発達は，地球上の時間距離を大幅に縮めた。人間の長距離の移動では，**ア** 航空機が主要な交通機関となっている。**イ** 2015年から2019年にかけては，外国へ行く日本人の数よりも日本を訪れる外国人の数のほうが多かった。一方，物資輸送に関しては，航空機に比べて速度の遅い船舶は，**ウ** 重量あたりの輸送費用が高い。比較的近い距離を頻繁に輸送するには，自動車の役割が大きい。**エ** 鉄道は自動車よりも大気汚染など環境に与える負荷が小さく，長距離の物資輸送における役割が見直されている。

ii. 次の表は，世界の人口上位10カ国の人口に関する資料である。**A**～**C**にあてはまる国名の組合せとして最も適当なものを下の**ア**～**カ**から一つ選べ。

| | 人口密度（人／$km^2$） | 出生率（‰） | 死亡率（‰） | 65歳以上の人口割合（%） |
|---|---|---|---|---|
| バングラデシュ | 1116 | 17.9 | 5.5 | 5.5 |
| **A** | 420 | 20.0 | 6.2 | 5.5 |
| パキスタン | 277 | 27.8 | 6.9 | 3.3 |
| **B** | 223 | 37.4 | 11.6 | 3.2 |
| インドネシア | 143 | 17.7 | 6.5 | 6.5 |
| 中国 | 150 | 10.5 | 7.1 | 12.6 |
| メキシコ | 66 | 16.5 | 5.9 | 7.4 |
| アメリカ | 34 | 12.4 | 8.5 | 16.0 |
| **C** | 25 | 14.3 | 6.2 | 9.2 |
| ロシア | 9 | 9.8 | 13.3 | 12.9 |

※パーミル（‰）は1000分の1を1とする単位（千分率）であり、1‰は0.1%となる。　（『世界国勢図会2022／2023』より作成）

| | **ア** | **イ** | **ウ** | **エ** | **オ** | **カ** |
|---|---|---|---|---|---|---|
| **A** | ナイジェリア | ナイジェリア | インド | インド | ブラジル | ブラジル |
| **B** | インド | ブラジル | ナイジェリア | ブラジル | ナイジェリア | インド |
| **C** | ブラジル | インド | ブラジル | ナイジェリア | インド | ナイジェリア |

(6)　下線部⑥について，次の問いに答えよ。

i．三大穀物について，その生産上位国を示した下記の円グラフ**A**～**C**の各穀物名として最も適当なものを**ア**～**カ**から一つ選べ。

三大穀物 A

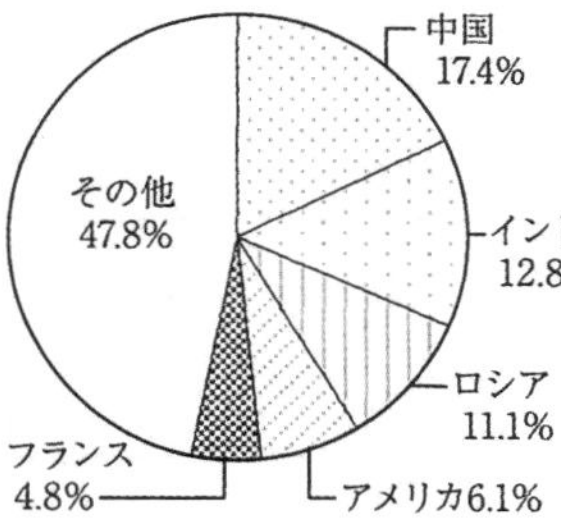


三大穀物 B

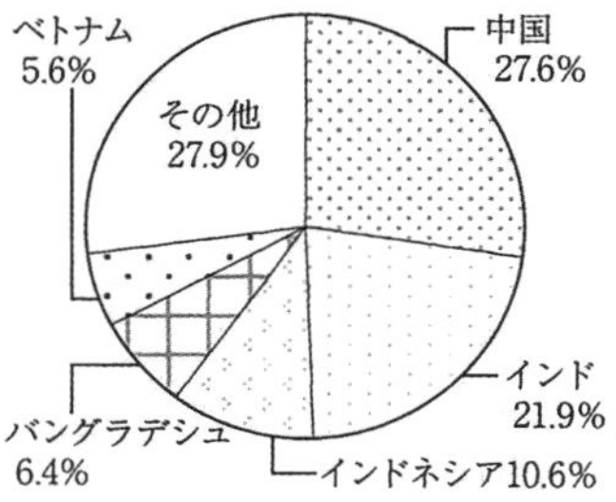


三大穀物 C

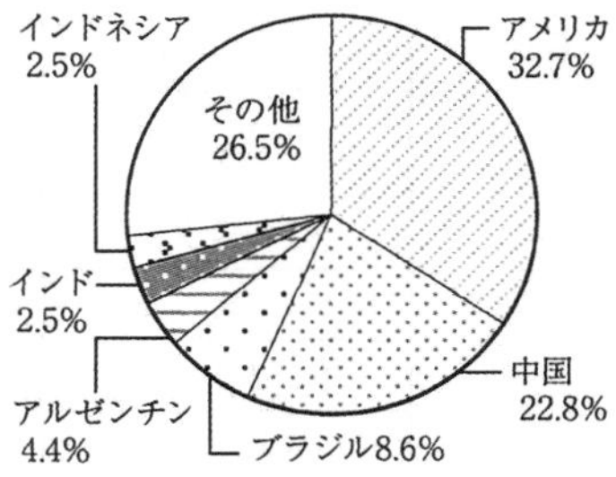


（『地理統計要覧2020年版』より作成）

| | ア | イ | ウ | エ | オ | カ |
|---|---|---|---|---|---|---|
| A | 米 | 米 | 小麦 | 小麦 | とうもろこし | とうもろこし |
| B | 小麦 | とうもろこし | 米 | とうもろこし | 米 | 小麦 |
| C | とうもろこし | 小麦 | とうもろこし | 米 | 小麦 | 米 |

ii．アメリカ合衆国の農業を説明した次の文中**ア**～**オ**には，「高い」または「低い」のいずれかの用語が入る。「高い」が入る記号を**すべて**選べ。

> アメリカ合衆国では早くから農業の機械化が進み，労働生産性の[ ア ]農業が行われている。大規模な農業が行われているため，労働人口に占める農業人口の割合は[ イ ]。また，アジアの稲作などの労働集約的な農業と比べると，土地生産性は[ ウ ]。世界全体の農産物輸出に占めるアメリカ合衆国の割合は[ エ ]が，オーストラリアなどと比較すると，自国の農産物生産量に占める輸出量の割合はやや[ オ ]。

iii. 次の表は秋田県，和歌山県，兵庫県，熊本県に関する統計である。
兵庫県を表中の**ア〜エ**から一つ選べ。

| | 農業生産額（億円） | 65歳以上人口割合（%） | 県庁所在地の年平均気温（℃） | 県庁所在地の年間降水量（mm） |
|---|---|---|---|---|
| **ア** | 1116 | 32.2 | 16.7 | 1316 |
| **イ** | 3475 | 30.1 | 16.9 | 1985 |
| **ウ** | 1745 | 35.6 | 11.7 | 1686 |
| **エ** | 1690 | 28.3 | 16.7 | 1216 |

（『データでみる県勢2021』より作成）

（7） 下線部⑦について，南北アメリカ大陸では，ある世界宗教がもっともひろく信仰されている。そのうちおもに信仰されている宗派が異なる。アメリカ合衆国やイギリス，北ヨーロッパでひろく信仰されている，ある世界宗教の宗派を答えよ。

（8） 下線部⑧について，次の表は，イギリス・イタリア・ロシアと，その国で主に使われている言語および，「こんにちは」を意味する表現のうち，一つの例をあげている。

| | 主な言語 | こんにちは |
|---|---|---|
| イギリス | 英語 | Good afternoon |
| イタリア | イタリア語 | Buon giorno |
| ロシア | ロシア語 | Доброе утро |

表中の言語と「こんにちは」の表現を参考に，次のⅠ〜Ⅲの言語の組合せとして最も適当なものを，**ア〜カ**から一つ選べ。

Ⅰ：「добрий день」　　Ⅱ：「Guten Tag」　　Ⅲ：「Boa tarde」

| | **ア** | **イ** | **ウ** | **エ** | **オ** | **カ** |
|---|---|---|---|---|---|---|
| Ⅰ | ウクライナ語 | ウクライナ語 | ドイツ語 | ドイツ語 | ポルトガル語 | ポルトガル語 |
| Ⅱ | ドイツ語 | ポルトガル語 | ウクライナ語 | ポルトガル語 | ドイツ語 | ウクライナ語 |
| Ⅲ | ポルトガル語 | ドイツ語 | ポルトガル語 | ウクライナ語 | ウクライナ語 | ドイツ語 |

**II**　次の日本列島の食文化に関する表と，歴史上の人物についての文章Ａ～Ｆを読んで，あとの問いに答えよ。

古い

人々はマンモスなどの大型動物や木の実などを食べていた…①

（あ）

稲作が伝わり，人々は石包丁で摘んだ稲や粟，豆などを食べていた…②

（い）

禅宗の僧侶が大陸から茶を伝えた…③

（う）

カステラなど新しい食べ物がもたらされた…④

（え）

牛鍋が流行するなど，食文化の西洋化がはじまった…⑤

（お）

米などの配給制がはじまった…⑥

（か）

新しい

Ａ　立憲政治の確立につとめ，初代内閣総理大臣になるとともに⑦憲法制定にたずさわった。

Ｂ　中国から⑧琉球王国を通じて伝えられた甘藷の栽培に成功した。

Ｃ　⑨革命後の混乱の中，軍人として名をあげ皇帝となり，革命の諸原理を法律にして定着させる一方で，革命に干渉した諸外国の大部分を武力で征服した。

Ｄ　分裂した朝廷による内乱を終わらせて国内をしずめ，⑩中国や朝鮮とも外交・貿易を行い，中国の皇帝から「日本国王」と認められた。

Ｅ　⑪女性の人権について訴えていた15歳の時，武装勢力に襲撃された。一命を取り留めた後も，女性の権利の向上について訴え続けている。「一人の子ども，一人の教師，１冊の本，そして１本のペン，それで世界を変えられます。」との言葉が知られている。

Ｆ　⑫長期間にわたって権力を握り，「この世をば　わが世とぞ思ふ　望月の　欠けたることもなしと思へば」という歌で知られている。

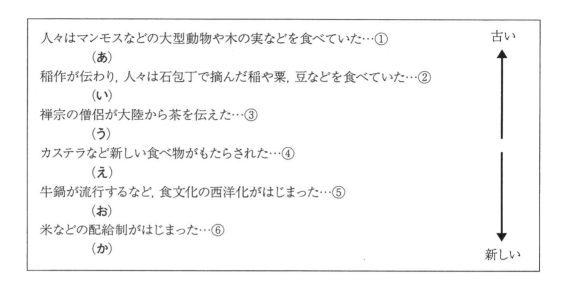

(1)　①の時期に関して述べた次の文X・Yについて，その正誤の組合せとして正しいものを，下の**ア～エ**から一つ選べ。

X　人々は打製石器を使用し，互いに協力して狩猟をしていた。
Y　人々は土器を使用し，肉や木の実を調理していた。

**ア**　X 正　Y 正　　**イ**　X 正　Y 誤
**ウ**　X 誤　Y 正　　**エ**　X 誤　Y 誤

(2)　②の時期に関して述べた次の文a～dについて，正しいものの組合せを，下の**ア～エ**から一つ選べ。

a　人々は竪穴住居に暮らし，集落の周囲に形成された貝塚からは青銅製の鏃《やじり》が見つかっている。
b　人々は竪穴住居に暮らし，収穫物を共同の高床倉庫などに蓄えた。
c　人々は同じ場所に住み，ムラをつくったが，貧富の差はまだなかった。
d　人々は同じ場所に住み，ムラをつくったが，土地や水の利用をめぐる争いからムラどうしの戦いも起きるようになった。

**ア**　a，c　　**イ**　a，d　　**ウ**　b，c　　**エ**　b，d

(3)　③の時期に関して述べた次の文X・Yと，それに該当する語句a～dとの組合せとして正しいものを，下の**ア～エ**から一つ選べ。

X　この時期，中国に渡った僧侶により，禅宗がもたらされた。
Y　この時期，「南無阿弥陀仏」と念仏を唱えれば，だれでも極楽浄土に生まれ変われるとの教えが広がった。

a　空海　　b　道元　　c　法然　　d　日蓮

**ア**　X－a　Y－c　　**イ**　X－a　Y－d
**ウ**　X－b　Y－c　　**エ**　X－b　Y－d

(4)　④の時期における海外との交流について示した次の写真a～cについて，古いものから年代順に正しく配列したものを，下の**ア～カ**から一つ選べ。

a

b

c

出題の都合で出典は非掲載とします

**ア**　a→b→c　　**イ**　a→c→b　　**ウ**　b→a→c
**エ**　b→c→a　　**オ**　c→a→b　　**カ**　c→b→a

(5)　⑤の時期に関して述べた次の文X・Yについて，その正誤の組合せとして正しいものを，下の**ア～エ**から一つ選べ。

X　この時期，政府は強力な軍隊をつくるため，兵農分離を徹底して武士を兵士として徴兵した。

Y　この時期，政府は土地の売買を認めた上で，土地所有者に税を納めさせる農地改革を行った。

**ア**　X正　Y正　　**イ**　X正　Y誤　　**ウ**　X誤　Y正　　**エ**　X誤　Y誤

(6)　⑥の時期に関して述べた次の文a～dについて，正しいものの組合せを，下の**ア～エ**から一つ選べ。

a　国民生活の統制を進める政府は，「ぜいたくは敵だ」として高価な洋服や宝石の指輪などの製造・販売を禁止した。

b　国民生活の統制を進める政府は，質素・倹約を勧め，商品作物の栽培を制限して米の生産を奨励し，各地に倉を設けて米を蓄えさせた。

c　日本は宣戦布告のないままに中国に対する戦争を拡大し，国際的な孤立を深めた。

d　日本は宣戦布告のないままに中国に対する戦争を拡大し，二十一か条の要求を提出した。

**ア**　a，c　　**イ**　a，d　　**ウ**　b，c　　**エ**　b，d

2023年度

# 高校一般入学試験問題

# 社　会

（40分）

## 注意事項

◎「始め」の合図があるまで中を見てはいけません。

◎ 解答用紙は別になっています。

◎ 解答は全て解答用紙の所定の欄に記入しなさい。

◎ 解答用紙だけ提出し，問題は持ち帰りなさい。

◎ 教科書中に漢字で書かれている語句は，全て漢字で答えなさい。

Ⅲ　問1　次の文章を読み，各問いに答えよ。

青色のBTB溶液に呼気を吹き込んで緑色にしたものを2本の試験管**A**と**B**に入れ，試験管**A**には水草を入れてからそれぞれにゴム栓をした。次に，図1のように，明るい場所にしばらく置くと，試験管**A**の液の色は変化したが，試験管**B**の液の色は緑色のままであった。また，試験管**A**の水草から葉をとり，熱湯につけてから葉を脱色し，水洗いしてからヨウ素液につけると,青紫色に変わり，デンプンができていることがわかった。また，図2は，この実験で使った水草の茎の断面を示したものである。ただし，管①は茎の表皮側に，管②は茎の中心側にある。

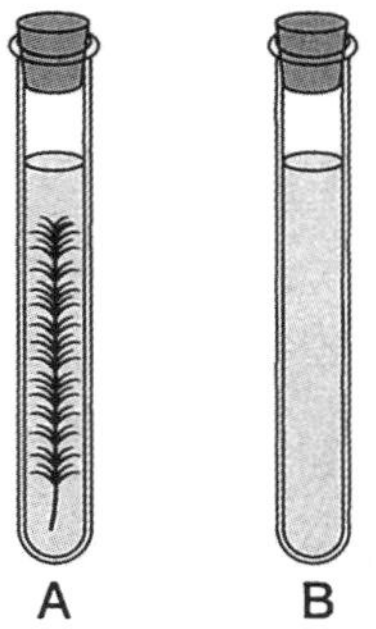


図1

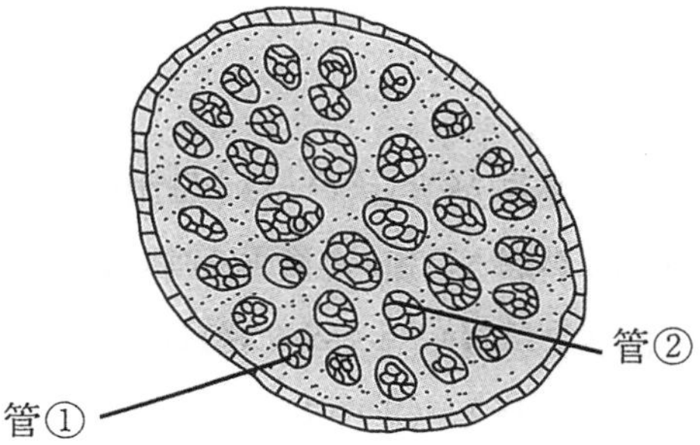


図2

（1）　試験管**A**の中の水草のはたらきについて述べた文として最も適当なものを，次の**ア**～**オ**から1つ選び，記号で答えよ。

**ア**　試験管**A**の中の水草は，呼吸より光合成をさかんに行った。そのため，液中の二酸化炭素が減り，液の色は青色に変化した。

**イ**　試験管**A**の中の水草は，光合成より呼吸をさかんに行った。そのため，液中の二酸化炭素が増え，液の色は黄色に変化した。

**ウ**　試験管**A**の中の水草は，呼吸より光合成をさかんに行った。そのため，液中の酸素が増え，液の色は黄色に変化した。

**エ**　試験管**A**の中の水草は，光合成より呼吸をさかんに行った。そのため，液中の酸素が減り，液の色は青色に変化した。

**オ**　試験管**A**の中の水草は，光合成だけを行った。そのため，液中の二酸化炭素と酸素が減り，液の色は青色に変化した。

Ⅱ　17 Vの電源に抵抗の大きさの等しい7つの抵抗A～Gを導線でつないで図1のような回路を作った。このとき，回路全体に流れる電流が3Aだった。次の問いに答えよ。なお，導線には抵抗はないものとし，答えが割り切れない場合は，小数第1位を四捨五入し，整数で求めよ。

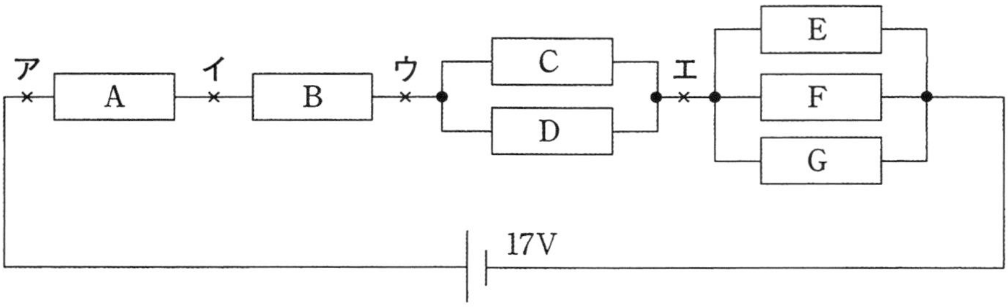


図1

（1）　抵抗Aの抵抗の大きさは何Ωか。

（2）　抵抗Aに加わる電圧は何Vか。

（3）　抵抗AとBをつなぐ導線の両端間に加わる電圧は何Vか。

（4）　抵抗A～Gのうち，1秒間あたりの発熱量が最も大きい抵抗の発熱量は，最も小さい抵抗の発熱量の何倍になるか。

（5）　40分間電流を流したとき，抵抗Cで消費する電力量は何Whか。

（6）　図1の**ア**～**エ**の×の2か所を導線でつないだとき，回路全体の消費電力が最大になるつなぎ方はどれか。2か所の位置を**ア**～**エ**の記号で答えよ。また，そのときの回路全体の消費電力は何Wか。

次に，図2のように抵抗Fと電源の位置を入れ換え，抵抗C，Dをそれぞれ4Ωの抵抗H，Iに換えた。

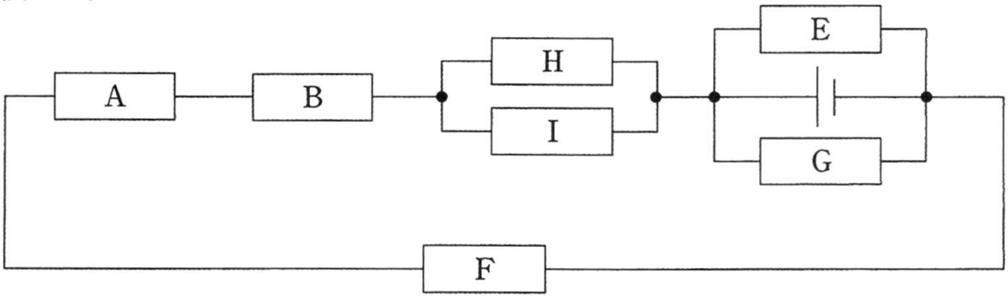


図2

（7）　抵抗H，Iの消費電力の合計は何Wか。

(4)　【実験操作3】について，アンモニアの代わりに塩化水素を用いて同様の実験を行った。このときに起こる現象として適当なものを，以下の**ア**～**カ**から3つ選び，起こる順番の通りに並べて記号で答えよ。

**ア**　水そう内のフェノールフタレイン溶液がフラスコに吸い上げられる。

**イ**　塩化水素が水に溶け，フラスコ内の気圧が高くなる。

**ウ**　塩化水素が水に溶け，フラスコ内の気圧が低くなる。

**エ**　塩化水素が溶けたことでフェノールフタレイン溶液が酸性になり，溶液の色が変化する。

**オ**　塩化水素が溶けたことでフェノールフタレイン溶液が酸性になるが，溶液の色は変化しない。

**カ**　塩化水素が水に溶ける際に発熱し，発熱によりフェノールフタレイン溶液の色が変化する。

問2　アンモニアの性質について調べるため，次のような実験を行った。これについて，各問いに答えよ。

【実験操作1】（　①　）と（　②　）を混合して加熱し，発生したアンモニアの気体を捕集した。

【実験操作2】塩酸をつけたガラス棒を，アンモニアを捕集した丸底フラスコに近づけた。

【実験操作3】アンモニアで満たした丸底フラスコを用いて図2のような装置を組み，スポイトでフラスコ内に水を入れた。

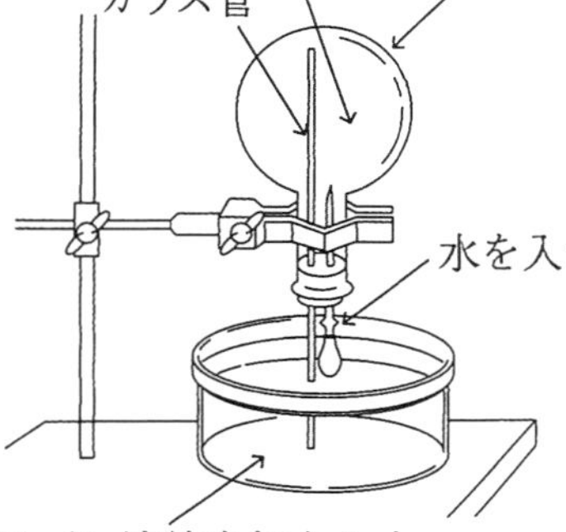


図2

(1)　【実験操作1】について，空欄（　①　）と（　②　）に当てはまる物質の組み合わせとして最も適当なものを，以下の**ア**～**エ**から1つ選び，記号で答えよ。

**ア**　塩化水素と炭酸アンモニウム

**イ**　塩化カルシウムと酢酸アンモニウム

**ウ**　窒素と酸素

**エ**　水酸化カルシウムと塩化アンモニウム

(2)　【実験操作1】について，アンモニアの捕集方法として最も適当なものを，以下の**ア**～**ウ**から1つ選び，記号で答えよ。

**ア**　上方置換法　　　**イ**　下方置換法　　　**ウ**　水上置換法

(3)　【実験操作2】において，塩酸から発生した塩化水素とアンモニアが反応して白煙を生じるときの化学反応式を書け。

# 理　　科

（2023高一理科）

**I**　問1　次の文章を読み，各問いに答えよ。

炭酸水素ナトリウムは，常温では固体の物質である。重曹《じゅうそう》という別名でも知られ，身近なところでよく利用される物質のひとつである。たとえば，加熱すると（　①　）と（　②　）が生成することから，お菓子作りなどに利用されている。

（1）　文中の空欄（　①　）と（　②　）に当てはまる語句として最も適切なものを以下の**ア**～**ク**からそれぞれ1つずつ選び，記号で答えよ。

**ア**　酸素　　**イ**　水素　　**ウ**　窒素　　**エ**　二酸化炭素　　**オ**　塩化水素
**カ**　水酸化ナトリウム　　**キ**　アルコール　　**ク**　水

（2）　下線部について，この反応の化学反応式を書け。ただし，この反応では（　①　）と（　②　）以外の物質も生成する。

（3）　下線部の実験を行う際，図1のような実験装置を組み立てた。このとき，炭酸水素ナトリウムを入れた試験管の口を下げておくのはなぜか。この理由の説明として最も適当なものを，以下の**ア**～**エ**から1つ選び，記号で答えよ。

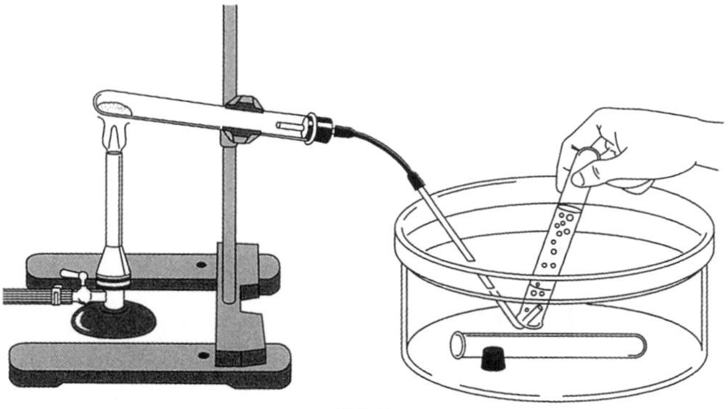

図1

**ア**　生成する気体が空気より軽く，口を下げないとゴム管を通らないから。
**イ**　口を下げないと水槽の水が試験管に逆流してしまうから。
**ウ**　バーナーの火が近すぎると，試験管が割れてしまうから。
**エ**　生成した液体が試験管の加熱部に流れると，試験管が割れてしまうから。

２０２３年度

# 高校一般入学試験問題

# 理　　科

（40分）

**注　意　事　項**

◎「始め」の合図があるまで中を見てはいけません。

◎ 解答用紙は別になっています。

◎ 解答は全て解答用紙の所定の欄に記入しなさい。

◎ 解答用紙だけ提出し，問題は持ち帰りなさい。

Part 2

[ A ]

Welcome to the news for January 23rd, 2023. I'm your host, Charlie Smalls. We start with news from Turin, Italy. The mayor of Nagoya arrived at the airport in Turin, also called Torino, early yesterday morning. Nagoya and Turin have been sister cities since 2005. Today, the mayors of both cities held a conference at the city hall. They announced several new study-abroad programs planned for 2023. Both mayors said they are looking forward to restarting the programs between the local high schools. Finally, the two mayors said that tomorrow they will visit the beautiful mountains, which are well-known for skiing.

[ B ]

Now let's talk more about Turin and the sister city relationships of Nagoya. Actually, Turin is the second newest of Nagoya's sister cities. The relationship began eighteen years ago. Turin is interesting because it is both similar and different from Nagoya. Both cities have the fourth largest populations in their countries. However, Nagoya has many more people and a much hotter climate. In total, Nagoya has six sister cities. This includes sister cities in North America, China, Europe, and Australia. The first of the six is in the United States, Los Angeles. It has been a sister city since 1959.

# 英　　　語

（2023高一英語）

| |
|---|
| Ⅰのリスニング問題は試験開始から数分後に行う。それまで他の問題を解いていること。 |

Ⅰ　【リスニング問題】 放送をよく聞いて，問いに答えよ。

※教英出版注
音声は，解答集の書籍ＩＤ番号を教英出版ウェブサイトで入力して聴くことができます。

## Part 1

これから放送する新任英語教員Mr. Wiseとの対話を聞き，続きの内容として最も適当なものをそれぞれ**ア～エ**より１つ選び，記号で答えよ。なお，英語は２度読まれる。

(1)　ア　I've been studying Japanese.
　　イ　Since 10 a.m. this morning.
　　ウ　Not yet.
　　エ　For five years.

(2)　ア　enjoying my free time.
　　イ　glad to hear that.
　　ウ　going to visit Japan soon.
　　エ　sure you will.

(3)　ア　free to ask me anything.
　　イ　this for homework.
　　ウ　like writing your sentences.
　　エ　about your introductions.

(4)　ア　I've been teaching since last week.
　　イ　I'll teach that class tomorrow.
　　ウ　I've wanted to teach since coming to Japan.
　　エ　I'll try my best.

## Part 2

名古屋と，イタリアにある姉妹都市Turin（トリノ）に関する英語のニュースを聞き，[A]と[B]の問いに答えよ。なお，英語は1度しか読まれない。

[A]

1月23日にだれが，何を，どこでしたのか，合うものを以下の表中の**ア**～**エ**よりそれぞれ1つずつ選び，記号で答えよ。

(1) Who

| | | | |
|---|---|---|---|
| **ア**<br>the mayor of Nagoya | **イ**<br>the mayor of Turin | **ウ**<br>both mayors | **エ**<br>the host |

(2) What

| | | | |
|---|---|---|---|
| **ア**<br>arrived in Italy | **イ**<br>held a conference | **ウ**<br>studied abroad | **エ**<br>took a tour |

(3) Where

| | | | |
|---|---|---|---|
| **ア**<br>the airport | **イ**<br>the local high schools | **ウ**<br>the mountains | **エ**<br>the city hall |

[B]

ニュースの続きを聞き，正しい情報を**ア**～**カ**より3つ選び，出てくる順に並び替え，記号で答えよ。

**ア** Los Angeles was the first of Nagoya's five sister cities.
**イ** Turin became a sister city with Nagoya in 2005.
**ウ** Nagoya and Turin have the same population size.
**エ** Nagoya plans to have new sister cities in China and Australia.
**オ** Nagoya and Turin are the fourth largest cities in their countries.
**カ** Turin is famous for its hot climate.

※この問題は学校当局により全員正解となりました。

Ⅱ　対話とそれに関する資料（[A]，[B]）やEメールのやり取り（[C]）を読んで，それぞれの問いに答えよ。

[A]

Alex : Hello, Rina. What are you doing?

Rina : Hi, Alex. I'll go to Asahi zoo next week for a field trip, so I'm planning how I will go around there.

Alex : I've been there before. I saw a lot of animals and birds. What is your plan?

Rina : I will arrive at the zoo at 10:00. I'll go to the Yellow Area first and look at some elephants or lions. After that, I'll visit the Green Area. I can see lots of monkeys and colorful birds there.

Alex : I really liked the monkeys. They act like humans. Where will you eat lunch?

Rina : I have to go to the rest area at 12:00 and eat lunch with classmates for about an hour. After lunch, I will buy some goods at the store. I'll go to the Blue Area to look at the polar bears after shopping.

Alex : Are you going to watch one of the animal *feedings?

Rina : Yes, of course! I'm going to see the tiger feeding at 14:00. After I see that, I will go to some other areas. Finally, I have to leave the zoo at 16:00.

Alex : It sounds fun! If you like penguins, you should watch the Penguin Walk. Penguins are so cute when they walk.

Rina : I like penguins so much!

【注】feeding：餌やり

| | Elephant Feeding | Tiger Feeding | Gorilla Feeding | Monkey Show | Penguin Walk |
|---|---|---|---|---|---|
| Place | Yellow Area | Yellow Area | Green Area | Green Area | Blue Area |
| Time | 10:30～<br>12:30～<br>(20 minutes) | 12:00～<br>14:00～<br>(20 minutes) | 11:15～<br>13:15～<br>(20 minutes) | 10:00～<br>14:00～<br>16:00～<br>(15 minutes) | 9:30～<br>12:30～<br>15:30～<br>18:30～<br>(15 minutes) |

(1) Which one of these is true?

ア Alex's favorite animals in the zoo are the lions.
イ Rina will visit the Green Area second.
ウ Alex will see the Penguin Walk when he visits the zoo next time.
エ Rina will visit the polar bears in the Green Area.

(2) What time can Rina watch the Penguin Walk?

ア At 9:30.
イ At 12:30.
ウ At 15:30.
エ At 18:30.

[B]

Yumi : Hi, Mike. Do you have any plans for this weekend?

Mike : Hello, Yumi. I'm going to go to a movie with my host family on Saturday, but I don't have any plans on Sunday.

Yumi : Why don't we go to *rakugo*? Our city will hold a *rakugo* show next Sunday.

Mike : Ahh... . What is *rakugo*?

Yumi : It is a kind of traditional Japanese *entertainment. We can enjoy it in English on that day. I heard your hobby is watching comedy, so you will like *rakugo*, too.

Mike : I see. I'd like to go. Do we need reservations?

Yumi : We don't have to, but I'd like to make reservations. I want to try the stage experience, and it will be a good way for you to study Japanese culture.

Mike : Sounds good! Will you make the reservations for us?

Yumi : Sure!

English *Rakugo*

*Rakugo* is traditional Japanese comic storytelling that has a history of about 400 years. *Rakugo* performers tell stories of everyday life *comically, and use only a fan and a towel in their performance. Their storytelling skills will make you happy.

Date/Time: November 11 (Sun.) / 3:00p.m.
Place: Midori City Hall

Program:
1. Time Noodle (*Toki Soba*) 20 min
2. My Favorite (*Manju Kowai*) 20 min
3. Haunted House (*Sara Yashiki*) 20 min
(Between each performance, there is a five-minute break.)

★If you make a reservation, you will be able to experience the *rakugo* stage with the performers and take pictures with them after all performances. The *rakugo* stage experience will take 30 minutes. You can make reservations through the city hall website. Even if you don't make a reservation, you can watch the performance.

【注】entertainment：芸能　　comically：面白おかしく

２０２３年度

# 高校一般入学試験問題

# 英　　語

(50分)

## 注　意　事　項

◎「始め」の合図があるまで中を見てはいけません。

◎ 解答用紙は別になっています。

◎ 解答は全て解答用紙の所定の欄に記入しなさい。

◎ 解答用紙だけ提出し，問題は持ち帰りなさい。

（7） 1次関数 $y=-2x+1$について，$x$の変域が$-2 \leqq x \leqq 5$のとき，$y$の変域を不等号を用いて表せ。

（8） 2次方程式 $x^2-x+a=0$の1つの解が$x=-11$であるとき，もう1つの解を求めよ。

（4） 次のデータは，ある中学生20人が10点満点のテストをしたときの得点である。
このデータの中央値と範囲を求めよ。

（単位：点）

| | | | | | | | | | |
|---|---|---|---|---|---|---|---|---|---|
| 5 | 2 | 7 | 4 | 9 | 9 | 4 | 6 | 9 | 9 |
| 8 | 9 | 10 | 8 | 5 | 9 | 8 | 1 | 5 | 7 |

（5） 次の角度$x$を求めよ。ただし，$\overset{\frown}{AB}=\overset{\frown}{BC}$，点Aは円Oの接線$\ell$の接点とする。

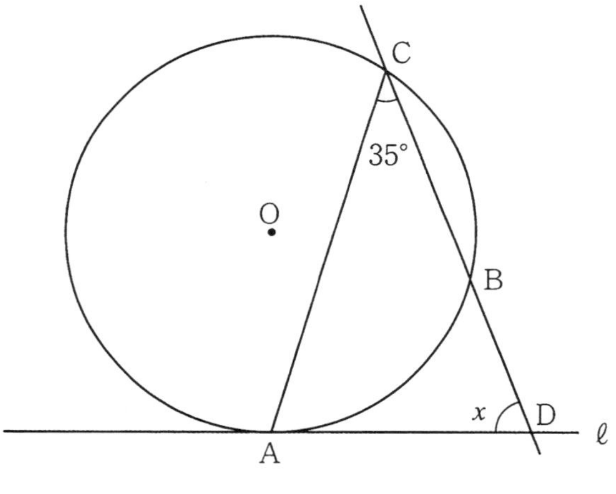


（6） 0から9の数字が表に書かれたカードがそれぞれ1枚ずつある。この10枚のカードを裏返しにしてよく混ぜて，2枚を同時に取り出すとき，2枚のカードに書かれている数字の和が3の倍数になる確率を求めよ。

# 数　　学

（2023高一数学）

I　次の問いに答えよ。

（1）$-\dfrac{3}{2}\div\dfrac{3^2}{2^3}-\dfrac{12}{13}\times\left(\dfrac{7}{6}-\dfrac{4}{9}\right)$を計算せよ。

（2）$2x^2-10x+12$ を因数分解せよ。

（3）$(\sqrt{5}+\sqrt{7})(\sqrt{5}-\sqrt{7})+(\sqrt{8}-1)^2+\sqrt{18}$ を計算せよ。

２０２３年度

# 高校一般入学試験問題

# 数　　学

（50分）

## 注意事項

◎「始め」の合図があるまで中を見てはいけません。

◎ 解答用紙は別になっています。

◎ 解答は全て解答用紙の所定の欄に記入しなさい。

◎ 解答用紙だけ提出し，問題は持ち帰りなさい。

◎ 円周率は $\pi$ とします。

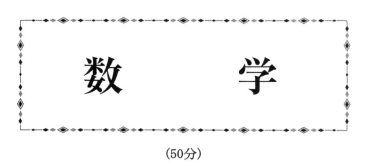

「私は」
父は少し顔を歪《ゆが》めるようにして話した。
「言葉を取り繕っているつもりはないんだ。君がもっと小さい時から、子供扱いして適当なことを話してきたつもりはない」
俺はうなずいた。それはそうだと思う。
「ただ、心の底から真実を話しているつもりでも、そう思ってもらえないことがある。お母さんに、君のお母さんに、よく言われた。彼女はいつも不満だったようだ」
父は眉をひそめた。
「なぜ怒らないのかとよく言われた。あなたは怒っているはずなのに、私を怒らない。神様が私を許すはずだから、自分も許さなければいけないと思っている。人間のくせに、神様を気取っている」
父の声に母の声がかぶって聞こえてきた。鳥膚《とりはだ》がたつように皮膚がぴりぴりした。
「おそらく百まで生きたとしても、こんなに厳しい言葉を投げつけられることはないと思う。神に仕えるものが神を気取るなど、これ以上はない冒瀆《ぼうとく》だ」
母の言いたいことはよくわかる。さっき、祖母も言っていた。父は正しい――その正しさが、欠点だらけの人間には、まがいものの神のように思えることがあるんだ。そう思わないと、やりきれないのかもしれない。
父の顔には、正視できないような苦さがにじんでいた。俺は思わず、視線をそらした。
「いつも、彼女のためにと考えてきたつもりだ。それすら、重荷でしかなかったようだ」
「①お父さんから、神様を引き算してみたかったんじゃないのかな、お母さんは」
俺は言った。
父はまじまじと俺を見つめた。

「どうして、そんなことができる？　神はいつもわれわれと共におられるのに」

俺の身体に鋭く震えが走った。メシアンの曲じゃないか。(1)いまいましい例の曲だ。『神はわれらのうちに』。

「すべての人が、お父さんみたいに信仰を持っているわけじゃないよ」

俺は突き放すように言った。

母は、父の中の最上位のポジションを懸けて、神様と争っていたのだろうか。なんと無駄な。なんと不毛な。母は父を堕落させたかったのだろうか。母のリンゴを父は食べなかった。そして、母だけがエデンの園を追放された。誘惑されなかったアダムは、老いて孤独でひどく虚《うつ》ろに見えた。

〈中略〉

父の疲れた目は静かに俺を見据えた。

「人を愛さない人間は神を愛せないし、神を愛せない者は真に人を愛することはできない。神への愛は、生きとし生ける、あらゆる生命への愛だ。身近な者を心から愛し、敬い、大切にすることは、そのまま、一つの信仰の形となる」

「もういいよ」

と俺は言った。自分が持ち出した話題だけど、教会での説教みたいな話は聞きたくない。

「このくだらない下界に生きていると、②踏み絵みたいな目にあうこともあるだろう？　もし、お母さんが、私を本当に愛しているなら、信仰を捨ててくれと泣きついたら、どうしたのさ？　どうせ、お父さんは、今みたいな教会用の説教をするだけで、お母さんが求めるイエス、ノーの答えなんて言いはしないだろ」

「なんで、信仰を捨てることを求めたりするんだ？」

「罪深いお父さんが見たいんだよ。泥にまみれた……」

「③私は十分すぎるくらい罪深い。泥にまみれている」

「そうは見えないんだよ」
父は急に俺に背を向けると、机の引き出しから、かなり大きめの茶封筒を取り出した。そして、黙って、それを俺に差し出した。
「お母さんからの手紙だ。君宛の」
父の言葉に、俺は袋を受け取ろうとした手を途中で止めた。
「お母さんは、シュルツ氏とは二年で離婚している。それからもドイツに残り、ノイスという町で、知り合いを頼って働きながら一人で暮らしている。教会でオルガンを弾く仕事もしているらしい」
父の手にしている茶封筒をにらむように見ながら、俺は話を聞いていた。離婚、一人で暮らしている、オルガンを弾く仕事……(2)父の声が断片的に頭に突き刺さる。知らなかった。何も知らなかった。母はあの男と幸せに暮らしているものだと信じこんでいた。なぜ、そんなことも知らずにいたのだろう。ただ、聞かなかったからか。
「彼女が離婚して一年くらいしてから、最初の手紙が届いた」
父は話を続けた。
「それは、私宛で、報告のような短い手紙だった。こちらも近況を書き送った。また、半年くらいたってから、手紙が来た。私宛に短い手紙、君宛に長い手紙。君への手紙は、私が読んでもいいと、そして、私の判断で君に渡すか捨てるかしてくれと書いてあった。私は読んだが、渡すことも捨てることもしなかった。どちらもできずにいると、一《ひと》月に一度のわりで、手紙が届くようになった。君に読ませてはいけない手紙ではなかったし、渡すべきだと思った。でも、私は、それをずっと隠しておいた。罪深い行いだ」
「なんで?」
俺はとまどいながら尋ねた。父らしくない。
父はしばらく黙っていた。
「お母さんが出ていってしまってから、君がここで幸せでないことはよくわかっていた。私は、先行きの不安定な外国の暮らしに君を送り出すつもりはなかったので、親権のことでは最後まで争うつもりだったが、君が自分から残ると言ってくれるとは思っていなかった。嬉しかった。あの時、本当に唯一の救いだった。君が。君自身が。そして、君の判断が」

父は俺をじっと見つめた。

「でも、私が君にしてあげられることは、多くないと、日に日に思うようになった。君には明らかに、彼女が必要だった。知らない外国人の継父がいても、別れて生活が困窮しても、それでも、お母さんと一緒にいたら、君は幸せなのかもしれない。この手紙を見せたら、君は彼女のところに行ってしまうかもしれないと思った。だから、隠していた。ここの安定した生活が君のためだと判断したというより、ただ、彼女に君を取られるのがいやだった。私のわがままだ。見栄かもしれない。嫉妬かもしれない。なんにせよ、正しくない考えだ。罪深い……。いくら、神に祈っても、詫《わ》びても、正しい行動をしなければ、意味がない。救われない」

父の言葉はなかなか俺の頭の中に入ってこなかった。

「俺が……俺は、いい息子じゃない」

俺と父は、仲良しじゃない。こんなふうに［X］を開いて語り合ったのは初めてだし、④常に越えられない溝があり、親子にしては丁寧でよそよそしい間柄だった。

「お父さんは、俺がいたほうがいいの？」

「あたりまえだ」

父は珍しく怒鳴るように答えた。

「ただ、香住を苛立《いらだ》たせていたように、私は君を同じようにいらいらさせているように思える」

父が母の名前を口にするとハッとした。

「そんなんじゃないです。俺は、俺にいらいらしているんで。俺は、ものすごく半端なんで、やることも考えることも」

俺は言った。

「自分でわかってるんだ。俺には深い考えなんてなくて、目先の感情だけなんだ。お母さんのことも、あの時、とても嫌いになって、だから、一緒に行かなかった。それは、今も変わらないよ」

父は俺の手に茶封筒を押しつけた。

「読んでみるといい。考えが変わるかもしれない。いい手紙だ。素直に自分の気持ちや、日々のことが書いてある。お母さんは、文章が上手なんだ。知り合ったばかりの頃、二人ともドイツ留学中だったんだが、近くはなかったので、ずっと文通していた。彼女からの手紙を、どんなに待ち侘《わ》びていたか。自分の手紙を投函した瞬間から、ずっと彼女からの返事を待っていた。その頃を思い出したよ」

「なんで、見せてくれる気になったんです」

俺は尋ねた。時々、父に対しては敬語になるが、感情的に距離を置きたい時にそうするみたいだ。バリヤーを張るみたいに。

「ゆうべ、ずっと思っていた。君にもしものことがあったらと。君がもし、お母さんからの手紙を読まずに、神様の元に行くようなことがあったらと……。そんなふうに心臓に刃を向けられているような状態にならないと、本当の罪の重さがわからなかったりする。なんて、愚かなのだろうとつくづくと考えていた」

⑤「お父さん、ありがとう」

言葉は、ふと口をついてきた。

「俺を欲しがってくれて」

変な言葉だと思った。

「はないちもんめ、じゃないけど」

父はショックを受けたような顔になった。

「君は、私が［　A　］から君を育てているとでも思っていたのか?」
俺は首を横に振った。
「違うよ。でも……」
わがままとか見栄とか嫉妬とか、およそ、父らしくない感情を見せてもらって嬉しかったんだけど、それは口にできなかった。

（佐藤多佳子『聖夜』文春文庫刊）

問一　＝＝＝(1)、(2)の本文中における意味として最も適当なものを、次の**ア**～**オ**からそれぞれ一つずつ選び、記号で答えよ。

(1)「いまいましい」

**ア**　しゃくにさわる　**イ**　現代風である　**ウ**　世にもまれである
**エ**　どうしようもない　**オ**　違和感がある

(2)「断片的」

**ア**　緩やかであるさま　**イ**　切れ切れであるさま　**ウ**　衝撃的であるさま
**エ**　一方的であるさま　**オ**　段階的であるさま

問二 X にあてはまる肉体の一部を表す漢字一字を書け。

問三 ――①「お父さんから、神様を引き算してみたかったんじゃないのかな、お母さんは」とあるが、どういうことか。その説明として最も適当なものを、次の**ア**～**オ**から一つ選び、記号で答えよ。

**ア** 神様への信仰を追求することと家族を支える父親としての役割の間で苦しむ父を助け出し、家族の形を整え、再出発しようと考えていたこと。

**イ** 父のなかで自分を神様よりも大きな存在として認めてもらいたかった母は、神様を否定することによって、父を孤独に追い込もうとしたこと。

**ウ** 神様に忠実な父に対して、母は半ば馬鹿にするような発言で痛烈に非難しながら、家族と離れてひとりだけ家を出て行ってしまったこと。

**エ** どのような状況においても神様のような振る舞いをする父に対して、母は怒りや不満を感じており、信仰をやめさせようとしていたこと。

**オ** まるで神様のような行いで、本心を見せようとしない印象のある父に対して、多少の欠点も含めた人間味のある姿を母は求めていたこと。

問四　――②「踏み絵みたいな目」とあるが、どういう場面か。その説明として最も適当なものを、次の**ア**～**オ**から一つ選び、記号で答えよ。

**ア**　教会での説教を愛する人に向けた愛についての内容にするのか、一般の人々に向けて教訓じみた内容にするのかを決めなければならない場面。

**イ**　神様への信仰心を都合に応じて変化させていくのか、個人として自分の考えに基づいた振る舞いをするのかを決めなければならない場面。

**ウ**　神様を差し置いて自分の気持ちによって行動するのか、自分の気持ちよりも神様の信仰を最後までつらぬき通すのかを決めなければならない場面。

**エ**　神様を軽んじることになろうとも事実を隠すのか、神様の救済を信じて都合の悪いことでも真実を伝えるのかを決めなければならない場面。

**オ**　本当の愛について自分の考えを伝えていくべきか、聖書の話に関連している神様の愛について伝えるべきかを決めなければならない場面。

問五　――③「私は十分すぎるくらい罪深い。泥にまみれている」とあるが、どのような点で、父は「泥にまみれている」のか。六十字以内で説明せよ。

問六　――④「常に越えられない溝」とあるが、何のことか。その説明として最も適当なものを、次の**ア**～**オ**から一つ選び、記号で答えよ。

ア　母との関係を清算し、息子の将来のために様々な考えを巡らせている父と、自分のことを中心に考えている自分との差。

イ　神様の信仰をふまえた正しいことしか認めようとしない父と、場合によっては不正も許されると考える自分との差。

ウ　牧師として信仰に基づいた行いをし、正しくあろうとする父と、父ほどの信仰を持っておらず不完全な自分との差。

エ　牧師としての自分と父親としての自分の間で思い悩む父と、物事を軽く考え、思いつきで行動する自分との差。

オ　母からの息子への思いと自分の息子への考えの間で苦悩する父と、いつまでも精神的に成長できない自分との差。

問七　――⑤「お父さん、ありがとう」とあるが、この言葉を発した一哉の思いの説明として、最も適当なものを、次の**ア**～**オ**から一つ選び、記号で答えよ。

ア　正義感が強く、尊敬すべき存在ではあるが、近寄りがたかった父が自分の母親への感情に理解を示してくれたことで親近感がわいている。

イ　どことなく距離を感じていた父であったが、感情をむき出しにしながら自分への思いを口にしてくれたことで、父へ心を開こうとしている。

ウ　ようやく自分に対する父の偽らざる本音を聞けたことで、父への印象が大きく変わり、これからの二人の新しい関係に期待を寄せている。

エ　父こそが自分を本当に愛してくれる存在であることに気付き、これまで抱いていた負の感情が消えて、父に対して尊敬の念を抱いている。

オ　父に対して素直になれなかった自分ではあるが、孤独に老いていく父を前にしたことで、育ててくれた感謝の思いを伝えようとしている。

問八　［　Ａ　］に入れるのに最も適当な語を、次の**ア**～**オ**から一つ選び、記号で答えよ。

**ア**　危機感　　**イ**　義務感　　**ウ**　緊張感　　**エ**　満足感　　**オ**　劣等感

問九　この文章の表現についての説明として、最も適当なものを、次の**ア**～**オ**から一つ選び、記号で答えよ。

**ア**　父の優しい語り口がかたくなな「俺」の心情を解きほぐしている様子が母の姿を想起させることによって間接的に理解することができる。

**イ**　父の宗教的な話に嫌悪する「俺」と父の生き方に理解を示し始める「俺」とが対照的に書かれており、最終的な和解を際立たせている。

**ウ**　父の長い会話文と「俺」の短い会話文の組み合わせがお互いの気遣いを表しており、父に対する「俺」の屈曲した感情も読み取れる。

**エ**　「俺」と父との会話の合間に「俺」の気持ちや行為の短文が繰り返されており、臨場感を味わいながら円滑に話の展開を追うことができる。

**オ**　宗教的な比喩を用いながらも信仰に対する理解の少ない「俺」の生き方と宗教的価値観の間で揺れる心をテンポよく表現している。

２０２２年度

# 高校一般入学試験問題

# 国　　語

（50分）

## 注意事項

◎「始め」の合図があるまで中を見てはいけません。

◎ 解答用紙は別になっています。

◎ 解答は全て解答用紙の所定の欄に記入しなさい。

◎ 解答用紙だけ提出し，問題は持ち帰りなさい。

名古屋高等学校

2022(R4) 名古屋高
教英出版

# 国　語

（二〇二二高校一般　国語）

一　次の文章を読んで、後の問いに答えよ。（字数制限のある問題は句読点・記号等も一字に数える。）

①世の中では「学びの基本は国語」ということも言われてはいます。その時、人は国語という教科にいったいどういう期待をしているのだろうと、私はいつも不思議に思います。テレビＣＭで、「基本は国語」という音声と共に流れている画面は、幼い子がひらがなを何度も練習する姿だったりします。ひらがなを習い、漢字を習い、むずかしいことばで単文を作り、段落の要約を黒板からノートに書き写し、調べてきたことを発表し……、そういうことを続けていけば、着実にことばの力を稼働《かどう》させ、さまざまな学びを支える、というふうになるのでしょうか。過去、その方法は成功してきたでしょうか。

文部科学省は、詳細な学習指導要領を作成し、一歩一歩さまざまな力を育てる道筋を示していますし、日々日本中の教室で国語の授業は繰り返されています。努力も工夫もされています。でも、どうも想定通りにはいかないようです。小学校高学年に入った頃、勉強の内容が複雑化したり、抽象化したりして、徐々に日常の暮らしから離れていく時期に、ことばが内容を背負いきれない、複雑な思考を進めるためのことばの力を十分に持っていない、という子どもが出てきます。そしてそれは、ドリルやテストをいくらやってもなかなか解決しません。

たぶん、最大の難問は、子どもたちが、勉強の場面で本気になってことばを使っていないという、がっかりするような現実だと思います。

先年、私はＮＨＫで長くラジオ体操の指導をしてきた西川佳克《よしかつ》さんから、例のラジオ体操第一、第二を教えてもらうという体験をしました。ピアニストの加藤由美子さんの生伴奏もついているという贅沢《ぜいたく》な指導です。プロならではの的確な指示で、動かす筋肉を意識し、一つ一つの動作を丁寧(1)にしていきます。生演奏のピアノは、力の強弱、リズム、動きのめりはりを実にうまくリードしてくれました。それはまさに(2)目の覚める体験で、「ラジオ体操ってこんなだっけ？」と驚くようなものでした。第一、第二を終える頃に(3)は全身が熱くなり、汗が噴き出し、情けないことに翌朝は筋肉痛で参りました。本気でちゃんとラジオ体操をしたことが、今まで一度もなかったんだなあ、と痛感しました。なんとなく形だけなぞっていたに過ぎません。過去さんざんやってきたラジオ体操は、ほとんど無駄だったのだろうと思うと、我ながらおかしくなりました。

それと同じことです。本気になって、主体的にことばを使っていない子どもに、何を教えても、私の過去のラジオ体操みたいなもので、狙っているだけの効果を生まないでしょう。ラジオ体操も、勉強も、ちゃんと意識してやらないと無駄が多いというわけです。

子どもを主体的な姿にさせ、本気のことばを教室で引き出すことが、国語力が育つための基本的な条件です。今だって十分本気だと主張する子どももいるだろうけれども、いや、本当の本気はそんなものじゃない、主体的にことばで考えるというのはこうすることなのだ、とリアルに、目の前の子どもに体験させること。そういう時にしか、国語力は本当には育たないはずです。

【　A　】簡単ではありませんが、肝心と言っていいくらい大事な働きかけです。でも、それをするのが仕事だと、国語を教える人たちが覚悟していないのかもしれません。

最初に書いたとおり、日本人の大部分はいつの間にか身につけた日本語ということばを使って、さほど不自由を感じることなく暮らしています。だからほっといてくれ、と思う人も多いでしょう。

けれども、いくら母語であっても、たくましく正確な理解、しっかりとした思考、豊かな発想、的確な表現といったものに適した形で最初から備わっているわけではなくて、身につけているのはあくまで暮らしていくための「普段着」のようなものでしかありません。自然に身についている言葉は、当たり前の日常の中で、気軽に、実用的に使う服、九八〇円のTシャツみたいなものです。それでなんら不足も※痛痒《つうよう》も感じることなく生活することはできます。が、現実を前にそれでは足りないとなったときに、どうするのか。

②普段着の、日常の言葉を超えて身につけたい国語力は、「よそいき」や「正装」、スーツやドレスということになるのか。【　Ｂ　】、普段とは違う種類のことばの在《あ》り様《よう》を追い求めるのか。難しいことに対応するための国語力は、日常のことばの世界とは異なるものなのか？

　どうもそれは違うような気がします。

　しっくりと身について慣れ親しんだ、わざとらしくない、本当に自分のものになっていることばが、最も確かに思考を支えてくれます。たとえば、たまにしか使わない、よそいきの、自分らしくない、自分の力を超えたことばを格好をつけて使っても、実際にはたいして良い結果を生みません。思考は空転し、穴が開き、表現は力を失います。ことばと自分がどんどん離れていきます。そういう着慣れない服を着たようなことばは、他者にも見抜かれます。使い慣れない難しげなことばを頑張ってつかっても、似合わない上にどこか不安げだったりして、「いつものあなたはどこへ行ったの？」「よせやい！」とちゃちゃをいれたいような気分を生みます。

　普段のことばとまったく別のかしこまった、賢そうな特別なことばのセットを持てばいいのではない、ということです。「私のことばの世界」というのは、もちろん広々したものであってほしいですし、具体的に言えば豊かな語彙《ごい》を擁して強靭《きょうじん》かつ多彩であってほしいですが、でも、一つちゃんとしたもの（体系）があればいい。それでもって、日々の暮らしから抽象的思考までをカバーできるようなことばの力。それこそが頼りになる国語力の姿だろうと思います。もし「普段着」の比喩を使うなら、めざすのは他に特別の折のための「よそいき」を手に入れることではなく、「どこへ出ても恥ずかしくない普段着を持つ」ということになるでしょうか。

　私にこのような言語観を伝えたのは、中学時代の恩師である国語教師、大村はまです。中等教育の現場で他に類をみない優れた実践を半世紀も積み重ねた人です。その実践は単元学習と呼ばれ、子どもたちにこういう力を付けたい、とその都度明確な目標をもって、最適な教材と方法を用意して進められました。たとえば、国語の教科書一冊から「ことば」という語の使用例をすべて抜き出して、一対一でaヒカクし、この語の意味の分類をする、という単元。生徒たちの生まれた一年間の新聞一〇〇日分を資料に、社会、事件、投書などに見られる世相や人々の意識などをまとめる単元。文字のない『旅の絵本』（安野光雅、福音館書店）を丹念に見ながら、一人ひとり一冊の本を書いていく単元。大村は、どんなに成功しても同じ単元を二度と繰り返さなかったということもあって、その試みのシンセンさがまず、中学生たちを惹《ひ》きつけました。傍《かたわ》らに優れた教師がヒカえていてくれる中でこうした取り組みに挑戦することは、確かなテゴタえがあり、私は小さな中学校の教室で国語力をこの人に育ててもらい、鍛えてもらいました。本書では、一つの柱として、この国語教師の実践と思想をたどっていきます。そうすることで、ことばの力を育てることへの大事な指針が見えてくるのではないか、と考えています。

大村はまは、どんなに抽象度の高い難しい話をする時でも、休み時間にくつろいだ話をマドベでする時でも、いつも同じ人でした。同じ※アイデンティティのままでした。もちろん語彙はその場の目的や内容に合わせて注意深く選びとられていましたが、服を着替えたかのような変身はしませんでした。程度の高いことを、こなれたやさしいことばで語るその姿が、私は好きでした。ことばを、いつも自分にしっかり引き寄せて、自分の脳や心、思考や精神、感情とぴしっと※対峙《たいじ》させて、「このことばでいいか」と必ずちょっと考えてから使う。違和感があったら見逃さず、自分を覗《のぞ》きこむようにして探り、選びとり、滑らかさを望むよりは、引っかかりや摩擦をバネにして、自分の体重を乗せるように、体温を移すように、誠実に丁寧に使っていく。そうであってこその「ことば」なのだ……。

国語教師大村はまは、そういう基本的な、ことばの使い手としてまっとうな姿勢を、飽きることなく来る日も来る日も、子どもたちにまず身をもって示して、その手触りを伝えました。そして同じことを、生徒たちにも一貫して求めつづけました。中学生があいまいな表現しかできない時は、手助けしながら、少しでも明快なことばを選び取らせました。ふさわしいことばが見つからず言い淀《よど》む子どもの前では、柔らかい表情をして待つことをしました。どこかから聞いてきた大人っぽいことばを、よくわかりもしないのに振り回したりすると、黙って顔を見て、残念そうな顔をしたり、時にはふふっと笑ってみせさえしました。

「ことばは、こんなふうに使うもの」、というその使い心地を伝えることは、大村はまの仕事の基本だったし、たぶん最も難しい部分だったとも言えるでしょう。お説教や指示、命令でできることではないから、ひたすら自ら示しつづけ、求め続けるしかなかった。そして、そうやってことばを大事に大事にしているうちに、ことばというものが信頼できるもの、自分にたいへん近いものと感じられるようになり、そして、中学生たちはことばが好きになりました。ことばが好きな集団ができると、国語力が育つ土壌がまずできたことになります。その土壌が用意できれば、日常の範囲を超える「むずかしいことば」を獲得していく準備ができたことになります。

（鳥飼玖美子／苅谷夏子／苅谷剛彦『ことばの教育を問いなおす』ちくま新書所収・苅谷夏子「『国語力』は大丈夫か」）

（注）※痛痒…精神的な苦痛。
※アイデンティティ…一人の人間の個性。
※対峙…にらみ合って動かないこと。

問一　〰〰a〜eのカタカナを漢字に直せ。

問二　═══(1)〜(3)の「に」についての文法の説明として正しいものを、次の**ア**〜**オ**から一つ選び、記号で答えよ。

**ア**　(1) 副詞の一部　(2) 助詞　(3) 助動詞
**イ**　(1) 形容動詞の一部　(2) 副詞の一部　(3) 助詞
**ウ**　(1) 形容動詞の一部　(2) 助詞　(3) 助詞
**エ**　(1) 助動詞　(2) 副詞の一部　(3) 助動詞
**オ**　(1) 助動詞　(2) 副詞の一部　(3) 助詞

問三　【　A　】【　B　】に入れるのに最も適当なものを、次の**ア**～**オ**からそれぞれ一つずつ選び、記号で答えよ。

**ア**　つまり　**イ**　たとえば　**ウ**　もちろん　**エ**　または　**オ**　ところで

問四　——①「世の中では『学びの基本は国語』～不思議に思います」とあるが、なぜ筆者は「不思議に」思うのか。その理由の説明として最も適当なものを、次の**ア**～**オ**から一つ選び、記号で答えよ。

**ア**　文部科学省が作成した学習指導要領は複雑で抽象的であるので、子どもたちが複雑な思考を進めるためのことばの力を十分に身につけられるような授業ができていないから。

**イ**　国語の授業で正確にことばの力を活用させ、学びを支える勉強が行われているのに、子どもたちが十分に内容を理解できず、複雑で抽象的な思考を進めることができないから。

**ウ**　「学びの基本は国語」ということが言われている割には、子どもたちは国語の授業に主体的に取り組まず、なんとなく勉強をしているだけで無駄が多いものになっているから。

**エ**　文部科学省が作成した詳細な学習指導要領に基づいて国語の授業が繰り返し行われているが、子どもたちが授業で本気になってことばの力を身につけようとしていないから。

**オ**　国語の授業は繰り返し行われているが、子どもたちが高学年に入ると、勉強内容が複雑化し、抽象化していく中で、複雑な思考を進めるだけのことばの力を育てていないから。

問五　本文中に筆者がラジオ体操を教えてもらった体験談があるが、この体験談を通して筆者が述べようとしていることを本文の主旨をふまえて三十字以内で説明せよ。

問六　――②「普段着の、日常の言葉を超えて身につけたい国語力」について、次のⅰ・ⅱの問いに答えよ。

ⅰ　傍線部の説明として最も適当なものを、次の**ア**～**オ**から一つ選び、記号で答えよ。

**ア**　当たり前の日常の中で、気軽に実用的に使う、私たちに自然に身についたことばだけでなく、日々の暮らしから離れて、複雑で抽象的な思考を進めるための、賢そうで特別なことばの力。

**イ**　豊かな語彙を持ち強靭かつ多彩で、どこへ出ても恥ずかしくない、複雑で難しいことに対応する国語力であり、私たちが日常で使う中で身につけてきた日々の暮らしも支えることばの力。

**ウ**　普段のことばを使う日常の場面とは全く別の、特別な場面に使う「よそいき」の言葉だけでなく、一つの体系を持ち、強靭で多彩で豊かな語彙を擁する、自然に身につけてきたことばの力。

**エ**　私たちがいつの間にか身につけてきた、日常生活の中で使う実用的なことばとは違い、豊かな語彙を持ち、日々の暮らしから抽象的思考までを支えることができるようなことばの力。

**オ**　日々の暮らしから離れて、抽象度の高い複雑な思考を支えるために、豊かな語彙と一つの体系をもつ、私たちが日常の中で自然に身につけてきた、気軽に実用的場面で使うことばの力。

ⅱ　この傍線部のことが身についた語り方の様子が描かれている部分を、本文から二十五字程度で抜き出し、最初の五字を答えよ。

問七　この文章の内容の説明として**間違っているもの**を、次の**ア**～**オ**から一つ選び、記号で答えよ。

**ア**　繰り返されている国語の授業の場面で、子どもたちに本気になってことばを使わせることが、国語力が育つための基本的条件である。

**イ**　わたしたちが暮らしていくために自然に身についている「普段着」のことばが、複雑で抽象的な思考までをカバーできることばとなる。

**ウ**　ことばを、自分にしっかり引き寄せ、自分の思考や感情などと対峙させて使うことが、ことばの使い手としてまっとうな姿勢である。

**エ**　勉強内容が日々の暮らしから離れていく小学校高学年の時期に、複雑な思考を進めることばの力を持てていない子どもがでてくる。

**オ**　ことばが信頼できるもの、自分に近いものと感じられ、ことばが好きになる集団ができるときに、国語力が育つ土壌ができる。

# 二

次の【文章Ⅰ】と【文章Ⅱ】を比べながら読んで、後の問いに答えよ。（字数制限のある問題は句読点・記号等も一字に数える。）

東京都の伊豆大島の高校に通う受川《うけがわ》星哉《せいや》と雨夜《あまや》莉推《りお》はともに陸上部に所属している。陸上部顧問の佐藤先生（サトセン）にリレーを提案され、二人の上級生とともに※インターハイ予選で４００メートルリレー（四継《ヨンケイ》）に出場することになる。以下の【文章Ⅰ】は受川星哉から見たものであり、【文章Ⅱ】は【文章Ⅰ】と同じ場面を、雨夜莉推から見たものである。また、文章中に登場する酒井は、陸上部に所属する女子生徒である。

【文章Ⅰ】「一走、受川星哉」

そのまま一周歩いて戻ってくると、※スタブロのところにまだ酒井がいて、その隣には雨夜がいて、俺はぎくりとして立ち止まった。何かしゃべっている？　酒井が気がついて、ニヤリとしながら俺を指差した。

「耳がいいんだよ、コイツ」

いきなりなんだよ、と思って目を白黒させる。

「耳？」

「そ。たぶん、誰よりも最初にピストルの音が聞こえてる。だから反応が早い」

「へぇ……」

「なんの話だよ」

なんの話かはわからないが、俺の話をしているのはわかる。若干不機嫌な声を出すと、雨夜が慌てたように首を振った。

「いや、今のスタートすごいよかったなって思って……」

スタート？

「雨夜、苦手なんだってさ、スタート。緊張するからって」
酒井が(1)助け船を出す。
なんとなくわかってきた。こいつら、二人とも俺のスタートを見ていたのだ。まあ、雨夜があまりスタートが得意そうでないことは知っていたが……。
「練習で緊張もくそもないだろ」
と言うと、とたんに酒井が(2)眉をひそめて雨夜に言った。
「ほらな、こいつこういう性格だから。だから緊張しないんだよ。図太いの。性格悪いの」
雨夜が形容しがたい表情になっている。
「うるせえよ。俺だって緊張くらいするわ」
「あー、そうね。走る前いつもぴょんぴょんするもんな」
酒井は何がおもしろいのか、ニヤニヤしている。
「いや、それただのルーティンだし……」
俺がスタブロに足を置く前に、二回ジャンプすることを言ってるんだろう。
「ルーティン？」
と、雨夜が不思議そうな顔をした。おまえ、そんなことも知らんのか。
「ほら……テニス選手がサーブの前に、決まった回数ボールをつくだろ。あれと一緒だよ。練習と同じ動作をすることで、いつも通りだ、って自己暗示かけるんだ。他にもリズム作ったり、体動かすことでほぐしたりとか、色々あると思うけど……」
雨夜が意外そうな顔をしている。
「雨夜はあんまり知らないだろうけど、こいつ、陸上オタクだから。詳しいよ、こういうの」

ああ、そういう意味。
「悪かったな、陸上オタクで。俺は天才じゃないから、理詰めなんだよ。スタートだって元々苦手だったから色々勉強して練習して、得意にしただけ」
その原動力がたぶん兄だった……というのは黙っておく。ついでに、全国レベルで見たら特別上手くもねえけどな、という僻《ひが》みも。俺は鼻を鳴らしてメジャーを取り出し、長さを測りながらスタブロの位置を変え始めた。次は2レーンだ。
セットし終わって顔を上げると、雨夜がまだそこにいた。酒井は直線のスタブロの方に行っている。
「まだ何かある？」
訊《たず》ねると、雨夜は「んー」とスタブロを見つめている。
「なんか、斜めってない？」
俺はため息をついた。こいつ、マジで直線しか走ったことねえのか？　それとも、中学にろくな指導者がいなかったか……どっちもあり得る話だ。そのくせ全中※選手とか、とことんイヤミなやつだな。
「わざと角度つけてんだよ。リレーもそうだけど２００のスタートはカーブだから、内側に切り込むように走ってかないといけないの。レーンの内側走れば最短距離だろ？　外側に膨らむと、その分距離が延びて、無駄に走らなきゃならなくなる。１００だとまっすぐに置くだろうけど、コーナースタートだと斜めに置くもんなんだよ、スタブロって」
「へえ……」
いや、感心した顔するなよ。
「そっか。受川って、カーブ上手いから。膨らまないし、直線走ってんじゃないかってくらい綺麗《きれい》に走ってくるなあっていつも思ってたけど、スタートからちゃんと工夫してるんだな」
「当たり前だろ」

**V**　図のように，1辺の長さが6の正四面体ABCDにおいて，辺BC，CDの中点をそれぞれM，Nとする。また，辺AB，AC上にそれぞれ点P，QをAP：PB＝AQ：QC＝1：2となるようにとる。次の問いに答えよ。

（1） 線分AMの長さを求めよ。

（2） △AMDの面積を求めよ。

（3） 正四面体ABCDの体積を求めよ。

（4） 3点P，Q，Nを通る平面でこの正四面体を切るとき，2つに切断された立体のうち，頂点Bを含む方の立体の体積を求めよ。

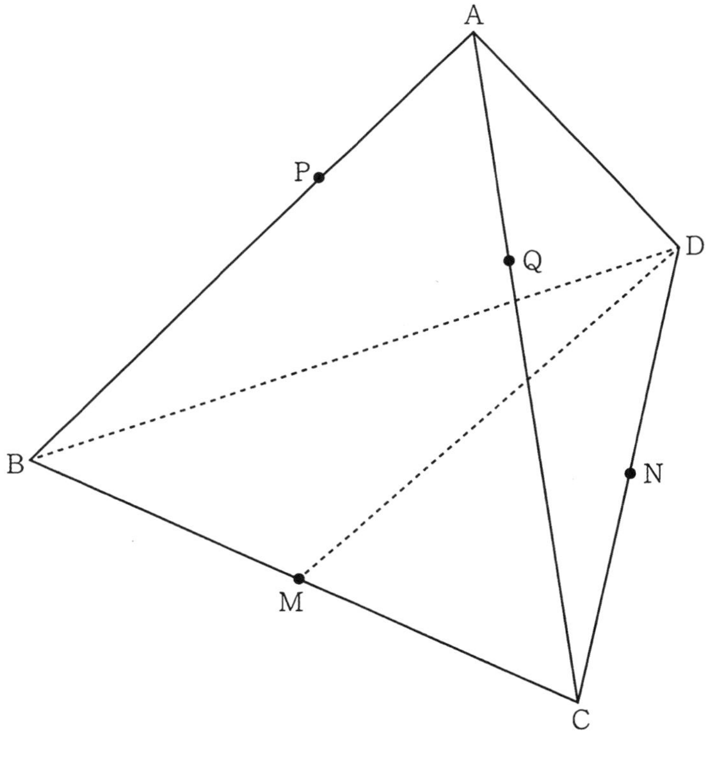

Ⅳ　図のように，円周上に異なる4点A，B，C，Dがあり，$\overset{\frown}{AB}=\overset{\frown}{BC}=\overset{\frown}{CD}$である。線分ACと線分BDの交点をEとする。AE：EC＝2：3，AD＝2cmであるとき，次の問いに答えよ。

（1）△ABC∽△AEDを証明せよ。

（2）ABの長さを求めよ。

（3）AEの長さを求めよ。

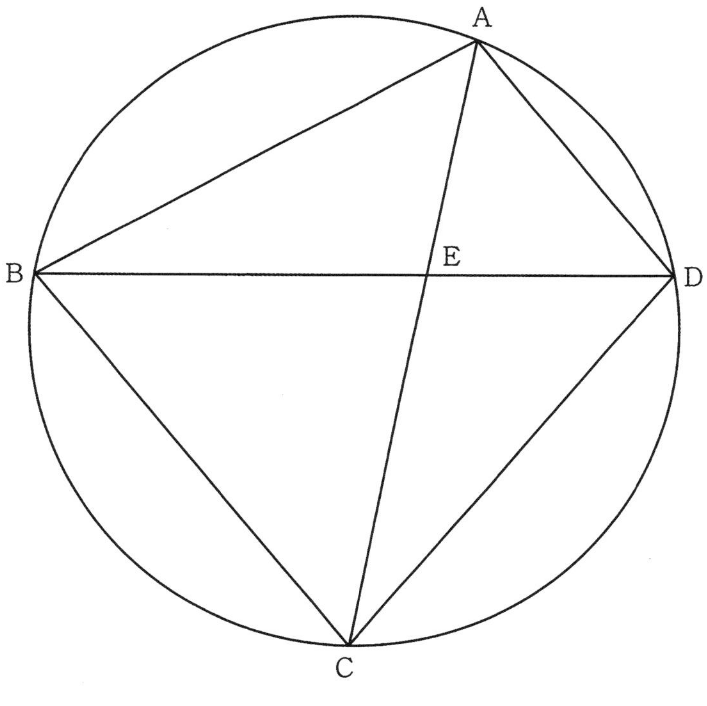

(1)　空所［　A　］に入るふさわしい数字を答えよ（算用数字でよい）。

(2)　空所［　B　］に入るふさわしい数字を答えよ（算用数字でよい）。

(3) Which one of these is true?

ア The clerk tried to help the woman with her package but she didn't need his help.

イ A package to Sydney by air in July takes longer to arrive than a package to Paris by air in March.

ウ The man knows the cost and the time of sending his package by sea mail.

エ Sending a four kilogram package to New Zealand by sea is cheaper than a two kilogram package to South Korea by air.

[ C ]

| | |
|---|---|
| From: | Cathy Kruger ⟨ck009@coolmail.com⟩ |
| To: | Kenta Yamamoto ⟨kenyama675422@zo3mail.com⟩ |
| Date: | July 20, 2021 |
| Subject: | Good news! |

Hi, Kenta. I hope you are doing well.
I have some good news today. I'm coming to Nagoya next month!
I'm leaving JFK International Airport in New York on August 10th.
Then I'll arrive at Chubu Centrair International Airport the next day.
If you have time, I want to see you there. Please reply when you can.

| | |
|---|---|
| From: | Kenta Yamamoto ⟨kenyama675422@zo3mail.com⟩ |
| To: | Cathy Kruger ⟨ck009@coolmail.com⟩ |
| Date: | July 21, 2021 |
| Subject: | Re: Good news! |

Hello, Cathy. I'm fine.
I'm just surprised to hear the good news. That's great! I can't believe I can see you here in Nagoya in just three weeks!
I'm thinking I'll go and see you at the airport so can you tell me what flight you'll be on?
How long are you going to stay here? If you haven't made any plans yet, you can stay with my family in my house.
I want to introduce you to many people and show you some places around here.
I'm looking forward to your reply.

| | |
|---|---|
| From: | Cathy Kruger ⟨ck009@coolmail.com⟩ |
| To: | Kenta Yamamoto ⟨kenyama675422@zo3mail.com⟩ |
| Date: | July 23, 2021 |
| Subject: | Re: Re: Good news! |

Hi. Thank you for your e-mail.
I'm really happy to know you are coming to the airport. I'll be on Asian *Airlines Flight 328. It'll arrive at Chubu at 11:25.
I'll be in Nagoya until the 13th. From there, I'm going to Fukuoka by train. I'll be in Fukuoka from the 13th to the 15th, and then I'll fly home on that day.
Thank you for your offer for my accommodation, but I really can't. I'll be with some friends from my high school, and we're all staying at the same hotel. It's called Meijo Hotel. Do you know where that is?
Anyway, I can't wait to see you!

【注】airline：航空会社

(1) Why did Cathy write the first e-mail to Kenta?

ア To meet Kenta at the airport in New York.
イ To give Kenta the good news about New York.
ウ To tell Kenta the information about her visit.
エ To ask Kenta to find her a place in Japan.

(2) 下線部の語の意味として，もっとも適当なものを**ア〜エ**より1つ選び，記号で答えよ。

ア a person to stay with
イ a place to stay in
ウ a flight to go abroad
エ a site to see

(3) Which one of these is NOT true?

ア Kenta wants Cathy to stay with his family.
イ Cathy tells Kenta her flight number to see him at the airport.
ウ Cathy is going to stay in Japan for five days.
エ Kenta knows the hotel Cathy will stay in.

Ⅲ　次の英文を読んで，あとの問いに答えよ。

Imagine your life without the internet. ①<u>Without the internet, maybe you would talk to your friends less</u>. If the internet disappeared, maybe you wouldn't read or watch the news very much. Most of us depend on the internet more than we realize. We depend on it for news, entertainment, and connecting with our friends.

Science fiction (SF) books are popular because they imagine life with and without many things. Surprisingly, the greatest science fiction books from the 20th century didn't *predict the internet. They show the good things and bad things that come from inventions and our imagination. They think about what could happen when we challenge ourselves. ( A ), SF has been popular with people around the world.

Even if science fiction didn't predict the internet, scientists and engineers are thinking about new ways to use the internet every day. Have you ever heard of ②<u>the Internet of Things (IoT)</u>? It is a new way to use the internet by connecting machines to other machines on the internet. For example, cameras, clocks, kitchen *appliances, and even traffic lights could be connected. Then, people and companies get information from the IoT and *analyze it. This information is called "big data." Those companies can use the big data to improve products and services.

What are the good and bad points of the IoT? Our lives may become more convenient because big data improves products. Also, companies can make a lot of money by *managing the big data and by selling new products. However, our *privacy could be in danger because so much information is collected and used by other people.

The IoT has already become a big part of our lives. Technology will continue to grow and develop. We cannot stop that. So, the use of IoT will also increase. However, we should think about these two questions: How much should technology *control us? Can we *balance convenience and privacy? If we find a good balance, our society will certainly improve in many ways.

【注】predict：～を予想する　appliance：電化製品　analyze：～を分析する
manage：～を管理する　privacy：プライバシー　control：～を制御する
balance：バランス、平衡を保つ

(1)　下線部①とほぼ同じ意味になるように次の文の空所に適語を1語ずつ答えよ。

Because we can use the internet, we (　　　　) talk to our friends (　　　　) than before.

(2)　(　A　)に入る最も適当な語句を次の**ア**～**エ**の中から1つ選び，記号で答えよ。

**ア**　In other words
**イ**　In these ways
**ウ**　In order to challenge
**エ**　In front of us

(3)　下線部②が私たちの生活にもたらす悪い影響を本文の内容に即して45字以内の日本語（句読点含む）で説明せよ。

(4)　次の**ア**～**エ**のうち，本文の内容に合うものを1つ選び，記号で答えよ。

**ア**　Most people use the internet because they realize it is very useful.
**イ**　Many SF writers in the 20th century wrote about using the internet.
**ウ**　Thanks to the information, products and services that companies make become better.
**エ**　Our daily lives will be free from the IoT and improve in many ways.

(5)　筆者の主張として最も適切なものを次の**ア**～**エ**の中から1つ選び，記号で答えよ。

**ア**　We should stop using the internet and big data. Then our privacy would not be in danger.
**イ**　We should find a good balance between convenience and privacy when we use the IoT.
**ウ**　We should be controlled by technology and the IoT through big data in our lives.
**エ**　We should improve our society in many ways and measure how much technology controls us.

Ⅳ　以下の会話の内容に合うように，(1)(2)の下線部にそれぞれ5語以上の英語1文で答えよ。

*[At the clothes shop]*

Naomi : Do you have this jacket in a medium size?
Sales Clerk : Yes, of course. Here you are.
Naomi : (1)__________________ ?
Sales Clerk : Certainly. The *fitting room is over there on the left.
— *A few minutes later* —
Sales Clerk : (2)__________________ ?
Naomi : It fits fine, and I like the color. I think I'll take it.
Sales Clerk : Thank you very much.

【注】fitting room：試着室

Ⅴ　以下の質問に対するあなたの考えとその理由を2つ含め30語～40語の英語で答えよ。なお，解答欄に書かれた( think / don't think )のいずれかに◯を付けて，書き始めること。また，解答欄に印刷された英語は語数に含まない。

Is learning a foreign language in high school important? Why or why not?

※教英出版注
音声は，解答集の書籍ＩＤ番号を教英出版ウェブサイトで入力して聴くことができます。

*Listening Script*

Part 1

(1) A: Excuse me, sir. Can I help you?
B: Oh, yes please. Do you know where the city museum is?
A: The city museum? Yes, of course. <BEEP>

(2) A: Tom, how do you think high school students can support their city?
B: Well, I think they can do volunteer work.
A: That's a great idea. For example, they can <BEEP>

(3) A: Mr. Curtis, when you were a student, did you join any club activities?
B: Yes. In junior high school, I was a member of the science club.
A: Was it a popular club?
B: Well, we didn't have many members but <BEEP>.

(4) A: John, have you ever made an emergency kit?
B: I'm not sure what that is.
A: Oh, it's a bag which contains items for a disaster. You can make it yourself.
B: I see. I think my family should prepare one. Could you <BEEP>

Ⅳ　下の図はある地域の地形図と，地点A～Dでのボーリング調査の結果得られた柱状図である。地点Oから地点A～Dまでの水平距離は等しく，地点Aと地点Eの水平距離は，OA間の水平距離の2倍である。この地域には堆積した年代が異なる堆積岩Xの層が2枚存在していることがわかっており，不整合Yの上下で地層の傾きが異なっている。また，柱状図中の★印をつけた砂岩の層でビカリアの化石が見つかった。この地域の地層には断層やしゅう曲はないものとして，以下の問いに答えよ。

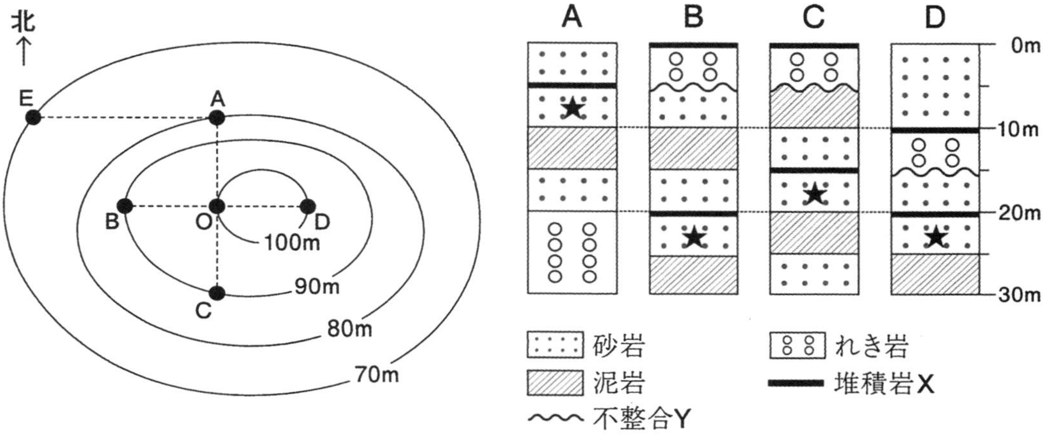


(1)　不整合Yの上に堆積している地層と，下に堆積している地層の傾きをそれぞれ答えよ。なお，傾きは東西南北の4方位から選び，低くなっている方角を答えよ。ただし，傾きがない場合は水平と答えよ。

(2)　堆積岩Xは，火山灰の層が固まってできた堆積岩である。この堆積岩の名称を漢字で答えよ。

(3)　ビカリアの化石が見つかったことを参考にして，★印をつけた砂岩の層が堆積した年代を次のア～エから1つ選び，記号で答えよ。

**ア**　古生代より前　　**イ**　古生代　　**ウ**　中生代　　**エ**　新生代

(4)　地点Oにおいて，地表から18 m下に存在する堆積岩を答えよ。なお，堆積岩Xの場合は堆積岩Xと答えよ。

(5)　地点Eでボーリング調査をした結果，得られる柱状図はどのようになるか。解答欄に作図せよ。

問2　次の文章を読み，以下の問いに答えよ。

生物は，それぞれの種に特徴のある形態や性質をもっており，それらを形質という。親の形質が子に受け継がれる現象を遺伝と呼び，遺伝する形質のもとになる要素を（　1　）という。（　1　）は，（　2　）によって明らかにされた遺伝の法則性を合理的に説明するものとして考えられた。現在では、染色体に含まれるDNAが，（　1　）の本体であることがわかっている。

DNAは右図のようにA（アデニン），T（チミン），G（グアニン），C（シトシン）と呼ばれる4種類の塩基《えんき》という物質が，二本の鎖の間をつなげており，これがらせん状にねじれることで（　3　）構造になっている。その際，AとT，GとCがそれぞれ互いにつながっている。

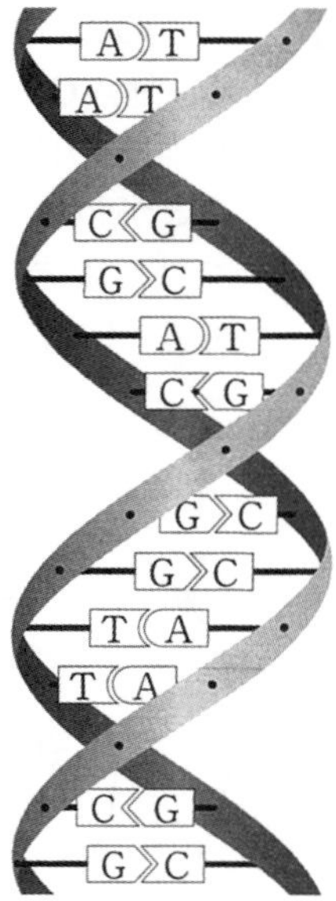

図

（1）　文中の（　1　）にあてはまる語と（　2　）にあてはまる人物をそれぞれ答えよ。

（2）　文中の（　3　）にあてはまる語を答えよ。また，（　3　）構造を発見した2名の人物名として適当なものを次の**ア**～**エ**から1つ選び，記号で答えよ。

**ア**　ダーウィンとニュートン　　**イ**　オームとアンペール

**ウ**　ワトソンとクリック　　**エ**　アボガドロとドルトン

（3）　いま，ある生物のDNAの一部を取り出した。そのDNAの2本の鎖をそれぞれX鎖，Y鎖とし，X鎖に含まれる塩基の割合（%）を調べたところ，Aが15 %，Tが23 %，Gが35 %であった。文中の下線部の内容に注意して以下の①，②に答えよ。

① Y鎖の全塩基のうちGの割合は何%になるか。

② DNA全体（X鎖とY鎖の合計）でみると，全塩基のうちCは何%になるか。

Ⅲ　問1　下の図はヒトの消化の過程を示している。一番右の列は，消化酵素を出す部位が記されている。以下の問いに答えよ。

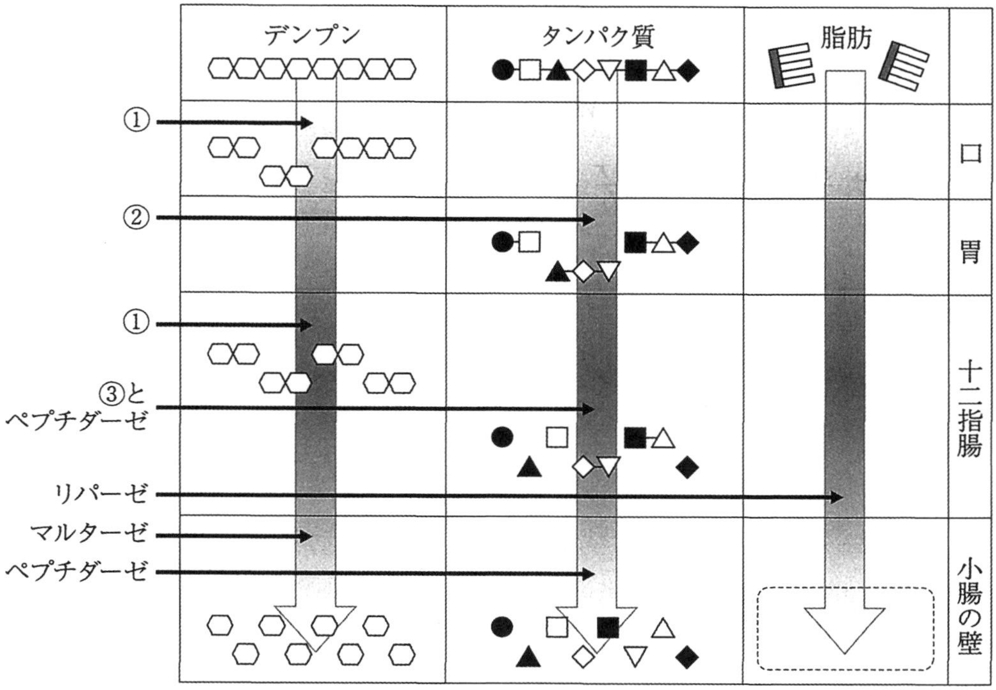


（1）　①～③にあてはまる消化酵素をそれぞれ答えよ。

（2）　脂肪の消化には，リパーゼのはたらきを助ける消化液が必要である。その消化液の名称を漢字で答えよ。また，その消化液が作られる部位を次の**ア**～**エ**から1つ選び，記号で答えよ。

**ア**　すい臓　　　**イ**　胃　　　**ウ**　肝臓　　　**エ**　小腸

（3）　脂肪が消化されると，なんという物質ができるか。その名称を2つ答えよ。また，図の点線内の図として適当なものを次の**ア**～**エ**から1つ選び，記号で答えよ。

(5)（　e　）～（　h　）に入る式として最も適当なものを次の**ア**～**セ**のうちからそれぞれ1つずつ選び，記号で答えよ。

**ア**　$W$　　**イ**　$2W$　　**ウ**　$3W$　　**エ**　$\dfrac{strd_1W}{m}$　　**オ**　$\dfrac{3strd_1W}{m}$

**カ**　$\dfrac{strd_1m}{W}$　　**キ**　$\dfrac{3strd_1W}{W}$　　**ク**　$\dfrac{strd_2W}{m}$　　**ケ**　$\dfrac{stxd_2W}{m}$　　**コ**　$\dfrac{strd_2m}{W}$

**サ**　$\dfrac{stxd_2m}{W}$　　**シ**　$\dfrac{d_1r}{d_2}$　　**ス**　$\dfrac{3d_1r}{2d_2}$　　**セ**　$\dfrac{2d_1r}{3d_2}$

**Ⅳ**　次の文を読んで，あとの問いに答えよ。

明治新政府にとって，幕末に①江戸幕府が欧米諸国と結んだ不平等条約の改正は，外交上最も重要な課題であった。条約改正交渉は，②岩倉具視を大使とする使節団の予備交渉の失敗に始まり，寺島宗則の交渉失敗を経て，井上馨外相に引き継がれた。井上は日比谷に（　a　）を建てて，交渉を促進するために積極的に欧米の風俗や生活様式を取り入れる欧化政策をとった。この極端な欧化主義への反感だけでなく，改正交渉に反対する政府内外の声も強くなり，井上は交渉を中止して外相を辞任した。

その後を受けたのが，③大隈重信であった。大隈は，条約改正に好意的な国から個別に交渉を始め，アメリカ・ドイツ・ロシアとのあいだに改正条約を調印したが，大審院への外国人判事の任用を認めていたことがわかると，政府内外から反対論が起こった。大隈外相が爆弾により負傷させられる事件が起こると，交渉は中断となった。④条約の最大の難関であったイギリスの態度が日本に対して好意的となり，相互対等を原則とする条約改正に前向きな姿勢を示すと，青木周蔵外相は改正交渉を開始した。交渉が順調に進む中，1891年に⑤大津事件が起こると，青木は外相を辞任し，またもや交渉は中断した。

⑥日清戦争直前の1894（明治27）年，（　b　）外相の時に，日英通商航海条約が結ばれ，領事裁判権の撤廃と関税自主権の一部回復が実現された。残された関税自主権の完全回復も，⑦日露戦争後の1911（明治44）年に（　c　）外相のもとで達成され，ここに日本は条約上列国と対等の地位を得ることができた。

(1)　文中の（　a　）～（　c　）に当てはまる語句を答えよ。

(2)　下線部①について，**誤っているもの**を次の**ア～エ**から一つ選び，記号で答えよ。

**ア**　大老の井伊直弼は，朝廷の許可を得られないままに日米修好通商条約に調印をした。
**イ**　通商条約は，アメリカ・オランダ・ロシア・イギリス・フランスと結ばれた。
**ウ**　通商条約では，神奈川・函館・長崎・新潟・兵庫の5港を開港し，自由貿易を認めることにした。
**エ**　ロシアとの通商条約では，初めて日露間の国境を定め，千島全島を日本領とした。

(3)　下線部②について，**誤っているもの**を次の**ア～エ**から一つ選び，記号で答えよ。

**ア**　副使として，薩摩藩の大久保利通，長州藩の木戸孝允・伊藤博文らが参加した。
**イ**　津田梅子ら，5人の少女が留学生として海外に渡った。
**ウ**　使節団は，ヨーロッパ各地を視察した後，アメリカに渡って不平等条約の改正交渉にのぞんだ。
**エ**　使節団は帰国すると，国内の改革を優先させるべきだと主張して，征韓論に反対した。

(4)　下線部③について，次の甲・乙の正誤を判断し，その正しい組み合わせをあとの**ア～エ**から一つ選び，記号で答えよ。

甲　大隈重信は，政府を辞めさせられた後，立憲改進党を立ち上げた。
乙　大隈重信は，立憲改進党を与党に日本で最初の政党内閣を組閣した。

**ア**　甲；正　乙；正　　**イ**　甲；正　乙；誤　　**ウ**　甲；誤　乙；正　　**エ**　甲；誤　乙；誤

(5)　下線部④について，イギリスの態度が日本に好意的になった理由として正しいものを次の**ア～エ**から一つ選び，記号で答えよ。

**ア**　日英同盟を締結して，日本との関係が深くなっていたため。
**イ**　シベリア鉄道の敷設により，東アジア進出を強めるロシアに対する警戒を強めたため。
**ウ**　アメリカが，満州進出に関心を強めていることに対する警戒を強めたため。
**エ**　ドイツが山東半島に進出し，イギリスの権益が侵される心配があったため。

(6)　下線部⑤について，大津事件は，1891年来日していたロシア皇太子を，護衛の巡査がサーベルで斬りつけた事件である。この事件に対して，大審院（現在の最高裁）は内閣などの死刑を求める圧力に屈せず，殺人未遂で死刑を宣告するのは，法律上不可能であるとの判断を下した。このように，国会や内閣は裁判所の活動に干渉してはならず，また個別の裁判において，裁判官は自らの良心に従い，憲法と法律だけに拘束されるという原則を（　　　）の独立という。（　　　）に入る語句を次の**ア～エ**から一つ選び，記号で答えよ。

**ア**　立法権　　**イ**　行政権　　**ウ**　司法権　　**エ**　統帥権

(7)　下線部⑥の講和条約の内容について，**誤っているもの**を次の**ア～エ**から一つ選び，記号で答えよ。

**ア**　清国は，朝鮮の独立を認める。
**イ**　清国は，遼東半島を日本に割譲する。
**ウ**　清国は，樺太の南半分を日本に割譲する。
**エ**　清国は，２億両（日本円で約３億１千万円）の賠償金を日本に支払う。

(8)　下線部⑦の講和条約の内容について，**誤っているもの**を次の**ア～エ**から一つ選び，記号で答えよ。

**ア**　ロシアは，韓国における日本の優越権を認める。
**イ**　ロシアは，南満州鉄道の権益を日本に譲る。
**ウ**　ロシアは，国後島・択捉島を日本に割譲する。
**エ**　日本は，賠償金を獲得できなかった。

## V　次の文章を読み，以下の問いに答えよ。

多数の①国家では，国民主権を主張する民主政治が実現されている。民主政治以前は，国王が強い力を持つ絶対王政が行われていた。この政治体制に対しては市民階級が民主政治の実現を求める運動が起こり，各国での②市民革命につながった。これらの市民革命を支えたのが③ロックやルソーらが唱えた思想であり，その後の④人権保障や⑤権力分立などの考え方に影響を与えていくことになる。

現代の民主政治は⑥議会制民主主義に基づいて行われるのが一般的であるが，地方自治という概念も民主政治においては大変重要である。日本国憲法でも，地方自治については民主政治の基盤として尊重しており，⑦地方自治の本来の主旨に基づいて自治体が運営されることを保障している。また，⑧住民の直接選挙によって首長と地方議員を選ぶことができ，⑨直接請求権の保障もされている。しかしながら，地方財政に目を向けると財源を大きく⑩国に頼らなければならない状況にあり，地方自治の一つの課題と言われている。

(1)　下線部①に関する記述として最も適当なものを次の**ア**～**エ**から一つ選び，記号で答えよ。

**ア**　国際社会は，国内における政治や外交について自ら決める権利を持っている国々によって構成されるため，国際連合による介入も一切認められないとされている。

**イ**　国家は，領土・国民・主権から成り立っている。

**ウ**　領海から200海里の範囲内で排他的経済水域を設定することが出来る。

**エ**　領土問題など主権国家間の紛争については，国際司法裁判所において平和的解決をはかることが可能である。

(2)　下線部②に関連して，人権思想について述べた文として最も適当なものを次の**ア**～**エ**から一つ選び，記号で答えよ。

**ア**　権利章典は，正当な裁判や国の法律によらなければ勝手に課税することや幸福の追求を侵害すること，不当に逮捕しないことなどを認めさせたものである。

**イ**　アメリカ独立宣言は，アメリカがイギリスからの独立を宣言したもので，イギリス国王に対して議会の同意なしに国王の権限によって，法律とその効力を停止することは違法であるとしている。

**ウ**　マグナ・カルタは，人間はみな平等に創られ，神によって，一定の奪いがたい天賦の権利を付与されていることを国王に認めさせたものである。

**エ**　フランス人権宣言では，人は生まれながらに，自由で，平等な権利をもつと記している。

(3)　下線部③に関連して，彼らの思想について述べた文として最も適当なものを次の**ア**～**エ**から一つ選び，記号で答えよ。

**ア**　ロックは，立法・司法・行政の3つの権限を集中させないで，相互に独立・けん制させることが必要であると主張した。

**イ**　ルソーは，人はすべて平等であり，生命・自由・財産などの権利を持っており，人民はこれらを侵す政府を変更できると主張している。

**ウ**　ロックは，フランスの思想家であり，人民主権を「統治二論」で主張した。

**エ**　ルソーは，フランスの思想家であり，人民主権を「社会契約論」で主張した。

(4)　下線部④に関連して，日本国憲法が定める基本的人権の内容A～Dと，具体的な権利の組み合わせとして最も適当なものを下の**ア**～**エ**から一つ選び，記号で答えよ。

A　自由権　　B　社会権　　C　参政権　　D　請求権

**ア**　A　財産権　B　請願権　C　教育を受ける権利　D　裁判を受ける権利

**イ**　A　裁判を受ける権利　B　請願権　C　財産権　D　教育を受ける権利

**ウ**　A　財産権　B　教育を受ける権利　C　請願権　D　裁判を受ける権利

**エ**　A　裁判を受ける権利　B　教育を受ける権利　C　請願権　D　財産権

(5)　下線部⑤について，日本国憲法の三権分立のしくみについて述べた文として**適当でないもの**を，次の**ア**～**エ**から一つ選び，記号で答えよ。

**ア**「内閣は，衆議院で不信任の決議案を可決し，又は信任の決議案を否決したときは，10日以内に衆議院が解散されない限り，総辞職をしなければならない。」

**イ**「最高裁判所は，その長たる裁判官及び法律の定める員数のその他の裁判官でこれを構成し，その長たる裁判官以外の裁判官は，内閣でこれを任命する。」

**ウ**「最高裁判所は，一切の法律，命令，規則又は処分が憲法に適合するかしないかを決定する権限を有する終審裁判所である。」

**エ**「最高裁判所の裁判官の任命は，その任命後初めて行はれる衆議院議員総選挙の際国民の審査に付し，その後10年を経過した後初めて行はれる衆議院議員総選挙の際更に審査に付し，その後も同様とする。」

(6)　下線部⑥に関連して，日本の国会における議決方法について述べた文として最も適当なものを次の**ア〜エ**から一つ選び，記号で答えよ。

**ア**　予算の議決について，参議院の議決の後，衆議院での議決を行う。

**イ**　法律案の議決について，参議院が衆議院と異なる議決をした場合，衆議院での再可決がなされれば衆議院の優越により法律となる。

**ウ**　内閣総理大臣の指名について，両院が異なる議決をし，両院協議会を開いて意見が一致したときにも，再度衆議院での議決を必要とする。

**エ**　内閣不信任案の議決について，衆議院と参議院が異なる議決をした場合，衆議院の議決が国会の議決となる。

(7)　下線部⑦に関連して，地方分権改革について述べた文として**適当でないもの**を次の**ア〜エ**から一つ選び，記号で答えよ。

**ア**　地方分権一括法により，国と地方の関係が「上下関係」から「対等・協力関係」にすることを目標として掲げた。

**イ**　「平成の大合併」に伴い市町村の数は大きく減少した。その一方で，合併の是非を問う住民投票で反対が多数を占めたために合併を取りやめた市町村もある。

**ウ**　「三位一体改革」により，地方交付税を見直し，国庫支出金を増やし，地方から国へ税源を移譲することで地方分権の促進が図られた。

**エ**　各地域に合わせた「法定外税」は総務大臣の同意の上で地方自治体が独自に課税を行うことができるようになっている。

(8)　下線部⑧について述べた文として最も適当なものを次の**ア〜エ**から一つ選び，記号で答えよ。

**ア**　地方議員の被選挙権は満25歳以上となっており，任期は4年となっている。

**イ**　地方議員の被選挙権は満30歳以上となっており，任期は4年となっている。

**ウ**　市区町村長の被選挙権は満25歳以上となっており，任期は6年となっている。

**エ**　知事の被選挙権は満30歳以上となっており，任期は6年となっている。

(9)　下線部⑨について，有権者数が40万人を超えない地方自治体における地方議員のリコールについて述べた文として最も適当なものを次の**ア**～**エ**から一つ選び，記号で答えよ。

**ア**　有権者の3分の1以上の署名が選挙管理委員会に提出され，住民投票を行い，過半数の賛成があれば解職する。

**イ**　有権者の3分の1以上の署名が監査委員に提出され，監査を実施して，その結果を踏まえて住民投票を行い，過半数の賛成があれば解職する。

**ウ**　有権者の3分の1以上の署名が監査委員に提出され，議会を招集し，議会の議決で過半数の賛成があれば解職する。

**エ**　有権者の3分の1以上の署名が選挙管理委員会に提出され，住民投票を行い，4分の3以上の賛成があれば解職する。

(10) 下線部⑩について，日本の国家財源について述べた文として最も適当なものを次の**ア**～**エ**から一つ選び，記号で答えよ。

**ア**　国税における直接税と間接税の割合は直接税の割合の方が高く，直接税には所得税，法人税が含まれる。

**イ**　国税における直接税と間接税の割合は間接税の割合の方が高く，間接税には消費税，酒税が含まれる。

**ウ**　国税における直接税と間接税の割合は直接税の割合の方が高く，フランスやドイツの特徴と似ている。

**エ**　国税における直接税と間接税の割合は間接税の割合の方が高く，アメリカの特徴と似ている。

**Ⅵ**　次の（1）～（5）のことがらについて述べた文A・Bの正誤の組み合わせを判断し，解答例にしたがって記号で答えよ。

| 《解答例》 | |
|---|---|
| | ・ A，Bどちらとも正しい場合・・・・・・・・・・・・・・**ア** |
| | ・ Aが正しく，Bは誤りである場合・・・・・・・・・・・**イ** |
| | ・ Aが誤りであり，Bは正しい場合・・・・・・・・・・・**ウ** |
| | ・ A，Bどちらとも誤りである場合・・・・・・・・・・・**エ** |

（1）　消費者問題について

A　「消費者の4つの権利」とは，安全を求める権利，知らされる権利，選択する権利，意見を反映させる権利の4つである。

B　売り手（企業）と買い手（消費者）の間で結ばれる当事者間の合意を売買契約といい，いかなる売買契約においても消費者の側から一方的にこの契約を解除することはできない。

（2）　株式会社について

A　株主とは株式を購入した出資者を指し，株主総会では保有株式の数に応じて議決権を持つ。

B　企業は利潤の一部を配当という形で，将来の投資資金のため貯蓄している。

（3）　起業について

A　クラウドファンディングとはウェブサイトなどインターネットを通じてアイデアと必要な資金の金額を提示して，資金を調達する仕組みのことをいう。

B　ベンチャー企業とは，新たに起業し，新しい技術や独自のノウハウをもとに革新的な事業を展開する中小企業のことをいう。

（4）　経済格差について

A　貧しい人々に無担保で多額の融資を行う制度をマイクロクレジットという。

B　フェアトレード運動を通じて，先進国の生産者と途上国の消費者をつなぎ，途上国の人達が豊かな生活を送ることができるように支援している。

（5）　労働について

A　全労働者に占める非正規労働者の割合は1990年代以降増え続け，2020年には5割を超えている。

B　日本の非正規労働者のうちパートタイム労働者とは，フルタイム労働者よりも所定労働時間が短いものを意味する。

二

問一

(1)

(2)

(3)

問二

問三

問四

問五

問六

問七

問八

# 数 学 解 答 用 紙

(2022高一数学)

| | | | | | | |
|---|---|---|---|---|---|---|
| Ⅰ | (1) | | (2) | $x=$ 　　　, $y=$ | (3) | $a=$ 　　　, $b=$ |
| | (4) | | (5) | $\angle x=$ 　　　° | (6) | 通り |
| | (7) | $n=$ | | | | |

※

| | | | | |
|---|---|---|---|---|
| Ⅱ | (1) | | (2) | C ( 　　　, 　　　) |
| | (3) | | (4) | |

※

| | | | | | | |
|---|---|---|---|---|---|---|
| Ⅲ | (1) | (g) | (2) | (g) | (3) | $x=$ |

※

【解答用

# 英 語 解 答 用 紙

(2022高一英語)

## I

| | | | | | | | |
|---|---|---|---|---|---|---|---|
| Part 1 | (1) | | (2) | | (3) | | (4) | |
| Part 2 | [A] (1) | | (2) | | (3) | | |
| | [B] | (　　　) → (　　　) → (　　　) → (　　　) | | | | | |

※

## II

| | | | | | | | | | | |
|---|---|---|---|---|---|---|---|---|---|---|
| [A] | (1) | | (2) | | [B] | (1) | | (2) | | (3) | |
| [C] | (1) | | (2) | | (3) | | | | | |

※

## III

| | | | |
|---|---|---|---|
| (1) | (　　　　), (　　　　) | (2) | |
| (3) | 40　45 | | |
| (4) | | (5) | |

※

【解答用

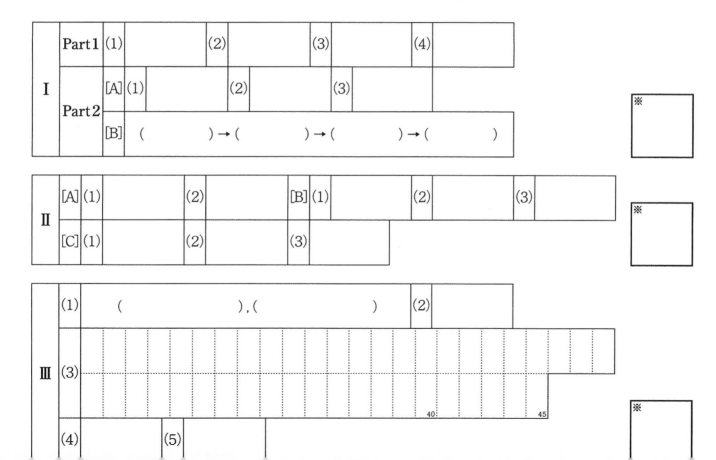

# 理 科 解 答 用 紙

(2022高一理科)

| | (1) | (2) |
|---|---|---|
| I | | → |
| | (3) | (4) |
| | | |
| | (5) | (6) |
| | | $g/cm^3$ |

※

| | (1) | (2) | (3) | | (4) |
|---|---|---|---|---|---|
| Ⅱ | | | (b) | (c) | |
| | | | | | |
| | (5) | | | | |
| | (e) | (f) | (g) | (h) | |
| | | | | | |

※

| | 問1 | | |
|---|---|---|---|
| | (1) | | |
| | ① | ② | ③ |
| | (2) | | |
| | 名称 | 記号 | |

【解答

# 社 会 解 答 用 紙

(2022高一社会)

**Ⅰ**

| (1) | |
|---|---|
| 湖 | |

| (2) | | | |
|---|---|---|---|
| 緯度 | 北緯　　　　度 | 都市 | |

| (3) | (4) |
|---|---|
| | |

| (5) | (6) |
|---|---|
| | |

| (7) | | | | (8) |
|---|---|---|---|---|
| ① | | ② | | |

**Ⅱ**

| (1) | (2) | (3) | (4) |
|---|---|---|---|
| | | | |

| (5) | (6) |
|---|---|
| | |

※

| (1) | (2) | (3) | (4) | (5) |
|---|---|---|---|---|
| | | | | |

【解答用

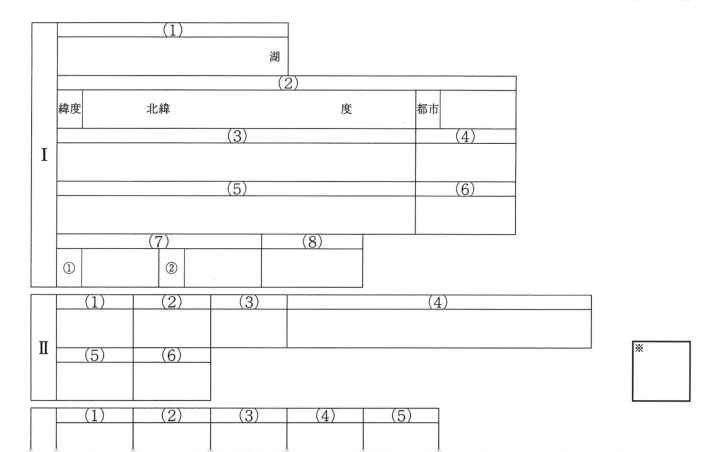

| | (9) | (10) |
|---|---|---|
| | | |

| IV | (1) | | |
|---|---|---|---|
| | a | b | c |

| IV | (2) | (3) | (4) | (5) | (6) | (7) | (8) |
|---|---|---|---|---|---|---|---|
| | | | | | | | |

| ※ |
|---|
| |

| V | (1) | (2) | (3) | (4) | (5) |
|---|---|---|---|---|---|
| | | | | | |
| | (6) | (7) | (8) | (9) | (10) |
| | | | | | |

| VI | (1) | (2) | (3) | (4) | (5) |
|---|---|---|---|---|---|
| | | | | | |

| ※ |
|---|
| |

※印の欄には何も書き入れないこと。

| 受験番号 | | 氏名 | |
|---|---|---|---|

| ※得点 | |
|---|---|

※100点満点
（配点非公表）

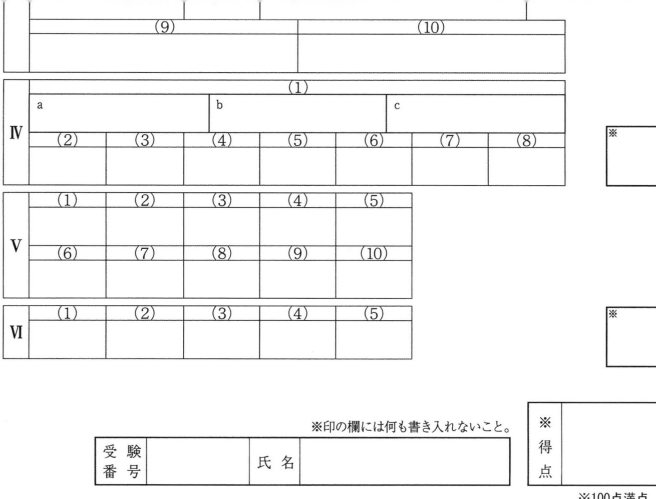

Ⅲ

| 問2 | |
|---|---|
| (1) | |
| 1 | 2 |
| (2) | |
| 3 | 記号 |
| (3) | |
| ① % | ② % |

※

Ⅳ

| (1) | |
|---|---|
| 不整合Yの上 | 不整合Yの下 |
| | |
| (2) | (3) |
| | |
| (4) | |
| | |

(5)

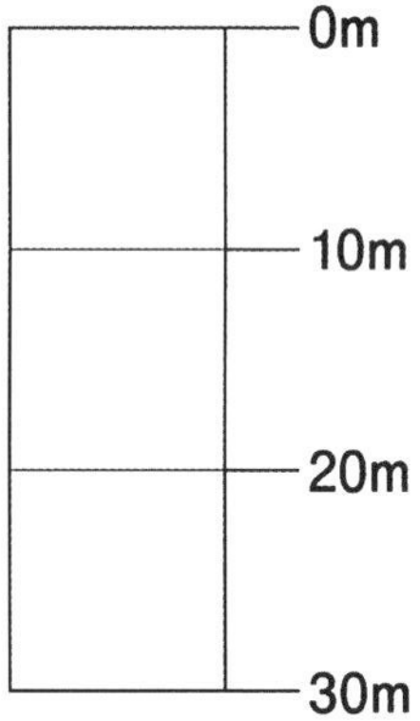


※

※印の欄には何も書き入れないこと。

| 受験番号 | | 氏名 | |
|---|---|---|---|

| ※得点 | |
|---|---|

※100点満点
（配点非公表）

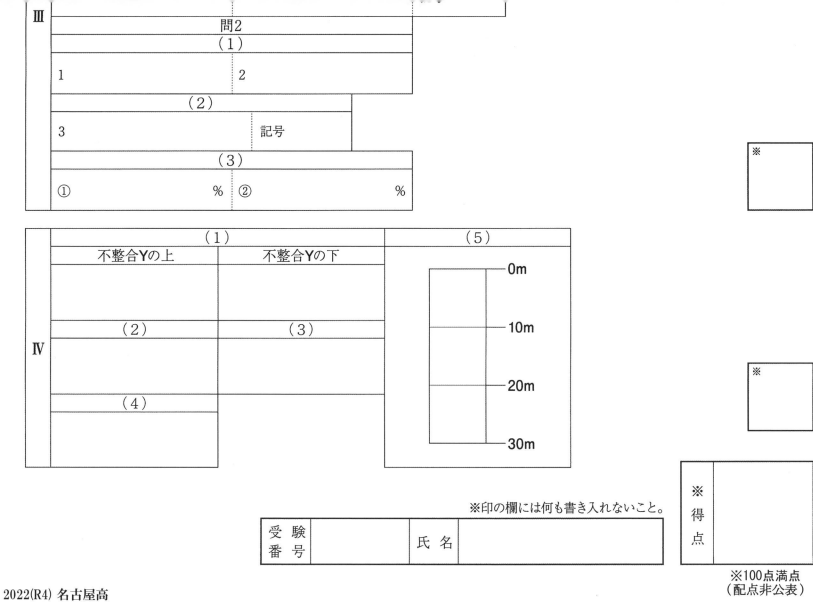

| | | |
|---|---|---|
| Ⅳ | (1) | . |
| | (2) | ? |

※

| | |
|---|---|
| Ⅴ | I ( think / don't think ) that learning a foreign language in high school is important. |
| | |
| | |
| | |
| | |
| | |

※

※印の欄には何も書き入れないこと。

| | | | |
|---|---|---|---|
| 受験番号 | | 氏名 | |

| | |
|---|---|
| ※得点 | |

※100点満点
（配点非公表）

| | | | | | |
|---|---|---|---|---|---|
| Ⅳ | (1) | | | | |
| | (2) | cm | (3) | cm | |

| ※ |
|---|
| |

| | | | | |
|---|---|---|---|---|
| Ⅴ | (1) | | (2) | |
| | (3) | | (4) | |

| ※ |
|---|
| |

※印の欄には何も書き入れないこと。

| 受験番号 | | 氏名 | |
|---|---|---|---|

| ※得点 | |
|---|---|

※100点満点
（配点非公表）

# 国語解答用紙

（二〇二二高一国語）

受験番号

氏　名

※得点

※100点満点
（配点非公表）

※印の欄には何も書き入れないこと。

## 一

問一

a

b

c

（えて）

d

（え）

e

問二

問三

A

B

問四

問五

問六

i

ii

問七

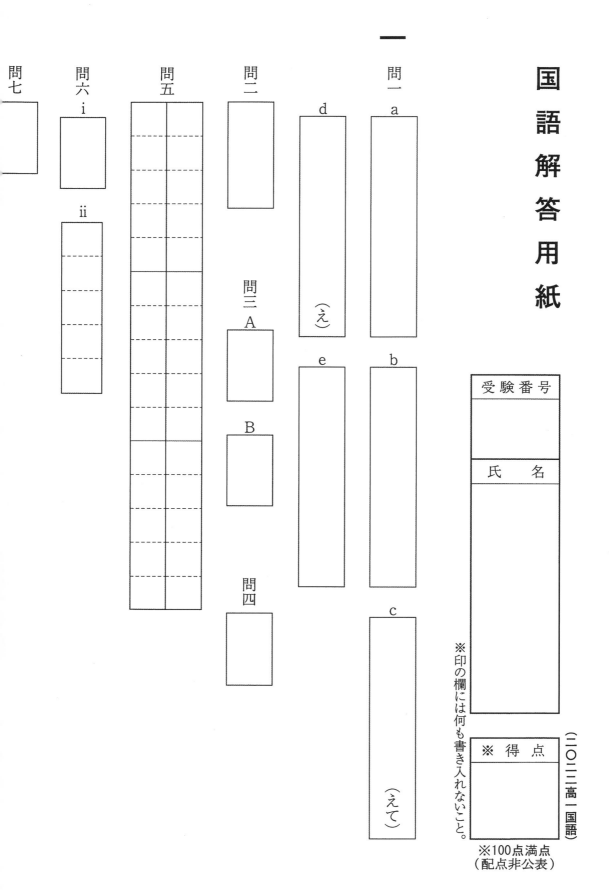

# 社　　会



I　次の図を見て，日本の東北地方に関するあとの問いに答えよ。

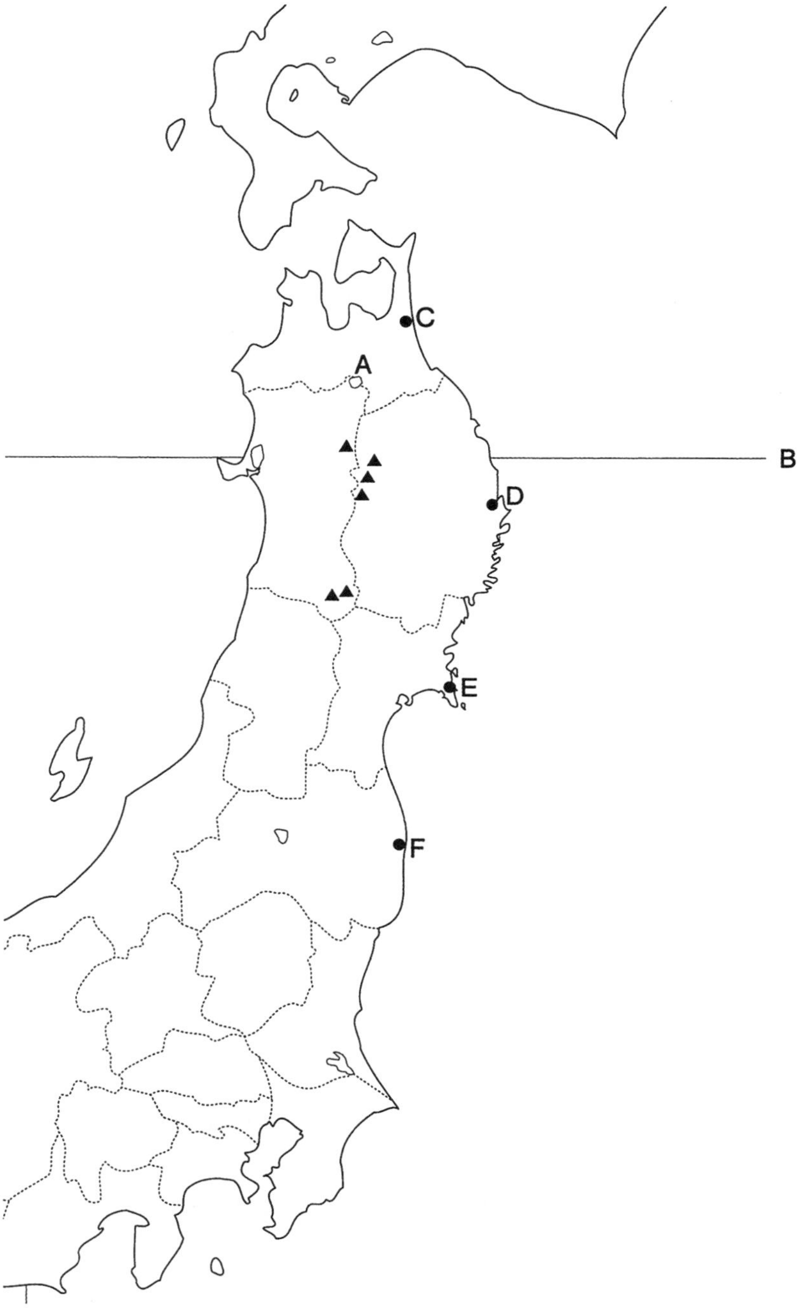

（1） 図中の**A**の湖の名を答えよ。

（2） 図中の**B**の緯線は北緯何度か答えよ。また，これとほぼ同じ緯度にある都市を次の**ア**～**エ**から一つ選び，記号で答えよ。

**ア** ペキン　**イ** ベルリン　**ウ** メキシコシティ　**エ** ロンドン

（3） 世界自然遺産の登録地のうち，東北地方にあるものを答えよ。

（4） 次の**ア**～**エ**の果物のうち，東北地方のいずれかの県が生産量で**1位となっていないもの**を一つ選び，記号で答えよ。

**ア** 西洋なし　**イ** みかん　**ウ** おうとう［さくらんぼ］　**エ** りんご

（5） 図中に▲で示された発電所は，どのようなエネルギーを用いて発電をしているか答えよ。

（6） 2011年3月11日に東日本を襲った大地震のあとに，大きな爆発と炉心溶融［メルトダウン］をともなう大事故を起こした原子力発電所の位置を図中の**C**～**F**から一つ選び，記号で答えよ。

（7） 次の文①，②は東北地方の著名な祭りについて述べている。その祭りの名として適当なものを下の**ア**～**カ**から一つずつ選び，記号で答えよ。

①提灯を米俵に見立てて豊作を祈る祭り。
②人形をかたどった巨大な灯籠が街を練り歩く祭り。

**ア** 青森ねぶた　**イ** 盛岡さんさ　**ウ** 秋田竿灯　**エ** 仙台七夕
**オ** 山形花笠　**カ** 福島わらじ

（8） 東北地方について述べた次の文のうち，適当なものを**ア**～**エ**から一つ選び，記号で答えよ。

**ア** 東北地方は，人口減少率が最も大きい地域である。
**イ** 東北地方の拠点となる仙台空港の利用客数は，中部空港とほぼ同じである。
**ウ** 東北地方には，半導体を製造する工場の進出はみられない。
**エ** 東北地方は，山がちなため，耕地面積が最も小さい地域である。

**II**　日本では，インド洋と太平洋の海域とその周辺国，さらにはそれらを結ぶ東南アジア・オーストラリア周辺の国と海域をひとまとめにして，「インド太平洋」と称することがしばしばみられる。この地域とその周辺に関する，次の問いに答えよ。

(1)　この地域にある島国として，**適当でないもの**を次の**ア**～**エ**から一つ選び，記号で答えよ。

**ア**　マダガスカル　　**イ**　ニュージーランド　　**ウ**　スリランカ　　**エ**　キューバ

(2)　この地域の赤道は，おおよそ東経40度から西経80度までにあたる。その赤道の長さに最も近いものを次の**ア**～**エ**から一つ選び，記号で答えよ。

**ア**　7600km　　**イ**　1万3000km　　**ウ**　2万7000km　　**エ**　3万9000km

(3)　この地域の付属海として，**適当でないもの**を次の**ア**～**エ**から一つ選び，記号で答えよ。ただし，付属海とは，大陸近くの海域で陸地に囲まれている部分を言う。

**ア**　ギニア湾　　**イ**　南シナ海　　**ウ**　ペルシャ湾　　**エ**　アラビア海

(4)　2001年9月のアメリカ同時多発テロに対して，アメリカは，ある国の政権の保護下にあるイスラーム過激派組織が事件の実行者であるとして，同年10月，同盟国の支援のもとに，この国に対して軍事行動をおこした。日本もこれに協力するため，自衛隊をインド洋に派遣した。しかし，アメリカは2021年，この国から軍を撤退させた。この国の名を答えよ。

(5)　次の文章は，この地域に属するインド，ケニア，オーストラリア，ベトナムのいずれかを説明している。このうち，ケニアに該当するものを**ア**～**エ**から一つ選び，記号で答えよ。

**ア**　国土を赤道が通過するが，首都は1600mを越える高地にあり，過ごしやすい気候である。中央部には標高5000mを越える火山があり，周辺は野生動物の楽園ともなっている。

**イ**　南北に細長い国土を持ち，かつて北緯17度線を境に国家が分断された経験を持つ。近年，経済はめざましい発展をとげ，日本にやって来る外国人労働者も多い。

**ウ**　東部と南部には熱帯が広がり，西部は乾燥気候となっている。宗教上の理由から，牛は神聖な動物とされ，また，近年ではICT技術の発展が著しい。

**エ**　国土の中央部は砂漠で，全体として低平な国土となっている。東海岸には大サンゴ礁が広がり，観光の名所となっている。

(6)　表1は，それぞれ**米の生産量**，**漁業生産量**，**粗鋼生産量**の上位5か国と，それらが世界全体に占める割合を示している。表1中の**A～C**は，インド太平洋地域にある日本，インドネシア，ペルーのいずれかである。その正しい組み合わせを表2中の**ア～カ**から一つ選び，記号で答えよ。

表1

| **米の生産量**（%） | | **漁業生産量**（%） | | **粗鋼生産量**（%） | |
|---|---|---|---|---|---|
| 中国 | 27.7 | 中国 | 15.1 | 中国 | 56.5 |
| インド | 23.5 | （　**A**　） | 8.0 | インド | 5.3 |
| （　**A**　） | 7.2 | インド | 5.9 | （　**C**　） | 4.5 |
| バングラデシュ | 7.2 | ロシア | 5.3 | ロシア | 3.9 |
| ベトナム | 5.8 | （　**B**　） | 5.2 | アメリカ | 3.9 |

『日本国勢図会』2021/22より作成

表2

| | **ア** | **イ** | **ウ** | **エ** | **オ** | **カ** |
|---|---|---|---|---|---|---|
| **A** | 日本 | 日本 | インドネシア | ペルー | ペルー | インドネシア |
| **B** | インドネシア | ペルー | 日本 | 日本 | インドネシア | ペルー |
| **C** | ペルー | インドネシア | ペルー | インドネシア | 日本 | 日本 |

Ⅲ　次の年表を見て，あとの問いに答えよ。

794年　平安京に遷都する……………………①
894年　遣唐使が廃止される
〈 A 〉
1018年　望月の歌が詠まれる……………………②
〈 B 〉
1274年　文永の役がおこる……………………③
1467年　応仁の乱がはじまる……………………④
1488年　加賀の一向一揆が起こる……………………⑤
〈 C 〉
1600年　関ヶ原の戦いが起こる
〈 D 〉
1709年　新井白石が幕府に登用される
〈 E 〉
1825年　異国船打払令が出される
〈 F 〉

(1)　年表中〈 A 〉の時期の東アジア情勢について述べた文として正しいものを次の**ア**～**エ**から一つ選び，記号で答えよ。

**ア**　唐が滅び，元が中国を統一した。
**イ**　新羅が高麗を滅ぼして，朝鮮を統一した。
**ウ**　中山王の尚巴志が，三つの王国を統一して琉球王国を築いた。
**エ**　中国東北部では，渤海が契丹に滅ぼされた。

(2)　年表中〈 B 〉の時期の出来事として正しいものを次の**ア**～**エ**から一つ選び，記号で答えよ。

**ア**　２世紀近くに及ぶ十字軍の遠征が始まった。
**イ**　朱元璋が，漢民族の明王朝を建国した。
**ウ**　李成桂が，朝鮮を建国した。
**エ**　ムハンマドがイスラム教をおこした。

(3)　年表中〈　C　〉の時期の出来事として正しいものを次の**ア**～**エ**から一つ選び，記号で答えよ。

**ア**　クリミア戦争が始まった。
**イ**　アメリカで独立戦争がおこった。
**ウ**　モンテスキューが『法の精神』を著した。
**エ**　ルターが宗教改革を始めた。

(4)　年表中〈　D　〉の時期にあてはまる将軍（a・b）とその在任時期に起きたできごと（甲・乙）の正しい組み合わせを下の**ア**～**エ**から一つ選び，記号で答えよ。

a　徳川吉宗　　　　　　b　徳川綱吉

甲　イギリスでは，蒸気機関が実用化され，紡績業を中心とした工場制機械工業が始まり，世界で最初の産業革命が起こった。
乙　イギリスでは，議会が一致して国王を退位させ，オランダから新しい国王を迎えた。

**ア**　a・甲　　**イ**　a・乙　　**ウ**　b・甲　　**エ**　b・乙

(5)　年表中〈　E　〉の時期に行われた幕政改革（a・b）と欧米のできごと（甲・乙）の正しい組み合わせを下の**ア**～**エ**から一つ選び，記号で答えよ。

a　寛政の改革　　　　　　b　天保の改革

甲　イギリスでは，クロムウェルを指導者に国王軍を破り，国王を処刑して共和政を樹立した。
乙　フランスでは，パリの民衆が政治犯を収容したバスティーユ牢獄を襲撃した。

**ア**　a・甲　　**イ**　a・乙　　**ウ**　b・甲　　**エ**　b・乙

(6)　次の**ア**～**エ**には，年表中〈　F　〉の時期の出来事にあてはまらないものが一つある。それを除き，この時期の三つを**年代順に並び替えて答えよ。**

**ア**　清国は，アヘン戦争でイギリスに敗れ，南京条約を結んだ。
**イ**　陽明学者の大塩平八郎が，救民をかかげて門人とともに挙兵した。
**ウ**　ロシア使節ラクスマンが根室に来航し，日本との貿易を求めた。
**エ**　幕府は，対外政策を批判した渡辺崋山や高野長英らを処罰した。

(7)　年表中①・②の出来事とそれに関わった人物の組み合わせとして，正しいものを次の**ア**～**エ**から一つ選び，記号で答えよ。

**ア**　①聖武天皇　②藤原道長　**イ**　①桓武天皇　②藤原道長
**ウ**　①聖武天皇　②藤原頼通　**エ**　①桓武天皇　②藤原頼通

(8)　年表中③について，7年後の弘安の役と合わせ，2度にわたる蒙古襲来を何というか答えよ。

(9)　年表中④の時期に，明に渡って水墨画の技法を学び，帰国後に日本の水墨画を完成させた人物を答えよ。

(10)　年表中⑤で守護大名が倒されると，加賀国は100年近く一向宗の信者たちによる自治が続いた。このように下位の者が上位の者に実力で打ち勝ち，地位を奪う風潮を何というか答えよ。

2022年度

# 高校一般入学試験問題

# 社　　会

(40分)

## 注意事項

◎「始め」の合図があるまで中を見てはいけません。

◎ 解答用紙は別になっています。

◎ 解答は全て解答用紙の所定の欄に記入しなさい。

◎ 解答用紙だけ提出し，問題は持ち帰りなさい。

◎ 教科書中に漢字で書かれている語句は，全て漢字で答えなさい。

# 理　　科



I　オリンピックで使われているメダルについて調べた太郎君と先生の会話を読み，以下の問いに答えよ。

先　生：オリンピックのメダルは何でできているか知っているかな？

太郎君：金・銀・銅ですね。

先　生：この①3種類の金属はすべて周期表に載っている元素だけど，これらは周期表上では縦一列に並んでいるんだ。

太郎君：上から銅→銀→金の順番に並んでいますね。でも，なぜオリンピックでは金メダルが1位の選手に贈られるようになったのですか。

先　生：順位について周期表は関係なく，金が一番希少で高価だったからとされているよ。②金は酸化されにくいので，基本的には③化合物をつくらず単体で自然界に存在する珍しい金属なんだ。そのため非常に古くから知られている元素のひとつで，その見た目の美しさからも人類にとって特別な存在とされてきたんだ。④金ではない物質から人工的に金を作ることを目的として古代から近世にかけて発展した錬金術（alchemy）は化学の礎を築いたといわれていて，化学（chemistry）という言葉の語源にもなっているよ。フラスコなどの実験器具や，⑤蒸留などの操作も錬金術の研究から生まれたとされているんだ。

太郎君：錬金術をテーマにした漫画なら読んだことがあります。確かに化学実験みたいな操作が出てきた気がします。

先　生：そうだね。ところで，実は金メダルには金以外の材料も使われていることは知っているかな？

太郎君：えっ。

先　生：金メダルは，⑥銀でできたメダルの表面に金を貼った，もしくは金でメッキしたものなんだ。2003年までのオリンピック憲章では表面の金の純度や質量の下限値（6 g）まで細かく決められていたんだよ。さらに付け加えるなら，銅メダルの材料は銅ではなく青銅（ブロンズ）という合金なんだ。

太郎君：そうなんですね。…あれ？周期表を見ると金の先に聞き慣れない名前の元素が書いてある。

先　生：原子番号111番のレントゲニウムだね。

太郎君：レントゲニウムメダルはないんですか？

先　生：レントゲニウムは天然には存在しないうえに人工的に作ることも難しく，メダルを作るのに必要な量を集められないんだ。それに，もし大量にあったとしてもレントゲニウムは放射性の同位体しか存在しないと考えられているから，メダルを作るのは現実的でないよ。

(1)　下線部①について，金属の一般的な性質として適当なものを，次の**ア**～**エ**から<u>すべて</u>選び記号で答えよ。

**ア**　たたくと薄く広がる。　　**イ**　磁石を近づけると引きつけられる。

**ウ**　みがくと特有の光沢を生じる。　　**エ**　水に溶けやすい。

(2)　下線部②について，銅は金よりも酸化されやすい金属である。銅を空気中で加熱すると，黒色の酸化銅が生成した。この反応の化学反応式を書け。

(3)　下線部③について，次の**ア**～**オ**の各物質の中から，単体に分類されるものとして適当なものを<u>2つ</u>選び，記号で答えよ。

**ア**　アンモニア　　**イ**　窒素　　**ウ**　ドライアイス　　**エ**　氷　　**オ**　銀

(4)　下線部④について，この目的は錬金術では達成されなかったが，なぜ化学的な手法では不可能であるのか，「化学反応」「原子」という語句を用いて簡潔に述べよ。

(5)　下線部⑤について，赤ワインからエタノールを取り出す実験を行うため，下の図のような実験装置を組み立てた。このとき，温度計の取り付け位置について最も適当なものを，次の**ア**～**エ**から1つ選び，記号で答えよ。

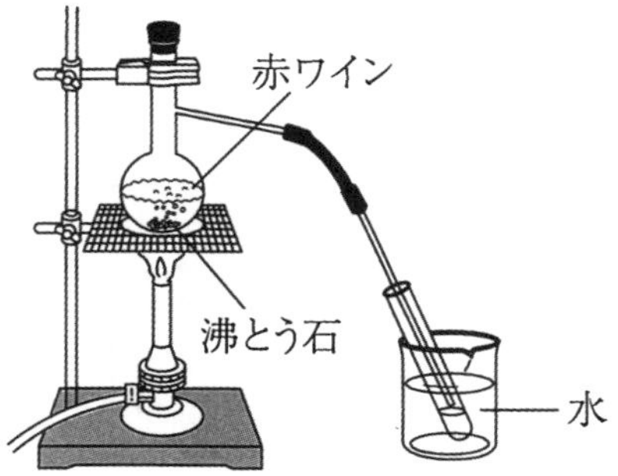


**ア**　　　**イ**　　　**ウ**　　　**エ**

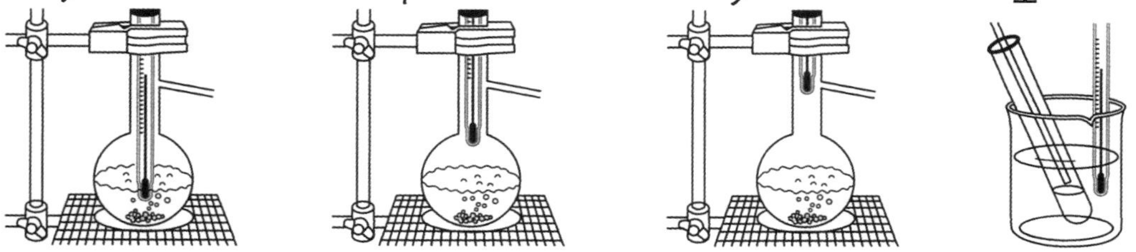

(6)　下線部⑥について，金を貼る前のメダルが半径4.00 cm，高さ3.00 mmの円柱形であるとする。このメダルに図のように一様に1.0 mmの厚さで金を貼ったとき，質量が218 g増加した。このとき，金の密度（$g/cm^3$）はいくつと考えられるか。小数第1位を四捨五入して整数で答えよ。ただし，円周率は3.14として計算すること。

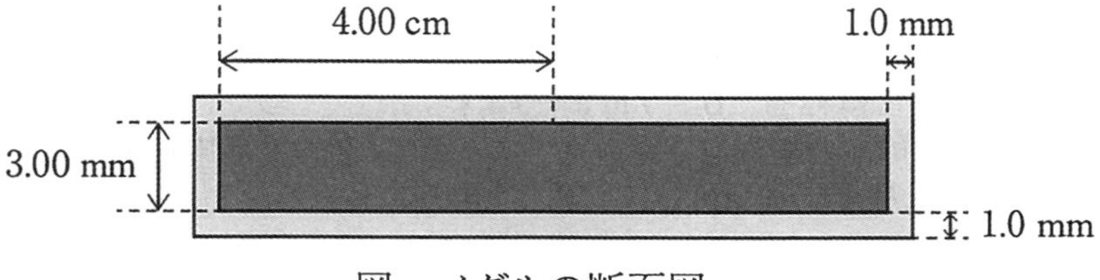


図　メダルの断面図

**Ⅱ**　次の先生と太郎君の会話を読み，以下の問いに答えよ。

先生：さて，今日の講義は圧力について話をしよう。
　　　圧力とは単位面積あたりに加わる力の大きさのことだね。
　　　例えば，図1のように，1辺が10 cmの立方体の形をした物体があって，重さが10 Nだったとする。図2のように，この物体を平らな地面に置いたとき，地面が物体から受ける圧力は，

$$\frac{10\mathrm{N}}{\boxed{\ast}} = 0.1\ \mathrm{N/cm^2}$$

　　　と計算から出るね。

物体（重さ10 N）
1辺10 cmの立方体

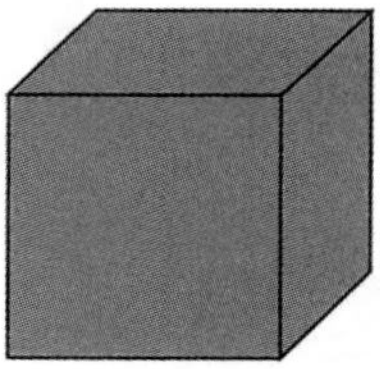

図1

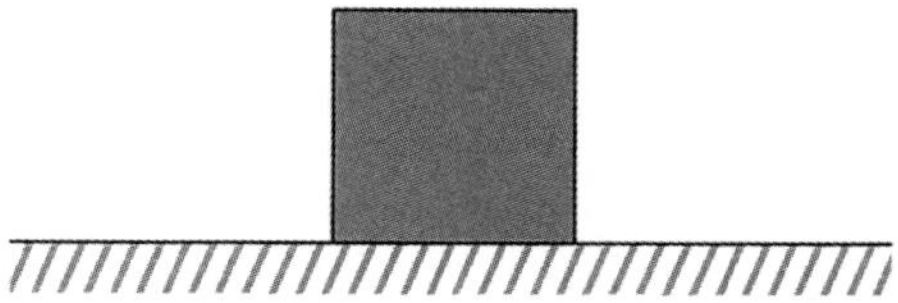


図2

太郎君：なるほど。でも，圧力の単位はPa（パスカル）ではないんですか？
先　生：たしかによく目にするのはPaという単位だね。それじゃあ，さっき出した答えの単位をPaに直してみよう。0.1 $\mathrm{N/cm^2}$をPaを使って表すと，

$$0.1\ \mathrm{N/cm^2} = 1000\ \mathrm{Pa}$$

　　　となるよ。
太郎君：じゃあ，1 Paは，（　a　）という単位を使って表すと，

$$1\ \mathrm{Pa} = 1（\quad a \quad）$$

　　　とも表せますね。
先　生：その通り。よくわかったね。じゃあ，ここからは大気圧の話をしよう。単に気圧ということもあるんだけど，空気の重さによって生じる圧力のことなんだ。海抜0 mの気圧を1気圧というんだったね。
太郎君：はい。1気圧は約（　b　）hPaですよね。
先　生：正解！ Paの前のhはヘクトと読んで（　c　）倍って意味なんだよ。
太郎君：なるほど。だから，1 hPaは（　c　）Paなんですね。
先　生：その通り。身近な大気圧による現象のひとつに，標高の高い山に登山するとき，地上から

未開封のポテトチップスの袋を持って登ると，頂上に近づくにつれてポテトチップスの袋が膨《ふく》らんで大きくなることがあるね。これは，標高が高くなる程，大気圧が小さくなることで起こることなんだ。

【会話は続く】

(1)　空欄 ＊ に入る値として最も適当なものを次の**ア**～**エ**のうちから1つ選び，記号で答えよ。

**ア**　10 cm　　**イ**　100 $cm^2$　　**ウ**　100 $cm^3$　　**エ**　100 $m^2$

(2)　空欄（　a　）に入る単位として最も適当なものを次の**ア**～**エ**のうちから1つ選び，記号で答えよ。

**ア**　$kg/cm^2$　　**イ**　$kg/m^2$　　**ウ**　$N/cm^2$　　**エ**　$N/m^2$

(3)　空欄（　b　）（　c　）に入る数値として最も適当なものを次の**ア**～**キ**のうちからそれぞれ1つずつ選び，記号で答えよ。

**ア**　0.01　　**イ**　0.1　　**ウ**　1　　**エ**　10　　**オ**　100
**カ**　1000　　**キ**　10000

(4)　下線部について，気圧による現象として最も適当なものを次の**ア**～**エ**のうちから1つ選び，記号で答えよ。

**ア**　吸盤が壁にくっついて離れない。
**イ**　寒い日に吐いた息が白くなる。
**ウ**　雨上がりの空に虹がかかる。
**エ**　夏の夜に比べて，冬の夜は音が遠くまで聞こえる。

【会話の続き】

太郎君：なるほど。わかりました。ところで，この浮力の問題の解き方を教えてください。

【問題】

図３のような密度が$d_1$[kg/m³]で質量が$3m$[kg]の物体Xを，図４のように，軽い糸と定滑車を使って質量$m$[kg]のおもりとつなぎ，物体Xを密度が$d_2$[kg/m³]の水の中で静かに離すと，水面から$x$[m]沈んだ状態で静止した。$x$を$d_1$，$d_2$，$r$を使って表しなさい。ただし，$m$[kg]の物体にはたらく重力の大きさを$W$[N]とする。

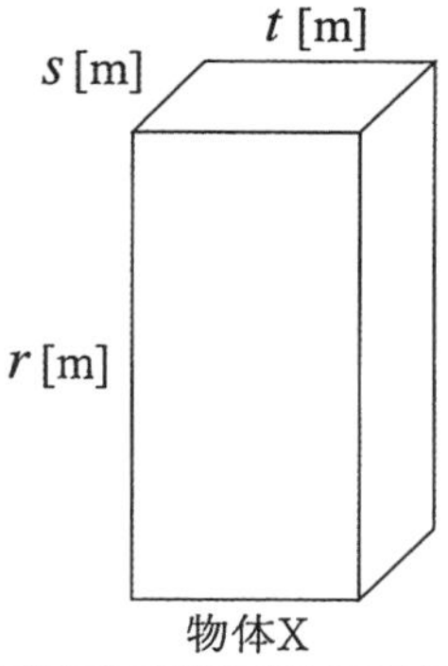


直方体
１辺の長さは，$s$[m]，$t$[m]，$r$[m]
質量　$3m$[kg]
密度　$d_1$[kg/m³]

図３

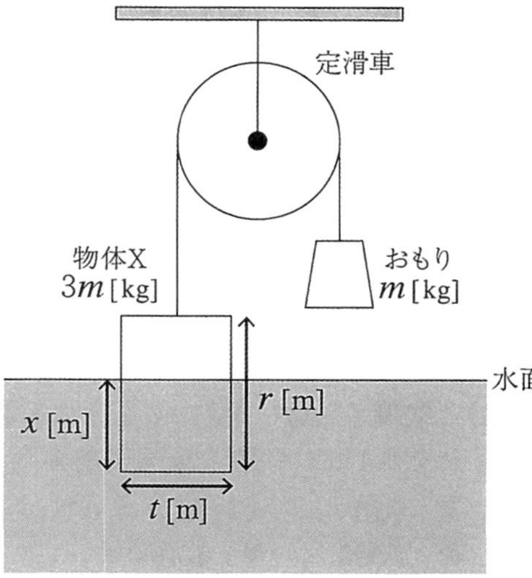


※おもりと物体Xが静止しているときの様子である

図４

先　生：まずは，おもりと物体Xがつり合っていることから，物体にはたらく浮力の大きさは，（　e　）[N]となるね。次に，物体がおしのけた水の重さは$d_2$を使って表すと（　f　）[N]だから，

（　e　）＝（　f　）…①

が成り立つ。一方で，物体の重さは$d_1$を使って表すと（　g　）[N]だから，

（　g　）＝$3W$…②

が成り立ち，①式と②式より，

$x$＝（　h　）

となるよ。

太郎君：なるほど。これでこの問題を理解できました。ありがとうございました。

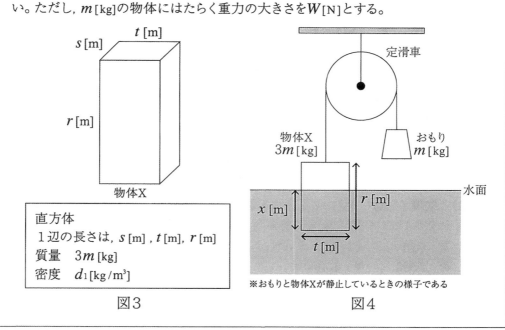

２０２２年度

# 高校一般入学試験問題

# 理　　科

（40分）

## 注　意　事　項

◎「始め」の合図があるまで中を見てはいけません。

◎ 解答用紙は別になっています。

◎ 解答は全て解答用紙の所定の欄に記入しなさい。

◎ 解答用紙だけ提出し，問題は持ち帰りなさい。

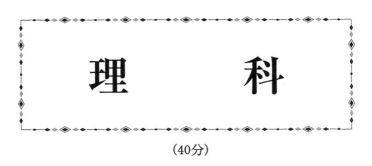

rt 2

]

Welcome to the news for February 1st, 2022. I'm your host, Bill Jansen. Today's ow comes from city hall. We're going to talk about the three-day global peace nference here in Hiroshima. The conference began yesterday at the city stadium. udents from around the world sang songs and welcomed the leaders from over 50 untries. Later today, the president of the United States will give a speech and announce ew plan in the peace museum. Finally, the conference will end tomorrow, on February d. International musicians will give a free concert for the people of Hiroshima. eryone is welcome.

]

Now let's introduce next year's host country, Pakistan. Some people know Pakistan r its delicious food, but there is a lot more to this country! Let's start with its incredible ountains. There are many tall mountains to visit. Its biggest city, Karachi will host our xt conference. Finally, Pakistan is famous for several sports, and they are a top ten untry in cricket. We hope to see you next year in Pakistan. That's all for today's news.

# 英　語

(2022高一英語)

Ｉのリスニング問題は試験開始から数分後に行う。それまで他の問題を解いていること。

Ｉ　【リスニング問題】 放送をよく聞いて，問いに答えよ。

## Part 1

これから放送する英語の対話を聞き，続きの内容として最も適当なものをそれぞれ**ア**～**エ**より1つ選び，記号で答えよ。なお，英語は2度読まれる。

(1)
ア　That's very kind of you.
イ　Shall I take you there?
ウ　I'm glad to hear that.
エ　How did you like it?

(2)
ア　buy a variety of things.
イ　support our friends and family.
ウ　join a club at school.
エ　help clean the local rivers.

(3)
ア　we played it very hard.
イ　I made a lot of friends.
ウ　we practiced in the gym.
エ　we didn't meet very often.

(4)
ア　send me a picture of yours?
イ　tell me what that is?
ウ　tell me when to come?
エ　use this one?

## Part 2

これから放送する [A] と [B] の英語のニュースを聞いて，それぞれの問いに答えよ。なお，英語は1度しか読まれない。

[A]

1月31日にだれが，何を，どこでしたのか，合うものを以下の表中の**ア**～**エ**よりそれぞれ1つずつ選び，記号で答えよ。

(1) Who

| | | | |
|---|---|---|---|
| **ア** students | **イ** the President | **ウ** world leaders | **エ** musicians |

(2) What

| | | | |
|---|---|---|---|
| **ア** helped people | **イ** announced a plan | **ウ** sang songs | **エ** gave a speech |

(3) Where

| | | | |
|---|---|---|---|
| **ア** downtown | **イ** in the city hall | **ウ** in a stadium | **エ** in a museum |

[B]

パキスタンとはどのような国であるかが英語で紹介されます。よく聞いて，**ア**～**カ**のうち，4つの写真を出てくる順に並べ替えて答えよ。

(　　　　)→(　　　　)→(　　　　)→(　　　　)

**ア**

**イ**

**ウ**

**エ**

**オ**

**カ**

[copyright free images from pixabay.com]

［ 余白 ］

Ⅱ　以下の対話とそれに関する資料（［ A ］，［ B ］）やEメールのやりとり（［ C ］）を読んで，それぞれの問いに答えよ。

［ A ］

Fred : Hello, Sara. This is Fred — Fred Jones … from your French class. I sit in the back of the room next to the window … you know.
Sara : Oh, sure! Hi, Fred. How are you doing?
Fred : Fine. Well, listen … I was thinking … I mean, if you don't have anything to do this Saturday, why don't we go to the movies?
Sara : I don't know. I'll have to ask my parents. I have a dance lesson on Saturday mornings and have lunch with them after that. In the afternoon, I'll have to do my math homework.
Fred : But don't you remember? Monday's a holiday and we don't have any classes.
Sara : Oh, that's right. I'll ask my parents now. Hold on a minute … Fred? It's all right with my parents, but I have to be home by six. Do you think we will finish seeing the movie by then?
Fred : Sure. We can go to the early show.
Sara : That sounds great.
Fred : I'll pick you up at two, OK?
Sara : See you then.

| GREEN PARK CINEMA | Monday 31/01/2022 - Sunday 06/02/2022 | | | | |
|---|---|---|---|---|---|
| Title | Time | Start/End | | | |
| A Noisy World | 97 mins | 11:50/13:30 | 15:00/16:40 | 18:10/19:50 | 20:30/22:10 |
| Dead or Alive | 113 mins | 14:00/15:55 | 16:30/18:25 | 20:00/21:55 | |
| The Cruise | 82 mins | 10:00/11:25 | 12:00/13:25 | 16:40/18:05 | 19:45/21:10 |
| Perfect Love | 121 mins | 13:20/15:25 | 16:40/18:45 | 19:40/21:45 | |

(1) Which movie will Fred and Sara probably see?

ア A Noisy World
イ Dead or Alive
ウ The Cruise
エ Perfect Love

(2) Which one of these is true?

ア Both Sara and Fred take French class on Monday.
イ Sara has lunch with her parents every Saturday and Sunday.
ウ The longest movie has a show starting at the same time as the shortest one.
エ "The Cruise" starts the earliest and ends the latest of the four.

[ B ]

Mail Clerk : Good morning. Can I give you a hand with those packages? They look heavy.
Woman : That's very kind of you. Thank you. I'd like to send one to Kyoto, Japan and the other to Rome, Italy, by air mail.
Mail Clerk : Let's see .... Each one weighs a little over three kilograms, so the price will be [ A ] dollars.
Woman : Three kilograms! They are much heavier than I thought! ... Here you are.
Mail Clerk : Thank you. Next, please.

Man : Hello. I'd like to send this package to Nairobi, Kenya. How long will it take for the package to arrive if I send it by sea mail?
Mail Clerk : It takes as long as [ B ] weeks.
Man : [ B ] weeks!? But I sometimes send a package by sea mail, and it's never taken that long.
Mail Clerk : Well, it's busy at this time of year.

| International Mail | | | | | |
|---|---|---|---|---|---|
| Country or Area | Cost | | | Time | |
| | Weight in kg. | by sea | by air | by sea | by air |
| Europe | 1.0- | $10 | $18 | 2 weeks | 4-6 days |
| | 2.0- | $14 | $23 | | |
| | 3.0-4.0 | $18 | $28 | | |
| Asia | 1.0- | $13 | $22 | 4 weeks | 8-10 days |
| | 2.0- | $17 | $33 | | |
| | 3.0-4.0 | $22 | $46 | | |
| Australia and New Zealand | 1.0- | $12 | $20 | 3 weeks | 6-8 days |
| | 2.0- | $16 | $31 | | |
| | 3.0-4.0 | $20 | $42 | | |
| Other Areas | 1.0- | $16 | $30 | 4 weeks | 11-13 days |
| | 2.0- | $22 | $41 | | |
| | 3.0-4.0 | $28 | $50 | | |

*We can also send heavier packages. Ask a clerk for the information.

*During the busy months (March and December), sea mail takes two weeks longer and air mail takes five days longer.

２０２２年度

# 高校一般入学試験問題

# 英　語

（50分）

## 注　意　事　項

◎「始め」の合図があるまで中を見てはいけません。

◎ 解答用紙は別になっています。

◎ 解答は全て解答用紙の所定の欄に記入しなさい。

◎ 解答用紙だけ提出し，問題は持ち帰りなさい。

Ⅲ　容器Aの中には，10％の砂糖水が40g，容器Bの中には，35％の砂糖水が40g入っている。

いま，容器Aの砂糖水をよくかき混ぜてから$x$gだけ砂糖水を取り出し，これを容器Bに入れてよくかき混ぜた。さらに，容器Bから$2x$gの砂糖水を取り出し，容器Aに入れてよくかき混ぜたところ，容器Aには18％の砂糖水ができた。このとき，次の問いに答えよ。

（1）容器Aから$x$gの砂糖水を取り出したとき，容器Aに残っている砂糖水に含まれる砂糖の重さを$x$を用いた式で表せ。

（2）容器Bから容器Aに入れた$2x$gの砂糖水に含まれる砂糖の重さを$x$を用いた式で表せ。

（3）$x$の値を求めよ。

Ⅱ　図のように，放物線$y=\frac{1}{2}x^2$…①上に点O (0, 0)，点A $\left(1, \frac{1}{2}\right)$，点B (−2, 2) がある。また，点Aを通って，直線OBに平行な直線 $l$ と放物線①の交点のうち，Aと異なる点をCとする。次の問いに答えよ。

（1）　直線 $l$ の式を求めよ。

（2）　点Cの座標を求めよ。

（3）　△OACの面積を求めよ。

（4）　四角形OACBと△CBDの面積が等しくなるような点Dを直線OA上にとるとき，点Dの座標を求めよ。ただし，点Dの $x$ 座標は点Aの $x$ 座標より大きいものとする。

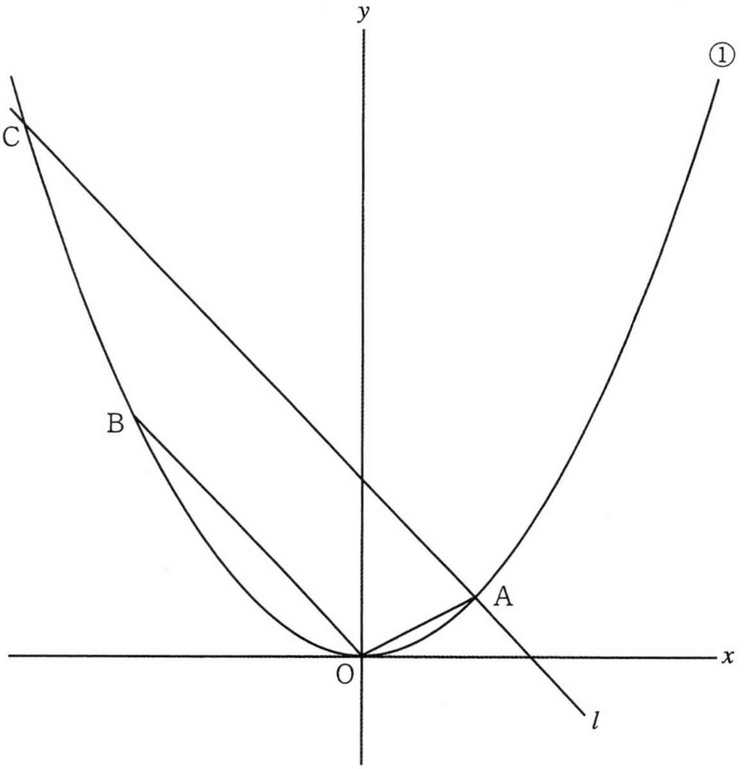

（5） 図のように，平行な2直線$l$，$m$と正方形ABCDがある。また，点Cは直線$m$上の点である。このとき，$\angle x$の大きさを求めよ。

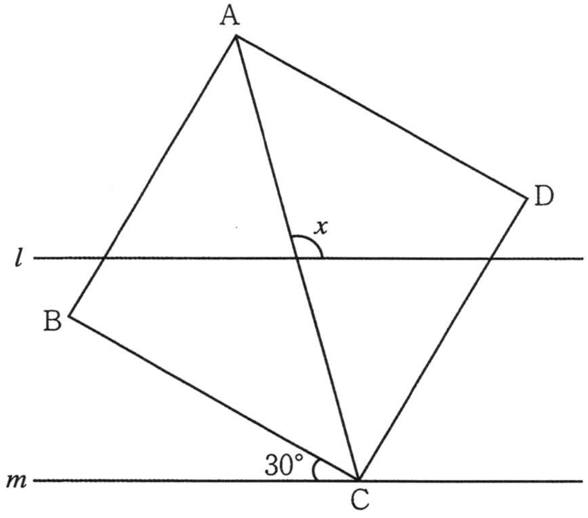


（6） $x+y+z=9$，$x \geqq 1$，$y \geqq 2$，$z \geqq 3$を満たす正の整数$x$，$y$，$z$の組は何通りあるか。

（7） $\sqrt{\dfrac{45n}{28}}$が有理数となる正の整数$n$のうち，最も小さいものを求めよ。

# 数　　　学

（2022高一数学）

**I**　次の問いに答えよ。

（1）$(-2ab)^3 \times \frac{1}{6}a^2b \div \left(-\frac{1}{3}ab^2\right)^2$ を計算せよ。

（2）方程式 $\begin{cases} \frac{2x-5}{3}+y=-2 \\ \frac{x}{2}-\frac{1-y}{4}=1 \end{cases}$ を解け。

（3）関数 $y=-\frac{1}{4}x^2$ で，$x$ の変域を $-2 \leqq x \leqq a$ とすると，$y$ の変域は $-4 \leqq y \leqq b$ となる。このとき，$a$，$b$ の値をそれぞれ求めよ。

（4）$a(a+b-1)-b$ を因数分解せよ。

２０２２年度

# 高校一般入学試験問題

# 数　　学

（50分）

## 注　意　事　項

◎「始め」の合図があるまで中を見てはいけません。

◎ 解答用紙は別になっています。

◎ 解答は全て解答用紙の所定の欄に記入しなさい。

◎ 解答用紙だけ提出し，問題は持ち帰りなさい。

◎ 円周率は$\pi$とします。

俺はぶすっとして答える。雨夜は急に俺との気まずさを思い出したみたいに目を泳がせて、

「ごめん、練習邪魔して。だから一走なんだなあって思っただけ」

そう言って戻っていった。

だから一走なんだなあって思っただけェ？　何言ってんだあいつ……。

リレー練習が始まる。サトセンが※スターター、酒井がサポートとして、練習の様子をビデオに撮ってくれることになった。

一本目。最近はずっと無心で走っていたから、どんなふうに一走を走っていたのかも思い出せない。まあ、走り出せばなんとかなるだろと思いつつ、①いつものように上手く無心になれない。なんでだろう。さっき雨夜に余計なアドバイスしちまったせいかな。

※二走の雨夜が見える。そういえばさっき、過去最高に長くしゃべったな、あいつと。フツーにしゃべれんじゃんと思った。クラスだとどんななのか、そういえば知らないな。

「イチニツイテ」

いかん、集中集中。

軽くジャンプして、スタブロに足を置いた。それからいつもより少しだけ時間をかけて、コース全体を見渡す。雨夜の背中をもう一度見る。なんとなく※マーカーの位置も確かめる。俺が気にする必要なんか、ないのに。

——いや、今のスタートすごいよかったなって思って……。

——受川って、カーブ上手いから。

——だから一走なんだなあって思っただけ。

うるせえな。うるせえよ。酒井と同じようなこと言いやがって。

おまえに言われたって、嬉《うれ》しくねえんだよ。

――星哉は一走向いてそうだもんな。

なんで今、兄貴の言葉を思い出すんだよ。

勝手なこと言うんじゃねえ。上から目線なんだよ。俺の価値は俺が決めるんだ。俺の走りで証明するんだ。天才に認めてもらう必要なんか、憐《あわ》れみなんか、いらねえんだよ。

頭を振った。

【文章Ⅱ】「二走、雨夜莉推」

受川はそのまま一周歩いてくるようだ。スタブロが空いたことを伝えようと思って近づいていくと、それに気づいた酒井が先に話しかけてきた。

「スタートだけは上手いよな、あいつ」

僕も見ていたのは、バレていたようだ。今さっきの彼の走りを思い出して、少し訂正する。

「カーブも上手いよ」

僕は受川のことが苦手だけど、それでも陸上選手としての彼はかなりハイレベルだと思っている。

「ああ、性格ひん曲がってるからな」

「いやいや……直線も速いし」

「雨夜はスタート下手だよなァ。思い切りが悪い」

顔はわりとかわいいのにはっきり言う子だよなあ、といつも思うけど、今日はとりわけストレートだ。まあ、否定できないんだけど。

「緊張するじゃん。ピストルの音が聞こえるか不安になるっていうか……フライングも心配だし」

ちょうど受川が戻ってきて、酒井はニヤリとしてその顔をまっすぐに指差した。

「耳がいいんだよ、コイツ」

酒井が経緯を説明し、受川がしゃべり始めると、僕は居心地が悪くなった。酒井は同じクラスだし、特に苦手意識はない。でも受川とは、入部当初からあまり(3)馬が合わない。理由はよく知らないけど、彼はきっと僕が嫌いだ。特に僕がリレーで二走を走るようになってからというもの、向けられる視線には今までになく嫌悪の色が滲《にじ》むようになったと思う。受川はここのところろくにタイムの出ない僕が二走を走ることに、納得していないのだろう。かといって、仮に僕が受川を２００メートル走で抜いてしまったら、彼はどんな顔をするのか……。

「いや、それただのルーティンだし……」

ふっと耳慣れない単語が耳に入ってくる。ルーティン？

受川がこっちを向いたので、口にしていたことに気づいた。そんなことも知らないのか、と顔に書いてある。

「ほら……テニス選手がサーブの前に、決まった回数ボールをつくだろ。あれと一緒だよ。練習と同じ動作をすることで、いつも通りだ、って自己暗示かけるんだ。他にもリズム作ったり、体動かすことでほぐしたりとか、色々あると思うけど……」

説明してくれるとは思わなかったので、少し驚いた。それで、もやついていた頭がのろのろと陸上に切り替わる。

そういえば、受川ってスタブロの位置毎回メジャーで測るんだよな。それから走る前に、必ず二度ジャンプする。踏切板に足を置くときの順番やその後レーンに指をつく動作なんかも、毎回見事に同じだ。※デジャブを見ているみたいに。

一年間、彼の走りを見ているから知っている。ただの癖なのかと思っていた。でもあれには、きちんと意味があったのか。

酒井は耳がいいから、なんて片付けていたけれど、それだけなはずがない。受川はきちんと努力している。工夫している。勉強している。その努力の結果として、スタートが上手くなったのだ。僕はスタートが苦手だと自覚しつつ、それを具体的にどう改善しようとか考えたことはなかった……。

酒井が直線のスタブロに戻っていく。僕は受川がレーンを変えてスタブロをセットし始めるのを、少し離れたところからじっと見ていた。視線を感じたのか、受川が顔を上げ、目が合うと露骨《ろこつ》に嫌そうな顔をする。でもさっきルーティンについて教えてくれたしな……と思って、スタブロの置き方について訊ねてみると、受川はため息をつきつつも答えてくれた。

「わざと角度つけてんだよ。リレーもそうだけど２００のスタートはカーブだから、内側に切り込むように走ってかないといけないの。レーンの内側走れば最短距離だろ？　外側に膨らむと、その分距離が延びて、無駄に走らなきゃならなくなる。１００だとまっすぐに置くだろうけど、コーナースタートだと斜めに置くもんなんだよ、スタブロって」

「へえ……」

想像以上に丁寧な答えが返ってきて、普通に感心してしまう。

丁寧に答えられる。それはつまり、それだけ知識を持っているということだ。練習熱心なのは知っていたが、研究熱心なタイプだと思ったことはなかった。直情的で、どちらかというと直感で走っていそうな。でも本人もさっきぼそっと言っていたな。

「［　Ａ　］」だって。

似ている。かつての、彼と。

「そっか。受川って、カーブ上手いから。膨らまないし、直線走ってんじゃないかってくらい綺麗に走ってくるなあっていつも思ってたけど、スタートからちゃんと工夫してるんだな」

「当たり前だろ」

受川の声に、やや強い苛《いら》立ちがこもった。②少し調子に乗りすぎたかな。

「ごめん、練習邪魔して。だから一走なんだなあって思っただけ」

受川との会話を反芻《はんすう》※しながら、ぼんやり自分の練習に戻ろうとした僕を、受川が呼び止めた。

「雨夜」

振り返ると、呼んだくせに受川はこっちを見ていなかった。

「おまえ、序盤から※ピッチ上げ過ぎなんだよ。っていうか終始ピッチ全開で走ろうとし過ぎなんだ。※ストライド伸びてないし、後半バテて失速してるだろ。一次加速はきちんと地面踏んで、跳ね返ってくる力を体で受け取って進むんだよ。そうやってスピードに乗ってきたら自然にピッチが上がってくんだ」

いきなりに早口にそれだけ言われて、僕は目をぱちぱちさせた。

「えっと……」

「自力で走ろうとすんな。地面から力もらって走れ」

受川は唸《うな》るように言い、それ以上の会話を拒絶するように黙々とスタブロを調整し始めた。

序盤からピッチを上げ過ぎ……それは確かに、そういう走りをしようとしていた。昔はそうでもなかったけど、上手く走れなくなってからは、ずっとスタートを重要視していた。特に、ピッチを上げなきゃと思っていた。身長が低い分、脚も短い僕は、他の選手ほどストライドが稼げない。だからその分ピッチを上げなきゃいけないんだ、と。実際このオフシーズンも、ピッチを上げるトレーニングを重点的にやってきた。最初から最後まで、ピッチ全開で走れるように。

でも受川は、そうじゃないと言う。

そうだろうか。でも、試してみたいと思った。受川が今言ってくれたこと。あまり、自分でもきちんと考えたことがなかったこと。スタートが苦手な理由。

僕は自分の走りを、全然わかっていなかったのかもしれない。

（天沢夏月『ヨンケイ!!』）

（注）※インターハイ…全国高等学校総合体育大会のこと。

※スタブロ…スターティングブロックのこと。

※全中…全国中学校体育大会のこと。

※スターター…競技や列車などの出発合図をする人。

※二走…リレーにおいて、二走はチームのエースが走る区間。

※マーカー…リレーにおいて、前走者からスムーズにバトンを受けるために、前走者がある地点に到達したら、次走者が走り出すタイミングを示した目印。

※デジャブ…それまでに一度も経験したことがないのに、かつて経験したことがあるように感ずること。ここでは、実際に今見ている状態が、前回見た状態と全く変わらないという意味で使われている。

※反芻…繰り返し思ったり、考えたりすること。

※ピッチ…走るときの腕・脚の動かし方の速さ。

※ストライド…競走で、大きな歩幅で走ること。また、その歩幅。

問一 ═══(1)～(3)の本文中における意味として最も適当なものを、次の**ア**～**オ**からそれぞれ一つずつ選び、記号で答えよ。

(1)「助け船を出す」

**ア** 困った状況から脱すること。
**イ** 会話を前に進めること。
**ウ** 相手の無理解を解明すること。
**エ** 相手の批判から守ること。
**オ** 困っている人に力を貸すこと。

(2)「眉をひそめる」

**ア** 憂いがあり、顔をしかめる。
**イ** 不快に思い、顔をしかめる。
**ウ** 疑問を感じ、一点を見つめる。
**エ** いらだって、にらみつける。
**オ** ぼう然として、一点を見つめる。

(3)「馬が合わない」

**ア** 相手の主張が理解できず、共に行動できない。
**イ** タイミングが合わず、うまくかみ合わない。
**ウ** 好みや考え方が合わず、付き合いにくい。
**エ** お互いに嫌悪感を抱き、一緒にいられない。
**オ** 見方や考え方が合わず、意見がまとまらない。

問二　【文章Ⅰ】の冒頭での、酒井と雨夜の会話に対する受川の説明として最も適当なものを、次の**ア**～**オ**から選び、記号で答えよ。

**ア**　二人が会話している様子に不安を感じ、まずは状況を把握しようと焦って苛立ったが、自分のスタートの仕方が問題になっているので心配になった。

**イ**　二人が会話していることに嫉妬を覚え、自分の悪口を言っているのではと疑ったが、実は自分のスタートが話題になっているのがわかり、安心した。

**ウ**　二人が会話しているのを見て驚き、次に自分のことを話しているのがわかって不満を感じたが、最後は自分のスタートが話題であることを理解した。

**エ**　二人が会話しているのを見て何も考えられなくなり、混乱し苛立ったが、最終的には雨夜のスタートについて話し合っているだけなのがわかった。

**オ**　二人が会話中に酒井がニヤリとしたので驚き、何かを企んでいると警戒したが、スタートについて話しているのがわかり、落ち着きを取り戻した。

問三　――①「いつものように上手く無心になれない」とあるが、その理由の説明として最も適当なものを、次の**ア**～**オ**から一つ選び、記号で答えよ。

**ア**　雨夜に嫌悪感を抱きつつも、チームの一員としての連携の必要性について考えてしまったから。

**イ**　雨夜に対して嫌悪感があるのに、今日に限ってしたアドバイスの内容にこだわってしまったから。

**ウ**　雨夜とこれまでになく多く話したことで親近感を持ち、つい彼の様子を気にかけてしまったから。

**エ**　雨夜との先程の会話のことを思い返し、彼の発言の内容や兄のことについて考えてしまったから。

**オ**　雨夜にスタートの仕方についてアドバイスをし、それが適切か心配で気になってしまったから。

問四　［　Ａ　］にあてはまる適当な語を【文章Ｉ】から三字で抜き出して答えよ。

問五　――②「少し調子に乗りすぎたかな」と雨夜が思った理由の説明として最も適当なものを、次の**ア**～**オ**から一つ選び、記号で答えよ。

**ア**　受川が普段とは違い、陸上競技について普通に話してくれたことをいいことに、彼の走りまで評価してしまったから。

**イ**　受川が自分のことを露骨に嫌っているにも関わらず、スタブロについて説明してくれたことに素直に感心してしまったから。

**ウ**　受川は練習熱心なだけで直感的に走っていると思っていたが、実は理論的で研究熱心であることを垣間見てしまったから。

**エ**　受川が意外にも陸上競技を熱心に研究していることがわかり、理論、技術ともに自分と同等だと感じて声をかけたから。

**オ**　受川の話しぶりから陸上競技について理論的に遅れている自分に対し馬鹿にしていることを感じ、反論しようとしたから。

問六　雨夜は、受川とのやりとりを通して、どのような思いや考えに至ったか。その説明として最も適当なものを、次の**ア**～**オ**から一つ選び、記号で答えよ。

**ア**　自分の走り方について受川に理論的に否定されたことで、受川を直情的なタイプではなく、研究熱心なタイプであると考えるようになった。

**イ**　自分の走りについて自分自身がわかっていなかったことを自覚し、新たな走り方や苦手なことの克服に取り組もうと思うようになった。

**ウ**　受川が自分の意図を見抜いており、その上で指摘されたことによって、自分の走り方が序盤からピッチを上げ過ぎていることに気が付いた。

**エ**　受川が自分の走り方について忠告してくれるようになったので、受川と陸上のことについては普通に話せる関係にまでなったことを自覚した。

**オ**　自分の技術についてろくに分析もせずに練習していることを受川に指摘され、受川の走り方が理論に裏打ちされたものであることを実感した。

問七　――「雨夜が意外そうな顔をしている」とあるが、なぜか。その理由を四十字以内で説明せよ。

問八　この小説の登場人物の描き方についてクラスで話し合った。本文の内容に合う発言として最も適当なものを、次の**ア**～**オ**から一つ選び、記号で答えよ。

**ア**　第一走を担《にな》う受川は性格が悪い上に、図太いよね。でも、ピストルの音を聞き分ける耳だけはいいみたいだね。だから第一走者として適しており、雨夜と違って緊張することなく、よい「スタート」ができるんだろう。

イ　受川は、陸上について理論的な研究や工夫を重ねながらなんとか自分の力を示したいと思っている努力家だよ。だから仲間に納得できる説明ができるんだ。ただ一方で兄を強く意識していることも垣間見ることができるね。

ウ　第二走を務める雨夜は、受川の兄のことを「彼」と表現していることから、知り合いであることがわかる。親友である受川の理論的な研究や工夫を重ねる姿勢を尊敬して、真摯《しんし》に学ぼうとしているよ。親友っていいね。

エ　雨夜は、身長が低くて足が短い分、速いピッチで走り続けるためにトレーニングを重ねてきたんだ。しかし受川に頭から否定されて、戸惑ってしまった。自分の走り方を根底から見直さなければいけないと悩んでいるよ。

オ　人が成長していく上で友人同士の切磋琢磨《せっさたくま》って大切だね。だから、同じ部活の酒井は理論家の受川と天才肌の雨夜のぎくしゃくした関係をなんとか取り持とうとして努力しているね。今後の話の展開がとても楽しみだ。

２０２１年度

# 高校一般入学試験問題

# 国　語

（50分）

## 注　意　事　項

◎「始め」の合図があるまで中を見てはいけません。

◎ 解答用紙は別になっています。

◎ 解答は全て解答用紙の所定の欄に記入しなさい。

◎ 解答用紙だけ提出し，問題は持ち帰りなさい。

名古屋高等学校

# 国語



一　【文章1】・【文章2】を読んで、後の問いに答えよ。なお、本文は問題の都合上途中を省略した部分がある。（字数制限のある問題は句読点・記号等も一字に数える。）

【文章1】

なぜニセ科学がこんなにも世の中に広がっているのか。

その一つとして、科学に対する極端な態度がある。すなわち、科学をシンコウするか、科学を否定するか。科学の力を信じるあまり、道理もわからず丸ごと飲み込んでしまう場合と、科学への不信や不満が高じて、道理から目を背けてしまう場合。この両者は、まったく正反対のように見えて、実は非常によく似ている。どちらも批判の目を欠くことによって、科学的思考から遠ざかってしまうのだ。

それから、二つ目が観客民主主義というもの。小泉内閣が発足した当時、「劇場型政治」という言葉が流行《はや》ったが、ニセ科学の蔓延《まんえん》はまさしくそれに当たる。現代人は他人に「お任せ」してしまう発想が非常に強い。例えば、「テレビで放送されていたから〇〇は効き目がある」「専門家も同じことを言っていたから安心」という発想はその典型だ。［　Ｉ　］、他人任せで自分の考えを放棄してしまったら、それがどんな内容でも科学ではなくなる。常に自分で考える姿勢が不可欠。

三つ目は、科学リテラシーの欠如。すなわち科学の知識やキハンが欠けている。これは同時に、懐疑精神が欠如しているという意味でもある。何度も述べているように、科学者ほど疑ぐり深い人間はいないのである。科学者ほど自分の科学について疑い続けている人間はいない。なぜならば、疑い続けていくことが科学にとって最も大事だからである。

四つ目に、時間が加速していることが挙げられる。現代人はどんどん忙しくなっているが、その結果、早く結論を出したがる傾向を持ってしまった。例えばある事件で容疑者が捕まったとき、その容疑の真偽にかかわらず、早く犯人だと断定してほしいという気持ちがどうしても生じる。そうすることによって安心したいのだ。つまり、一刻も早く結論を得ようとして、簡単に安易な結論に飛びついてしまうのである。時間が加速されているとはそういうことだ。これは非常にまずいことだ。私たちは時間をもっと無駄に使うことが必要ではないかと思う。君たち若い世代には、まだまだ時間がたくさんあるはずだ。性急すぎる判断で取り返しのつかないことを招く前に、ちょっと立ち止まって考えてみてほしい。

そして最後に、欲望の爆発。人間は利益や便利さ、豊かさというものをとめどもなく求めてしまう。実は、こういう欲望を爆発させているのは、高度成長期に生きてきた僕たちみたいな中年世代なのだ。君たち若い世代のほうが、例えば環境に対する配慮ということを早い段階から考え始めている。[　Ⅱ　]、この部分に関しては特に君たちに期待している。過剰な欲望に惑わされることなく、この社会を科学的なまなざしで見つめてほしい。

おそらくニセ科学は今後も廃れない。それは、ここまで述べてきたように、人間の欲望や心のゆらぎに密接に絡《から》みついているからである。しかし、その処方箋《せん》ならいくつか提案することができる。

中でも最も大切なのは、「なぜ?」という、懐疑の精神をしっかり教育することだ。現代の学校教育においては、合理的な内容は教えているけれど、不合理についてはまったく教えない。これは非常に危険なことである。本来なら、不合理なものをあえて見せて、「なぜこれは不合理なのか」ということを考える力を身に付ける必要があるのだ。合理的なものばかり教えていると、正しいことにしか対応できない人間に育ってしまう。つまり、不合理も教えておかないと、ニセ科学に出会ったときに対処の仕方がわからなくなってしまうのである。そういう意味では、不合理への①免疫を今のうちにつけておくことが肝要だ。

それから、先ほど述べた予防措置原則。特に※第三種ニセ科学のように、確実な答えが得られていないような問題に関しては、何よりも安全を最優先させる。そういう考え方の軸を持って、性急に事を運ばないということが大事である。

最後に、科学者の見分け方というのを教えておきたい。科学者にもいろいろなタイプがある。○○博士などの肩書きを持った人もたくさんいる。その肩書きの部分を信用するのはii ナンセンスだというのは言うまでもない。信用すべきは、「科学はここまでしかわかっていない」というふうに、限界をきちんと述べる人。それから、プラスにはマイナスが、コインに裏表があるように、必ずいい点があれば、悪い点がある。どんなにいい薬でも副作用というものが存在するのである。その効能と同様、弊害をきちんと告げる科学者なら信用することだ。

科学を含め、この世のあらゆる事柄には、良い点、悪い点が同時に存在する。その点をきちんと理解したうえで、どちらを選ぶか自分の頭で考える。そういう訓練を身につけておけば、ニセ科学にはまらないはずだ。

（池内了『それは、本当に「科学」なの？』「考える方法」所収　ちくまプリマー新書）

【文章2】

著作権に関係する弊社の都合により
本文は省略いたします。

教英出版編集部

（戸田山和久『「科学的思考」のレッスン』）

（注）※第三種ニセ科学…シロクロが明確につけられず、はっきりとした答えが存在しない問題であるにもかかわらず、簡単に答えを決めつけて、思考停止の状態になり、「研究」と「実証」をやめてしまった科学。

※リスク…危険性。

問一 〜〜〜a〜eの漢字をひらがなに、カタカナは漢字に直せ。

問二 ―――i・iiの語句の本文中における意味として最も適当なものを、次の**ア**〜**オ**からそれぞれ一つずつ選び、記号で答えよ。

i リテラシー

**ア** ある分野に関する能力
**イ** 読解と表現をする能力
**ウ** ある分野における制度
**エ** ある分野に関する技術
**オ** ある分野における精神

ii ナンセンス

**ア** 見当違いであること。
**イ** 愚かであること。
**ウ** 無意味であること。
**エ** 判断力がないこと。
**オ** 見分けられないこと。

問三 「 Ⅰ 」、「 Ⅱ 」に入れるのに最も適当なものを、次の**ア**〜**オ**からそれぞれ一つずつ選び、記号で答えよ。

**ア** だから　**イ** たとえば　**ウ** あるいは　**エ** しかし　**オ** ところで

問四　——①「免疫」とあるが、その説明として最も適当なものを、次の**ア**〜**オ**から一つ選び、記号で答えよ。

**ア**　合理的と思われることにも疑いを向けて、不合理なことを見抜くこと。

**イ**　科学には限界があり、必ず良い点と悪い点があることを理解すること。

**ウ**　ある問題について確実な解答が得られないときは、結論を急がないこと。

**エ**　不合理なものを知る経験を重ね、それに対処する方法を身につけること。

**オ**　合理的なことと、不合理なことの区別を明確にできるようになること。

問五　——②「二分法的思考」とあるが、筆者の考えをまとめた左の文章について以下の問いに答えよ。

　二分法的思考は、ある物事を（　A　）で捉えようとするものであり、それは二つの考え方の間（グレーな領域）にある（　B　）の可能性を考えないことにもつながることから、問題点の多い思考法と言える。二分法的思考に陥らず、科学について正しく思考するためには、科学の営みとはグレーな領域において、少しでも良い方向に進むためのものであるということを理解する必要がある。

(1)（　A　）に入れるのに最も適当なものを、次の**ア**〜**オ**から一つ選び、記号で答えよ。

**ア**　自然科学　**イ**　脱中心化　**ウ**　固定観念　**エ**　合理主義　**オ**　二項対立

(2)（　B　）に入れるのに最も適当な語句を本文中から六字で抜き出せ。

問六　——③「科学と疑似科学の間にすっぱりと線を引くことはおそらくできない」とあるが、その理由として最も適当なものを、次の**ア**〜**オ**から一つ選び、記号で答えよ。

**ア**　科学と疑似科学の線引きはそもそも無意味なことであって、それは科学と疑似科学には特徴上、方向性の違いがあり、単純には比較対照ができないもの同士であるから。

**イ** 科学と疑似科学の関係は、色の白と黒の関係に似ており、表面的には全く正反対の性質を持ちつつも、その根底には同質性が備わっており、区別できるものではないから。

**ウ** 科学と疑似科学の区分は明確にできるものではなく、科学を取り巻く状況によって疑似科学が科学の特徴を備えていくことがあれば、科学が疑似化していくこともあるから。

**エ** 科学と疑似科学の間には、科学者に代表される人間が介在するものであり、人間の主観的な判断によってあるひとつの事実が科学的にも疑似科学的にも解釈できるから。

**オ** 科学と疑似科学の差は、人間の欲望や心のゆらぎに密接に絡んでくるものであり、一人一人の人間の心のあり方によって生じてくるもので本来的には同様のものだから。

問七　【文章1】【文章2】を踏まえて、科学と向き合う際にとるべき態度を、七十字以内で説明せよ。

問八　本文の表現上の特徴の説明として**適当でないもの**を、次の**ア**～**オ**から一つ選び、記号で答えよ。

**ア** 【文章1】は、似たような内容を繰り返すことで内容を強調し、読者の印象に残るように配慮をしている。

**イ** 【文章1】は、自己の考えを分析的に説明することで、読者が主張を理解しやすいように工夫している。

**ウ** 【文章1】は、体言止めを利用することによって、読者にその語句および内容を印象付けようとしている。

**エ** 【文章2】は、具体的な発言形式の表現を用いることによって、話題や論点をわかりやすく示している。

**オ** 【文章2】は、他人の言動や主張を引用することによって、筆者の主張に権威を持たせようとしている。

## 二

次の文章を読んで、後の問いに答えよ。（字数制限のある問題は句読点・記号等も一字に数える。）

主人公の鳩子は、鎌倉で、手紙を一から考えて書くことを生業《なりわい》とする代書屋「ツバキ文具店」を営む若い女性である。そこに手紙の代書の依頼に一人の男性が訪れた。

深刻な表情を浮かべた男性がツバキ文具店に現れたのは、鎌倉の空に［　X　］小雪の舞う肌寒い午後だった。

「ごめんください」

男性は律儀《りちぎ》に店の前で帽子を取ると、肩についた雪を払い落としてから中に入ろうとする。

外は、よっぽど寒いのだろう。ガラス戸を閉めていても十分肌寒い店内に、更に冷たい空気が押し寄せた。

男性は、まっすぐに私の方へと向かって歩いてきた。手には、大事そうに風呂敷包みを抱えている。代書依頼のお客に間違いない。

「こちらにどうぞ」

男性に丸椅子を差し出す。その足で、湯飲み茶碗《ちゃわん》に葛湯《くずゆ》のもとを入れ、ストーブの上で沸いている鉄瓶《てつびん》のお湯を注いだ。

男性は、脱いだコートを丁寧に畳み、膝《ひざ》の上にのせている。よく探偵が着ているような、肩にケープのついているコートだ。そういう形の外套《がいとう》を、トンビと呼ぶのかムササビと呼ぶのか思い出せない。とにかく、生き物の名前であったことだけは覚えているのだが。

「温かいうちに、どうぞ」

木のスプーンで葛湯をよく混ぜてから、一方を男性の前に差し出した。

男性と、やや斜めに向かい合う形で腰を下ろす。自分の葛湯は、客用の湯飲み茶碗ではなくマグカップに入れた。バーバラ婦

Ⅱ　縦30m，横50mの長方形の土地がある。図のように，縦と横に等しい幅の道を作り，残りの斜線部分を畑とする。次の問いに答えよ。

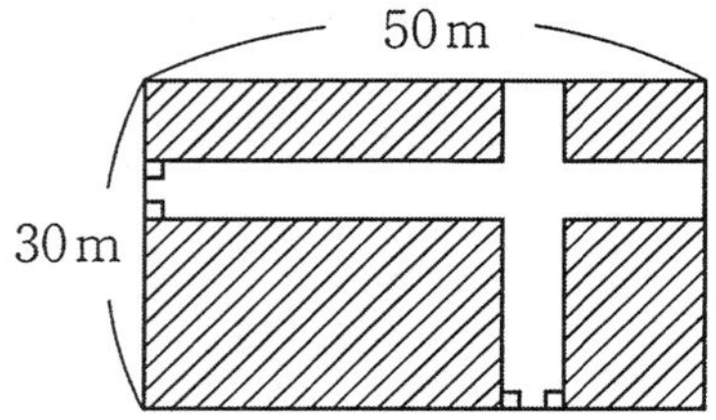


（1）道の幅が10mのとき，畑の面積を求めよ。

（2）畑の面積がもとの土地の面積の $\frac{3}{4}$ 倍になった。このときの道の幅を求めよ。
（解答用紙に求め方も書くこと。）

Ⅲ　図のように，平行四辺形ＡＢＣＤの辺ＢＣ上に点Ｅをとり，さらに辺ＣＤ上にＢＤ//ＥＦとなる点Ｆをとる。線分ＡＥと線分ＢＤ，ＢＦとの交点をそれぞれＧ，Ｈとする。△ＡＢＧの面積が6で，△ＡＤＧの面積が9である。次の問いに答えよ。

（１）ＢＧ：ＧＤを最も簡単な整数比で表せ。

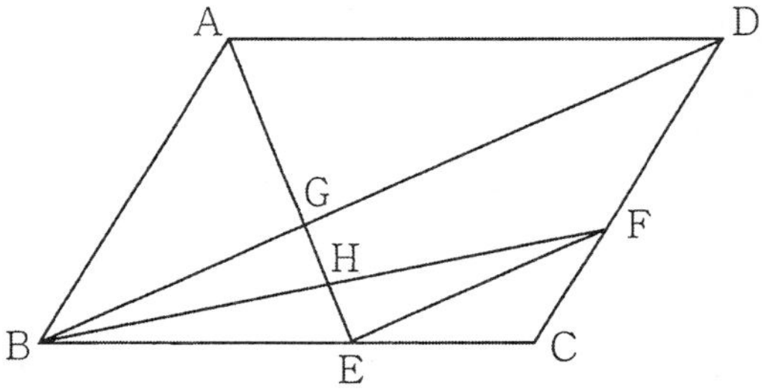


（２）△ＢＣＤの面積は，△ＣＥＦの面積の何倍か求めよ。

（３）ＧＨ：ＨＥを最も簡単な整数比で表せ。

**Ⅳ**　関数 $y=\frac{1}{2}x^2$ のグラフ上に点A(2, 2)をとる。また, $y$ 軸上に点B(0, 4)を, $x$ 軸上に点C(−2, 0)をとる。このとき, 次の問いに答えよ。

(1)　直線ACの式を求めよ。

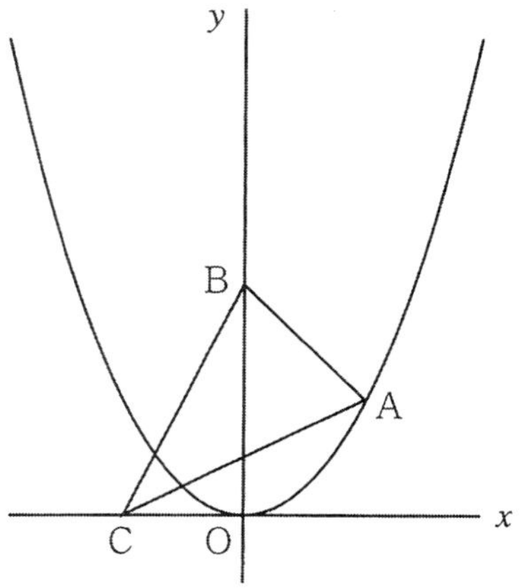


(2)　直線ACと関数 $y=\frac{1}{2}x^2$ のグラフとの交点のうち, Aとは異なる点をDとする。点Dの座標を求めよ。

(3)　(2)の点Dを通り, △ABCの面積を2等分する直線と直線ABとの交点をEとする。点Eの座標を求めよ。

V　図のように，円Oの周上に4点B，C，D，Eがこの順にあり，線分BCは円Oの直径である。半直線CBと半直線DEの交点をAとし，OB＝BA＝4cm，AE＝EDとする。次の問いに答えよ。

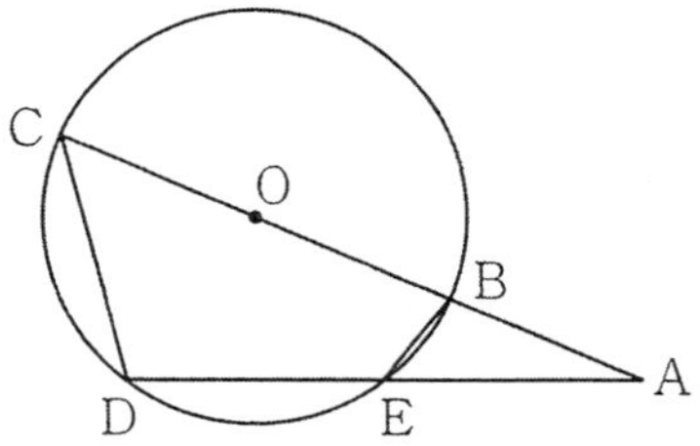


（1） 線分BEの長さを求めよ。

（2） △BCEの面積を求めよ。

（3） 四角形BCDEの面積は，△ABEの面積の何倍か求めよ。

Ken : OK. Please show me.

Seiji : At first, he wanted to put the TV on the right side of the room near the window. However, the light from the window made it difficult to see. So we moved it nearer to the door. Then we put the desk near the window. We also talked for a long time about where to put his books. He has a big case for them. My parents and I thought he should put it beside his desk, so he could easily find his books when he is studying. However, he said that he wanted to read in bed and then put the books back before he went to sleep.

Ken : That's an interesting idea. But are you sure he is going to do any studying?

Seiji : I hope so. My parents said it's very expensive to send him to university.

(1) Which of these is true?

ア Ken has met Seiji's brother several times.
イ Ken has met Seiji's brother only one time.
ウ Ken has never met Seiji's brother.
エ Ken has never heard of Seiji's brother.

(2) Where is Seiji's brother going to live in Kyoto?

ア Near the university which he is going to.
イ Near shops and a station.
ウ Near shops.
エ Near a train station.

(3) Where is Seiji's brother going to put the TV?

ア B
イ C
ウ G
エ H

(4) Where does Seiji's brother want to put his books?

ア A
イ D
ウ E
エ F

(5) If Seiji's brother buys a computer, a TV and a bed, how much will it cost?

ア 45,000 yen
イ 40,000 yen
ウ 35,000 yen
エ 10,000 yen

(6) If Seiji's brother buys the set including a bike, a TV and a bed, how much will it cost?

※ including：～を含む

ア 44,000 yen
イ 37,800 yen
ウ 28,800 yen
エ 25,200 yen

# NEWSTUDENTLIFE.COM

**The best website to start your new student life!**

Are you moving away from home for the first time? We sell all the things you need at the best prices. We have a 10% *discount if you buy two products and you can receive 20% off the price when you buy three products. Maybe the best choice for you is to buy from one of our 30% discount sets. There are four sets to choose from. Please take a look!

① *bike, *refrigerator, TV and computer*

② *sofa, refrigerator, TV and bed*

③ *bike, refrigerator, TV and bed*

④ *sofa, refrigerator, TV and computer*

| Price | | | |
|---|---|---|---|
| | bike : 10,000 yen | refrigerator : 18,000 yen | sofa : 20,000 yen |
| | computer : 24,000 yen | TV : 18,000 yen | bed : 8,000 yen |

【注】 discount：割引　refrigerator：冷蔵庫

〈Seiji's brother's room〉

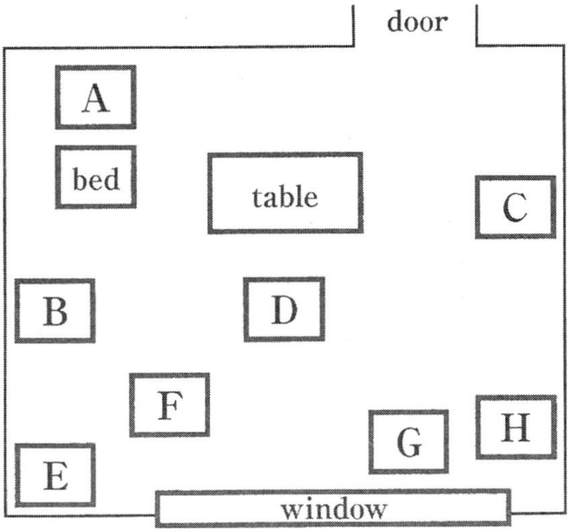

Ⅲ　次の英文を読んで，あとの問いに答えよ。

Many years ago, I tried to teach my grandmother how to play the game ①(call) "②Spot the difference" in the newspaper. I thought the rules were simple and clear enough, but she kept ③(point) out what was the same between the two pictures. She said she could enjoy it more when she ④(find) the same points than when she ④(find) the differences. That says a lot about my grandma.

There are many people in the world who spend too much time thinking about the differences between us. They like to show others how these differences are bad. I saw one such person on the Internet — a Japanese YouTuber. In a video he made of himself, he *expressed his *racist views of black people. He often makes videos sharing his racist views, and ⑤(many/ about/ how/ with/ people/ I'm/ worried/ agree) him. He makes his videos in English. He uses titles to catch people's attention. He may know that in English his video can be understood all around the world. This probably helps increase the number of people who watch his videos and his *income. Sending messages and clicking '( ⑥ )' to this YouTuber's videos only gives him what he wants. He doesn't *deserve your clicks or attention.

On the other hand, there are a lot of videos that share positive messages with people. The title of one such video is "Love Has No Labels". It was made by an American *NGO. It shows friends, *couples and families celebrating love and friendship by kissing, hugging and dancing with each other from behind an "⑦X-ray" screen. Instead of showing their faces and bodies, the screen showed only a picture of their moving *bones. When they appeared from behind the screen, they were people of different ages, *religions, colors and *genders. The video shows us that we are the same though we look different — we're all human.

Maybe that's what my grandma was telling me. It is easy to find the differences, but we can understand each other by seeing what's the same.

【出典】「同じものを見ること(Seeing the same by Samantha Loong)」
The Japan Times ST オンライン http://st.japantimes.co.jp/essay/?p=ey20180615
より出題のため一部改変

【注】
express：～を表現する　racist view：人種差別的考え　income：収入
deserve～：～に値する　NGO：非政府組織　couple：恋人
bone：骨　religions：宗教　gender：性別

(1)　①・③・④の語を最も適した形の英語1語に変えよ。

(2)　下線部②について本文に合うように，以下の説明の空所に適切な日本語をそれぞれ5文字以内で答えよ。

説明：

“Spot the Difference”とは（　　　　）を見比べて，（　　　　）を見つけるゲームだが，筆者の祖母は（　　　　）を見つけて楽しんだ。

(3)　下線部⑤を意味が通るようにならべかえよ。

(4)　（　⑥　）に入れるのに最も適当な英語1語を答えよ。

(5)　下線部⑦とは何か，日本語で簡潔に説明せよ。

Ⅳ　次の対話を読んで，文脈に合うように空所①～③にそれぞれ解答欄に合う英語を答えよ。ただし（　　　）内に語（句）が指定されている場合はそれを用いること。

Yuji : Nagoya High School students are famous for being able to study hard and play sports well.

Daisuke : Yes, I'm thinking of joining the baseball club. Have you decided which club to join yet?

Yuji : Not yet. [ (1) (members, there) ] in the baseball club?

Daisuke : Quite a lot. About 50 members.

Yuji : Wow! That's a lot. I'm interested in baseball, but they practice early in the morning, don't they? I live far away from the school. [ (2) (hard, for) ], so I'm thinking I'll join a different club.

Daisuke : What are you talking about? You can get up early if you really want to play baseball.

Yuji : You are right. I'll think about it.

Daisuke : That's great. Why don't you come with me to see the baseball practice next Saturday?

Yuji : That sounds good. [ (3) (where, practice) ]?

Daisuke : Yes. They practice at a park near the Yada River.

Yuji : Is the park near the school?

Daisuke : Yes, it is. Let's meet at Sunadabashi Station at nine o'clock.

# 2021年度高校一般入試　英語リスニングスクリプト

★教英出版編集部注
問題音声は教英出版ウェブサイトで。
リスニングＩＤ番号は解答集の表紙を参照。

Part 1

Hello, everyone. My name is Kofi. I was born in Ghana. I'm a junior high school student in New York, America. I've lived in the United States for more than ten years. Last fall, we went to California on a school trip. California is a region in the southwest of America. It has been popular among tourists for a long time because the amusement parks are very interesting. On the trip, we enjoyed many activities My favorite activity was a mountain bike tour. We rode a mountain bike through the forest. It was very exciting.

We went to a vast field at night to see the stars in the sky. Fortunately, the weather was very good. I could take a lot of photographs. This trip has become the best memory of my school days so far.

Questions

1 Where does Kofi go to school?

2 When did Kofi visit California?

3 Where did he go to see the stars?

（4）　震度やマグニチュードについて述べた以下の**ア**～**オ**の文章のうち，誤っているものをすべて選び，記号で答えよ。

**ア**　震度は震度０から震度７までの１０段階で表される。

**イ**　マグニチュードが大きくなると観測される地震の震度は必ず大きくなる。

**ウ**　マグニチュードが1大きくなると地震の規模は約３２倍になる。

**エ**　震度7を観測する地震は，２０１１年の東北地方太平洋沖地震以降起こっていない。

**オ**　震源に近い地点の震度よりも遠い地点の震度が大きくなることがある。

Ⅳ　地震に関する次の文章を読み，　あとの問いに答えよ。

地震は，大きく分けて（　①　）の運動によって起こるものと，火山の運動によって起こるものの２種類に分けられる。どちらの地震も，波によってゆれが伝わる。特に（①）の運動によって起こる地震の場合，２種類の波によって地震が伝わる。1つは小さなゆれである（　②　）を伝える波（P波），もう1つは大きなゆれである（　③　）を伝える波（S波）である。P波のほうがS波よりも伝わる速さが大きく，P波が伝わってからS波が伝わるまでの小さなゆれが続く時間を（　④　）という。（④）は一般的に震源からの距離に比例して長くなる。地震のゆれの大きさは震度，規模はマグニチュードで表される。

ある地震がA，B，Cの３つの地点で観測された。その観測データは下の表のようであった。また，A地点の震源からの距離は６０kmであることが分かっている。

| 地点 | 観測データ |
|---|---|
| A地点 | ６時２５分４２秒に小さいゆれが起こり，それは５秒間続いた。 |
| B地点 | ６時２５分５０秒に小さいゆれが起こり，それは９秒間続いた。 |
| C地点 | ６時２６分１１秒に大きいゆれが起こった。 |

A地点とB地点の観測データを比較すると，B地点は震源から（　⑤　）km離れたところにあることが分かる。よって，P波の速さは（　⑥　）km/秒，S波の速さは（　⑦　）km/秒と求めることができる。またC地点の観測データから，C地点は震源から（　⑧　）km離れたところにあることが分かる。

(1)　文章の①～⑧にあてはまる語句もしくは数値を答えよ。ただし，震源からこれらの地点までの地盤はほぼ均一で，地震波の到達にかかる時間と震源からの距離は正比例するものとする。

(2)　この地震の発生時刻を答えよ。

(3)　この地震の震央であるD地点では６時２５分４０秒に小さなゆれが観測された。A地点はD地点から何km離れているか答えよ。　**※(3)は学校当局により全員正解とした。**

（1） **A**，**B**にあてはまる数字を答えよ。なお，**A**は整数，**B**は小数第２位を四捨五入して小数第１位まで答えよ。

（2） 表中のデータから考えられることとして適当なものを次の**ア**～**オ**から２つ選び，記号で答えよ。

**ア**　2月17日から4月26日までの期間では，感染経路不明者数は，新規陽性者数の半数をこえていない。

**イ**　陽性率が30％をこえた3月2日から3月8日までの期間では，検査実施人数が128名しかいないため，仮に1000名程度の検査を実施していた場合，感染者が300名を上回る可能性が高い。

**ウ**　4月16日から5月25日まで発令された緊急事態宣言で国民が活動自粛を行ったことは，感染者を低減させる上で効果があった。

**エ**　新規陽性者数のうち感染経路不明者数の割合が最も高いのは8月3日から8月9日までの期間である。

**オ**　検査実施人数が400名をこえた場合，陽性率は必ず10％以上になっている。

C　「法による統治」における法の制定は，支配者が一方的に制定して上から示す法，今日のように選挙によって選ばれた代表が議会で制定する法などに分類できる。

支配者が一方的に制定して上から示す法には，律令や，近世の諸法，天皇の名によって制定され，議会をへずに発布された大日本帝国憲法などがある。

日本最初の体系的な法制度である律令は，(　d　)の律令をモデルに，日本独自の内容を加えて成立した。律は今日の(　e　)にあたり，令は行政組織・官吏の勤務規定や人民の租税・労役などの規定である。⑥律令制度は，長く日本の政治の基本とされた。

中世から戦国時代の動乱をへて，数百年ぶりに統一政権を打ち立てて近世を開いたのは，⑦豊臣秀吉であった。続いて，二百数十年にわたる政権を打ち立てたのが⑧徳川将軍による江戸幕府である。

(8)　(　d　)(　e　)に入る語句の組み合わせとして正しいものを，次の**ア**～**エ**から一つ選び，記号で答えよ。

**ア**　d：唐　e：民法　　**イ**　d：明　e：民法
**ウ**　d：唐　e：刑法　　**エ**　d：明　e：刑法

(9)　下線部⑥に関連して，日本における法制度の変遷を述べた文a～cについて，古いものから年代順に正しく配列したものを，下の**ア**～**カ**から一つ選び，記号で答えよ。

a　十七条の憲法が制定された。
b　大宝律令が制定された。
c　墾田永年私財法が制定された。

**ア**　a→b→c　　**イ**　a→c→b　　**ウ**　b→a→c
**エ**　b→c→a　　**オ**　c→a→b　　**カ**　c→b→a

(10)　下線部⑦に関連して，豊臣秀吉の事績を述べた文a～cについて，古いものから年代順に正しく配列したものを，下の**ア**～**カ**から一つ選び，記号で答えよ。

a　刀狩令を出した。
b　太閤検地を開始した。
c　文禄・慶長の役を起こし，朝鮮国を侵略した。

**ア**　a→b→c　　**イ**　a→c→b　　**ウ**　b→a→c
**エ**　b→c→a　　**オ**　c→a→b　　**カ**　c→b→a

（11）下線部⑧に関連して，江戸幕府の将軍について述べた文として正しいものを，次の**ア**～**エ**から一つ選び，記号で答えよ。

**ア**　徳川家光は，参勤交代を制度化するなどして，支配体制を確立した。
**イ**　徳川綱吉は，享保の改革を実施して，成果を上げた。
**ウ**　徳川家治は，田沼意次を老中に登用して，寛政の改革を進めた。
**エ**　徳川慶喜は，王政復古の大号令を発して，政権を朝廷に返上した。

D　古代と近世に挟まれた中世は，統一政権によらず，当事者たちが何事も実力によって決着をつけていた時代である。紛争事は，当事者間で衆議を尽くし，それでも解決できないときは武力に訴えたのである。そう，中世は⑨「武者の世」であった。

⑩平安時代の中頃から，地方で力を持ち始めた武士は，朝廷の軍事貴族を棟梁に仰ぎ，武士団を形成していった。朝廷や貴族たちは，彼らを侍として奉仕させ，宮中の警備に用いたり，追捕使や押領使に任命して治安維持を担当させるなど，法によらず実力によって解決する社会へと次第に変化していった。

兵乱の絶えなかった中世では，紛争を解決するために，合議によって朝廷の律令とは性格を異にする法が作られた。その結果，御家人の合議を原則とする執権政治において，鎌倉幕府の法が制定された。⑪室町幕府もまた，有力守護大名の合議による運営がなされた。鎌倉末期から南北朝期に，各地に形成された村落共同体においても，村民の合議によって村の掟が作られ，また⑫室町時代以降活発となる一揆においても合議に基づく法が作られていった。

（12）下線部⑨に関連して，「武者の世」を開いたとされるのは，1156年に起きた，京都を戦火に巻き込んだ保元の乱であった。この兵乱に関係した人物として正しいものを，下の**ア**～**エ**から一つ選び，記号で答えよ。

**ア**　源義家　　　**イ**　源義経　　　**ウ**　平将門　　　**エ**　平清盛

（13）下線部⑩に関連して，平安時代に起きた兵乱を述べた文a～cについて，古いものから年代順に正しく配列したものを，下の**ア**～**カ**から一つ選び，記号で答えよ。

a　前九年合戦において，源頼義が，安倍頼時を滅ぼした。
b　治承・寿永の乱において，源頼朝が，鎌倉に本拠を定めた。
c　承平・天慶の乱において，源経基が，藤原純友を討った。

**ア**　a→b→c　　　**イ**　a→c→b　　　**ウ**　b→a→c
**エ**　b→c→a　　　**オ**　c→a→b　　　**カ**　c→b→a

（14）下線部⑪に関連して，南北朝・室町時代から戦国時代の法について述べた文として正しいものを，次の**ア**～**エ**から一つ選び，記号で答えよ。

**ア**　醍醐天皇は，建武式目を定めて，建武の新政を行った。
**イ**　室町幕府は，鎌倉幕府の法である御成敗式目を廃して，新しく法を制定した。
**ウ**　室町幕府は，宋との間に己酉約条を結んで，日宋貿易を開始した。
**エ**　戦国大名は，領国支配のために，分国法と呼ばれる法を制定するなどした。

（15）下線部⑫に関連して，室町時代の一揆に関して述べた次の文X・Yと，それに該当する語句a～dとの組み合わせとして正しいものを，下の**ア**～**エ**から一つ選び，記号で答えよ。

X　京都の土倉・酒屋など高利貸し業者を襲撃して，徳政を要求した。
Y　本願寺派の勢力が中心となって，守護富樫政親を倒して，約百年間自治を行った。

a　正長の土一揆　　b　播磨の土一揆　　c　山城の国一揆　　d　加賀の一向一揆

**ア**　X-a　Y-c　　**イ**　X-a　Y-d　　**ウ**　X-b　Y-c　　**エ**　X-b　Y-d

E　明治維新によって始まった日本の近代は，中央集権化を進め，⑬上からの改革を指向する政府と，政治参加を求め，衆議による国づくりを指向する民権派とのせめぎ合いの歴史であった。民権派がよりどころとしたものの一つが，「広ク会議ヲ興シ万機公論ニ決スベシ」と宣言された（　f　）であった。また，民権運動に思想的バックボーンを与えたのが，⑭ヨーロッパの近代思想であった。

下からの政治参加を求める民権派に対し，上からの改革を進める政府の重要な成果は，もちろん，（　g　）が中心となって制定された⑮大日本帝国憲法と議会制度であった。以後，日本は，⑯選挙によって選ばれた議員からなる議会と，政府の対立・協調のバランスによって国政が決する立憲国家となった。それは，天皇の名によって，上から制定された憲法に基づき，選挙によって国民が下から政治に参加するという，アンビバレントな体制であった。

国民の名によって制定された憲法に基づく，一定の年齢以上の全ての国民に選挙権が認められた，国民主権による今日の民主主義が実現するのは，第二次大戦後を待たねばならなかった。

（16）（　f　）（　g　）に入る語句の組み合わせとして正しいものを，次の**ア**～**エ**から一つ選び，記号で答えよ。

**ア**　f：五箇条の御誓文　g：大隈重信　　**イ**　f：五榜の掲示　g：大隈重信
**ウ**　f：五箇条の御誓文　g：伊藤博文　　**エ**　f：五榜の掲示　g：伊藤博文

（17）下線部⑬に関連して，明治政府による改革に関して述べた文a～cについて，古いものから年代順に正しく配列したものを，下の**ア**～**カ**から一つ選び，記号で答えよ。

a　賠償金を基礎として，金本位制度を確立した。
b　鹿鳴館を建設するなど，欧化政策を進めた。
c　富岡製糸場を設立するなど，殖産興業を進めた。

**ア**　a→b→c　　**イ**　a→c→b　　**ウ**　b→a→c
**エ**　b→c→a　　**オ**　c→a→b　　**カ**　c→b→a

（18）下線部⑭に関連して，明治時代における，ヨーロッパ近代思想の紹介に関して述べた次の文X･Yと，それに該当する語句a～dとの組み合わせとして正しいものを，下の**ア**～**エ**から一つ選び，記号で答えよ。

X　『社会契約論』を訳し，新思想を紹介した。
Y　『学問のすゝめ』などを著し，積極的に西洋の文化を紹介した。

a　植木枝盛　　b　中江兆民　　c　福沢諭吉　　d　新島襄

**ア**　X-a　Y-c　　**イ**　X-a　Y-d　　**ウ**　X-b　Y-c　　**エ**　X-b　Y-d

（19）下線部⑮に関連して，大日本帝国憲法や日本国憲法に関して述べた次の文a～dについて，正しいものの組み合わせを，下の**ア**～**エ**から一つ選び，記号で答えよ。

a　大日本帝国憲法では，議院内閣制がとられていた。
b　日本国憲法では，議院内閣制がとられている。
c　大日本帝国憲法で定められた臣民の義務は，納税と兵役であった。
d　日本国憲法で定められた国民の義務は，納税と兵役である。

**ア**　a,c　　**イ**　a,d　　**ウ**　b,c　　**エ**　b,d

（20）下線部⑯に関連して，日本における選挙制度の変遷に関して述べた次の文X･Yと，その時期に該当する年号a～dとの組み合わせとして正しいものを，下の**ア**～**エ**から一つ選び，記号で答えよ。

X　納税条件が廃止され，満25歳以上の男子に選挙権が認められた。
Y　満18歳以上の男女に選挙権が認められた。

a　明治　　b　大正　　c　昭和　　d　平成

**ア**　X-a　Y-c　　**イ**　X-a　Y-d　　**ウ**　X-b　Y-c　　**エ**　X-b　Y-d

Ⅲ　次の文章を読み，以下の設問に答えよ。

国会は①日本国憲法第41条において，「国権の最高機関」としての地位におかれて，「唯一の立法機関」として法律の制定を行う。また②その他にも権能がいくつか与えられている。このことにより，国政全般を統制できる地位におかれていることを理解することが出来る。

また国会の構成を見てみると，衆議院と参議院の③二院制が採られている。④参議院については，政党による政治が進むにつれて存在意義を疑問視する意見もある。

憲法第65条において「行政権は，内閣に属する」とされている。行政権の行使に関しては，内閣は国会に対して連帯して責任を負うとされており，その存立が⑤国会の信任に基づいていることを意味している。

20世紀以降は，政府の役割は増大し，行政権が優越する⑥行政国家化が進んだ。背景には，⑦社会保障の拡充等により，福祉国家化が進展し，事務処理等の複雑化などが理由の一つとしてあげられる。

憲法76条において，司法権は，⑧最高裁判所及び下級裁判所に属するとされており，法に基づく⑨裁判を通じて，国民の権利を保障していくことが求められている。そのためにも，裁判官は，自らの良心に従い，国民から直接的に影響を受けることなく職権を行使しなければならない一方で，司法権も国民主権の下，国民の信託によるものであるため，国民の民主的統制に服する。

(1)　下線部①に関する記述として適当なものを次の**ア**～**エ**から一つ選び，記号で答えよ。

**ア**　皇位については世襲ではなく，皇室典範によって決められると明記されている。
**イ**　内閣総理大臣その他の国務大臣は，文民でなければならないと明記されている。
**ウ**　衆議院，参議院はどのような場合であっても会議を公開しなければならないと明記されている。
**エ**　憲法改正について，各議院の総議員の3分の2以上の賛成をもって決定すると明記されている。

(2)　下線部②について，国会の権能について述べた文として，**適当でないもの**を次の**ア**～**エ**から一つ選び，記号で答えよ。

**ア**　予算の審議・議決をする場合は，必ず先に衆議院に提出しなければならない。
**イ**　条約を締結する場合には，事前に国会での承認が必要となる。
**ウ**　裁判官の罷免に関わる判断を行うため，国会は弾劾裁判所を設置する。
**エ**　国会会期中に国会議員は，不逮捕特権が与えられている。

(3)　下線部③について，衆議院と参議院の第一党が異なっている状態のことを何というか答えよ。

(4)　下線部④について，参議院の意義を述べた文として，**誤っているもの**を次の**ア**～**エ**から一つ選び，記号で答えよ。

**ア**　地方議会を代表する立場である。
**イ**　良識の府として慎重な審議を行う。
**ウ**　国民の意見をより多く反映させる。
**エ**　衆議院を抑制，補完する。

(5)　下線部⑤について，我が国の議院内閣制とは直接的に結びつかないものを，次の**ア**～**エ**から一つ選び，記号で答えよ。

**ア**　衆議院での不信任案の可決，もしくは信任案が否決され，10日以内に衆議院が解散されない場合，内閣は総辞職しなければならない。
**イ**　内閣総理大臣は，国務大臣を任命する。但し，その過半数は，国会議員でなければならない。
**ウ**　衆議院，参議院はそれぞれ国政調査権を有しており，国政に関する調査を行うことができる。
**エ**　内閣総理大臣は，国会議員の中から国会の議決で，これを指名する。

(6)　下線部⑥について，２０００年以降の我が国の行政改革について述べた文として，**誤っているもの**を次の**ア**～**エ**から一つ選び，記号で答えよ。

**ア**　縦割り行政による弊害を排除することなどを目的として中央省庁再編が行われ，1府22省庁から1府12省庁へ再編された。
**イ**　国民利便の向上，経済の活性化等を目的として郵政民営化がスタートした。
**ウ**　国家公務員法が改正され，国家公務員が利害関係のある企業や団体に，天下りをすることが厳しく規制された。
**エ**　３公社（日本電信電話公社，日本国有鉄道，日本専売公社）の民営化がなされた。

(7)　下線部⑦に関連する文章について，正しいものを次の**ア**～**エ**から一つ選び，記号で答えよ。

**ア**　公的扶助とは，国民が毎月保険料を支払うことで生活が苦しくなった際に給付を受ける仕組みで，健康保険などがその一例である。

**イ**　介護保険制度とは，２０歳以上の人が加入し，訪問介護や介護福祉施設サービスなどが必要になったとき社会全体で支える仕組みである。

**ウ**　すべての国民は，国民健康保険に加入し，医療費の一部負担で医療が受けられる。

**エ**　国民年金制度とは，２０歳以上６０歳未満のすべての人が加入し，６５歳以上になった人が給付をうけられる制度である。

(8)　下線部⑦に関連して，国民所得にしめる租税負担と社会保障負担額の割合を何というか漢字五字で答えよ。

(9)　下線部⑧に関連して，裁判所について述べた文として**誤っているもの**を次の**ア**～**エ**から一つ選び，記号で答えよ。

**ア**　最高裁判所の長官は，内閣の指名に基づいて，天皇が任命する。

**イ**　下級裁判所の裁判官は，最高裁判所の指名した者の名簿によって，内閣が任命する。

**ウ**　最高裁判所は，長官を含め１５名の裁判官で構成される。

**エ**　下級裁判所のうち，地方裁判所は全国８か所に置かれている。

(10)　下線部⑨について，日本では三審制が採用されているが，そのことについて述べた文として正しいものを次の**ア**～**エ**から一つ選び，記号で答えよ。

**ア**　請求額が１４０万円以下の民事裁判や罰金以下の刑罰にあたる罪などの刑事裁判の第一審の裁判を行うのは，家庭裁判所である。

**イ**　上告とは，第一審の判決に対しての不服申し立てを第二審の裁判所にすることをいう。

**ウ**　控訴とは，第二審の判決に対しての不服申し立てを第三審の裁判所にすることをいう。

**エ**　抗告とは，裁判所の決定・命令に対しての不服申し立てを上級の裁判所にすることをいう。

Ⅳ　次の（1）～（5）のことがらについて述べた文A・Bの正誤の組み合わせを判断し，解答例にしたがって記号で答えよ。

《解答例》
・A，Bどちらとも正しい場合‥‥‥‥‥‥‥‥‥‥‥‥ア
・Aが正しく，Bは誤りである場合‥‥‥‥‥‥‥‥‥‥イ
・Aが誤りであり，Bは正しい場合‥‥‥‥‥‥‥‥‥‥ウ
・A，Bどちらとも誤りである場合‥‥‥‥‥‥‥‥‥‥エ

（1）　労働について

A　労働基準法では，労働時間は1日8時間及び週40時間までとの定めがあり，少なくとも週2日の休日を取得させなければならない。

B　ワーク・ライフ・バランスを実現するためには，非正規雇用の割合を増やし，長時間労働を改善することが求められる。

（2）　金融について

A　お金を融通することを金融といい，企業などが銀行などを通じて資金を集めることを直接金融という。

B　2008年にアメリカ大手投資銀行が経営破綻したことをきっかけに世界金融危機が発生し，世界中の株価が急落した。翌年の日本の経済成長率はマイナスを記録した。

（3）　景気について

A　物価とは，さまざまな商品の価格の合計を平均したものである。好況期には，消費が活発に行われるため市場における資金量が減ることになり，物価は下落することになる。

B　不況の際には，市場における資金量を増やす必要があるため，日本銀行は銀行に国債などを売ることで銀行の資金量を増やし，企業への貸し出しを増やす。

(4)　貿易について

A　GATTの基本原則は「自由・多角・無差別」であった。このうち「多角」とは，多国間交渉を行い問題を解決していくことを意味する。

B　EPA（経済連携協定）とは，特定の国や地域同士で貿易や投資を促進するため，「関税の撤廃・削減」，「サービス業を行う際の規制緩和や撤廃」などを目指す協定である。

(5)　エネルギーについて

A　2011年東京電力福島原子力発電所事故の教訓に学び，原子力の安全管理等の目的で原子力規制委員会が設立された。

B　SDGsの目標のうち，エネルギーに関しても目標の1つに数えられている。SDGsとは，2015年国連サミットで採択された2030年までに持続可能でよりよい世界を目指す国際目標のことをいう。

問七

問八

※

# 二

問一

X

Y

問二

a

b

問三

問四

問五

問六

問七

問八

※

# 数 学 解 答 用 紙

(2021高一数学)

| | | | | | | |
|---|---|---|---|---|---|---|
| Ⅰ | (1) | | (2) | | (3) | $n =$ |
| | (4) | $\angle x =$ 　　　° | (5) | $\mathrm{cm}^3$ | (6) | |
| | (7) | $a =$ 　　, $b =$ | (8) | $a =$ 　　, $b =$ | | |

※

| | | | | |
|---|---|---|---|---|
| Ⅱ | (1) | $\mathrm{m}^2$ | | |
| | (2) | | 答 | m |

※

【解答

# 英 語 解 答 用 紙

(2021高一英語)

| | | | | | | | |
|---|---|---|---|---|---|---|---|
| I | Part 1 | (1) | | (2) | | (3) | |
| | Part 2 | (1) | | | | | |
| | | (2) | | | | | |
| | | (3) | | | | | |
| | Part 3 | (1) | | | | | |
| | | (2) | | | | | |
| | | (3) | | | | | |

※

| | | | | | | | | | | | | | |
|---|---|---|---|---|---|---|---|---|---|---|---|---|---|
| II | A | (1) | | (2) | | (3) | | (4) | | (5) | | | |
| | B | (1) | | (2) | | (3) | | (4) | | (5) | | (6) | |

※

| | | | | | | | |
|---|---|---|---|---|---|---|---|
| | (1) | ① | | ③ | | ④ | |

【解答用

# 理 科 解 答 用 紙

(2021高一理科)

| | (1) | (2) | (3) |
|---|---|---|---|
| I | → | 個 | 個 |

| | (4) | (5) | (6) |
|---|---|---|---|
| I | g | g | g/L |

※

| | 問1 (1) | 問1 (2) | |
|---|---|---|---|
| II | cm | 倍 | cm |

| | 問2 (1) | 問2 (2) | | 問2 (3) |
|---|---|---|---|---|
| II | | 反射した場所<br>(　　　,　　　) | 進行方向が変わった場所<br>(　　　,　　　) | に　　　　目盛 |

※

| | 問1 (1) | 問1 (2) | 問1 (3) | 問2 (1) |
|---|---|---|---|---|
| | | | | |

| | 問2 (2) | 問2 (3) |
|---|---|---|
| | | |

【解答用

# 社 会 解 答 用 紙

(2021高一社会)

**I**

| (1) | (2) | |
|---|---|---|
| | i | ii |

| (3) | | |
|---|---|---|
| i | ii | iii |

| (4) | | |
|---|---|---|
| a | b | c |

| (5) | |
|---|---|
| i | ii |

| (6) | | | |
|---|---|---|---|
| i a 県 | i b 県 | ii | iii |

※

| (1) | (2) | (3) | (4) | (5) |
|---|---|---|---|---|
| | | | | |
| (6) | (7) | (8) | (9) | (10) |

【解答

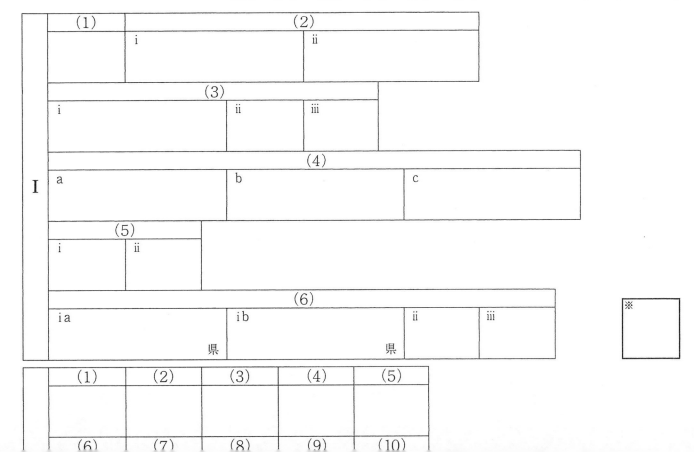

| Ⅱ | (11) | (12) | (13) | (14) | (15) |
|---|---|---|---|---|---|
| | | | | | |
| | (16) | (17) | (18) | (19) | (20) |
| | | | | | |

※

| Ⅲ | (1) | (2) | (3) | (4) | (5) |
|---|---|---|---|---|---|
| | | | | | |
| | (6) | (7) | (8) | (9) | (10) |
| | | | | | |

| Ⅳ | (1) | (2) | (3) | (4) | (5) |
|---|---|---|---|---|---|
| | | | | | |

※

※印の欄には何も書き入れないこと。

| 受験番号 | | 氏名 | |
|---|---|---|---|

| ※得点 | |
|---|---|

※100点満点
(配点非公表)

| 問3 | | |
|---|---|---|
| (1) | | (2) |
| A | B　　　% | |

※

| Ⅳ | | |
|---|---|---|
| (1) | | |
| ① | ② | ③ |
| | | |
| ④ | ⑤ | ⑥ |
| | | |
| ⑦ | ⑧ | |
| | | |

| (2) | (3) | (4) |
|---|---|---|
| 時　　分　　秒 | km | |

※

※印の欄には何も書き入れないこと。

| 受験番号 | | 氏名 | |
|---|---|---|---|

| ※得点 | |
|---|---|

※100点満点
（配点非公表）

| | | |
|---|---|---|
| Ⅲ | (2) | "Spot the Difference" とは　　　　　　を見比べて,　　　　　　を<br>見つけるゲームだが, 筆者の祖母は　　　　　を見つけて楽しんだ。 |
| | (3) | him. |
| | (4) | |
| | (5) | |

※

| | | |
|---|---|---|
| Ⅳ | (1) | ____ ____ ____ ____ ____ in the baseball club? |
| | (2) | ____ ____ ____ ____ ____ ____ ____ ____ |
| | (3) | ____ ____ ____ ____ ____ ____ ? |

※

※印の欄には何も書き入れないこと。

| 受験番号 | | 氏名 | |
|---|---|---|---|

| ※得点 | |
|---|---|

**※100点満点**
(配点非公表)

| Ⅲ | (1) | ： | (2) | 倍 | (3) | ： |
|---|---|---|---|---|---|---|

※

| Ⅳ | (1) | | (2) | D(　　　,　　　) | (3) | E(　　　,　　　) |
|---|---|---|---|---|---|---|

※

| Ⅴ | (1) | cm | (2) | $cm^2$ | (3) | 倍 |
|---|---|---|---|---|---|---|

※

※印の欄には何も書き入れないこと。

| 受験番号 | | 氏名 | |
|---|---|---|---|

| ※得点 | |
|---|---|

※100点満点
(配点非公表)

# 国語解答用紙

（二〇二二高一国語）

| 受験番号 |
| --- |
| |

| 氏　名 |
| --- |
| |

※印の欄には何も書き入れないこと。

| ※　得　点 |
| --- |
| |

※100点満点
（配点非公表）

## 一

問一

a

b

（けて）

c

d

（む）

e

問二

i

ii

問三

I

II

問四

問五

(1)

(2)

問六

# 社　　　会

（2021高一社会）

**I**　次の文章を読み，以下の設問に答えよ。

　昨年より，全世界で①新型コロナウイルス感染者および死亡者が爆発的に増加し，世界の人々の生活と生存が脅かされてきた。とくに②アメリカ，ブラジル，インドなどでは，未曾有の事態となっている。

　ところで，このような感染症の拡大は，さまざまなことをわれわれ人類に警告しているようである。第一に，われわれの生活と産業に必要なものを，③海外に過剰に依存することの危うさである。感染の爆発的な拡大とともに，海外からの輸出入が減少し，食料の輸出を制限する国も現れた。さらに国境をまたいだ人々の往来が激減し，ビジネスや④観光などの産業に大きな影響を及ぼしている。インターネットの普及により，遠距離の通信が容易になったとはいえ，モノやヒトの流れの滞りが与えた打撃は甚大であった。

　第二に，われわれ人類が⑤環境の破壊をすすめ，従来ふみ込まなかった地域にまで大きく進出したことなどにより，未知のウイルスや細菌に感染する危険が増大してきたことである。

　第三に，⑥都市への過度な人口集中が，感染の危険性を高めていることである。感染の爆発的な拡大は，各国の都市を中心に広がってきた。そして，都市に居住する貧困層への保健・医療体制の整備は遅れ，新たな格差を広げているなどの問題も発生している。

（1）　下線部①について，新型コロナウイルスの感染症は，中国の武漢から広まったとされるが，武漢の位置を下図中の**ア**～**エ**から選び，記号で答えよ。

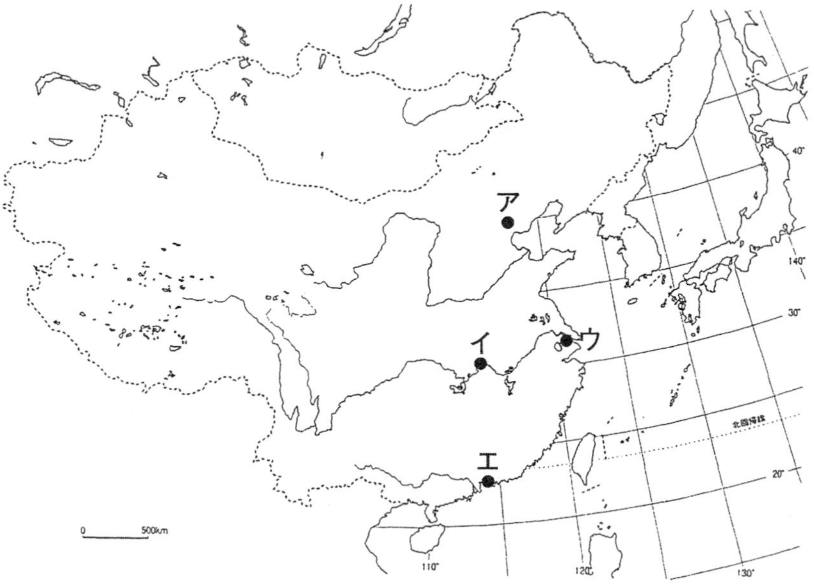

（2） 下線部②のアメリカ，ブラジル，インドについて，以下の設問に答えよ。

ⅰ．この3か国のうち，人口の最も少ない国を答えよ。

ⅱ．この3か国のうち，熱帯の面積が最も少ない国を答えよ。

（3） 下線部③について，以下の設問に答えよ。

ⅰ．次の表1は，日本の輸入品のうち，大豆・とうもろこし・鉄鉱石の輸入先上位3か国を示している。表中の空欄にはすべて同じ国が入る。その国名を答えよ。

表1 （%）

| 大豆 | とうもろこし | 鉄鉱石 |
|---|---|---|
| アメリカ（70.6） | アメリカ（69.3） | オーストラリア（51.6） |
| [　　　　]（14.0） | [　　　　]（28.2） | [　　　　]（28.2） |
| カナダ（13.7） | アルゼンチン（1.4） | カナダ（7.7） |

（『日本国勢図会』2020/21より作成）

ⅱ．次の表2中のa～cは，日本の輸入品のうち，液化天然ガス，銅鉱，木材のいずれかの輸入先上位3か国を示している。それらの組み合わせとして適当なものを，**ア～カ**から一つ選び，記号で答えよ。

表2 （%）

| a | b | c |
|---|---|---|
| チリ（39.0） | カナダ（24.0） | オーストラリア（40.4） |
| オーストラリア（19.6） | アメリカ（17.5） | カタール（11.7） |
| ペルー（14.3） | ロシア（14.2） | マレーシア（11.3） |

（『日本国勢図会』2020/21より作成）

| | **ア** | **イ** | **ウ** | **エ** | **オ** | **カ** |
|---|---|---|---|---|---|---|
| 液化天然ガス | a | a | b | b | c | c |
| 銅　鉱 | b | c | a | c | a | b |
| 木　材 | c | b | c | a | b | a |

iii. 次の表3中のa～cは，日本の貿易相手国のうち，中国，フィリピン，インドネシアのいずれかからの輸入品上位3位までを示している。それらの組み合わせとして適当なものを，**ア～カ**から一つ選び，記号で答えよ。

表3 (%)

| a | b | c |
|---|---|---|
| 機械類 (46.1)<br>果実 (8.9)<br>銅鉱 (2.4) | 石炭 (15.2)<br>機械類 (13.8)<br>液化天然ガス (12.3) | 機械類 (47.0)<br>衣類 (9.7)<br>金属製品 (3.7) |

(『日本国勢図会』2020/21より作成)

| | ア | イ | ウ | エ | オ | カ |
|---|---|---|---|---|---|---|
| 中　国 | a | a | b | b | c | c |
| フィリピン | b | c | a | c | a | b |
| インドネシア | c | b | c | a | b | a |

(4)　下線部④について述べた次の文章中の空欄a～cに，適当な語を入れよ。ただし，国名は略称でもよい。

2019年に日本を訪れた外国人観光客数は，およそ3200万人であった。最も多かったのは（　a　）からの観光客で，全体のおよそ30％にあたる，およそ959万人であった。かれらの多くは日本製の日用品を大量に買い求め，日本側に大きな売り上げをもたらしてきた。第2位は（　b　）で，およそ17.5％（558万人），そして台湾15.3％（489万人），ホンコン7.2％（229万人）と続く。

多様な文化を持つ観光客を受け入れるため，国内の施設・設備の充実も図られている。たとえば，ムスリムのために，空港に礼拝のための部屋が設けられたり，イスラーム法で認められた（　c　）フードとよばれる食品を提供する店なども増えてきた。

しかし，新型コロナウイルスの感染拡大により，2020年度は訪日外国人観光客数が激減し，観光産業は大きな痛手を被っている。一日もはやい感染症の終息が望まれる。

(日本政府観光局〔JNTO〕資料による)

（5） 下線部⑤について，以下の設問に答えよ。

i．地球環境問題について述べた文として適当なものを，**ア〜エ**から一つ選び，記号で答えよ。

**ア** アマゾン川流域では，降水量が多いため，酸性雨の影響による森林破壊が広範囲に広がっている。

**イ** サハラ砂漠南縁の地域では，オゾン層破壊の進行による紫外線の増大によって，森林環境に深刻な異変が起きている。

**ウ** アルゼンチンでは，タイガとよばれる広大な針葉樹林が，地球温暖化の進行とともに急速に減少している。

**エ** ヒマラヤ山脈では，地球温暖化にともなって多くの氷河が後退し，氷河湖の決壊などが懸念されている。

ii．最近，海洋汚染の原因物質として，マイクロプラスチックが取り上げられるが，これについて述べた文として**適当でないもの**を，**ア〜エ**から一つ選び，記号で答えよ。

**ア** マイクロプラスチックとは，5㎜より小さいプラスチックのかけらのことで，広く河川や海洋に広がっている。

**イ** プラスチック製品が河川や海洋に流れ込むと，長い年月をへて劣化し，マイクロプラスチックとなって漂い続け，回収が困難となる。

**ウ** マイクロプラスチックは素材として有用で，しかも化学変化を起こしにくく，性質が安定しているために，生物に与える危険性は低いと考えられている。

**エ** 最近では，プラスチック製品に変わる製品の開発や，自然に分解されやすい素材を使った製品の開発が進んでいる。

(6)　下線部⑥について，以下の設問に答えよ。

i．東京都および大阪府への流入人口が多い府県を示した次の表4をみて，表中のa・bに入る県名を答えなさい。ただし，流入人口とは，常住地から通勤（15歳以上）・通学（15歳未満を含む）のために流入してくる人口のことをいう。

表4

(%)

| 東京都 | 大阪府 |
|---|---|
| 神奈川県（36.8）<br>[　a　]県（32.2）<br>千葉県（24.7） | [　b　]県（49.9）<br>奈良県（23.2）<br>京都府（14.5） |

（『データでみる県勢』2020より作成）

ii．年齢別人口の割合を示した次の表5中のa～cは，秋田県，東京都，沖縄県のいずれかである。それらの組み合わせとして適当なものを，**ア～カ**から一つ選び，記号で答えよ。

表5

(%)

| | 0～14歳 | 15～64歳 | 65歳以上 |
|---|---|---|---|
| a | 10.0 | 53.6 | 36.4 |
| b | 11.2 | 65.7 | 23.1 |
| c | 17.0 | 61.4 | 21.6 |

（『データでみる県勢』2020より作成）

| | ア | イ | ウ | エ | オ | カ |
|---|---|---|---|---|---|---|
| 秋田県 | a | a | b | b | c | c |
| 東京都 | b | c | a | c | a | b |
| 沖縄県 | c | b | c | a | b | a |

iii. 産業別人口構成を示した次の表6中のa～cは，愛知県，高知県，沖縄県のいずれかである。それらの組み合わせとして適当なものを，**ア～カ**から一つ選び，記号で答えよ。

表6

(%)

| | 第1次産業 | 第2次産業 | 第3次産業 |
|---|---|---|---|
| a | 2.1 | 32.7 | 65.3 |
| b | 4.0 | 15.4 | 80.7 |
| c | 10.2 | 17.4 | 72.3 |

（『データでみる県勢』2020より作成）

| | **ア** | **イ** | **ウ** | **エ** | **オ** | **カ** |
|---|---|---|---|---|---|---|
| 愛知県 | a | a | b | b | c | c |
| 高知県 | b | c | a | c | a | b |
| 沖縄県 | c | b | c | a | b | a |

Ⅱ　次の文章A～Eを読んで，あとの問いに答えよ。

A　「歴史の父」と呼ばれるヘロドトスが著した『歴史』に，①紀元前5世紀のペルシア戦争が記述されている。次の文章は，ペルシア王クセルクセス1世が，ギリシアに攻め込むにあたり，彼のもとに亡命している元スパルタ王デマラトスに，ギリシア方の軍はどれほど抵抗するか尋ねたときの，デマラトスの答えである。

「彼らは自由であるとはいえ，いかなる点においても自由であると申すのではございません。彼らは法（ノモス）と申す主君を戴いておりまして，彼らがこれを怖れることは，殿の御家来が殿を怖れるどころではないのでございます。」

『ヘロドトス 歴史 下』松平千秋訳　岩波文庫岩波書店　1972年　P69

デマラトスの（つまりヘロドトスの）言葉に従うなら，ペルシアを「人による統治」，ギリシアを「法による統治」として対比できる。「ギリシア＝法による統治」として有名な出来事は，「毒杯を仰ぐソクラテス」ではないだろうか。敵対者たちの画策でいわれなき死刑判決を受けるも，悪法も法なりと判決を受容して自ら毒杯を仰いで亡くなった哲学者の行為を指している。「ペルシア＝人による統治」と描写しているが，決して法がなかったわけではない。「目には目を歯には歯を」で知られる，原型のまま現存する物としては世界最古の法である（　a　）法典は，ペルシア帝国のあった②メソポタミアのバビロン第1王朝のものである。

さて，ペルシア戦争は「人による統治」のペルシア軍が，「法による統治」であるギリシア軍に，最後には敗れて撤退する結果となった。人類の歴史全体を象徴するようなエピソードである。

（1）（　a　）に入る語句として正しいものを，次の**ア**～**エ**から一つ選び，記号で答えよ。

**ア**　アリストテレス　**イ**　ハンムラビ　**ウ**　ギルガメシュ　**エ**　アレキサンダー

**※(1)は学校当局により全員正解とした。**

（2）下線部①に関連して，紀元前5世紀は，日本列島ではまだ縄文文化の時代であった。縄文文化に関して述べた次の文X・Yについて，その正誤の組み合わせとして正しいものを，下の**ア**～**エ**から一つ選び，記号で答えよ。

X　人々は竪穴住居に暮らし，互いに協力してナウマン象などを狩猟していた。

Y　集落の周囲に形成された貝塚からは青銅製の鏃が見つかっている。

**ア**　X正　Y正　**イ**　X正　Y誤　**ウ**　X誤　Y正　**エ**　X誤　Y誤

(3)　下線部②に関連して，メソポタミアとならぶ古代文明にエジプトがあるが，ヘロドトスはまた，『歴史』の中で，「エジプトはナイルのたまもの」と紹介している。エジプトに関して述べた次の文a～dについて，正しいものの組み合わせを，下の**ア**～**エ**から一つ選び，記号で答えよ。

a　エジプトでは，楔形文字が使用されていた。
b　エジプトでは，象形文字が使用されていた。
c　エジプトでは，太陽暦が使われていた。
d　エジプトでは，太陰暦が使われていた。

**ア**　a,c　　**イ**　a,d　　**ウ**　b,c　　**エ**　b,d

B　「人による統治」として思い浮かぶのは，ヨーロッパ絶対王政の時代である。まず，16世紀のイギリス。③スペインの無敵艦隊を破り海洋帝国イギリスの地位を確立した（　b　）が全盛時代を築いた。続いて，17世紀のフランス。親政と中央集権化による王権強化を進め，「朕は国家なり」の言葉で有名なフランス王（　c　）の時期が全盛時代である。絶対王政を支えた思想として，王権神授説が知られる。国王の権力は神によって与えられたもので人民は絶対的に服従しなければならないとされた。国王が聖職者の手によって戴冠されて祝福を受ける戴冠式のありかたは，国王の権力が神によって与えられたことを表している。

宗教的な力を背景に人が支配する形は，日本列島においても見られる。有名なのは弥生時代の終わりに出現した④邪馬台国の女王卑弥呼であろう。シャーマンとして神の声を人々に伝えた政治であったと伝えられている。

ヨーロッパに目を戻そう。絶対王政を支えた王権神授説は，イギリスにおいてもフランスにおいても，⑤市民革命によって崩され，次第に議会王政に移行していった。

(4)　（　b　）（　c　）に入る語句の組み合わせとして正しいものを，次の**ア**～**エ**から一つ選び，記号で答えよ。

**ア**　b：エリザベス1世　c：ルイ14世
**イ**　b：ルイ16世　c：ヘンリー8世
**ウ**　b：ルイ14世　c：エリザベス1世
**エ**　b：ヘンリー8世　c：ルイ16世

(5)　下線部③に関連して，スペインはポルトガルとともに大航海時代の中心的存在であった。大航海時代の事績に関して述べた次の文X・Yと，それに該当する語句a～dとの組み合わせとして正しいものを，下の**ア～エ**から一つ選び，記号で答えよ。

X　アフリカ南端の喜望峰に到達し，インド航路を開いた。
Y　南アメリカ南端の海峡を航行し，大西洋と太平洋をつなぐ航路を開いた。

a　コルテス　　b　バスコ=ダ=ガマ　　c　コロンブス　　d　マゼラン

**ア**　X-a　Y-c　　**イ**　X-a　Y-d　　**ウ**　X-b　Y-c　　**エ**　X-b　Y-d

(6)　下線部④に関連して，邪馬台国や卑弥呼に関して述べた次の文a～dについて，正しいものの組み合わせを，下の**ア～エ**から一つ選び，記号で答えよ。

a　邪馬台国は，30カ国ほどの小国の連合体であった。
b　邪馬台国は，ヤマト政権の別名で，日本列島のほぼ全域を支配していた。
c　卑弥呼は，中国の魏と外交を行っていた。
d　卑弥呼は，中国の後漢と外交を行っていた。

**ア**　a,c　　**イ**　a,d　　**ウ**　b,c　　**エ**　b,d

(7)　下線部⑤に関連して，市民革命に影響を与えた思想に関して述べた次の文X・Yと，それに該当する語句a～dとの組み合わせとして正しいものを，下の**ア～エ**から一つ選び，記号で答えよ。

X　『法の精神』を著して，三権分立を説いた。
Y　『社会契約論』を著して，フランス革命に影響を与えた。

a　ホッブズ　　b　モンテスキュー　　c　ルソー　　d　ロック

**ア**　X-a　Y-c　　**イ**　X-a　Y-d　　**ウ**　X-b　Y-c　　**エ**　X-b　Y-d

２０２１年度

# 高校一般入学試験問題

# 社　会

（40分）

## 注意事項

◎「始め」の合図があるまで中を見てはいけません。

◎ 解答用紙は別になっています。

◎ 解答は全て解答用紙の所定の欄に記入しなさい。

◎ 解答用紙だけ提出し，問題は持ち帰りなさい。

◎ 教科書中に漢字で書かれている語句は，全て漢字で答えなさい。

# 理　　　科

（2021高一理科）

Ⅰ　エタン$C_2H_6$　３０ｇと酸素１１２ｇの混合気体を完全燃焼させ，乾燥剤を用いて水を除いたところ，４４．８Ｌの二酸化炭素が残った。ただし，この場合の完全燃焼とはエタンと酸素が全部なくなり，二酸化炭素と水のみになった燃焼のことをいう。次の問いに答えよ。

（1）　エタンの完全燃焼を表す化学反応式を答えよ。

（2）　1個のエタン分子を完全燃焼させると二酸化炭素分子が何個できるか。

（3）　２００個のエタン分子を完全燃焼させるには何個の酸素分子が必要か。

（4）　水素原子1個の質量をｍ［ｇ］，炭素原子1個の質量を１２ｍ［ｇ］とすると酸素分子1個の質量は何ｇか。ｍを使って表せ。

（5）　この完全燃焼によって生じた水は何ｇか。

（6）　この完全燃焼によって生じた二酸化炭素の密度［ｇ／Ｌ］を小数第３位を四捨五入して小数第2位まで答えよ。

Ⅱ　次の問いに答えよ。

問1　下図のように凸レンズの前に長さ3cmのろうそくを立てて，スクリーンにろうそくの像がはっきり映るときのろうそくから凸レンズまでの距離x，凸レンズからスクリーンまでの距離y，実像の長さzを測定した。以下の問いに答えよ。

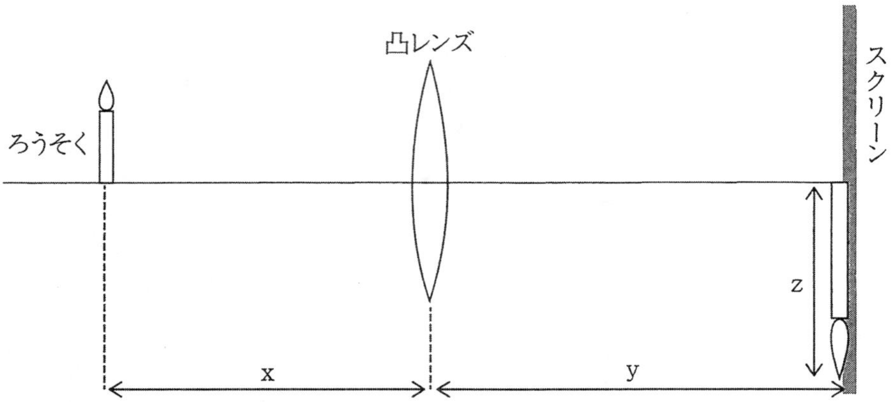


(1)　x＝10cmのときz＝3cmになった。この凸レンズの焦点距離は何cmか。

(2)　xとyの長さの比が2：1になった。このときスクリーンに映る像の長さはろうそくの長さの何倍になるか。また，このときxの長さは何cmか。

問２　下図のようにガラス板（灰色部分）の垂直な２面に鏡①，②を置き，空気中の点Xからガラス中にレーザー光を入射した。図の実線の矢印は，空気中でのレーザー光の進み方を模式的に示したものである。なお，鏡①，②の鏡面に沿ってx軸，y軸をそれぞれ設定し，２つの鏡の接点を原点とする。点Xの位置は座標（x，y）＝（3，9）と表され，ガラス板は$0 \leqq x \leqq 14$，$0 \leqq y \leqq 6$の領域に置かれている。あとの問いに答えよ。

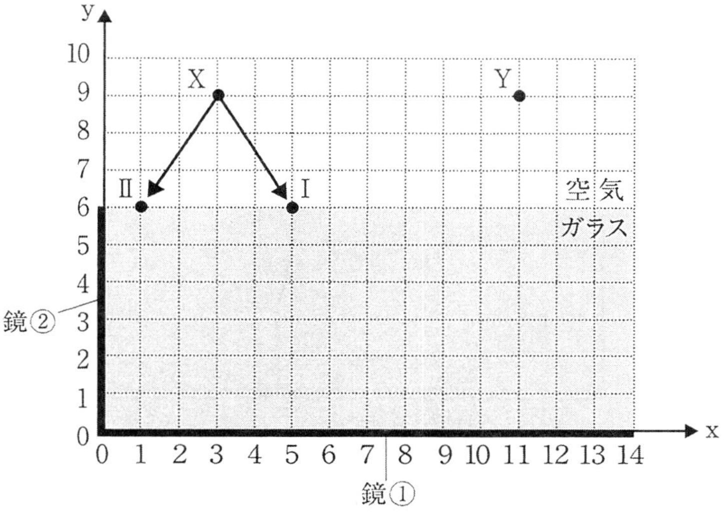


（1）　異なる物質の間を光が斜めに入射するとき，その境界で光の進行方向が変化する。この現象を何というか。漢字で答えよ。

（2）　点Xから点Ⅰ（5，6）の方向に進んだ光は，ガラスの中を通って鏡①に反射し，ガラス上面で進行方向が変わり，再び空気中に出ていく。このとき図中の点Y（11，9）に光が進んだとすると，光は鏡①（y＝0）上のどの点で反射したか。また反射した後，ガラス上面（y＝6）上のどの点で進行方向が変わったか。座標（x，y）で答えよ。

（3）　点Xから点Ⅱ（1，6）の方向に進んだ光は，点Yの位置を左右のどちらに何目盛移動した点に進むか。

## Ⅲ　次の問いに答えよ。

問1　次の各問いに答えよ。

(1)　次の**ア**～**エ**からコロナウイルスの仲間として適当なものを1つ選び，記号で答えよ。

**ア**　インフルエンザウイルス　**イ**　乳酸菌　**ウ**　結核菌　**エ**　黄色ブドウ球菌

(2)　次の**ア**～**エ**から単細胞生物であるものをすべて選び，記号で答えよ。

**ア**　ケンミジンコ　**イ**　ミカヅキモ　**ウ**　オオカナダモ　**エ**　ミドリムシ

(3)　次の**ア**～**エ**を大きい順に左から並べ，記号で答えよ。

**ア**　ゾウリムシ　**イ**　ミジンコ　**ウ**　ミドリムシ　**エ**　コロナウイルス

問2　文章を読み，あとの問いに答えよ。

マルバアサガオには花弁の色が赤色，白色，桃色のものがある。いま，花弁が赤色の純系の個体と白色の純系の個体をかけ合わせたところ，子はすべて桃色の花を咲かせた。なお，マルバアサガオは1つの個体から１００粒の種子が得られるものとする。赤色の遺伝子をＲ，白色の遺伝子をｒとしてあとの問いに答えよ。

(1)　赤色の純系の遺伝子の組み合わせがＲＲであるとき，子の桃色の花の遺伝子の組み合わせを答えよ。

(2)　桃色の個体を自家受粉させ，子を得た。子の個体に現れる花の色の比はどのようになるか。例にならって最も簡単な整数比で答えよ。

例　赤色：白色：桃色＝１：２：３

(3)　赤色，白色，桃色の花弁をつける個体の種子をそれぞれ3粒，4粒，5粒用意した。これらをまいて育てて花を咲かせ，自家受粉を行って種子を得た。これらの種子をまいて育てたとき，咲いた花の色の比はどのようになるか。(2)と同様の形式で答えよ。ただし，1粒の種子は成長すると1つの個体になるものとする。

問３　次の表は名古屋市内における新型コロナウイルスの新規陽性者数を週ごとに集計したものである。なお，感染経路不明者とは，新規陽性者のうち，感染経路が不明の者のことである。陽性率とは，検査実施人数のうち新規陽性者数の割合を百分率で示したものである。

| 週 | 期間 | 新規陽性者数 | 感染経路不明者数 | 検査実施人数 | 陽性率 |
|---|---|---|---|---|---|
| 第１週 | 2/17～23 | 10 | 0 | 55 | 18.2% |
| 第２週 | 2/24～3/1 | 15 | 2 | 61 | 24.6% |
| 第３週 | 3/2～8 | 39 | 3 | 128 | 30.5% |
| 第４週 | 3/9～15 | 32 | 1 | 249 | 12.9% |
| 第５週 | 3/16～22 | 12 | 2 | 392 | 3.1% |
| 第６週 | 3/23～29 | 7 | 1 | A | 2.5% |
| 第７週 | 3/30～4/5 | 29 | 15 | 294 | 9.9% |
| 第８週 | 4/6～12 | 45 | 19 | 348 | 12.9% |
| 第９週 | 4/13～19 | 45 | 18 | 343 | 13.1% |
| 第10週 | 4/20～26 | 31 | 8 | 297 | 10.4% |
| 第11週 | 4/27～5/3 | 5 | 2 | 251 | 2.0% |
| 第12週 | 5/4～10 | 2 | 2 | 181 | 1.1% |
| 第13週 | 5/11～17 | 3 | 0 | 244 | 1.2% |
| 第14週 | 5/18～24 | 0 | 0 | 149 | 0.0% |
| 第15週 | 5/25～31 | 0 | 0 | 143 | 0.0% |
| 第16週 | 6/1～7 | 1 | 0 | 167 | 0.6% |
| 第17週 | 6/8～14 | 4 | 2 | 187 | 2.1% |
| 第18週 | 6/15～21 | 6 | 1 | 187 | 3.2% |
| 第19週 | 6/22～28 | 0 | 0 | 188 | 0.0% |
| 第20週 | 6/29～7/5 | 1 | 1 | 140 | 0.7% |
| 第21週 | 7/6～12 | 5 | 2 | 204 | 2.5% |
| 第22週 | 7/13～19 | 69 | 31 | 471 | 14.6% |
| 第23週 | 7/20～26 | 262 | 170 | 875 | B |
| 第24週 | 7/27～8/2 | 616 | 370 | 1689 | 36.5% |
| 第25週 | 8/3～9 | 519 | 339 | 2297 | 22.6% |
| 第26週 | 8/10～16 | 299 | 158 | 1973 | 15.2% |
| 第27週 | 8/17～23 | 249 | 127 | 1160 | 21.5% |
| 第28週 | 8/24～30 | 104 | 51 | 832 | 12.5% |

（名古屋市ホームページより）

２０２１年度

# 高校一般入学試験問題

# 理　　科

（40分）

## 注意事項

◎「始め」の合図があるまで中を見てはいけません。

◎ 解答用紙は別になっています。

◎ 解答は全て解答用紙の所定の欄に記入しなさい。

◎ 解答用紙だけ提出し，問題は持ち帰りなさい。

Part 2

1 My violin is made from dark wood.

2 No, I'm not interested in robots.

3 In Japanese we say *ogenki desuka*.

Part 3

1 September / Thursday / November / August

2 Basketball / Soccer / Stadium / Baseball

3 Chinese / Canada / Brazil / Australia

★教英出版編集部注
問題音声は教英出版ウェブサイトで。
リスニングＩＤ番号は解答集の表紙を参照。

# 英　　語

(2021高一英語)

Ｉのリスニング問題は試験開始から数分後に行う。それまで他の問題を解いていること。

Ｉ　【リスニング問題】 放送をよく聞いて，下の問いに答えよ。英語は2度読まれる。

Part 1　これから放送する英語とそれに関する質問を聞いて，質問の答えとして最も適当なものをそれぞれ**ア**～**ウ**から選んで答えよ。

1　ア　In Ghana.
　　イ　In America.
　　ウ　In California.

2　ア　For more than ten years.
　　イ　In October.
　　ウ　The southeast of the United States.

3　ア　Many photographs in a little field.
　　イ　In the sky.
　　ウ　A huge field.

Part 2　Listen to the answer. What was the question? (Write five words or more.)

【メモ】

1 ______________________________

2 ______________________________

3 ______________________________

Part 3　これから放送する4つの英単語を聞いて，1つだけ特徴の異なるものを選んで答えよ。また，その単語を選んだ理由を解答欄の右側に5語以上の英語で答えよ。

例　Pink / White / Cloudy / Green

| | |
|---|---|
| 例　Cloudy | 例　Cloudy is not a color. |

【メモ】

1 ______________________________

2 ______________________________

3 ______________________________

Ⅱ　次のA, Bの問いに答えよ。

A　次の対話文はハロウィンパーティー（10月31日）で，セイジとケンが偶然出会ったときの会話です。以下を読んで，あとの地図を見ながら問いに答えよ。

Seiji : I went to Kyoto with my family during summer vacation. How was your summer?

Ken : Not so good. I wasn't able to go anywhere.

Seiji : That's too bad. So what did you do?

Ken : Well, I read some books, played video games, and did my homework. I spent a lot of time at home. How was Kyoto?

Seiji : I enjoyed it very much. There are many sightseeing places in Kyoto. I like the city, and I go there every summer. Have you ever been to Kyoto?

Ken : Only one time. I went to Kyoto and Nara on a school trip when I was an elementary school student. I visited some temples and shrines in both cities. I especially liked Kiyomizu Temple and Horyuji Temple. We also saw Kinkakuji Temple. It's a beautiful gold building, but we were not able to go inside. The trip was fun for me and it was the best memory of my elementary school days.

Seiji : That's great. I went to Ise on my elementary school trip because I lived in Osaka. When I lived there, I often went to Kyoto on the weekend with my family.

Ken : Oh, you know Kyoto very well. How long did you stay in Kyoto this summer?

Seiji : Just two days. I found a good hotel along *Shijo-dori Street. Our hotel was near a station and a restaurant. It was my first time to stay there.

Ken : Did you go there by bus from Kyoto Station?

Seiji : No, I took a train. The train always comes *on time. It only took eight minutes to get to the hotel from Kyoto Station. We went north and got off at the second station. The hotel was just across the road.

Ken : That's so convenient. Were there any famous sightseeing places around there?

Seiji : *Kyoto Imperial Palace was only two stations away. Many Japanese *emperors lived there a long time ago. Now it is like a very big park.

Ken : I've never heard of it. I didn't go there on my school trip.

Seiji : I had a plan to look at the university which my brother will go to from next spring. So I got off at Marutamachi Station on the south side of the palace, went across the street and walked north through to the university. However, I made a big mistake. It was the wrong place. The university my brother will go to is 2.5 kilometers east of the Imperial Palace. It took me about thirty minutes to walk there.

Ken : Wow! I'm sure it was really hot.

【注】 Shijo-dori Street：四条通り　　on time：時間通りに
Kyoto Imperial Palace：京都御所　　emperor：天皇

(1) What did Seiji do when he was a child?

ア He found a good hotel near a station.
イ He often visited Kyoto.
ウ He went to Ise many times.
エ He made a great memory on his school trip.

(2) Which place did Ken not see on his school trip?

ア Horyuji Temple.
イ Kiyomizu Temple.
ウ Kinkakuji Temple.
エ Kyoto Imperial Palace.

(3) Where is the hotel that Seiji stayed at? Choose from M to T.

(4) Where is Marutamachi Station? Choose from A to L.

(5) Where is the university which Seiji's brother is going to study at? Choose from M to T.

## 〈Sightseeing MAP in Kyoto〉

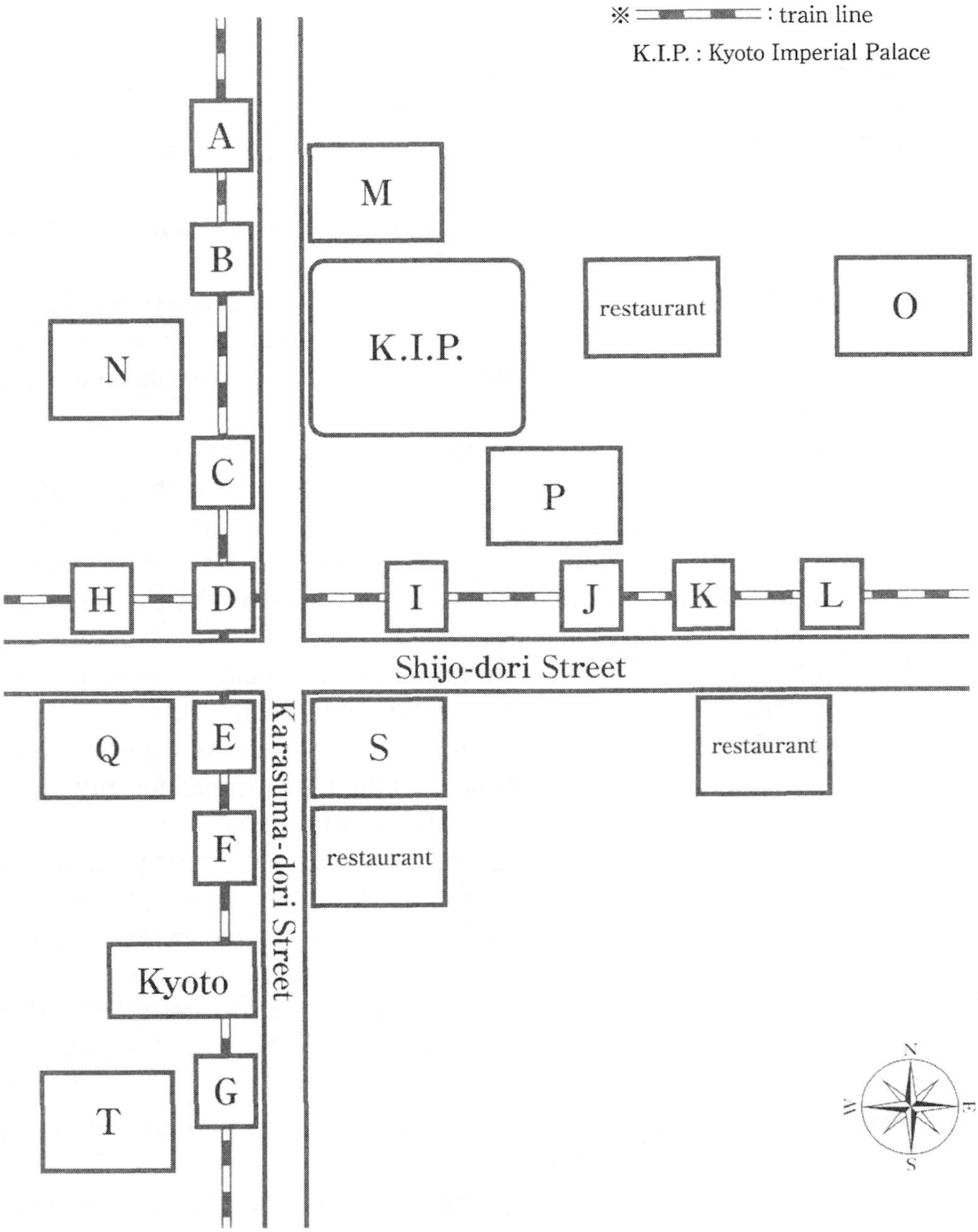

B　次の対話文は初詣の帰り道でセイジとケンが久しぶりに出会った時の会話です。以下を読んで，あとの広告・配置図を見ながら問いに答えよ。

Seiji : Hey, Ken. Long time no see.
Ken : Yes. It's colder now than when we last met.
Seiji : That's right. Do you remember we talked about my brother's university?
Ken : Yes. Your brother was always kind to me when I visited your house. How is everything going?
Seiji : Well, I've been very busy helping him to prepare for his new life. My family went to Kyoto again to find a place for him to live.
Ken : I see. It's important to find a good place. Have you found anywhere yet?
Seiji : Yes, but it wasn't easy. Of course, it is better to live near the university, a station and some shops, but such a place is very expensive. We found a place by the station along Shijo-dori Street, but there aren't any shops near there. When my brother moves there, he will be able to get to the university by bike in fifteen minutes. And it is not too expensive.
Ken : That sounds OK. It will be better for his health to go to the university by bike. Has he bought anything for his place yet?
Seiji : Yes. It costs a lot to buy many things such as a desk, a bed and a TV. It took us a long time to find nice things for my brother. At first, we looked at many shops and department stores, but we couldn't find anything good. However, we realized that there are many online stores with good products and lower prices.
Ken : That's right, but it's sometimes difficult to see exactly what you are buying.
Seiji : I know what you mean, but we were able to get all the things my brother needed on one website. This website had a special sale for new students.
Ken : That's wonderful. Now you have to decide where he will put his new things in his room.
Seiji : We've already decided. Actually, I have the plan here in my pocket. Do you want to see it?

２０２１年度

# 高校一般入学試験問題

# 英　　語

（50分）

## 注 意 事 項

◎「始め」の合図があるまで中を見てはいけません。

◎ 解答用紙は別になっています。

◎ 解答は全て解答用紙の所定の欄に記入しなさい。

◎ 解答用紙だけ提出し，問題は持ち帰りなさい。

（7） 関数 $y=ax+2$ について，$x$ の変域が $-4 \leqq x \leqq 6$ のとき，$y$ の変域は $0 \leqq y \leqq b$ であった。このとき，$a$，$b$ の値を求めよ。ただし，$a<0$ とする。

（8） 次の表はある中学3年生男子20人の体重のデータを整理した度数分布表である。表の中の50kg以上55kg未満の相対度数が0.25のとき，度数 $a$，$b$ の値を求めよ。

| 階級（kg） | 度数（人） |
|---|---|
| 以上 未満<br>35～40 | 2 |
| 40～45 | $a$ |
| 45～50 | 4 |
| 50～55 | $b$ |
| 55～60 | 3 |
| 60～65 | 2 |
| 合計 | 20 |

（4） 図のように，四角形ＡＢＣＤは正方形，△ＡＥＤは正三角形で，Ｆは辺ＡＢと直線ＣＥの交点である。∠$x$の大きさを求めよ。

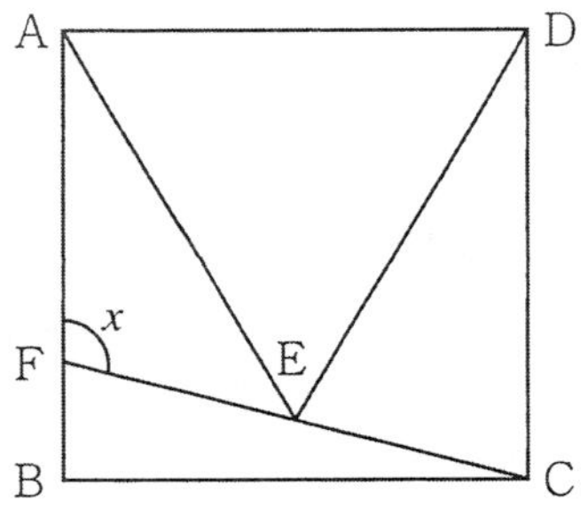


（5） ＡＤ＝ＣＤ＝1cm，ＢＣ＝2cm，∠ＡＤＣ＝∠ＢＣＤ＝90°，ＡＤ//ＢＣの台形ＡＢＣＤがある。この台形を，辺ＣＤを軸として１回転させてできる立体の体積を求めよ。

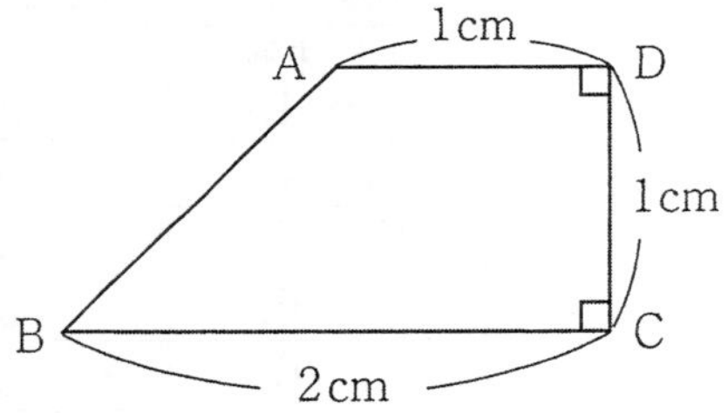


（6） １個のさいころを２回投げる。１回目に出た目の数を$a$，２回目に出た目の数を$b$とするとき，２直線 $y=\frac{a}{b}x$，$y=3x+1$ が交わる確率を求めよ。

# 数　　学

（2021高校一般）

I　次の問いに答えよ。

（1）$\dfrac{1}{2}\times(-2)^3-\dfrac{1}{15}\times(-3)^2\div(-0.3)$ を計算せよ。

（2）$a^2+b^2+2ab-c^2$ を因数分解せよ。

（3）$\dfrac{\sqrt{30-2n}}{2}$ が自然数になるような，自然数 $n$ の値をすべて求めよ。

２０２１年度

# 高校一般入学試験問題

# 数　学

(50分)

## 注意事項

◎「始め」の合図があるまで中を見てはいけません。

◎ 解答用紙は別になっています。

◎ 解答は全て解答用紙の所定の欄に記入しなさい。

◎ 解答用紙だけ提出し，問題は持ち帰りなさい。

◎ 円周率は$\pi$とします。

人が、年末にボーイフレンドと奈良に旅行に行った際、お土産に買ってきてくれた葛湯である。
男性は、湯飲み茶碗を両手で包んで自分の手を温めている。その口元から、かすかに銀色の息がこぼれた。
「書ける範囲で結構ですので、お願いできますか?」
男性の手が温まるのを見計らい、その前に紙とペンを置く。男性は、背筋を伸ばしたようなはっきりとした筆跡の字で、自分の名前を記入した。
私は、目の前の白川清太郎さんにそっとたずねた。
「ご用件は?」
すると、清太郎さんが切羽《せっぱ》詰まった表情で話し始めた。
「実はね、お袋を、楽にしてあげてほしいんですよ」
「お母様を?」
楽にしてあげる、とはどういう意味だろう。一瞬、物騒なことを考えそうになり、慌てて打ち消した。清太郎さんが、困ったように一度大きな①ため息をつく。それから、一気に話し始めた。
「お袋は気丈な性格でして、九十を過ぎるまでずっと誰の力にも頼らず、横浜でひとり暮らしをしていたんですけどね、施設に入ってから、妙なことを言うようになりまして。話は前後しますが、私の親父《おやじ》は貿易商でしたが、もうとっくの昔に亡くなっています。なのに、その親父から手紙が届くはずだから、どうしても家に帰らせてくれってきかないんですよ。
親父は無愛想な男で、正直なところ私にはあまりいい思い出がありません。たまに家に帰ってきてもぶすっとして笑いもしないし、子どもの頃に一緒に遊んでもらった記憶も全くないんです。勇気を持って話しかけても無視されるし。昔かたぎの男そのものでして、お袋に対しても、何か贈り物をしたりだとか、優しく労《いたわ》ったりだとか、そういうことは一切していませんでした。かといって、酒を飲んで暴れたり、暴言を吐いたりするようなことも、なかったですけどね。

そんな親父だったものですから、お袋に手紙を書いていたなんて話、にわかには[a]信じられなくて。ずっと姉貴と、お袋のたわ言っていうか、妄想じゃないかって片づけてたんですよ。

でも、先日姉貴がお袋の家を片づけに行ったら、箪笥《たんす》の奥から、現物を見つけちゃいましてね。それが、これなんです」

清太郎さんはそこまで話すと、おもむろに膝の上に置いてある風呂敷包みに視線を落とした。

私は自分のマグカップに手を伸ばし、少し冷めた葛湯をすする。のほほんとした丸い味が、舌の上にじわりと広がった。

清太郎さんが、丁寧に風呂敷を畳んでから、手紙の束を私に差し出す。手紙は、ひとまとめにして赤い紐《ひも》でくくってある。葉書の方が多いけれど、中には封書も混じっていた。

「どうぞ、どれでも広げてご覧ください」

清太郎さんがそう言ってくれたので、両手で手紙の束を持ち上げ、自分の方へと引き寄せた。

古い紙特有の、乾いた土ぼこりのような匂いが近づいてくる。そっと紐をほどくと、手紙の束が優しくなだれ、机の上で扇のように広がった。

一番上にあるのは、※モノクロ写真の絵葉書だった。巨大なプールで、古めかしい水着を着た人々が楽しそうに泳いでいる。

「拝読しても、よろしいですか？」

自分宛てに書かれたものではない手紙に目を通す時は、いつだってその手紙の差出人と受取人の両方に対して、心から申し訳ない気持ちになるものだ。それでも、清太郎さんが読んでくださいという目で私を強く見返したので、会釈《えしゃく》をしてから手のひらの葉書を裏返した。

「あの仏頂面の親父に、こんな茶目っ気があったなんて、いまだに信じられんのです」

私が文面を読んでいると、その内容を一緒に覗《のぞ》き込みながら清太郎さんがつぶやく。もう、どの葉書にどんな内容が綴《つづ》られているのか、すべて熟知しているらしい。

「②これじゃあ、僕らの知ってる親父とは、まるっきり別人ですよ」

言葉では呆《あき》れたように突き放しているけれど、内心はやっぱり、うれしいのかもしれない。清太郎さんの目じりに、優しさが滲《にじ》み出ている。

「私や姉貴にも、こういうのを一枚でも送ってくれたら、人生違ったかもしれないのにな」

そこには、清太郎さんのお母様に対する愛情が、b臆面《おくめん》もなく綴られていた。きっと、奥さんのことが心配で心配で仕方がなかったのだろう。滞在地の先々から、奥さん宛てに手紙を書いていた。時には、一日のうちに二通立て続けに書かれたものまである。

「羨《うらや》ましいですね」

しみじみと、手紙の文面を見つめたまま言った。ひとりでに、ため息がこぼれる。

「よく考えれば当たり前のことなのですが、親父とお袋も、男と女だったっていうだけの話なんですよね。子どもの立場からは、そんなこと全く考えもしなかったけど」

「お母様は、いつもお父様からのお手紙が来るのを、待っていらしたんですね」

私の放ったその言葉に、清太郎さんが目を閉じて深くうなずいている。

「そして、今もまだ、待っていらっしゃるってことですよね」

私は、その意味を噛《か》みしめるような気持ちでつぶやいた。

「だから、家に帰らせてくれって。その姿を見ていると、切なくなっちゃうんですよ。幼い俺たちの目を盗んで、お袋、いっつも郵便受けを覗いていたんだろうなぁ、なんて想像するとね。きっと、子どもたちには見せない、秘密の愛だったんでしょう」

途中から堪《こら》えるような声で一気に言うと、③清太郎さんは目じりに溜《た》まった涙をそっと拭った。そして、改めて姿勢を正し、私の方をまっすぐに見て言った。

「天国からの親父の手紙を、かわりに書いてもらえませんか？」

清太郎さんからのお願いに、今度は④私が目じりの涙を拭う番だった。

その夜、清太郎さんのお父様が清太郎さんのお母様に送ったとされるすべての手紙に目を通した。昔の男の人独特の、※矍鑠《かくしゃく》とした文字で綴られている。仕事にも常に愛用の万年筆を持ち歩いていたのだろうか。稀《まれ》にボールペンで書かれたものもあったけれど、ほとんどは同じ太めの万年筆で、色も黒で統一されているのだった。

字もまた、骨格のように遺伝するものなのだろうか。今までそんなこと考えたこともなかったけれど、清太郎さんの字は、お父様の書いた字にそっくりだ。

けれど、その字の「　Y　」佇《たたず》まいと相反して、書かれているのは奥さんに対する愛《いと》おしさそのものだった。ほとんどすべての手紙が、「愛するチーちゃんへ」もしくは「いとしのチーちゃん」で始まり、最後は必ず「世界で一番チーちゃんを愛しているボクより」となっていた。

清太郎さんのお父様とお母様は、かなり歳が離れていたそうだ。きっとお父様にとって愛妻は、伴侶であると同時に娘のような存在でもあったのかもしれない。文字のひとつひとつから、愛情という果汁がほとばしっている。そして、⑤その果汁は今も涸《か》れずに瑞々《みずみず》しさを保っている。

清太郎さんのお母様は、ご主人から届く手紙を、いつもいつも待っていたに違いない。そうやって待ちわびることで、会えない日々をつなぎながら生きてきた。

もし今もまだお父様が生きていたら、どんな手紙を書いて送るのだろう。

それから幾度も、私は想像の翼をはためかせた。

（小川糸『ツバキ文具店』）

（注）※モノクロ写真…白黒の写真

※矍鑠《かくしゃく》…年をとっても元気で丈夫なこと。

問一 ［　X　］［　Y　］に入れるのに最も適当なものを、次の**ア**～**エ**からそれぞれ一つずつ選び、記号で答えよ。

X　**ア** ちらちらと　**イ** するすると　**ウ** さわさわと　**エ** しとしとと

Y　**ア** まばゆい　**イ** 愛くるしい　**ウ** 凛々《りり》しい　**エ** 慎《つつ》ましい

問二 〰〰a・bの語句の本文中における意味として最も適当なものを、次の**ア**～**オ**からそれぞれ一つずつ選び、記号で答えよ。

a にわかに　**ア** それほどに　**イ** 急に　**ウ** 全く　**エ** 少し　**オ** はっきりと

b 臆面もなく　**ア** 惜しげもなく　**イ** 間違いなく　**ウ** ひっそりと　**エ** 恥ずかしげなく　**オ** 気後れして

問三 ――①「ため息をつく」とあるが、このときの清太郎の様子の説明として最も適当なものを、次の**ア**～**オ**から一つ選び、記号で答えよ。

**ア** 家に帰りたいと願っている母の気持ちをうまく表現できずに困っている様子。

**イ** 楽にしてあげたいという言葉の意味を私に誤解されそうになり困っている様子。

**ウ** 母のことを気に掛けている一途《いちず》な思いが私にうまく伝わらず困っている様子。

**エ** 家に帰りたいと願う母を今後どう扱っていくべきかの対応に困っている様子。

**オ** 今も続く母の無き父への愛情をどう表現していいのかわからず困っている様子。

問四　——②「これじゃあ、僕らの知ってる親父とは、まるっきり別人ですよ」とあるが、このときの清太郎の心情の説明として最も適当なものを、次の**ア**〜**オ**から一つ選び、記号で答えよ。

**ア**　そっけない印象があった父親だけに、手紙から垣間《かいま》見える愛情豊かな夫としての姿には呆気《あっけ》にとられつつも、どこか微笑ましく思っている。

**イ**　子どもに対しては不機嫌な様子を見せていた父親であったが、母親に対しては愛情深かったことが手紙から分かり、心の底から安心している。

**ウ**　父が家族思いの優しい性格であったことに手紙を通して気付き、今まで両親からその事実を隠されていたことに対して、驚きと怒りを感じている。

**エ**　父親の気難しい性格とは全く別の、手紙から伝わる妻を愛する一途な男の姿に、父を評価する半面、改めて自分の生い立ちを後悔している。

**オ**　仏頂面しか見せなかった父が、母のことを深く愛していた一面を手紙の文面から知り、改めて大好きだった父の本当の姿をうれしく思っている。

問五　——③「目じりに溜まった涙をそっと拭った」、——④「目じりの涙を拭う番だった」とあるが、このときの清太郎と私の、それぞれの説明として最も適当なものを、次の**ア**〜**オ**から一つ選び、記号で答えよ。

**ア**　両親について思いを巡らせ、ひと知れず温かい気分になっている清太郎に対して、清太郎からの依頼は自分にとって難しいものであり、代筆できるか不安を感じてしまっている私。

**イ**　父について思いを巡らせ、つらくて悲しい気分になっている清太郎に対して、清太郎が涙ながらに代筆を依頼してくれたことで、仲間意識が芽生え、依頼を歓迎しようとしている私。

**ウ**　両親について思いを巡らせ、やるせない気分になっている清太郎に対して、清太郎の依頼内容から夫婦の秘密の愛の物語を感じ取り、しばらくの間は感動に浸っていたいと思う私。

**エ**　母について思いを巡らせ、悲しみを覚えるとともに困惑した気分になっている清太郎に対して、清太郎からの依頼について強い覚悟と責任をもって向き合おうと決心している私。

**オ**　母について思いを巡らせ、胸が締め付けられるような気分になっている清太郎に対して、清太郎からの依頼について、何とか自分がその思いに応えたいと思い、決心を固めている私。

問六　――「楽にしてあげてほしいんですよ」とあるが、この場合の「楽にする」とは、どういうことか。その説明として最も適当なものを、次の**ア**～**オ**から一つ選び、記号で答えよ。

**ア**　清太郎もしくは清太郎の姉の代筆をして手紙を送ることによって、清太郎の父親の死を信じていない母親に事実を優しく伝えること。

**イ**　清太郎の亡くなった父親の代筆をして手紙を送ることによって、父親の手紙を待ちわびている母親の気持ちを満足させてあげること。

**ウ**　清太郎や、その父親の思いを手紙を通して代弁することによって、母親に亡くなった夫に対する未練を断ち切るよう説得すること。

**エ**　清太郎の亡くなった父親の代筆をして最後の手紙を送ることで、母親の、父親の死に対する気持ちに一区切り付けさせてあげること。

**オ**　清太郎の代筆をして手紙を送ることによって、清太郎たちが抱いていた父親への思いが誤解であることを母親に伝えてあげること。

問七　――⑤「その果汁は今も涸れずに瑞々しさを保っている」とあるが、これはどういうことか。五十字以内で説明せよ。

問八　この文章を読んだ生徒たちが、本文の表現に関して話し合った。本文の表現上の特徴に合う発言として最も適当なものを、次の**ア**～**オ**から一つ選び、記号で答えよ。

**ア**　生徒Ａ――文章を味わうには、それぞれの文章の特徴的な表現の効果を理解することが必要だね。この文章は、登場人物たちの会話を中心にして状況が詳しく説明され、読者が話の流れをつかみやすくしていると思うよ。

**イ**　生徒Ｂ――そうかなあ。それよりも常に主語が明確に表現されていることが、読者の読解を助けていると思う。特に古典の文章を読むときも、主語が省略されていて、いつも話の流れがわからなくなる。

**ウ**　生徒Ｃ――主語に注目することも大切だけど、比喩などの修辞法にも注目すべきだよ。この作品は、対句法や倒置法などの技法が使われていて、筆者の描きたかったことを読者に伝わりやすくしているね。

**エ**　生徒Ｄ――表現技法といえば、この筆者の擬態語の使い方は効果的だと思う。登場人物たちが感じた感覚や動作の様子が的確に読者に伝わってくるように工夫されているところに、この作品のすばらしさを感じたよ。

**オ**　生徒Ｅ――私は、この文章のスピーディーな展開が気に入ったかな。細かい描写を一切省き、話の展開に必要な内容のみを厳選して表現し、話の展開にスピード感を持たせているところがいいね。

２０２０年度

# 高校一般入学試験問題

# 国　　語

（50分）

**注　意　事　項**

◎「始め」の合図があるまで中を見てはいけません。

◎ 解答用紙は別になっています。

◎ 解答は全て解答用紙の所定の欄に記入しなさい。

◎ 解答用紙だけ提出し，問題は持ち帰りなさい。

名古屋高等学校

2020(R2) 名古屋高
K 教英出版

# 国語

（二〇二〇高一国語）

一　次の文章を読んで、後の問いに答えよ。（字数制限のある問題は句読点・記号等も一字に数える。）

「幽霊だって、ＵＦＯだって、自分がこの目で見たら信じるよ」と言う人はとても多い。僕はそれもやはり正しいとは思わない。自分で見たものがそこまで信じられるだろうか？（他人が見た場合よりは、はるかに信じられるが）毎日のように見る夢は、この世に存在するものだろうか。見間違いというのは、普通にあることではないか。

ネス湖の恐竜のように、写真があり、目撃者が大勢いた事例もあった。しかし、あれだって、ある人の悪戯《いたずら》だったことが既に判明している。スプーンを曲げる超能力者がいて、日本人の少年超能力者が話題になったこともあるけれど、これもイカサマだったと判明している。［　Ａ　］、「この目で見た」ものが正しいなんて、とてもいえないのではないか。

昔は写真は真実の証拠だったけれど、捏造《ねつぞう》できることを今では誰もが知っているし、デジタルによる修整も簡単になった。草原や畑に丸い跡を残す、いわゆるミステリィサークルは、宇宙人の仕業なのだろうか？「そうとしか考えられない」と主張する人もいるけれど、誰だってできることではないか。ピラミッドもモアイ像も、べつに宇宙人の手を借りなくても建設は可能だ。今のところ、これは人間にはとうてい無理だという凄い工作物は、僕が知っている範囲では世界に存在しない。

自分の目で見たからといって考えが変わるわけではない。自分がどう感じようが、［　Ｂ　］自分が信じようが信じまいが、科学的か非科学的かの評価には影響しないのである。そもそも、科学は「信じる」ものではない。「正しそうだ」という予測はできるし、研究の当事者ならば、「真実であってほしい」という願望もあるだろう。でも、「正しい」と信じるものではない。信じても、正しさが確かになるわけではないのだ。

では、科学と非科学の境界はどこにあるのだろう？

実は、ここが科学の一番大事な部分、まさにキモといえるところなのである。
答をごく簡単にいえば、科学とは「誰にでも [X] ができるもの」である。また、この誰にでも [X] できるというステップを踏むシステムこそが「科学的」という意味だ。
ある現象が観察されたとしよう。最初にそれを観察した人間が、それをみんなに報告する。そして、ほかの人たちにもその現象を観察してもらうのである。その結果、同じ現象をみんなが確かめられたとき、はじめてその現象が科学的に「確からしいもの」だと見なされる。どんなに偉い科学者であっても、一人で主張しているうちは「正しい」わけではない。逆に、名もない素人が見つけたものでも、それを他者が認めれば科学的に注目され、もっと多数が確認すれば、科学的に正しいものとなる。
このように、科学というのは①民主主義に類似した仕組みで成り立っている。この成り立ちだけをaコウギに「科学」と呼んでも良いくらいだ。なにも、数学や物理などのいわゆる理系のbタイショウには限らない。たとえば、人間科学、社会科学といった分野も現にある。そこでは、人間や社会をタイショウとして、「他者による再現性」を基に、科学的な考察がなされているのである。
この「他者による再現性」を確認するためには、同じ分野の学者、研究者、専門家が相互に情報交換をしなければならない。情報を公開しないと、それを他者が確かめることができない。したがって、秘密裏に行われる研究というのは、結果だけを公開しても「科学」にはならない。
実験をすれば科学的だと勘違いしている人もかなりいるようだ（これについては、学生をタイショウに簡易なアンケートを取ったことがあるが、工学部の学生の7割近くが、科学は実験によって立証されるものだ、と答えた）。ＴＶ番組などでよくスタッフが行った実験映像が示されることがあるが、同条件の実験を他者が行って同じ結果が示されなければ、科学的な証明とはいえない。実験というのは、いろいろな要因がcマギれ込むし、また測定にも、実験者の意志がどうしても介入しがちである。
ＴＶでやっていた、新聞に記事が載った、特許が現に取られている、というものであっても、科学的に証明されていると信じることは危険である。ＴＶ番組や新聞で報道されることは、誰かが持ち込んだ記事であり、ＴＶ局や新聞社はそれを自分たちで検証するわけではない。特許も、特許庁が正しさを確かめているわけではない。いずれも、単に書面を見て特に不自然なところがないか、という大雑把《おおざっぱ》な審査が行われるだけだ。

［　Ｃ　］、書物などで個人が書いている内容になると、もうほとんど「正しいかどうか」など問題外である。なかには、引用文献を沢山挙げれば、それだけ信憑性《しんぴょうせい》が増すと勘違いしている人もいる。ちなみに書いておくが、僕は自著で極力引用をしない。「大勢が同じことを主張しているから正しい」「有名な人が言っていることだから正しい」ということはない、と考えているからだ。

そういった本に書かれていることは、一つの観察事例として、心に留めておけば良い。別の道理からそれが正しいと証明されるときもあれば、否定される場合もあるだろう。

もちろん、すべてを自分で確かめられるわけではないので、できるだけ大勢の意見を聞き、情報を沢山集め、吟味したうえで、個人は判断をしなければならない。白黒をはっきり決める必要はない。すべてをそのままデータとして留め、確からしいものから、疑わしいものまで、そのときどきの判断で並べておけば良いだろう。

［　Ｄ　］自分の目で見ても、正しいとは限らないのだが、それでも、幽霊やＵＦＯは、今のところ、それを信じない人たちの前で再現されたことがないようである。超能力者は、再現できないときに言い訳をする。「疑っている人間が見ていると能力が発揮できない」といった理屈らしい。超能力も幽霊も、それを信じる人の前でしか起こらない現象だという。そこまでいくと、「信じなければ救われない」という一種の［　Ｙ　］ではないか。

繰り返すが、実験によって確かめることが「科学的」なのではない。たしかに、実験を行って現象を再現する手法は、科学において多用されるが、実験結果は常に正しいわけではない。実験結果は現実であり、明らかに事実だが、条件の設定で勘違いや間違いがあったり、測定や[d]ブンセキにも（人間のやっていることだから）[②]不正は混ざる。

たとえば、「真空中では、どんな物体も同じ速度で落下する」ことを証明するために実験を行おうとしても、完全な真空を作ることはできないし、また「同じ速度」を厳密に測定することは不可能である。実験で観察できるのは、「真空にかなり近い状態では、物体はほとんど同じ速度で落下するようだ」という、いわばeキンジ的な結果だけである。

「　E　」、こうした実験を多くの人が試み、数々の条件下でも同傾向の結果が得られるようになる。次第に精度も高まってくる。高精度になるほど、結果も仮説に近づくようだ。そういった結果を総合して、その仮説がどうやら「正しい」という認識がだんだん生まれてくる。③そのプロセスが、すなわち「科学」だ。少なくとも、その仮説を信じるとか信じないとか、そういう観察者の精神的な状態には影響されない。

（森　博嗣『科学的とはどういう意味か』）

問一　〰〰 a～eのカタカナを漢字に直せ。

問二　══ について、(1)文節(2)単語で区切ったときの数を、それぞれ漢数字のみで答えよ。

問三　「　A　」～「　E　」にあてはまる最も適当な語を、次の**ア**～**オ**からそれぞれ一つずつ選び、記号で答えよ。

**ア**　たとえ　　**イ**　また　　**ウ**　しかし　　**エ**　つまり　　**オ**　まして

問四 [X]・[Y] にあてはまる適当な漢字二字の熟語をそれぞれ答えよ。ただし二字の漢字のどちらかに、つくりとして [X] には「見」、[Y] には「攵」を用いること。また、同じ記号の空欄には同じ熟語が入る。

問五 ――①「民主主義に類似した仕組み」とあるが、ここでいう「民主主義」であるものとして、最も適当なものを、次の**ア**～**オ**から一つ選び、記号で答えよ。

**ア** 民衆を苦しめ続けた独裁軍事政権を倒し、民衆主体の新しい政権を打ち立てること。
**イ** 物事を論理的に考え、常に原因と結果の関係で捉えるというのは正しいということ。
**ウ** ある家族の成員の多くが朝食に米食を選ぶので、その家族の朝食は米食となること。
**エ** クラスのほとんどが文化祭で模擬店を希望するのに、担任の判断で不可となること。
**オ** 多数意見で決めるのではなく、少数の意見に耳を添え、全員の意見をまとめること。

問六 ――②「不正は混ざる」とあるが、同じ内容を表現した部分を、文中から二十字程度で抜き出し、最初の五字で答えよ。

問七 ――③「そのプロセス」とは何のことか。八十字以内で説明せよ。

問八 名古屋高校の生徒がこの文章を読んで話し合った。この文章の内容を**とり違えていると思われる**生徒の意見を、次の**ア**～**オ**から一つ選び、記号で答えよ。

**ア** Aさん…まず私はこの文章の書き方に注目しました。この文章では、人々の常識を覆していくように書かれていて、読んでいる方は驚きの連続でした。また、具体例が沢山示されて分かりやすく、そこが読者に自分の主張が正しいと感じさせるように作られているとも思いました。

イ　Bさん…Aさんの「常識を覆す」という部分は、実験をして研究論文を出しただけでは科学的だとは言えないところにも言えますね。それを別の多くの大学の先生が、様々な形で検討した結果、僕たち一般の人間も正しいと信じられる科学的真実が得られるということです。

ウ　Cさん…僕はAさんの言う「書き方」が気になる。たしかに、分かりやすい工夫がされている文章だけど、その工夫により「正しい」と「感じさせる」というのは、この文章の科学の定義からすれば、ちょっとズレていないか。分かりやすい文章やその工夫が、「正しさ」に近づくとは限らないのでは。

エ　Dさん…そうだね、この文章には、疑ってかかったぐらいがよいというのが科学的態度だと書いてあるわけだから。文章の工夫についても、「正しいと感じさせるものである」と一歩引いてみた方が、筆者の考え方には近いよね。分かりやすい文章だからといって、書いてあることの内容の正しさは別だということだね。

オ　Eさん…とすると、多くの人々の様々な視点からこの内容を検証していくなかに、正しさというのが形成されるというのだから、今大勢の人に「正しい」と考えられていても本当に正しいわけではないでしょうね。時代が進んで別の視点が出来たら、その正しさが覆されるかもしれないからね。

二

次の文章を読んで、後の問いに答えよ。（字数制限のある問題は句読点・記号等も一字に数える）

愛媛県の島の分校の高校生である航太《こうた》は、文芸部の部員とともに、五人一組で俳句を創作し、鑑賞し合う俳句甲子園の全国大会への練習にいそしむ一方で、進路に悩んでいた。

結局、次の日の面談で、航太は大学進学希望と初めて口に出した。

これから考えなければいけないことが色々あるらしい。今から準備して合格できそうな大学、そして四年間経済的に続くところを探すこと。学部は先々の就職に有利なように選ぶこと。ちゃんと給料をもらえる会社に就職できるように。

面談のあとで①文芸部の部室に行っても、②航太はぼんやりしていた。

「ほら、航太、いつにもまして腑《ふ》抜《ぬ》け顔じゃない。しゃんとして」

日向子《ひなこ》に叱られても、来島京《くるしまみやこ》が心配そうな視線を送ってきても、エネルギーが湧いてこない。

一番文句を言いそうな恵一《けいいち》が何も言わないのを、不思議に思うことさえなかった。

「ねえ、ちょっとみんなで体を動かしません？」

突然、和彦《かずひこ》がそう言って立ち上がる。「ほら航太先輩、行きますよ。足ももう大丈夫なんでしょ」

相変わらず部員三人の球技部が、校庭でバスケットボールを使ってパス練習をしていた。航太が試合を持ちかけると、すぐに乗ってくる。こっちは文芸部五人のチーム、相手はどこかから友だちを一人引っ張ってきた。

「おれら一応専門だし、野郎四人なんだからいいっすよ、女の子がいるそっちは五人でも」

日向子は、ほとんど戦力にならない。ところが、京が意外に強かった。いや、強いというより、よく走り回るのだ。シュートの精度はそれほどでもないが、とにかくこぼれ球を拾いまくり、ゴールを攻める。

「なんか、色々意外な子だな。本の X のくせして」

恵一が感心したようにつぶやいたものだ。

やがて、文芸部の三年生は息を切らしてコート脇のベンチに腰を下ろした。球技部の三人は飛び入りの一人をつかまえたままで、またパス練習に戻っている。

「疲れたあ。ねえ、京、和彦、二人で購買部に行って何か飲み物買ってきて。私がおごる」

日向子がそう提案して財布を出したので、あわてて恵一と航太もポケットを探る。二年生二人が仲よく校舎内に消えるのを見送りながら、日向子が言った。

「ねえ、航太、覚えてる？　あんたが地方大会の決勝戦に作った句」

突然だったが、航太は素直に答えた。

「もちろん覚えてるけど？」

③今ここがおれのポジション南風《みなみ》吹く

これが、航太の句だ。試合には使われなかったけど。

「だけど今頃、なんで？」

「『今ここがおれのポジション南風吹く』」

日向子は航太の問いには答えず、そう吟じて[a]みせた。

「みんなで話し合って、義貞※先生にも意見してもらって、結局航太のこの句、試合には使わないことにしたんだよね」

「うん」

それで当たり前だと思った。自分への迷いを詠んだ日向子の句や、島の高みから見た海を感じさせる和彦の句に比べたら、なんと言うか、幼稚な感じなのは自分でもわかっていたから。

「だけど、あの句、妙に心に残りはしたんだよな」

恵一が、反対側からそう口を挟んだ。「『おれのポジション』って言い方は、たしかにあんまり俳句らしくはないし、『今ここ』っていうのも、なんか、Ｊ‐ＰＯＰあたりで使い古されたベタな感じがする。だけど、これを聞いた時、ぱっと、バスケットコートの中でポイントガードを務めている航太の姿が浮かんで、ああ、いいなと思ったのは本当だ。だから迷ったんだが……。あと、正直、審査員にどう評価されるか、読みにくい句だとも思ったしな」

日向子が体を乗り出した。

「うん、そう！　私も、この句は残ったんだよ！　絶対に汗びっしょりかいて大声出して、気持ちよさそうに走ってるんだろうな航太、ってそこまでひとつづきの景が浮かんだの。恵一の言うとおり④安全策を取って、使わずに終わっちゃったけどね。でも、わからないよ？　試合に出したら審査員にすっごい評価してもらえたかもしれないよ？」

二人が口々に言ってくれるのを聞いていると、航太はbこそばゆくなってくる。

「あ、つまり二人とも褒めてくれてるんだと思うけどさ……、でもあれも、ほかに何も浮かばなくて、ただ屋上に立って南風南風、って風を感じようとしていた時に、ああおれ今ここで生きてるんだって、そういうのをふっと感じただけで」

「それがいいの。今ここがおれのいる場所、そう言い切る単純さが航太のいいところじゃない」

そう言った日向子は、まっすぐ航太を見つめた。

「その単純さが取り柄の小市《おち》航太が、何を悶々《もんもん》としているわけ？」

「いや、別に……」

Ⅵ　図のような四角形ABCDがある。∠BAD=90°, ∠ABD=60°, ∠DBC=45°, ∠BCD=90°, AB＝2cm, 点Eは対角線AC, BD の交点である。次の問いに答えよ。

（1）BC の長さを求めよ。

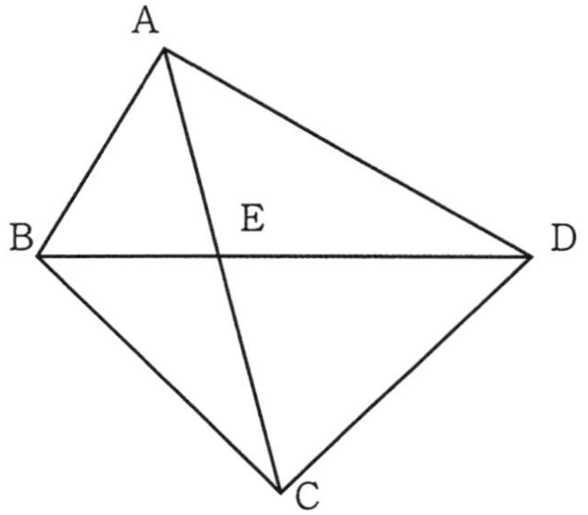


（2）∠AEB の大きさを求めよ。

（3）△ABE と △CDE の面積の比を, 最も簡単な整数の比で答えよ。

**V**　関数 $y=ax^2$ のグラフと直線が2点A, Bで交わっている。点Aの座標を $(-4,\ 4)$ とするとき, 次の問いに答えよ。

(1)　$a$ の値を求めよ。

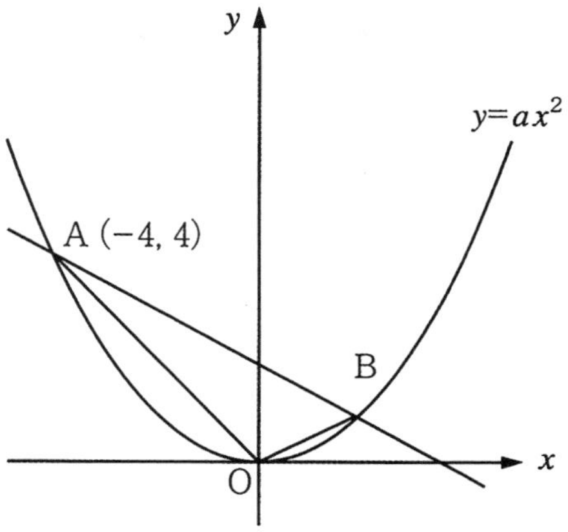


(2)　Bの $x$ 座標を $b$ $(b>0)$ とするとき, △OABの面積 $S$ を $b$ を用いて表せ。

(3)　(2)の $S$ について, $S=2$ となる $b$ の値を求めよ。

Ⅳ　20%の食塩水300gをつくるとき，A君は間違えて水300gに食塩60gを溶かしてしまった。そこでB君はA君のつくった食塩水に何gかの食塩を加えてから，その食塩水を何gか捨てて，20%の食塩水をちょうど300gつくろうとした。一方，C君はA君のつくった食塩水を何gか捨てて，食塩を何gか加えることにより，20%の食塩水をちょうど300gつくろうとした。次の問いに答えよ。

（1） B君は，食塩を何g加えようとしたか求めよ。

（2） C君は，食塩を何g加えようとしたか求めよ。

2020年度高校一般入試　英語リスニング問題　スクリプト

★教英出版編集部注
問題音声は教英出版ウェブサイトで。
リスニングＩＤ番号は解答集の表紙を参照。

Ⅰ　A

(1) Have you ever been to the Statue of Liberty?

(2) Do you want him to call you back?

(3) Are you interested in robots?

(4) How long is the Amazon?

Ⅰ　B

(1) My birthday is on August 22$^{nd}$.

(2) Yes, I have.

(3) In Japanese we say ‘Arigatou gozaimasu’.

Ⅰ　C

Hello, everyone. My name is Michael Johnson. I am going to talk about school uniforms. Many Japanese students wear school uniforms, but most American students do not. I think we should wear school uniforms. I have four reasons for this.

First, having school uniforms saves us money on clothes. Second, if we have school uniforms, we do not have to worry about what to wear every day. Third, when we wear school uniforms, we can feel that we belong to our school. Fourth, if we have younger brothers or sisters they can reuse and recycle our uniform. It is good for the earth. School uniforms are good for students in many ways. I think students in America should wear uniforms too. Thank you for listening to my speech today.

# Japanese Traditional Goods

**On Sale**

The Tokyo Olympic and Paralympic games are coming!
Have you prepared to support the Olympic *athletes? Let's enjoy the big event!
We are having a sale! All goods in our shop are at special prices.

**Japanese Sword** ~ Cool samurai sword made of wood 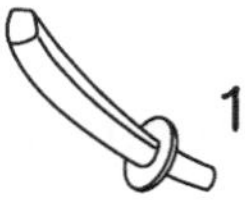 **1,800** yen
Please be careful how you use this.

**T-shirt** ~ Special design for Tokyo 2020 **1,000** yen
We have three special designs in different sizes. **BUY 2 GET 10% OFF**

A

B

C

**Sensu** ~ Japanese traditional fan **800** yen
There are many Japanese traditional designs on it, such as kabuki and ukiyoe.
We can prepare a small gift box if you need it.

**Tenugui** ~ Japanese traditional towel **800** yen
We have various kinds of design. You can use this not only as a towel but also as a picture on the wall.

**Origami** ~ Japanese traditional art  **200** yen
Origami is a kind of Japanese art made with paper.
With the *attached instructions, you can make some animals.

★ **BUY 2 GET 10% OFF** : If you buy two T-shirts, you'll get 10 percent off. You and your friends can *pay together.
★ Special Gift: If you buy goods in our shop for more than 3,000 yen, you can get some origami paper. Have fun with Japanese traditional culture.
★ *All prices include tax.

【注】 athlete：運動選手　attached instructions：付属の説明書　pay：支払う
All prices include tax：全て税込み価格

(1) Which T-shirt does Alex buy?

ア Design A.
イ Design B.
ウ Design C.
エ Design A and C.

(2) If you buy *sensu* as a gift,

ア you can draw a picture by yourself.
イ you can write your name on it.
ウ you can send it from the post office.
エ you can put it in a gift box.

(3) What does Alex get for his parents and his sister?

ア Two Japanese fans and a T-shirt.
イ Two towels and a T-shirt.
ウ Two Japanese fans and origami paper.
エ Two towels and origami paper.

(4) How much does Satoshi pay for his T-shirt?

ア 900 yen.
イ 1,000 yen.
ウ 1,200 yen.
エ 2,000 yen.

III　次の英文を読んで，あとの問いに答えよ。

Last summer there was a big fire in the rain forest near the Amazon River. A huge area of the forest was lost and a lot of animals that live only in that area died. That forest has ( ア ) helpful to people around the world for many years because it produces about twenty percent of the world's oxygen. Today we have many *environmental problems. The forest fire will make the problems more serious. On TV, some people were saying, "We have to do something. Burning the forest means burning [ ① ]!" It is important for us to protect nature.

The environmental problems are becoming more and more serious. So many countries are thinking about how to solve the problems. One of these problems is plastic *waste. Plastic products, such as plastic *straws and bags, are easy to use, but easy to throw away. *UNEP (The United Nations Environment Program) made a report about plastic waste in 2015. The report says that about half of the plastic waste in the world comes from plastic *packaging and Japan is the second worst country in the world for throwing away a lot of plastic waste.

When we visit the sea, it is easy to find plastic bottles or plastic bags on the beach. This plastic goes into the sea and some of it becomes small pieces ( イ ) as '*microplastics'. Fish may eat microplastics by mistake and we may eat the fish without knowing it. We are not sure how ②<u>that</u> will influence our body in the future. We haven't found a way to collect microplastics from the sea yet.

In 2018, a dead baby *whale was found on Yuigahama beach in Kanagawa Prefecture. ③<u>(was / little / the whale / fish / eat / too / to)</u>, so people were *shocked to find plastic waste in it. They thought this was ④<u>a message</u> from the baby whale. Kanagawa began the 'Zero Plastic Waste' *campaign. Some workers in the prefecture tell people to stop using plastic straws and to recycle plastic products. They also ask people ( ウ ) the beach to take plastic waste back home. Many convenience stores and restaurants in Kanagawa decided to stop giving plastic straws and bags to customers. The prefecture is trying to *reduce plastic waste to zero by 2030.

Many companies have also started to think about problems with plastic. Convenience stores in Japan will stop giving plastic bags to customers in the near future. We need ( エ ) our own bag when we go shopping.

Some stores said that they would stop using plastic straws in a few years. Some places are trying to use new types of straws that we can reuse. One store has already changed from plastic cups for their small *iced coffee to paper cups. We can drink it from the cup without a straw. This change is going to reduce 542.5 *tons of plastic waste every year.

Now each of us should change our life to save the Earth. Sometimes you may feel it is not always easy, but we only have one Earth.

【注】 environmental：環境の　waste：ゴミ　straw：ストロー
UNEP (the United Nations Environment Program)：国連環境計画
packaging：包装　microplastics：マイクロプラスチック　whale：くじら
shocked：衝撃を受けた　campaign：キャンペーン　reduce：減らす
iced coffee：アイスコーヒー　tons：トン（重さの単位）

(1)　空所**ア**～**エ**に入る最も適当な語を下から選び，正しい形に変えて書け。ただし，1語とは限らない。

【語群】　take　know　visit　catch　be

(2)　空所①に入る最も適切なものを下から選び，記号で答えよ。

**ア**　plastic waste
**イ**　problems
**ウ**　the Amazon River
**エ**　our future

(3)　下線部②の内容について，３０～４０字（句読点を含む）の日本語で説明せよ。

(4)　下線部③の（　）内の語句を意味が通るように並べ替え，英文を完成せよ。

(5)　下線部④について，「赤ちゃんクジラ」になったつもりで，具体的なメッセージを４語以上の英文で書け。

(6)　下のア～エの英文が本文の内容に合っていれば○を，異なっていれば×を書け。

ア　Japan is the country that throws away the most plastic waste in the world.

イ　Fish do not eat microplastics, so it is not necessary to clean the sea.

ウ　The 'Zero Plastic Waste' campaign in Kanagawa started before the dead whale was found in 2018.

エ　Some companies and stores have already started to reduce plastic waste.

Ⅳ　次の対話を読んで，文脈に合うように空所①～③に適切な英文を書き，対話を完成させよ。ただし，指定された語を必要に応じて適切な形にして用いること。

Takashi : Are you free tomorrow night?
Jane : Yes, why?
Takashi : Do you know that Nagoya High School has a special *telescope? There is a star watching class tomorrow evening.
Jane : It sounds exciting. I'd like to go. [ ① (start) ]?
Takashi : From seven. We'll be hungry. Let's have dinner before the class.
Jane : Sure. I know two good restaurants near there. One is a curry restaurant and the other is a *pizza restaurant. [ ② (which / curry / pizza) ]?
Takashi : Pizza sounds great! Then let's meet in front of the school at six.
Jane : [ ③ (forward / see) ] beautiful stars.

【注】 telescope : 望遠鏡　　pizza : ピザ

| 場所 | 黒球温度（℃） |
|---|---|
| 森林の中 | 25 |
| 場所A | 28 |
| アスファルトの駐車場 | 33 |

表1

(1)　乾湿計で湿度を測定するためには，湿球温度計の液だめはどのようにしておく必要があるか。最も適切なものを次の**ア**～**オ**から1つ選び，記号で答えよ。

**ア**　液だめの位置を，乾球温度計の液だめよりも低い位置にしておく。
**イ**　液だめが容器に入れた水につかるようにしておく。
**ウ**　液だめが容器に入れたエタノールにつかるようにしておく。
**エ**　液だめをガーゼでつつみ，そのガーゼが容器に入れた水につかるようにしておく。
**オ**　液だめをガーゼでつつみ，そのガーゼが容器に入れたエタノールにつかるようにしておく。

(2)　場所Aの湿度は何％か。整数で答えよ。

(3)　黒球温度は，「黒」が光や熱を最もよく吸収することを利用して，周りの環境から出てくる熱をとらえた温度である。次の**ア**～**オ**の文から，黒球温度の測定方法について説明した文として最も適切なものを1つ選び，記号で答えよ。

**ア**　温度計に直射日光が当たらないように黒い紙でおおって気温を測定する。
**イ**　外を黒色に塗った中が空洞の球の中心の温度を測定する。
**ウ**　温度計内のエタノールを黒鉛に取り換えて気温を測定する。
**エ**　温度計の液だめの部分を黒色に塗って気温を測定する。
**オ**　温度計を地面に差し込んで温度を測定する。

(4)　次の表で示した場所**B**，**C**，**D**を，WBGT（湿球黒球温度）が高い順に左から並べよ。ただし，①の式と図1の湿度表を用いよ。

| 場所 | 乾球温度（℃） | 湿球温度（℃） | 黒球温度（℃） | 湿度（%） |
|---|---|---|---|---|
| **B** | 33 | | 34 | 86 |
| **C** | 30 | 26 | 34 | |
| **D** | | 26 | 32 | 72 |

**Ⅳ**　次の問いに答えよ。

図1

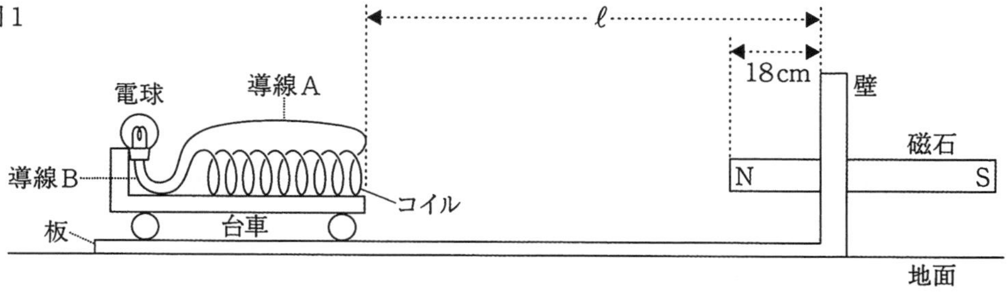


　図1のようにコイルと電球を固定した台車が板の上にのっている。電球は2つの導線A，Bによって，それぞれコイルの両端につながっている。板の右端には壁が垂直に立ててあり，その壁には磁石が取り付けてある。ただし，板と壁は地面に固定されている。

　壁から$\ell$だけ離れた位置に台車をセットし，この台車を右向きに動かして壁に衝突させる実験を行った。板にはレールが取り付けてあり，台車が壁に衝突する際には，磁石のN極がコイルの内側に入るように調整してある。なお，壁から突き出した磁石の長さは18cmである。

**【実験1】**

　台車を秒速10cmの速さで動かし，衝突までの台車の速さを測定した。台車が動き始めた時刻を$t=0$とし，縦軸には台車の速さ，横軸には時刻$t$をとりグラフを作成すると，次のグラフ1のようになった。なお，$t=10$秒のとき，台車は壁に衝突した。

グラフ1

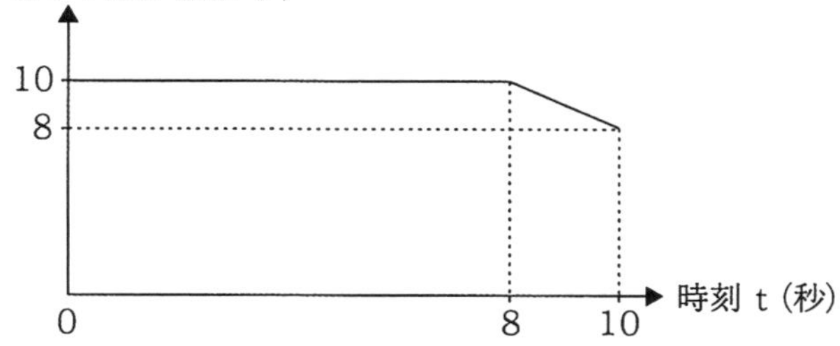


（1）　時刻$8 \leqq t \leqq 10$の間における台車の平均の速さは，秒速何cmか。

（2）　$\ell$は何cmか。ただし，時刻$8 \leqq t \leqq 10$の間に台車が動いた距離は，台車がその区間の［平均の速さ］で運動したと考えることで求められる。

(3)　実験１では台車は衝突前に減速した。これは磁石とコイルが接近した結果，コイルに電流が流れ，さらに磁石とコイルに反発力が生じたためである。このとき，導線Aを流れる電流の向きはどうなるか。下図の**a**, **b**の記号のどちらかを用いて答えよ。

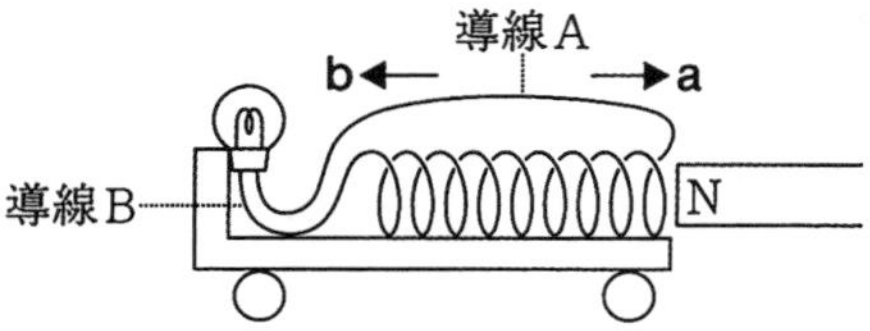


**【実験２】**

図2

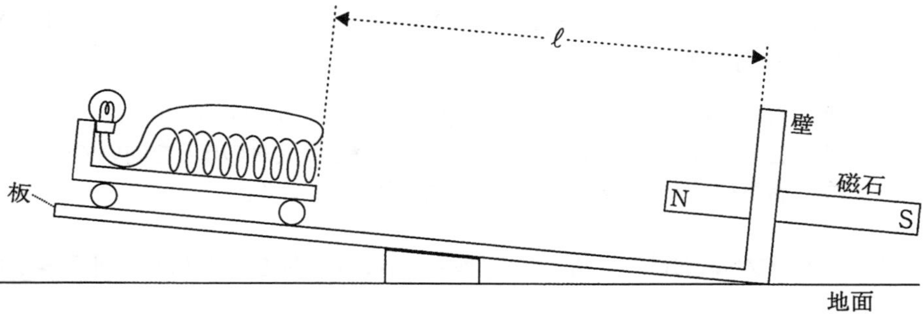


次に図１での実験用具をそのまま用い，図２のように板を少し傾けた状態で固定し，実験を行った。ただし，今回ははじめに台車を動かさずに，壁から距離ℓの地点からそっと放した。台車はゆっくり動きはじめ徐々に速さを増していき，しばらくして壁に衝突した。

このとき，台車の速さを測定し，グラフを作成すると，グラフ２のようになった。なお，グラフ２の時刻$t_2$において，台車は壁に衝突した。

グラフ2

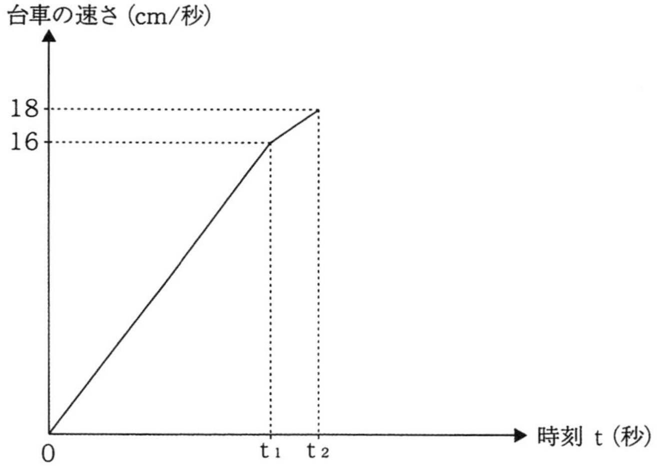


(4)　時刻 $t_1$ から $t_2$ の間に台車にはたらく合力についての正しい説明を，次の**ア**～**ウ**から1つ選び，記号で答えよ。

**ア**　台車にはたらく合力は，斜面に沿って壁のほうを向いている。
**イ**　台車にはたらく合力は，斜面に沿って壁とは反対のほうを向いている。
**ウ**　台車にはたらく合力はつり合って0となっている。

(5)　グラフ2における時刻 $t_2$ は何秒か。小数第3位を四捨五入し，<u>小数第2位まで</u>答えよ。

**【実験3】**

図3

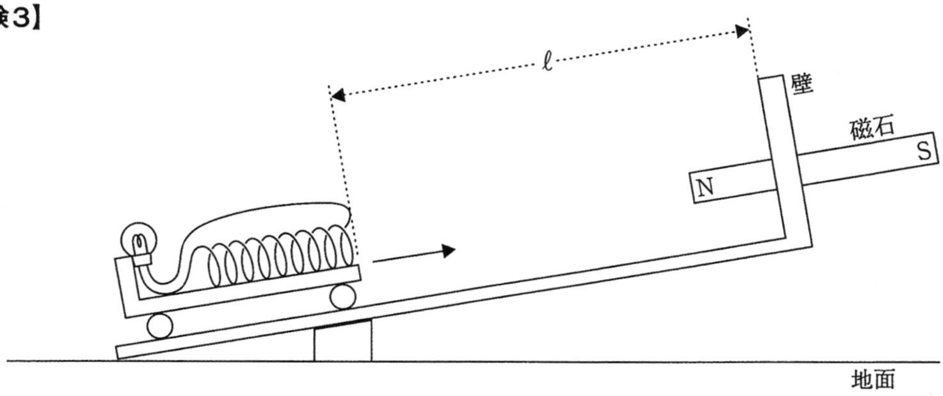


次に図3のように板を逆に傾けた状態で固定してから台車を動かした。その後，台車は板をのぼっていき，やがて壁に衝突した。

(6)　台車が動きだしてから壁に衝突するまでの間，台車の速さを表すグラフとして最も適切なものを，次の**ア**～**オ**から１つ選び，記号で答えよ。

**ア**

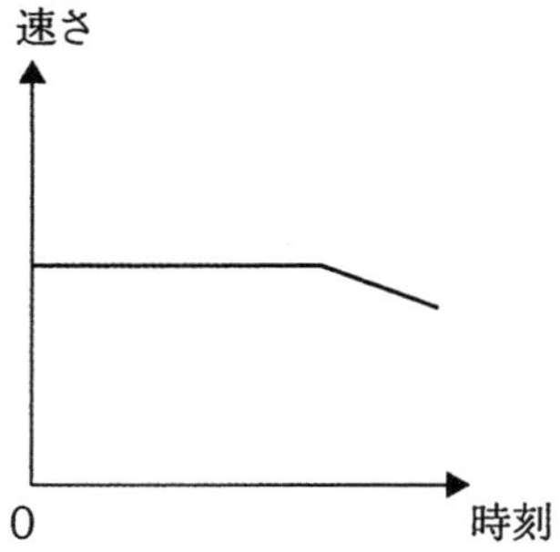


**イ**

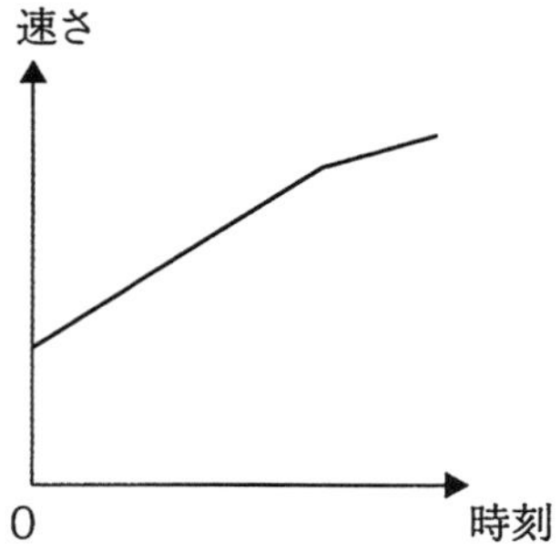


**ウ**

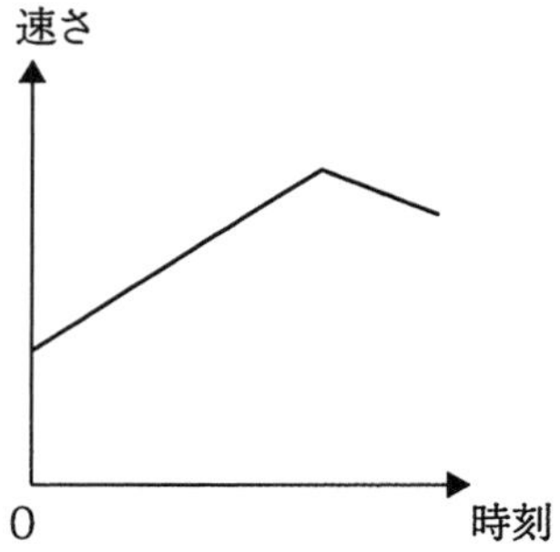


**エ**

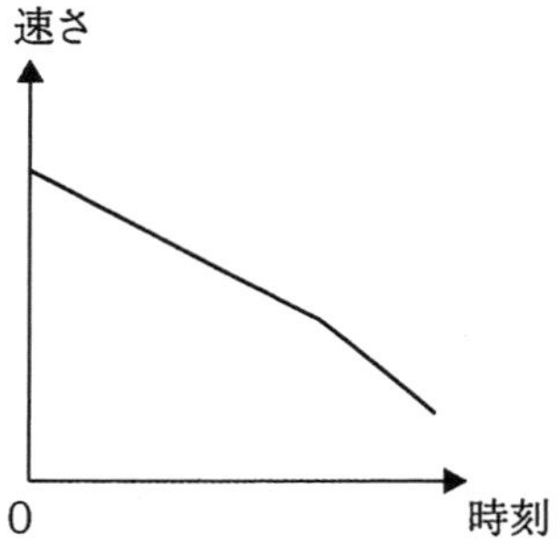


**オ**

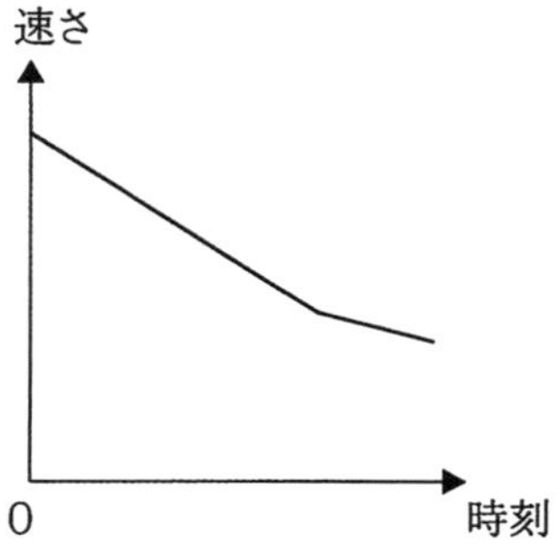

(f)　天龍寺を建てた足利尊氏に関する次の文を読んで，(　　)にあてはまる語句の正しい組み合わせを**ア**〜**エ**から一つ選び，記号で答えよ。

鎌倉幕府に対して不満を持つ(　**甲**　)天皇は，ゆらぎはじめた幕府を倒し，政治の実権を朝廷に取り戻そうと挙兵した。いったんは失敗し，(　**甲**　)天皇は(　**乙**　)に追放されたが，まもなく(　**乙**　)を脱出すると天皇の呼びかけに応じて立ち上がる者がしだいに増え，幕府軍の指揮官であった足利尊氏も幕府に背いて京都の(　**丙**　)を攻め落とした。また，関東で挙兵した新田義貞もまもなく鎌倉を攻めて北条氏を滅ぼし，1333年，ついに鎌倉幕府は滅亡した。

**ア**　**甲**　後鳥羽　　**乙**　隠岐　　**丙**　京都所司代
**イ**　**甲**　後鳥羽　　**乙**　讃岐　　**丙**　六波羅探題
**ウ**　**甲**　後醍醐　　**乙**　隠岐　　**丙**　六波羅探題
**エ**　**甲**　後醍醐　　**乙**　讃岐　　**丙**　京都所司代

(g)　次の文は，二条城について書いたものである。(　　)にあてはまる将軍名の正しい組み合わせを**ア**〜**エ**から一つ選び，記号で答えよ。

1863(文久3)年，14代将軍徳川(　**甲**　)の上洛は，3代将軍徳川(　**乙**　)以来久方ぶりの将軍の上洛であった。1866(慶応2)年には，最後の将軍徳川(　**丙**　)が二条城で将軍宣下を受けたが，翌年10月には朝廷に政権を返上した。

**ア**　**甲**　家茂　　**乙**　秀忠　　**丙**　吉宗
**イ**　**甲**　家茂　　**乙**　家光　　**丙**　慶喜
**ウ**　**甲**　斉昭　　**乙**　家光　　**丙**　吉宗
**エ**　**甲**　斉昭　　**乙**　秀忠　　**丙**　慶喜

(h)　清水寺には，角倉船(すみのくらぶね)や末吉船(すえよしぶね)の描かれた絵馬が所蔵されている。これらの絵馬は，貿易商人が安南(ベトナム)やシャム(タイ)など東南アジアとの貿易の成功を感謝して奉納したものである。この貿易を何というか。

(i)　清水寺は，日本漢字検定主催で，その年の世相をイメージする漢字を公募し，最も多かった漢字を「今年の漢字」として発表する場所としても知られている。この企画が始まった1995年は，地下鉄サリン事件などの大きな事件が起こった年である。1995年に選ばれた漢字1文字を**ア**〜**エ**から一つ選び，記号で答えよ。

**ア**　「怖」　　**イ**　「震」　　**ウ**　「恐」　　**エ**　「害」

Ⅲ　次の年表を見て，あとの問いに答えよ。

1941年12月　日本海軍が，ハワイ真珠湾の米軍基地を奇襲攻撃した。

〈　A　〉

1945年8月　日本は，ポツダム宣言を受け入れた。……………………a

〈　B　〉

1950年6月　朝鮮戦争が始まった。……………………b

〈　C　〉

1956年10月　日本は，日ソ共同宣言に調印した。……………………c

〈　D　〉

1965年6月　日本は，日韓基本条約を締結した。……………………d

(1)〈　A　〉の時期に起きたできごとについて，**誤りのあるものをア～エ**から一つ選び，記号で答えよ。

**ア**　日本軍は，ミッドウェー海戦の勝利までは東南アジア各地や南太平洋の島々を次々と占領したが，それ以降は各地で敗北し，戦況はしだいに不利になっていった。

**イ**　米軍は，サイパン島を占領すると，ここを拠点として日本の各都市や軍事施設への空襲を展開した。

**ウ**　米軍が沖縄に上陸し，多くの沖縄県民が激しい戦闘に巻き込まれ，沖縄県民の犠牲者は12万人にも達した。

**エ**　国内では，広島・長崎に原子爆弾が投下され，甚大な被害がでた。一方で，ソ連はヤルタ会談での取り決めをもとに，日本に宣戦し，満州や朝鮮などに攻め込んだ。

（2）〈　B　〉の時期に起きたできごとについて，**誤りのあるものをア～エ**から一つ選び，記号で答えよ。

**ア**　マッカーサーを最高司令官とする連合国軍総司令部（GHQ）が日本の民主化を推進する政策を実行した。

**イ**　日本軍は解散させられ，戦争責任者は弾劾裁判にかけられ，処罰された。

**ウ**　治安維持法は廃止されて政治活動の自由が認められ，満20歳以上の男女に選挙権が与えられた。

**エ**　労働組合をつくり，ストライキを行う権利を守る労働組合法や，労働条件の最低基準を定めた労働基準法も制定された。

（3）〈　C　〉の時期に起きたできごとにあてはまるものを**ア～エ**から一つ選び，記号で答えよ。

**ア**　サンフランシスコ平和条約の調印　　**イ**　中華人民共和国の成立

**ウ**　キューバ危機　　**エ**　ベトナム戦争

（4）〈　D　〉の時期に起きたできごとに**あてはまらないもの**を**ア～エ**から一つ選び，記号で答えよ。

**ア**　日米安全保障条約の改定　　**イ**　東京オリンピックの開催

**ウ**　東海道新幹線の開通　　**エ**　自由民主党の結成

（5）年表中aについて，ポツダム宣言を受け入れた翌日，昭和天皇のラジオ放送で日本の敗戦が国民に伝えられた。この天皇の放送を何というか。

（6）年表中bについて，1953年に休戦協定が結ばれた，北緯38度線付近にある場所を答えよ。

（7）年表中cについて，平和条約の締結を目指したものの，北方領土問題は解決できなかった。日本政府が返還を要求している北方四島とは，歯舞群島・色丹島・択捉島ともう一つは何か。

（8） 年表中d以後のできごとについて，次の**甲**・**乙**の文の正誤を判断し，その正しい組み合わせを**ア**～**エ**から一つ選び，記号で答えよ。

**甲**：田中角栄首相が中国を訪問し，日中平和友好条約に調印して国交を正常化した。

**乙**：佐藤栄作首相はアメリカと沖縄返還協定を結び，翌年，沖縄の本土復帰が実現した。

**ア** **甲**：正 **乙**：正　　**イ** **甲**：正 **乙**：誤
**ウ** **甲**：誤 **乙**：正　　**エ** **甲**：誤 **乙**：誤

**Ⅳ**　次の文章を読んで，あとの問いに答えよ。

国民が政治に参加する権利が参政権である。そのうち①選挙権は，国会議員や地方議会の議員，都道府県知事や市（区）町村長を選挙する権利で，2016年から，満18歳以上の全ての国民に認められている。現在では，②国会議員の選挙について，外国からでも投票できるようになっている。選挙に立候補する③被選挙権も，参政権にふくまれる。

また，④憲法改正の国民投票や，⑤最高裁判所裁判官の国民審査などのように，⑥国民が直接決定に参加する権利もある。国や地方の機関に要望をする請願権も，広い意味での参政権の一つと言える。

これらの権利は，国民主権を確保し，⑦政治が国民の意思に基づいて行われるようにするために不可欠なものである。

（1）下線部①について，日本では，1889年に初めて認められたが，その時の条件として最も適切なものを**ア**〜**エ**から一つ選び，記号で答えよ。

**ア**　満30歳以上の男性で直接国税10円以上を納めている者
**イ**　満30歳以上の男性で直接国税15円以上を納めている者
**ウ**　満25歳以上の男性で直接国税10円以上を納めている者
**エ**　満25歳以上の男性で直接国税15円以上を納めている者

（2）下線部②について，以下の問いに答えよ。

(a)　日本の比例代表制では，ドント式によって各政党の当選人数の決定を行っている。下の表のABCD各政党の得票数について，ドント式で計算し，議員定数7がABCDに割り振られる議席数の組み合わせとして最も適切なものを**ア**〜**オ**から一つ選び，記号で答えよ。

| 政党 | A党 | B党 | C党 | D党 |
|---|---|---|---|---|
| 得票数 | 10,000票 | 8,000票 | 6,000票 | 3,500票 |

**ア**　A党　5　　B党　1　　C党　1　　D党　0
**イ**　A党　4　　B党　3　　C党　0　　D党　0
**ウ**　A党　4　　B党　2　　C党　1　　D党　0
**エ**　A党　3　　B党　2　　C党　1　　D党　1
**オ**　A党　3　　B党　3　　C党　1　　D党　0

(b) 現在の参議院議員選挙で行われている全国を一つの単位とする比例代表制では，有権者は投票用紙に何を書いて投票しているのか。最も適切なものを**ア〜オ**から一つ選び，記号で答えよ。

**ア** 政党名　**イ** 候補者名　**ウ** 当選を希望する順位
**エ** 候補者名および政党名　**オ** 候補者名または政党名

（３） 下線部③について，満３０歳以上が条件となっているものを**すべて選び**，記号で答えよ。

**ア** 衆議院議員　**イ** 参議院議員　**ウ** 都道府県知事
**エ** 都道府県議会議員　**オ** 市（区）町村長　**カ** 市（区）町村議会議員

（４） 下線部④に関する記述のうち，**誤りのあるもの**を**ア〜エ**から一つ選び，記号で答えよ。

**ア** 憲法改正手続きを改正する場合にも，現行の憲法改正手続きに従わなくてはならない。
**イ** 各議院の出席議員の３分の２以上の賛成があれば，国会は憲法改正を発議し，国民に提案することができる。
**ウ** 国民に発議された憲法改正案は国民投票にかけられるが，国民が承認するには，有効投票の過半数の賛成が必要である。
**エ** 憲法改正が国会で発議され，国民投票にかけられたことは今まで一度もない。

（５） 下線部⑤についての記述として，最も適切なものを**ア〜エ**から一つ選び，記号で答えよ。

**ア** 国民審査に関する手続きその他具体的内容は，裁判所法によって規定されている。
**イ** 裁判官が任命後初めて受ける国民審査は，任命後に初めて実施される参議院議員通常選挙に際して行われる。
**ウ** 国民審査において，裁判官は投票者の３分の２が罷免を可とするときに罷免される。
**エ** これまで，裁判官が国民審査によって罷免された例はない。

（６） 下線部⑥に関連し，国民が裁判に参加する裁判員制度についての記述のうち，**誤りのあるもの**を**ア〜エ**から一つ選び，記号で答えよ。

**ア** 裁判員制度は日本の司法制度改革の一環として２００９年から開始された。
**イ** 裁判員は２０歳以上の選挙権を有する者の中から抽選で選ばれる。
**ウ** 裁判員裁判の構成は原則として裁判官３名，裁判員６名である。
**エ** 国民の心理的負担を避けるため，殺人など重大犯罪を除いた刑事事件が裁判員制度の対象となる。

（7） 下線部⑦に関連し，地方自治では住民による直接請求権が認められている。直接請求権についての記述として最も適切なものを**ア**～**エ**から一つ選び，記号で答えよ。

**ア**　副知事や副市町村長は，選挙で選ばれていないので，解職請求の対象とならない。

**イ**　条例の制定の請求には，都道府県で有権者の50分の1以上，市町村では10分の1以上の署名が必要である。

**ウ**　有権者の一定数から，議会の解散の請求があれば，解散の可否を問う住民投票を実施しなければならない。

**エ**　監査請求は，住民が直接，内閣総理大臣に対して行う。

**V**　国民生活と経済に関する，以下の問いに答えよ。

（1） 次の図中（あ）（い）（う）に入れる適切な語句の組み合わせを**ア**～**カ**から一つ選び，記号で答えよ。

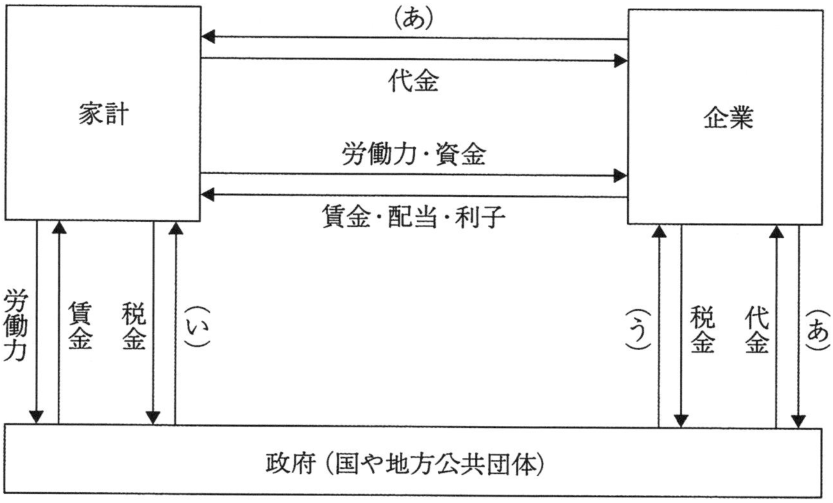


| | | | |
|---|---|---|---|
| **ア** | （あ） 財・サービス | （い） 補助金 | （う） 土地 |
| **イ** | （あ） 投資 | （い） 社会保障給付 | （う） 土地 |
| **ウ** | （あ） 財・サービス | （い） 補助金 | （う） 社会保障給付 |
| **エ** | （あ） 投資 | （い） 社会保障給付 | （う） 補助金 |
| **オ** | （あ） 投資 | （い） 補助金 | （う） 社会保障給付 |
| **カ** | （あ） 財・サービス | （い） 社会保障給付 | （う） 補助金 |

（2） 1962年にアメリカのケネディ大統領が明確にした，「消費者の四つの権利」として**誤りのあるもの**はどれか。**ア**～**オ**から一つ選び，記号で答えよ。

**ア**　選択する権利
**イ**　意見を反映させる権利
**ウ**　安全を求める権利
**エ**　返品する権利
**オ**　知らされる権利

（3） 悪質な商法について述べた文として，最も適切なものを**ア**〜**エ**から一つ選び，記号で答えよ。

**ア** 注文していない本など，勝手に商品を送りつけ，断らなければ買ったものとみなして代金を請求することを無料商法という。

**イ** 商品を買わせると同時に，商品を販売しながら新たな会員を勧誘すると「もうかる」と称して，消費者を販売員にして，会員を増やしながら商品を販売していくことをマルチ商法という。

**ウ** 駅前などの路上で，アンケート調査を装って近づき喫茶店や営業所に誘い，高額な商品を販売することをアポイントメントセールスという。

**エ** 電話などで「あなたが選ばれた」「景品が当たった」など「特別である」ことを強調して呼び出し，商品やサービスを契約させることをネガティブ・オプションという。

（4） クーリング・オフに関する記述として，最も適切なものを**ア**〜**エ**から一つ選び，記号で答えよ。

**ア** 商品の性能や安全性を検査すること

**イ** その商品を販売している企業に対して不買運動をすること

**ウ** 国や企業に食品の安全性を確保する義務を定めた制度

**エ** 消費者が結んだ契約を一定の条件で解除できる制度

（5） 製造物責任法（PL法）に関する説明として，最も適切なものを**ア**〜**エ**から一つ選び，記号で答えよ。

**ア** 製造者に製品の品質を保証する保証書を付けることを義務づける法律である。

**イ** 製品に欠陥があった場合に，欠陥製品を無償で回収することを製造者に義務づける法律である。

**ウ** 製品の安全基準を定める法律である。

**エ** 製品の欠陥によって損害をこうむったことを証明すれば，被害者が製造者などに対して損害賠償を求めることができる法律である。

（6） 日本の社会保障制度において,「民間企業に勤める25歳の会社員」を想定した場合,次の**ア～エ**の記述について, その会社員にあてはまるものとして最も適切なものを**ア～エ**から一つ選び, 記号で答えよ。

**ア**　この会社員の場合, 医療費の自己負担は一割である。
**イ**　この会社員の場合, 国民年金（基礎年金）への加入が義務づけられている。
**ウ**　この会社員の場合, 雇用保険料を全額負担する。
**エ**　この会社員の場合, 介護保険への加入が義務づけられている。

（7） 消費税の「逆進性」の説明として, 最も適切なものを**ア～エ**から一つ選び, その記号を答えよ。

**ア**　所得が大きいほど, 消費税負担額が大きくなる。
**イ**　所得が大きいほど, 所得に対する消費税負担額の割合が大きくなる。
**ウ**　所得が小さいほど, 消費税負担額が大きくなる。
**エ**　所得が小さいほど, 所得に対する消費税負担額の割合が大きくなる。

問八

※

# 二

問一

a

b

問二

X

Y

問三

問四

問五

問六

問七

問八

問九

※

# 数学解答用紙

(2020高一数学)

| | | | | | | |
|---|---|---|---|---|---|---|
| Ⅰ | (1) | | (2) | | (3) | |
| | (4) | 個 | (5) | | (6) | 点 |
| | (7) | ° | (8) | $cm^2$ | (9) | $cm^2$ |
| | (10) | | | | | |

※

| | | |
|---|---|---|
| Ⅱ | | |
| | 答 | cm |

※

【解答用

# 英語解答用紙

（2020高一英語）

| | | | | | | | | | |
|---|---|---|---|---|---|---|---|---|---|
| Ⅰ | A | (1) | | (2) | | (3) | | (4) | |
| | B | (1) | | | | | | | |
| | | (2) | | | | | | | |
| | | (3) | | | | | | | |
| | C | (1) | | (2) | | (3) | | (4) | |

※

| | | | | | | | | | |
|---|---|---|---|---|---|---|---|---|---|
| Ⅱ | A | (1) | | (2) | | (3) | | (4) | |
| | B | (1) | | (2) | | (3) | | (4) | |

※

| | | | | | |
|---|---|---|---|---|---|
| | (1) | ア | | イ | |
| | | ウ | | エ | |
| | (2) | | | | |

【解答用

# 理 科 解 答 用 紙

(2020高一理科)

| I | (1) | | | (2) |
|---|---|---|---|---|
| | → | | | |
| | (3) | (4) | (5) | (6) |
| | 個 | g | % | |

※

| II | 問1 | | | | | | | | | |
|---|---|---|---|---|---|---|---|---|---|---|
| | (1) | | | (2) | | | (3) | | | |
| | | | | | | | | | | |
| | (4) | | | | | | | | | |
| | | | | | | | | | | |
| | 問2 | | | | | | | | | |
| | (1) | (2) | | | | | | | | |
| | | ② | ③ | | | | | | | |
| | % | | | | | | | | | |

※

【解答用

# 社 会 解 答 用 紙

(2020高一社会)

**I**

| (1) | (2) | (3) | (4) | (5) | (6) | (7) |
|---|---|---|---|---|---|---|
| | | | | | | |

| (8) | (9) | (10) | (11) | (12) |
|---|---|---|---|---|
| | | | | |

| (13) | (14) | (15) |
|---|---|---|
| | | |

※

**II**

| (A) | (B) | (1) | (2) | | |
|---|---|---|---|---|---|
| | | | (a) | (b) | (c) |

| (2) | | | | | |
|---|---|---|---|---|---|
| (d) | (e) | (f) | (g) | (h) 貿易 | (i) |

| (1) | (2) | (3) | (4) | (5) |
|---|---|---|---|---|
| | | | | |

【解答用

| Ⅲ | (6) | (7) | (8) |
| --- | --- | --- | --- |
| | | | |

※

| Ⅳ | (1) | (2) | | (3) | (4) | (5) | (6) | (7) |
| --- | --- | --- | --- | --- | --- | --- | --- | --- |
| | | (a) | (b) | | | | | |

| Ⅴ | (1) | (2) | (3) | (4) | (5) | (6) | (7) |
| --- | --- | --- | --- | --- | --- | --- | --- |
| | | | | | | | |

※

※印の欄には何も書き入れないこと。

| 受験番号 | | 氏名 | |
| --- | --- | --- | --- |

| ※得点 | |
| --- | --- |

※100点満点
(配点非公表)

| | (1) | (2) | (1) | (2) |
|---|---|---|---|---|
| Ⅲ | % | | | % |
| | 問2 | | | |
| | (3) | (4) | | |
| | | → → | | |

※

| | (1) | (2) | (3) |
|---|---|---|---|
| Ⅳ | 秒速 cm | cm | |
| | (4) | (5) | (6) |
| | | 秒 | |

※

※印の欄には何も書き入れないこと。

| 受験番号 | | 氏名 | |
|---|---|---|---|

| ※得点 | |
|---|---|

※100点満点
(配点非公表)

| | | | | | | | | |
|---|---|---|---|---|---|---|---|---|
| Ⅲ | (3) | 30<br>40 | | | | | | |
| | (4) | | | | | | | |
| | (5) | | | | | | | |
| | (6) | ア | | イ | | ウ | | エ |

※

| | | |
|---|---|---|
| Ⅳ | ① | ? |
| | ② | ? |
| | ③ | beautiful stars. |

※

※印の欄には何も書き入れないこと。

| | | | |
|---|---|---|---|
| 受験番号 | | 氏名 | |

| | |
|---|---|
| ※得点 | |

※100点満点
（配点非公表）

| | | | | | | | |
|---|---|---|---|---|---|---|---|
| Ⅲ | (1) | cm | (2) | $cm^2$ | | | ※ |

| | | | | | | | |
|---|---|---|---|---|---|---|---|
| Ⅳ | (1) | g | (2) | g | | | ※ |

| | | | | | | | |
|---|---|---|---|---|---|---|---|
| Ⅴ | (1) | $a=$ | (2) | $S=$ | (3) | $b=$ | ※ |

| | | | | | | | |
|---|---|---|---|---|---|---|---|
| Ⅵ | (1) | cm | (2) | ° | (3) | : | ※ |

※印の欄には何も書き入れないこと。

| | | | | | |
|---|---|---|---|---|---|
| 受験番号 | | 氏名 | | ※得点 | |

※100点満点
(配点非公表)

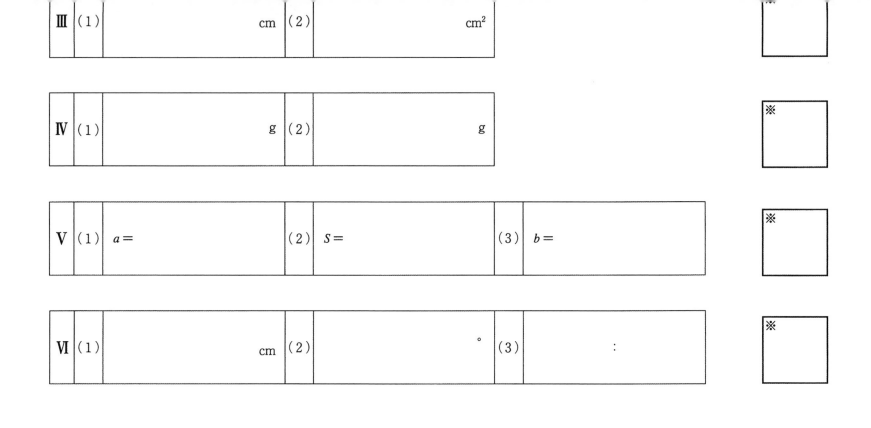

# 国語解答用紙

（二〇二〇高一国語）

| 受験番号 |
| --- |
| |

| 氏　名 |
| --- |
| |

| ※　得　点 |
| --- |
| |

※100点満点
（配点非公表）

※印の欄には何も書き入れないこと。

## 一

問一

a

b

c

（れ）

d

e

問二

(1)

(2)

問三

A

B

C

D

E

問四

X

Y

問五

問六

(d)　延暦寺は,「日本仏教の母山」とも呼ばれ，多くの僧侶が修業をした場所である。一遍を除く鎌倉新仏教の開祖もみな，延暦寺で修業を行った。鎌倉新仏教の開祖について，正しいものを**ア**～**エ**から一つ選び，記号で答えよ。

**ア**　法然は,「南無阿弥陀仏」と念仏を唱えるだけで，誰でも極楽浄土に生まれ変わると説き，浄土真宗を開いた。

**イ**　親鸞は，救いを信じる心を起こすだけで救われると説き，踊念仏による布教を全国で展開した。

**ウ**　日蓮は,「南無妙法蓮華経」と念仏を唱えれば，人も国家も救われると説いて法華宗を開いた。

**エ**　中国よりお茶を日本に伝えた栄西は，座禅による修行によって自ら悟りを開こうとした。

(e)　次の文は，東寺（教王護国寺）に関わりの深いある僧侶について書いたものである。（　　）にあてはまる語句の正しい組み合わせを**ア**～**エ**から一つ選び，記号で答えよ。

この僧侶は，讃岐国に生まれ，初め大学に学んだが出家して四国の各地で修業をしたのち，８０４年から８０６年に遣唐使の船で唐へ渡って仏教を学んだ。帰国後は,（　**甲**　）宗を開き，高野山に金剛峯寺を建てた。その後，東寺（教王護国寺）を天皇から与えられると，都における（　**甲**　）宗の道場とし，その東側には庶民教育のための学校を開いた。漢詩文や書道に優れ，唐風の書に優れた人物としても知られ,「（　**乙**　）にも筆の誤り」ということわざに名を残している。（　**丙**　）にあてた『風信帖』と呼ばれる手紙が東寺に所蔵されている。

**ア**　**甲**　天台　　**乙**　弘法　　**丙**　嵯峨天皇
**イ**　**甲**　天台　　**乙**　伝教　　**丙**　最澄
**ウ**　**甲**　真言　　**乙**　弘法　　**丙**　最澄
**エ**　**甲**　真言　　**乙**　伝教　　**丙**　嵯峨天皇

（2） 下線部②について，次の各問いに答えよ。

(a)　平等院鳳凰堂を建てた人物について，正しいものを**ア**～**エ**から一つ選び，記号で答えよ。

**ア**　4人の娘を天皇のきさきとし，その子を幼いうちから天皇の位につけることによって，朝廷の実権を握った。

**イ**　太政大臣になり，娘徳子の生んだ子を即位させてその摂政として実権を握った。

**ウ**　右大臣にまで出世したが，大宰府に左遷されて，そこで亡くなった。

**エ**　3人の天皇の摂政・関白となったが，娘に皇子が生まれなかったので，実権を失った。

(b)　仁和寺について，正しいものを**ア**～**エ**から一つ選び，記号で答えよ。

**ア**　清少納言は，『枕草子』の1段「春はあけぼの」で仁和寺の参拝について書いている。

**イ**　兼好法師は，『徒然草』の第52段で「仁和寺にある法師」について書いている。

**ウ**　鴨長明は，『平家物語』の中でこの仁和寺のにぎわいについて書いている。

**エ**　紀貫之は，仁和寺を建立した醍醐天皇の命により『新古今和歌集』を編集した。

(c)　鹿苑寺・慈照寺について，正しいものを**ア**～**エ**から一つ選び，記号で答えよ。

**ア**　足利義満は，京都の北山に3層からなる金閣を建てた。

**イ**　足利義満は，京都の東山に2層からなる金閣を建てた。

**ウ**　足利義政は，京都の北山に2層からなる銀閣を建てた。

**エ**　足利義政は，京都の東山に3層からなる銀閣を建てた。

**Ⅱ**　次の文の（　　　）にあてはまる語句を答え，あとの問いに答えよ。

2019年7月6日，国連教育科学文化機関（ユネスコ）の世界遺産委員会は，世界最大級の墳墓である「仁徳天皇陵古墳」（大仙古墳）を含む「百舌鳥・古市古墳群」（大阪府）の世界文化遺産への登録を決定した。日本では1993年12月，法隆寺地域の仏教建造物（奈良県），（　　A　　）（兵庫県）が世界文化遺産に初めて登録されて以降，今回の登録で世界文化遺産は19件目。世界自然遺産は，1993年に同時登録された（　　B　　）（鹿児島県）と白神山地（青森県，秋田県）のほか，知床（北海道），小笠原諸島（東京都）の4件があり，文化遺産・自然遺産合わせて，日本の世界遺産は23件となった。

1993年秋，テレビでは「そうだ 京都，行こう。」のキャッチコピーで知られるJR東海のテレビコマーシャルが始まった。タイミングとしては京都市と京都府，京都商工会議所を中心に実施された「①平安建都1200年記念事業」に合わせて，JR東海が実施したキャンペーンである。そして翌年，②「古都京都の文化財」として，京都文化圏（京都市・宇治市・大津市）の中から17件の社寺・城が世界遺産（文化遺産）として登録されることとなった。

これ以降，京都市の観光客はうなぎ登りに増え，現在では5000万人を超えて，日本の世界遺産の観光客数としては，圧倒的な人気を誇っている。

（1）　下線部①について，平安京遷都の時の天皇について，正しいものを**ア**～**エ**から一つ選び，記号で答えよ。

**ア**　794年に大和国の平城京から，山城国の平安京に遷都した。
**イ**　仏教の力で国家を守ろうと考え，国ごとに国分寺と国分尼寺を建てた。
**ウ**　国司の不正を取り締まるほか，労役の日数を減らすなど，農民の負担を軽減した。
**エ**　富本銭を鋳造したり，国史の編集などの事業を行った。

（15）　次の文章は，2019年9月26日付の毎日新聞の記事である。文章中の空欄にあてはまる語句を答えよ。

**釜石に響いた8歳少年が［　　　　］語で歌うウルグアイ国歌　ラグビーW杯**

ラグビー・ワールドカップ（W杯）日本大会で，「日本流」のおもてなしが海外選手に感動をもたらした。東日本大震災の被災地，岩手県釜石市で初めて行われた25日のウルグアイ－フィジー戦の試合前に取った少年のある行動が，世界中で話題を呼んでいる。

東京都在住の小学生，青木創太さん（8）はキックオフ前に「マスコットキッズ」として，ウルグアイの選手とともにグラウンドへ入場。ウルグアイの国歌斉唱が始まると，フアンマヌエル・ガミナラ主将から肩に手をかけられ，［　　　　］語で一緒に歌い上げた。斉唱後にウルグアイ選手が青木さんの頭をなでる姿は，大会公式ツイッターでも紹介された。

※写真省略

〈中略〉

チームが格上のフィジーを破り，4大会ぶりとなるW杯での勝利を挙げた後，ガミナラ主将は報道陣からの質問が一段落すると，自ら口を開いた。「僕の前にいた少年が国歌を大きな声で一緒に歌ってくれた。こんなサプライズは初めての経験。自分の国にいるようで，本当にうれしかった」。青木さんの行動は今大会初の「番狂わせ」を起こす力になった。

毎日新聞より（https://mainichi.jp/articles/20190926/k00/00m/050/310000c）

(12)　次の写真中央でウェブ・エリス・カップを掲げている選手は，南アフリカ代表のキャプテン，シヤ・コリシ選手である。南アフリカ代表の長い歴史の中で初めて黒人キャプテンとなった選手である。かつて□と呼ばれる人種隔離政策が行われていた南アフリカでは，このことは歴史的に大きな意義をもっている。空欄□にあてはまる語句を**カタカナ7文字**で答えよ。

※写真省略

中日新聞2019年11月3日朝刊

(13)　次の表5中の**ア**～**エ**は，日本，ジョージア，イタリア，ニュージーランド各国の土地利用状況と就農率を表している。ニュージーランドに該当するものを**ア**～**エ**から一つ選べ。

表5

| | 耕地率（%） | 牧場・牧草地率（%） | 森林率（%） | 就農率（%） |
|---|---|---|---|---|
| **ア** | 10.6 | 1.7 | 68.5 | 3.5 |
| **イ** | 30.8 | 12.5 | 31.8 | 3.9 |
| **ウ** | 2.4 | 38.0 | 38.6 | 6.5 |
| **エ** | 6.5 | 27.9 | 40.6 | 41.2 |

『地理データファイル2019年度版』より作成

(14)　次の表6中の**ア**～**エ**は，日本，南アフリカ，イタリア，ニュージーランド各国の主要輸出品と輸出額に占める割合を表している。イタリアに該当するものを**ア**～**エ**から一つ選べ。

表6

| **ア** | (%) | **イ** | (%) | **ウ** | (%) | **エ** | (%) |
|---|---|---|---|---|---|---|---|
| 機械類 | 25.9 | 機械類 | 35.5 | 酪農品 | 26.2 | 自動車 | 11.1 |
| 自動車 | 8.3 | 自動車 | 20.7 | 肉類 | 12.8 | 機械類 | 8.1 |
| 医薬品 | 5.4 | 精密機械 | 5.9 | 木材 | 7.6 | 白金 | 7.5 |
| 衣類 | 4.7 | 鉄鋼 | 4.2 | 野菜と果実 | 6.4 | 鉄鋼 | 7.1 |
| 金属製品 | 3.9 | 化学薬品 | 3.2 | 機械類 | 5.0 | 石炭 | 6.5 |

『地理統計要覧2019年版』より作成

(11)　次の写真はラグビーニュージーランド代表が試合前に行う「ハカ」とよばれるものである。これはニュージーランドの先住民の伝統的な踊りで，戦場で敵と対面するときや和平を結ぶときに，一族のプライドをかけて披露する慣わしがあったとされる。このニュージーランドの先住民とは何か。**ア**～**オ**から一つ選べ。

※写真省略

柏市オールブラックス特設サイトより（https://kashiwa-allblacks.jp/）

**ア**　アボリジニ　　**イ**　マオリ　　**ウ**　インディオ
**エ**　マサイ　　**オ**　サーミ

(9)　次の表4は，図1中の**B**・**D**・**G**3カ国のある都市における降水量の月別平年値（㎜）を表している。表4中の**(あ)**～**(う)**と図1中の**B**・**D**・**G**の組み合わせとして適当なものを**ア～カ**から一つ選べ。

表4

| | 1月 | 2月 | 3月 | 4月 | 5月 | 6月 | 7月 | 8月 | 9月 | 10月 | 11月 | 12月 |
|---|---|---|---|---|---|---|---|---|---|---|---|---|
| **(あ)** | 68.7 | 68.7 | 50.8 | 62.2 | 40.9 | 23.8 | 18.8 | 27.7 | 73.3 | 91.7 | 88.5 | 91.5 |
| **(い)** | 74.3 | 96.2 | 47.0 | 29.2 | 4.2 | 1.0 | 0.0 | 0.0 | 0.7 | 11.4 | 19.6 | 25.7 |
| **(う)** | 36.5 | 41.2 | 46.4 | 42.0 | 61.4 | 50.2 | 65.7 | 63.4 | 40.6 | 48.6 | 46.8 | 50.0 |

『理科年表2019』より作成

| | **ア** | **イ** | **ウ** | **エ** | **オ** | **カ** |
|---|---|---|---|---|---|---|
| **B** | (あ) | (あ) | (い) | (い) | (う) | (う) |
| **D** | (い) | (う) | (あ) | (う) | (あ) | (い) |
| **G** | (う) | (い) | (う) | (あ) | (い) | (あ) |

(10)　次の文章は，ある国の食文化について述べたものである。この文章に該当する国・地域は図1中の**A**～**E**のうちどれか。**ア～オ**から一つ選べ。

比較的温暖な気候に恵まれたこの国は，小麦や米の栽培，酪農，果物の栽培，漁業などがそれぞれ盛んで，豊富な食材に恵まれている。ぶどうからつくったワインと，オリーブの実をしぼってつくったオリーブオイルやトマトはこの国の食卓には欠かせない。この国の北部を流れる河川流域は米の一大生産地で，日本に住む我々にもなじみやすい米料理が有名である。

**ア**　**A**　　**イ**　**B**　　**ウ**　**C**　　**エ**　**D**　　**オ**　**E**

(7)　次の **(あ)** ～ **(う)** の文章は，図1中の**E・F・G**の自然環境について述べた文である。図1中の**E・F・G**と **(あ)** ～ **(う)** の組み合わせとして適当なものを**ア**～**カ**から一つ選べ。

**(あ)**　火山島を主島とし，海岸にはサンゴ礁が発達している。

**(い)**　環太平洋造山帯の一部で，北島には火山がある。南島には高峻《こうしゅん》な山脈が走り，氷河地形もみられる。

**(う)**　中央部には標高1200m以上の高原地帯があり，南東部には古期造山帯，西部には砂漠が広がっている。

| | ア | イ | ウ | エ | オ | カ |
|---|---|---|---|---|---|---|
| E | (あ) | (あ) | (い) | (い) | (う) | (う) |
| F | (い) | (う) | (あ) | (う) | (あ) | (い) |
| G | (う) | (い) | (う) | (あ) | (い) | (あ) |

(8)　次の表3は，図1中の**A・F・G**3カ国のある都市における気温の月別平年値（℃）を表している。表3中の **(あ)** ～ **(う)** と図1中の**A・F・G**の組み合わせとして適当なものを**ア**～**カ**から一つ選べ。

表3

| | 1月 | 2月 | 3月 | 4月 | 5月 | 6月 | 7月 | 8月 | 9月 | 10月 | 11月 | 12月 |
|---|---|---|---|---|---|---|---|---|---|---|---|---|
| (あ) | 26.9 | 26.9 | 27.1 | 26.9 | 26.5 | 26.4 | 25.8 | 25.9 | 26.0 | 26.5 | 26.6 | 26.7 |
| (い) | 5.8 | 6.2 | 8.0 | 10.5 | 13.9 | 17.0 | 18.7 | 18.5 | 16.2 | 12.4 | 8.5 | 5.7 |
| (う) | 17.0 | 16.6 | 14.7 | 11.9 | 9.0 | 6.4 | 5.8 | 7.2 | 9.3 | 11.2 | 13.4 | 15.5 |

『理科年表2019』より作成

| | ア | イ | ウ | エ | オ | カ |
|---|---|---|---|---|---|---|
| A | (あ) | (あ) | (い) | (い) | (う) | (う) |
| F | (い) | (う) | (あ) | (う) | (あ) | (い) |
| G | (う) | (い) | (う) | (あ) | (い) | (あ) |

（6） 次の表2は，図1中の**D**・**E**の国で多く産出される鉱産資源について，産出上位10カ国を示したものである。この鉱産資源に該当するものを**ア**～**エ**から一つ選べ。

表2

| 2015年 | 世界全体に占める割合(%) |
|---|---|
| ロシア | 32.9 |
| ボツワナ | 16.3 |
| コンゴ民主 | 12.6 |
| オーストラリア | 10.7 |
| カナダ | 9.2 |
| アンゴラ | 7.1 |
| **E** | 5.7 |
| ジンバブエ | 2.7 |
| **D** | 1.6 |
| シエラレオネ | 0.4 |

『地理統計要覧2019年版』より作成

**ア** ウラン鉱　**イ** 金鉱　**ウ** ボーキサイト　**エ** ダイヤモンド

(3)　次の選択肢のうち，日本と最も時差が大きい国・地域はどれか。**ア～エ**から一つ選べ。

**ア**　ウェールズ　　**イ**　ジョージア　　**ウ**　南アフリカ　　**エ**　ニュージーランド

(4)　「ニュージーランドvsイタリア」の試合開始時間は，ニュージーランドの現地時間で何月何日の何時試合開始となるか。**ア～エ**から一つ選べ。ただし，サマータイムは考慮しなくてよい。

**ア**　10月11日（金）18：45　　**イ**　10月11日（金）20：45
**ウ**　10月12日（土）16：45　　**エ**　10月12日（土）19：45

(5)　次の **(あ)** ～ **(う)** の文章は，図1中の**A・B・C**の国について述べた文である。**A・B・C**と **(あ)** ～ **(う)** の組み合わせとして適当なものを**ア～カ**から一つ選べ。

**(あ)**　1991年に独立した国で，茶やぶどう，ワインが特産品。2009年には隣国との武力衝突や世界的経済危機の影響でGDP成長率はマイナスとなったが，近年は持ち直しプラス成長を遂げている。

**(い)**　産業革命の発祥地で伝統的な工業国であるが，金融・サービス業が高度に発達し，世界の金融市場の中心地のひとつとなっている。

**(う)**　北部が工業の中心地域で，機械・自動車・鉄鋼などが主な産業であるが，国内に多数の世界遺産をもち，観光業も重要な収入源となっている。近年ではシリアなどからの移民・難民問題が大きな課題となっている。

| | ア | イ | ウ | エ | オ | カ |
|---|---|---|---|---|---|---|
| A | (あ) | (あ) | (い) | (い) | (う) | (う) |
| B | (い) | (う) | (あ) | (う) | (あ) | (い) |
| C | (う) | (い) | (う) | (あ) | (い) | (あ) |

# 社　　　会

（2020高一社会）

**I**　昨年，ラグビーワールドカップ２０１９日本大会が開催され，愛知県では表１の試合が行われた。図１中の**A**～**G**の（点線の円）は表１にある日本以外の国・地域のおおよその位置を表している。表１と図１をみて，あとの問いに答えよ。

表１　豊田スタジアムで開催された試合（試合開始時間は日本時間）

| 開催日 | 試合開始時間 | 対戦国 |
|---|---|---|
| 9/23（月） | 19：15 | ウェールズ　vs　ジョージア |
| 9/28（土） | 18：45 | 南アフリカ　vs　ナミビア |
| 10/ 5（土） | 19：30 | 日本　vs　サモア |
| 10/12（土） | 13：45 | ニュージーランド　vs　イタリア（台風のため中止） |

図１

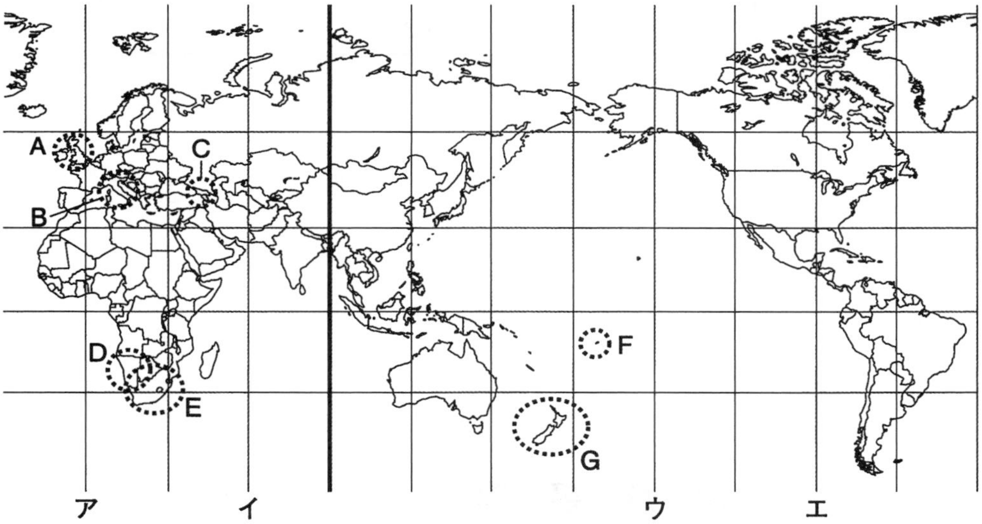


Craftmapより作成（http://www.craftmap.box-i.net/）

（1）　図１中の緯線と経線は等間隔で引かれている。緯線・経線の間隔として適当なものを，**ア**～**エ**から一つ選べ。

**ア**　10度　　**イ**　20度　　**ウ**　30度　　**エ**　40度

（2）　図１中の太線の経線と同一円上にある経線を，図１中の経線**ア**～**エ**から一つ選べ。

２０２０年度

# 高校一般入学試験問題

# 社　　会

（40分）

## 注意事項

◎「始め」の合図があるまで中を見てはいけません。

◎ 解答用紙は別になっています。

◎ 解答は全て解答用紙の所定の欄に記入しなさい。

◎ 解答用紙だけ提出し，問題は持ち帰りなさい。

◎ 教科書中に漢字で書かれている語句は，全て漢字で答えなさい。

(1)　塩化銅が電離する化学反応式をイオン式を使って書け。

(2)　電流を流し始めたとき，陽極付近で発生する主な気体（分子）は何か。化学式で答えよ。

(3)　電流を流し始めたとき，電池から陰極に電子100個が流れこむと，陰極の表面に付着する金属原子は何個になるか。

(4)　図1と同じ装置を使って，5Aの電流を35分間流したとき，陰極の表面に付着する金属の質量は何gになるか。

(5)　電流を流す前の塩化銅水溶液の濃度は何%か。ただし，電流を流したとき，陽極で発生する気体の質量と陰極の表面に付着する金属の質量の比を71：64とする。小数第2位を四捨五入し，小数第1位まで答えよ。

(6)　2Aの電流を流した実験で，電流を100分間流し続けたとき，陰極付近である気体が発生していた。これと同じ気体を発生させるには，どのような実験を行えばよいか。最も適切なものを次の**ア**～**オ**から1つ選び，記号で答えよ。

**ア**　亜鉛に塩酸を加えた。
**イ**　石灰石に塩酸を加えた。
**ウ**　過酸化水素水に二酸化マンガンを加えた。
**エ**　炭酸水素ナトリウムを加熱した。
**オ**　塩化アンモニウムと水酸化カルシウムを混ぜて加熱した。

## Ⅱ　次の問いに答えよ。

問1　次の図は，ヒトの血液の循環の経路を示している。四角で囲まれた部分はからだの中にあるさまざまな器官を示し，線は血管を表している。また，図中の矢印は，血液の流れる向きを示している。

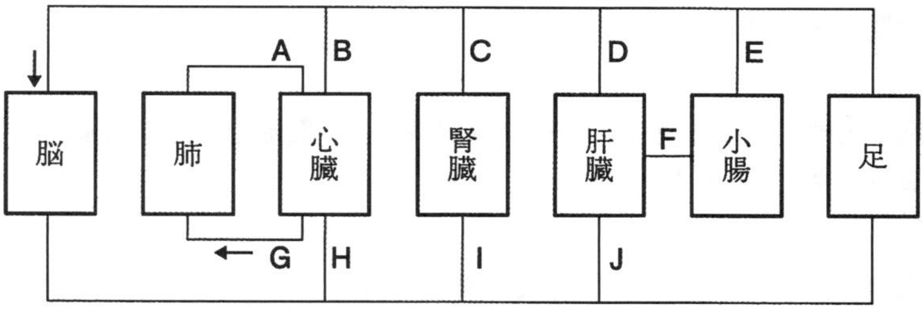


（1）　血管Fの名称を漢字で答えよ。

（2）　心臓は4つの部屋に分かれている。Gの血管がつながっている部屋の名称を漢字で答えよ。

（3）　動脈血が流れる血管をA～Jからすべて選び，記号で答えよ。

（4）　Iの血管を流れる血液は，Cの血管を流れる血液と比べてどのような特徴があるか。句読点を含めて10字以内で答えよ。

問2　エンドウには種子の形が丸いものとしわのあるものがある。いま，それぞれ純系の丸い種子としわのある種子をまいて育て，両者をかけ合わせたところ，できた種子はすべて丸い種子であった。この丸い種子を10粒ほどまいて育て，自家受粉させたところ，いずれの個体からも①丸い種子としわのある種子がおよそ3：1の比で得られた。ここで得られた丸い種子を100粒まいて育て，自家受粉したところ33本の個体からは②丸い種子のみが得られ，67本の個体からは③丸い種子としわのある種子が得られた。なお，エンドウは，1本の個体から約120粒の種子が得られるものとする。種子の形について優性の遺伝子をR，劣性の遺伝子をrとして，以下の問いに答えよ。

（1） 下線部①の種子の中で，遺伝子の組み合わせがRrになるものは全体の何％か。

（2） 下線部②，③の種子の数はそれぞれおよそ何粒になるか。最も近い数字を次の**ア**～**コ**からそれぞれ１つずつ選び，記号で答えよ。

**ア** 1000粒 **イ** 2000粒 **ウ** 3000粒 **エ** 4000粒
**オ** 5000粒 **カ** 6000粒 **キ** 7000粒 **ク** 8000粒
**ケ** 9000粒 **コ** 10000粒

Ⅲ　次の問いに答えよ。

問1　ある室内の空気の温度は30℃であった。この空気の露点を測定したところ15℃であった。また，下の表は空気1m³が含むことのできる水蒸気量を示している。

| 気温（℃） | 0 | 5 | 10 | 15 | 20 | 25 | 30 | 35 | 40 |
|---|---|---|---|---|---|---|---|---|---|
| 飽和水蒸気量（g/m³） | 4.85 | 6.79 | 9.39 | 12.8 | 17.2 | 23.0 | 30.3 | 39.6 | 51.1 |

（1）　この室内の空気の湿度は何％か。小数第1位を四捨五入し，整数で答えよ。

（2）　この室内の空気を容器に0.2m³とって，その温度を下げていったところ，1.2gの水滴が得られた。容器内の空気の温度は何℃か。最も適切なものを次の**ア**～**キ**から1つ選び，記号で答えよ。

**ア**　0℃　　**イ**　5℃　　**ウ**　10℃　　**エ**　15℃　　**オ**　20℃
**カ**　25℃　　**キ**　30℃

問2　近年，熱中症の危険度を示す指標として，暑さ指数：WBGT（湿球黒球温度）が用いられることがある。ここでは，WBGT（湿球黒球温度）が次の①の式で求められるものとする。

WBGT（湿球黒球温度）＝0.7×湿球温度＋0.2×黒球温度＋0.1×乾球温度・・・・・・①

図1は，ある場所Aに設置された，ある日・ある時刻における乾湿計の一部分を模式的に表している。また，表1は，同じ日・同じ時刻における，表中に示した場所の黒球温度を示している。

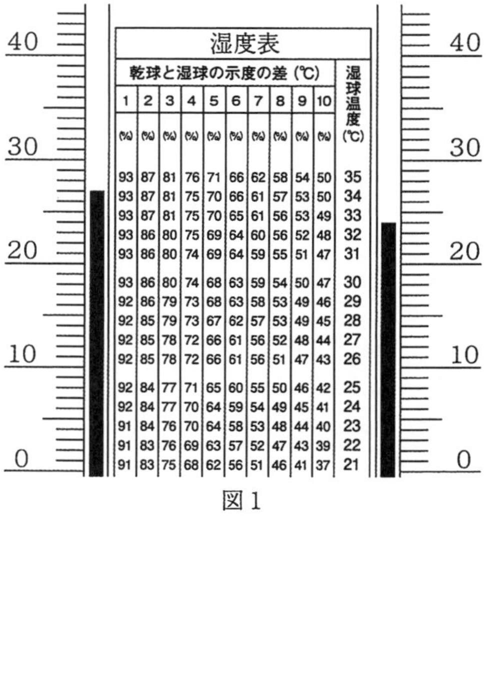


湿度表

| 乾球と湿球の示度の差（℃） 1 (%) | 2 (%) | 3 (%) | 4 (%) | 5 (%) | 6 (%) | 7 (%) | 8 (%) | 9 (%) | 10 (%) | 湿球温度（℃） |
|---|---|---|---|---|---|---|---|---|---|---|
| 93 | 87 | 81 | 76 | 71 | 66 | 62 | 58 | 54 | 50 | 35 |
| 93 | 87 | 81 | 75 | 70 | 66 | 61 | 57 | 53 | 50 | 34 |
| 93 | 87 | 81 | 75 | 70 | 65 | 61 | 56 | 53 | 49 | 33 |
| 93 | 86 | 80 | 75 | 69 | 64 | 60 | 56 | 52 | 48 | 32 |
| 93 | 86 | 80 | 74 | 69 | 64 | 59 | 55 | 51 | 47 | 31 |
| 93 | 86 | 80 | 74 | 68 | 63 | 59 | 54 | 50 | 47 | 30 |
| 92 | 86 | 79 | 73 | 68 | 63 | 58 | 53 | 49 | 46 | 29 |
| 92 | 85 | 79 | 73 | 67 | 62 | 57 | 53 | 49 | 45 | 28 |
| 92 | 85 | 78 | 72 | 66 | 61 | 56 | 52 | 48 | 44 | 27 |
| 92 | 85 | 78 | 72 | 66 | 61 | 56 | 51 | 47 | 43 | 26 |
| 92 | 84 | 77 | 71 | 65 | 60 | 55 | 50 | 46 | 42 | 25 |
| 92 | 84 | 77 | 70 | 64 | 59 | 54 | 49 | 45 | 41 | 24 |
| 91 | 84 | 76 | 70 | 64 | 58 | 53 | 48 | 44 | 40 | 23 |
| 91 | 83 | 76 | 69 | 63 | 57 | 52 | 47 | 43 | 39 | 22 |
| 91 | 83 | 75 | 68 | 62 | 56 | 51 | 46 | 41 | 37 | 21 |

図1

# 理　　　　科

(2020高一理科)

I　同じ濃度の塩化銅水溶液200gを入れたビーカーを3個準備し，それらに白金電極と電池と炭素棒を図1のように接続し，電気分解を行った。それぞれに1A，2A，3Aの電流を流しながら，陰極の表面に付着した金属の質量を測定した。その実験結果として，表1，表2，表3が得られた。この実験結果を参考にして，次の問いに答えよ。

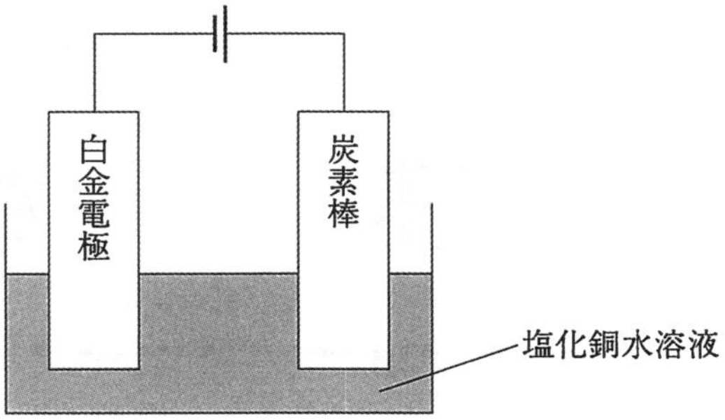


図1

| 電流を流した時間（分） | 30 | 60 | 90 | 120 | 150 | 180 |
|---|---|---|---|---|---|---|
| 陰極の表面に付着した金属の質量（g） | 0.6 | 1.2 | 1.8 | 2.4 | 3.0 | 3.6 |

表1　1Aの電流を流した時間と付着した金属の質量の関係

| 電流を流した時間（分） | 30 | 60 | 90 | 120 | 150 | 180 |
|---|---|---|---|---|---|---|
| 陰極の表面に付着した金属の質量（g） | 1.2 | 2.4 | 3.6 | 3.6 | 3.6 | 3.6 |

表2　2Aの電流を流した時間と付着した金属の質量の関係

| 電流を流した時間（分） | 30 | 60 | 90 | 120 | 150 | 180 |
|---|---|---|---|---|---|---|
| 陰極の表面に付着した金属の質量（g） | 1.8 | 3.6 | 3.6 | 3.6 | 3.6 | 3.6 |

表3　3Aの電流を流した時間と付着した金属の質量の関係



K 教英出版

２０２０年度

# 高校一般入学試験問題

# 理　　　科

（40分）

## 注　意　事　項

◎「始め」の合図があるまで中を見てはいけません。

◎ 解答用紙は別になっています。

◎ 解答は全て解答用紙の所定の欄に記入しなさい。

◎ 解答用紙だけ提出し，問題は持ち帰りなさい。

# 英　　語

（2020高一英語）

Iのリスニング問題は試験開始から数分後に行う。それまで他の問題を解いていること。

★教英出版編集部注
問題音声は教英出版ウェブサイトで。
リスニングＩＤ番号は解答集の表紙を参照。

**I**　【リスニング問題】 放送をよく聞いて，下の問いに答えよ。

※リスニング原稿は英語の最後のページにあります。

**A**　これから放送する英文に対する応答として，最も適するものを下から選んで記号で答えよ。英文は２度読まれる。

（1） ア　I'd love to.
　　イ　OK. See you then.
　　ウ　No, I haven't.
　　エ　I'm not there.

（2） ア　Yes, would you like to leave a message?
　　イ　I'm sorry, he's out.
　　ウ　I don't know.
　　エ　No, it's OK.

（3） ア　Yes, I am interesting.
　　イ　Yes, I like it very much.
　　ウ　Yes, I am very interested in them.
　　エ　That's true.

（4） ア　I don't know.
　　イ　I know what you mean.
　　ウ　I don't like shopping.
　　エ　More than three hours.

B　これから放送する英文が答えとなるような質問文を考え，英文で答えよ。英文は2度読まれる。

(1)

(2)

(3)

C　これから放送する英語のスピーチを聞いて，下の英文がスピーチの内容に合っていれば○，異なっていれば×，内容にふくまれていない場合には？を書け。英文は2度読まれる。

(1) Michael is talking about school lunch in the USA.

(2) Michael thinks Japanese and American school uniforms are similar.

(3) In Michael's opinion, American students should have school uniforms.

(4) Michael Johnson is American.

Ⅱ　次のA，Bの問いに答えよ。

A　次の対話を読んで，あとの問いに答えよ。ただし，(3)は5ページの地図を，(4)は6ページの路線図を見て答えること。なお，この対話は東京オリンピック・パラリンピックのマラソン競技の開催地が東京であることを前提としている。

Alex : Satoshi, you look sad. What's wrong?
Satoshi : I don't have any tickets for the Tokyo *Olympics and Paralympics in 2020. I can't enjoy Tokyo 2020. I want to cry!
Alex : That's too bad. I've already done one thing.
Satoshi : Really? What have you done?
Alex : Well, it's a kind of volunteer work. I just sent my old *cell phone.
Satoshi : How does it become volunteer work?
Alex : Those phones have a little gold in them. The *medals are made of the gold from the used phones. This leads to helping the Earth.
Satoshi : Do you mean the gold medals are recycled products? Great! I want to send mine, too. How can I send it?
Alex : Sorry, but it has already finished.
Satoshi : I'm out of luck. I can't enjoy Tokyo 2020 at all.
Alex : Don't worry! I have an idea. I'm planning to walk along the *marathon course from the start line. It's 42.195 km. It sounds far, but we can do it. There are some sightseeing places along the course. Would you like to come with me?
Satoshi : Yes! It sounds fun.

～ The Next Weekend ～

Satoshi : Alex, please wait ..., let's go to the nearest station.
Alex : Come on, Satoshi. We've only walked about one third!
Satoshi : I know, but I can't walk any more.
Alex : OK. Let's go to the Tokyo Tower and take a rest. I'll ask the old man over there how to get to the Tower. (Talking to an old man) Excuse me, could you tell me the way to the nearest station to the Tokyo Tower?

The old man : Sure. That's Shiba Park Station. First, go down this street, turn left at the second corner. Then turn right at the third corner. You will see Asakusa Station on your left. Take the Red Line to Mita Station, and change trains there.
Alex : How many stops is Mita Station from Asakusa Station?
A man : Ten stops.
Alex : Which line should I take from Mita Station?
A man : Take the Blue Line. Shiba Park Station is next to Mita Station.
Alex : Thank you very much.
A man : My pleasure.

【注】 Olympics and Paralympics：オリンピック・パラリンピック　cell phone：携帯電話
medals：メダル　marathon course：マラソンコース

(1) What did Alex do to enjoy the Tokyo Olympics?

ア He bought some tickets.
イ He sent his old cell phone to make gold medals.
ウ He got his cell phone made from gold medals.
エ He ran the marathon course.

(2) Where is Asakusa Station on the marathon course?

ア About 3 kilometers from the start.
イ About 15 kilometers from the start.
ウ About 30 kilometers from the start.
エ About 40 kilometers from the start.

(3) Where was Alex when he asked the old man the way to the Tokyo Tower? Choose from A to E.

(4) Where is Shiba Park Station? Choose from F to J.

〈Road Map〉

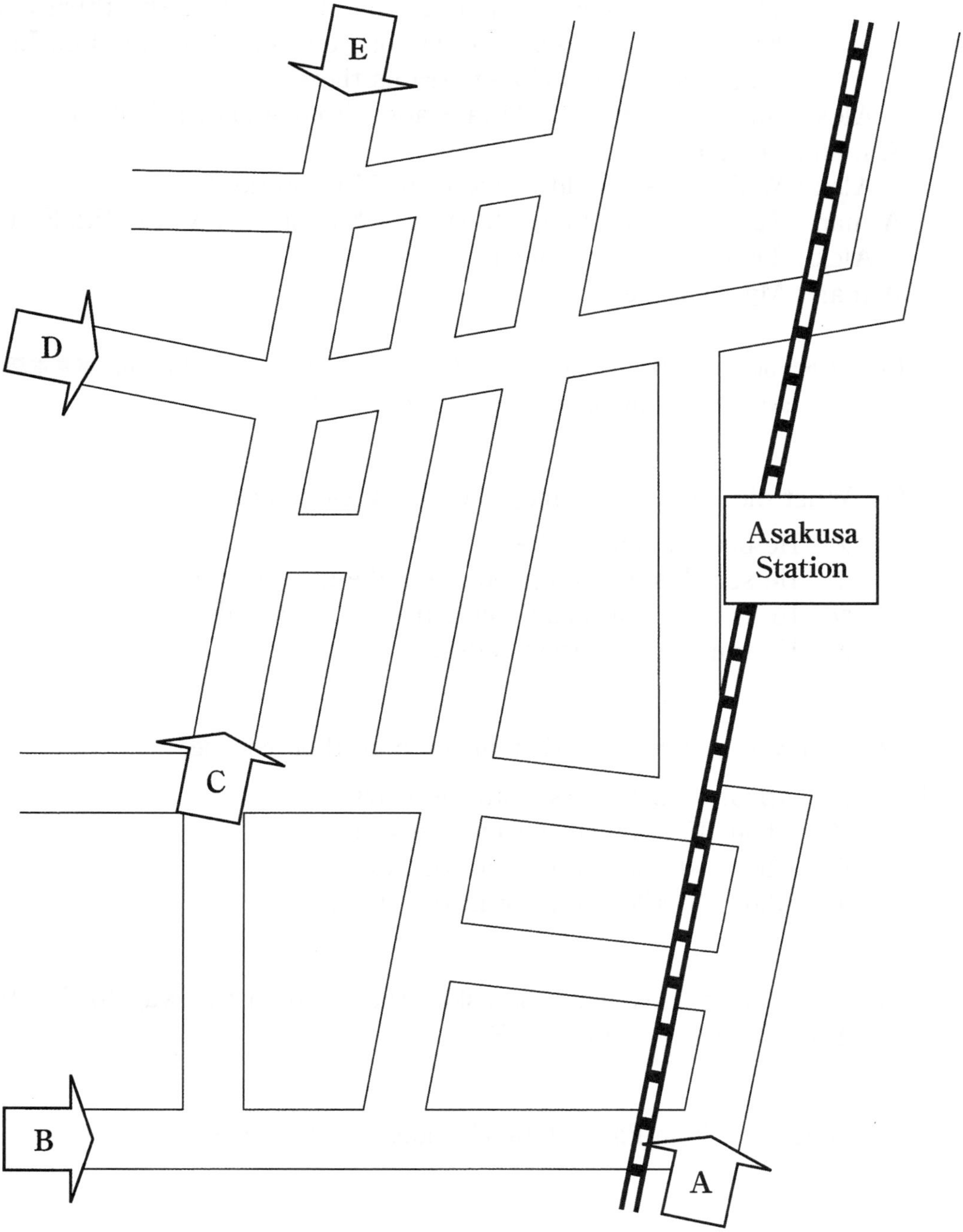

〈Train Station Map〉

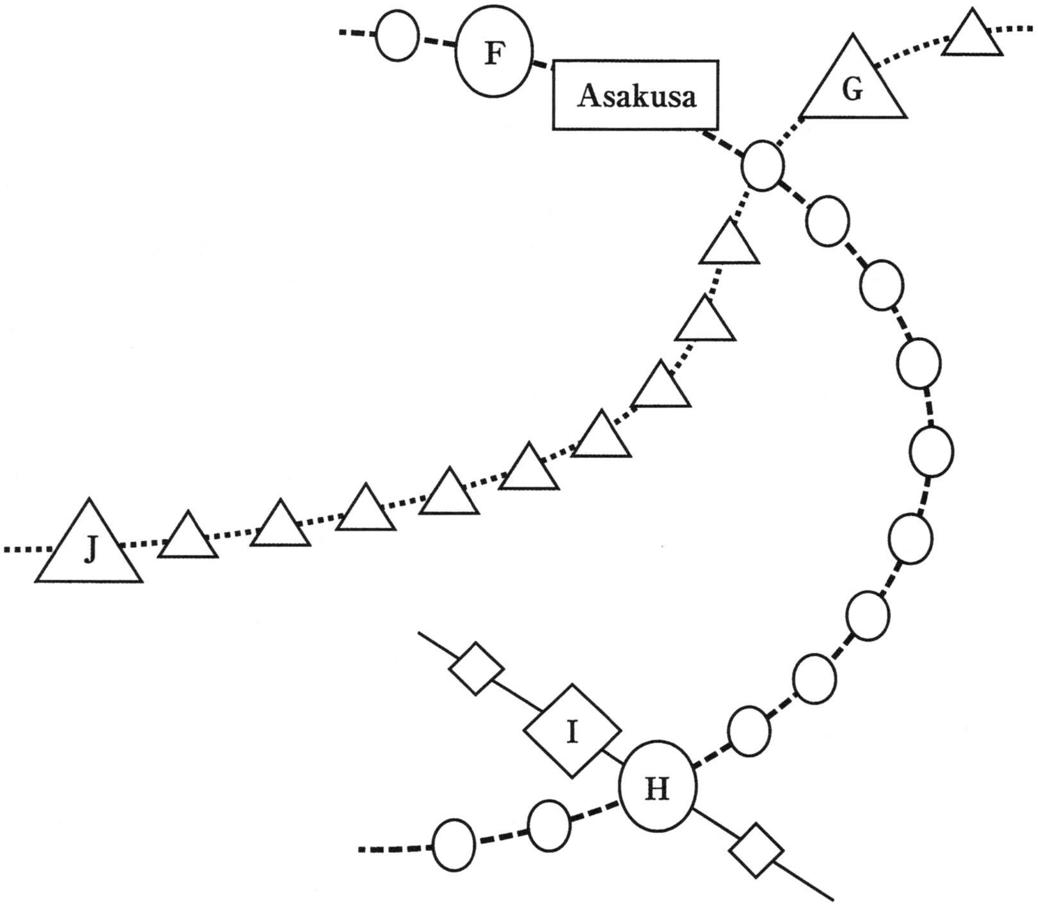

**B** 次のある店での対話と右ページのその店の商品案内を読んで，あとの問いに答えよ。

～ Near Asakusa Station ～

Satoshi : Look. This shop is having a sale.
Alex : Wow, there are lots of Japanese traditional goods. That's a samurai *sword! It's made of wood. Cool! I want it!
Satoshi : Are you going to walk with the sword in your hand?
Alex : Oh, maybe it's not a good idea. Then, how about a Japanese fan called *sensu*? The picture on it looks like *ukiyoe*. My parents like *ukiyoe*. I think they'll like it.
Satoshi : How about that towel? It also has an *ukiyoe* design.
Alex : It's beautiful. I'll take one for each of my parents.
Satoshi : Look at these T-shirts. They have a special design for the *Olympics.
Alex : This T-shirt has *kanji* on it. What does it mean?
Satoshi : It says *Go-rin*. It means five *rings in Japanese. The Olympics is sometimes called *Go-rin* in Japan.
Alex : That's nice. I'll take one too. I want something for my sister too. She would like this Japanese paper, *origami*, but I don't have enough money. I only have 2,700 yen.
Satoshi : If you spend more than 3,000 yen, you can get some origami paper as a present. Shall we *pay for our two T-shirts together?
Alex : Good idea. During the Olympics, let's wear the T-shirts and watch the games in my house.
Satoshi : I'm sure next summer will be wonderful!

【注】 sword：剣，刀　Olympics：オリンピック　rings：輪
pay for ～：～の支払いをする

２０２０年度

# 高校一般入学試験問題

# 英　　語

(50分)

**注　意　事　項**

◎「始め」の合図があるまで中を見てはいけません。

◎ 解答用紙は別になっています。

◎ 解答は全て解答用紙の所定の欄に記入しなさい。

◎ 解答用紙だけ提出し，問題は持ち帰りなさい。

Ⅲ　直角三角形AEDを点Eが点Aと重なるように2つに折ってできたのが右図の四角形ABCDである。次の問いに答えよ。

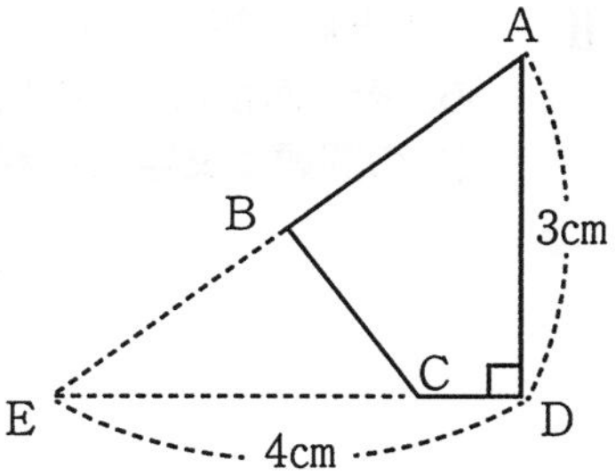


（1） 辺CDの長さを求めよ。

（2） 四角形ABCDの面積を求めよ。

Ⅱ　正方形の縦の長さを 5cm だけ長くし, 横の長さを 12cm だけ短くして長方形をつくったところ, その面積はもとの正方形の面積の半分になった。正方形の１辺の長さを求めよ。
**(この問題は文字式を利用して解きなさい。解答用紙に解き方, 解答を書くこと。)**

(8)　1辺の長さが4cmの 正方形ABCDがあり，曲線（円弧）はA, B, C, Dを中心とする円の一部である。また，曲線は，対角線AC, BDの交点を通る。このとき，図の斜線部の面積を求めよ。

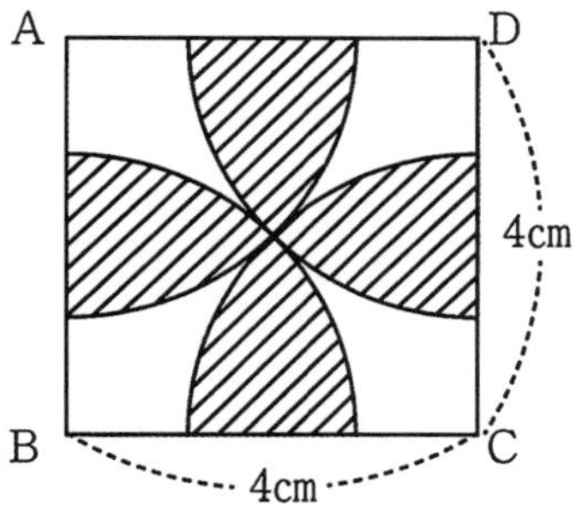


(9)　底面の円の直径が8cm, 高さが10cmの円柱の表面積を求めよ。

(10)　図のように，1辺が1cmの正三角形ABCがある。点Pは頂点Aの位置にあり，1枚の硬貨を1回投げるごとに表が出れば2cm, 裏が出れば1cmだけ，正三角形の辺上をA，B，C，A，……の順に動く。1枚の硬貨を4回投げたとき，点Pの最後の位置が頂点Bである確率を求めよ。

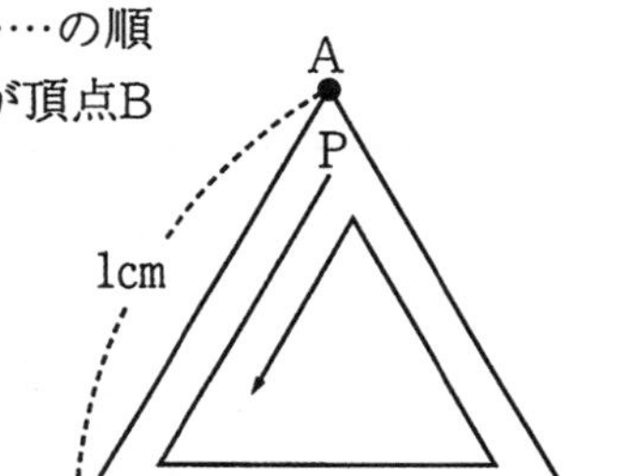

（5） $\frac{12}{5}$と$\frac{9}{16}$ のどれをかけても，その積が正の整数となる分数のうちで，最小のものを求めよ。

（6） 次の表は20人の生徒に実施した数学のテストの点数の結果を度数分布表に表したものである。この表から，この20人の点数の平均値を求めよ。

| 階級（点） | 度数（人） |
|---|---|
| 以上 未満 | |
| 40～50 | 3 |
| 50～60 | 3 |
| 60～70 | 6 |
| 70～80 | 5 |
| 80～90 | 2 |
| 90～100 | 1 |
| 計 | 20 |

（7） 下の図のように，平行な2直線 $l$，$m$ と AB＝ACである二等辺三角形ABCがある。このとき，$\angle x$ の大きさを求めよ。

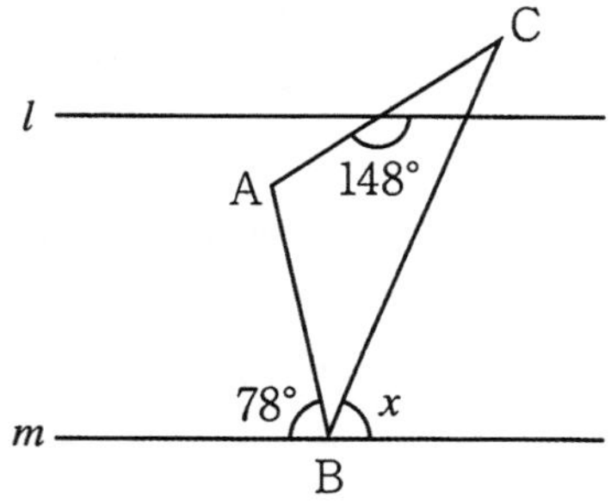

# 数　　学

(2020高校一般)

**I**　次の問いに答えよ。

(1) 次の $\square$ に入る式を求めよ。

$4x^2y \times (3y)^2 \div \square = -6xy$

(2) $x^2-y^2+4y-4$を因数分解せよ。

(3) 連立方程式 $\begin{cases} 2x+7y=-9 \\ 4x+2y=3 \end{cases}$ を満たす$x$, $y$について, $2x+3y$の値を求めよ。

(4) $\sqrt{7x}$の整数部分が11であるような正の整数$x$の値は何個あるか。

２０２０年度

# 高校一般入学試験問題

# 数　　学

（50分）

## 注　意　事　項

◎「始め」の合図があるまで中を見てはいけません。

◎ 解答用紙は別になっています。

◎ 解答は全て解答用紙の所定の欄に記入しなさい。

◎ 解答用紙だけ提出し，問題は持ち帰りなさい。

◎ 円周率は$\pi$とします。

　航太は口ごもったが、結局二人に話す羽目になった。

「そう……。小市堂《おちどう》に未来はないってお父さんに言われたの……」

「実際、なかった。そういう目でうちの商売を考えたことがなかったおれが、ほんと、単細胞の甘ちゃんだったわけ。だってさ、ばあちゃん、病気になる前はちゃんと帳簿や家計簿をつけていたんだけど、それを見ると笑っちゃうほどシンプルなんだぜ」

「シンプル……？」

「入ってくる金も出る金も、少ないの。まず、店のほうはさ、ほんと、微々たる売り上げしかないんだ。毎月の材料費や光熱費を取り除くと、え、これだけ？　って誰でも驚くくらいの額。でも、家計簿と照らし合わせると、うまい具合に生活費やおれにかかる費用で差し引きほぼゼロになる感じ。もっと笑っちゃったのがさ、うち、おれ結構大食いだと思ってたんだけど、毎月の食費、一万円程度なの。三人で」

「私は自分の家の食費を知らないから何とも言えないんだけど、まあ、多くはないんだろうね」

　そう言う日向子に、航太は Y 笑まじりにうなずいた。

「うん。ほとんど米代と調味料代って感じだった。あとはたぶん、魚も果物も、物々交換なんだ。野菜に関してはもらいもののほかにばあちゃんが家庭菜園やってるしさ。結局たいした金を使わないでも飯が食えるんだ」

「はあ……、すごい自給自足だね」

「もっと笑えること教えてやろうか。時々夕食に鯛《たい》の刺身とかが出てきてたけど、今思えばいつも、親父が上生菓子を作る日だった。あ、焼き魚やアラ煮なんかはその翌日にもあったけど」

「はあ……」

　もう一度日向子がため息のような返事をした。「それってつまり……」

「そう。⑤親父の上生菓子が鯛に化けたわけ」

「それはそれで、いいじゃないか」
それまで黙っていた恵一が口を挟む。
「そんなこと言ったら、おれのうちだって金を出して食料買ってないのかもしれないぞ。食っている魚は当然市場へ出せない半端ものだし、そう言えばうちも、もらいものは一杯あるな。親父もおふくろも、新鮮なうちにって配りまくってるから、きっとお返しがどっさり来るんだ」
「それでも、動く金の規模が違うよ」
どう言えば恵一にわかるだろう。漁師の家は、たしかに天候に左右される不安定さはあるものの、基本、大儲《もう》けを期待できる。当たれば大金が転がり込む。もちろん、出て行く金のほうも——船の維持費、燃料費、設備費、もろもろ——大きい。何もかもちまちまとしている小市堂とは、スケールが違うのだ。
いつのまにか、二年生二人も遠巻きになって三人の話を聞いていた。日向子は和彦からペットボトルと財布を受け取りながら言う。
「じゃあ、航太、結局進路はどうするの？　どこの大学に行きたいの？」
ずばりと聞かれた航太は、言葉に詰まる。ちっぽけな島の平凡な航太として、小市堂の作業場が居場所になればいいと思っていた。和菓子は贅沢《ぜいたく》品。その贅沢品を島の人へ届けることを仕事にしたいと。あんなに楽しい美しいものを作って人の生活を豊かにすることができるのなら、こんなにいいことはないと思っていた。
だが、航太の作る菓子を受け取る人が、いないとなれば……。
おれのポジション。
そのポジションは、誰にも必要とされないものなのかもしれない。
「……進学先はこれから考える。あんまり時間はないって須賀《※すが》には脅かされたけど」

そう言って航太は立ち上がった。みんなに聞いてもらえたら、ちょっとすっきりした。
「とりあえず、今は俳句甲子園、頑張ろう」

（森谷明子『南風《みなみ》吹《ふ》く』光文社）

（注）※義貞先生…俳句の先生。
　　　※須賀…航太の担任の先生。

問一　～～～a「吟じてみせた」b「こそばゆくなってくる」の本文中における意味として最も適当なものを、次の**ア**～**オ**から一つずつ選び、記号で答えよ。

a「吟じる」

**ア**　俳句について軽く答える。
**イ**　俳句を黙読する。
**ウ**　俳句の意味を考える。
**エ**　俳句を紙に記す。
**オ**　俳句を声に出して読む。

b「こそばゆくなる」

**ア**　ありがたく思う。
**イ**　ほんのりと嬉《うれ》しくなる。
**ウ**　褒められててれくさく思う。
**エ**　すっきりとする。
**オ**　ほがらかになる。

問二　[X]・[Y]にあてはまる最も適当な語を、それぞれ漢字一字で答えよ。

問三　――①「文芸部」とあるが、ここで登場する文芸部員の三年生の名前をすべて抜き出して答えよ。ただし分かるものはフルネームで、分からないものは名字または下の名前だけで良い。

問四　――②「航太はぼんやりしていた」とあるが、その理由は何か。最も適当なものを、次の**ア**～**オ**から一つ選び、記号で答えよ。

**ア**　面談で初めて大学進学希望を口にしたが、友人たちには知られたくなかったから。

**イ**　大学に進学することは決めたものの、どの大学を選んだら良いか迷っていたから。

**ウ**　大学進学を決めたことをほかの文芸部員たちから責められるのが心配だったから。

**エ**　自分の俳句が選ばれなかったことで、気を遣われそうなのが気がかりだったから。

**オ**　つい最近まで考えていた、家業の和菓子店を継ぐという将来の夢を見失ったから。

問五　――③「今ここがおれのポジション南風吹く」の俳句について、この句が表わす季節と同じ季節を詠んだ句を、次の**ア**～**オ**から一つ選び、記号で答えよ。

**ア**　名月を取ってくれろとなく子かな　小林一茶

**イ**　赤い椿《つばき》白い椿と落ちにけり　河東碧梧桐《かわひがしへきごとう》

**ウ**　鈴虫を聴く庭下駄《げた》の揃《そろ》へあり　高浜虚子

**エ**　ひつぱれる糸まつすぐや甲虫《かぶとむし》　高野素十

**オ**　花の雲鐘《かね》は上野か浅草か　松尾芭蕉

問六　――④「安全策」とは、ここではどんなことだと考えられるか。**あてはまらないものを**、次の**ア**～**オ**から**二つ**選び、記号で答えよ。

**ア**　作者の姿が見える俳句を選ぶこと。

**イ**　良いと思っていた俳句を選ぶこと。

**ウ**　俳句らしくない外来語を避けること。

**エ**　審査員の評価が心配な俳句を外すこと。

**オ**　使い古された表現をきらうこと。

問七　――⑤「そう。親父の上生菓子が鯛に化けたわけ」とあるが、その説明として最も適当なものを、次の**ア**～**オ**から一つ選び、記号で答えよ。

**ア**　自分の家の和菓子屋は、島の人々に高く評価され、豊かな島の生活を創り上げる一つであったことを鯛と上生菓子の話から考えて、誇らしげに述べている。

**イ**　自分の家の和菓子屋が、島の人々に必要とされている反面、その商いが金銭を介さない、素朴な商いであったことを冷静に分析し、淡々と述べている。

**ウ**　自分の家の和菓子屋の経営を見た時に、収入はお金ではなく物品であったことに気づいた上に、常に赤字経営であったことを嘆かわしく述べている。

**エ**　自分の家の和菓子屋の経営の実際は、ほとんどが和菓子と交換のもらいもので成り立つ、こじんまりとした商いであったことについて、自嘲《じちょう》気味に述べている。

**オ**　自分の家の和菓子屋は、上生菓子を作るぐらい洗練されたものであると思う一方で、それに鯛を持ってくる島の人々の好意に困惑する様子を述べている。

問八　この文章のテーマを八字以内で答えよ。

問九　この文章の表現上の特色として最も適当なものを、次の**ア**～**オ**から一つ選び、記号で答えよ。

**ア**　登場人物の会話文中に「……」を使用することによって、登場人物の発言に間をおいたり余韻を残したりして、言葉では語りきれない様々な思いを表している。

**イ**　接続表現を多用することによって、登場人物の心情の移り変わりを明確に伝えており、展開の早い内容を読者にわかりやすく伝えようとしている。

**ウ**　登場人物の心情の推移を丁寧に表現することによって読みやすくなっており、さらに俳句を出すことによってこの話を格調高くしている。

**エ**　会話によって過去のできごとを語らせることで、それぞれの場面に奥行きが出て余情が生み出されており、物語の展開が単調にならないようにしている。

**オ**　情景描写によって心情を暗示することで、主人公の悩む気持ちを間接的に表現しており、揺れ動く主人公の気持ちを読者が想像しやすくしている。

2020(R2) 名古屋高
教英出版